全国中医药行业高等教育"十三五"创新教材

国学知要

（供中医学、中药学及相关专业用）

名誉主编　陈可冀
　　　　　楼宇烈
主　　编　李良松
　　　　　郭洪涛

中国中医药出版社
·北 京·

图书在版编目（CIP）数据

国学知要/李良松，郭洪涛主编．—北京：中国中医药出版社，2016.10

全国中医药行业高等教育"十三五"创新教材

ISBN 978 – 7 – 5132 – 3559 – 4

Ⅰ．①国…　Ⅱ．①李…　②郭…　Ⅲ．①国学 – 中医药院校 – 教材　Ⅳ．①Z126

中国版本图书馆 CIP 数据核字（2016）第 189166 号

中国中医药出版社出版

北京市朝阳区北三环东路 28 号易亨大厦 16 层
邮政编码　100013
传真　010 64405750
河北省涿州市新华印刷有限公司印刷
各地新华书店经销

开本 787×1092　1/16　印张 18.5　字数 422 千字
2016 年 10 月第 1 版　2016 年 10 月第 1 次印刷
书　　号　ISBN 978 – 7 – 5132 – 3559 – 4

定价　45.00 元
网址　www.cptcm.com

社长热线　010 64405720
购书热线　010 64065415　010 64065413
微信服务号　zgzyycbs

书店网址　csln. net/qksd/
官方微博　http：//e. weibo. com/cptcm

淘宝天猫网址　http：//zgzyycbs. tmall. com

全国中医药行业高等教育"十三五"创新教材

《国学知要》编委会

编写说明

国学即一国之学，是指一个国家具有普世价值的学问、学术和学说。中国的国学，由于历史悠久、特色鲜明、学理精深、知识广博而独具丰富的内涵。一般来说，我们所讲的国学即中国之学。

国学之名始见于先秦诸多文献。《周礼》曰："乐师，掌国学之政。"这说明我国上古时期既有国学之名，也有国学之实。国学，在西周指国家最高学府与教育管理机构。到了汉代，国学又有典籍文献与学术文化之说。可以说，从前汉至清末，国学的传承从未间断过，在其中大部分的时间里，成为传播知识和智慧、培养治国理政人才的"造士"摇篮。

本教材将古代国学的内涵概括为六个方面：一为国家的正统学问，二为国家的主流学术，三为国家的最高学府，四为国家最高教育行政管理机构，五为经史百家之学，六为治国理政之学。这是我们查阅了大量的古代文献，从数千条的国学主题中归纳总结出来的，是对"国学"最新、最为全面的诠释，也是为"国学"正本清源，恢复国学"高、大、上"的本来面目。国学不能仅仅停留在经典上，国学更不能停留在蒙书（古代启蒙读物）上。国学是国家和民族最高智慧的结晶，国学是国家最经典的学问，国学是国家主流的学术思想，只有学好国学才能传承文明，只有学好国学才能治国安邦，只有学好国学才能提高国民的精神境界。

早在20世纪80年代后期，我与郭洪涛先生就联袂编著了我国最早的中医药文化专著《中国传统文化与医学》，从历代典籍文献的视角来研究和探讨中医药文化，同时也为认知中医的国学属性奠定了坚实的基础。本书是国内外第一部全面研究经、史、子、集中的医学史料和医学思想，全方位探讨中华文化与中医学内在关系的学术著作。内容取自甲骨文、十三经、诸子百家、佛藏、道藏和历代的史书、政书、类书、文集、诗词散曲和笔记小说等数十万卷文化典籍，广泛涉猎政治、经济、文学、哲学、艺术、音乐、绘画、书法、武术、儒学、宗教、地域、民俗、航海、天文学、训诂学、音韵学、印刷术和目录学等中国文化的各个领域。正因为我们有过这样全面和系统的研究背景，使得本教材一起步就以全新的构架面向大国学，同时也对本书编纂充满了自信。为了拓展这部教材的点和面，将更多的学识融入国学教材之中，我们力邀国学大家楼宇烈教授的弟子熊江宁博士和赵威维博士加入了编纂队伍。

国学是智慧之学、思想之学和道德之学，是中华民族上下五千年优秀文明成果的结晶。让国人学国学，用国学，是我们当代文化人的责任和使命。我们学习国学，就是要学习经典、学习文化、学习思想，就是要学习大儒的精神、学习高僧的风范、学习名道的洒脱、学习名人志士的爱国情怀、学习英雄人物的壮烈史诗。用国学，就是要践行国学的智慧，为天地立心，为生民立命，忠心不改，气贯长虹，为国家和民族开创万世之太平。

文化的概念比较宽泛，一切文明成果的总和都是文化，人类社会所创造和传承的一切精神文明与物质文明都是文化，且存在个性差异、地域差异、时空差异和雅俗差异。因此，怎样才能将包罗万象、林林总总的文化推而广之，而不是仅仅停留在口号上，这确实是摆在我们面前的一道难题。我们认为，儒、释、道是中华文化的三大支柱，但当我们提到佛教文化时，有的人却视为封建迷信；我们提倡道德伦理纲常，将礼、义、廉、耻视为国之四维，有人却将之归为封建糟粕；我们提倡道法自然，推崇道家生态文明的思想，有人却将之视为脱离和逃避现实。所有这些都说明了文明的正向传播需要有使命、需要有担当、需要有情怀。当世之国学正是承载着这种使命和担当。《礼记》曰："大道之行也，天下为公，选贤与能，讲信修睦。故人不独亲其亲，不独子其子，使老有所终，壮有所用，幼有所长，矜、寡、孤、独、废疾者皆有所养，男有分，女有归。货恶其弃于地也，不必藏于己；力恶其不出于身也，不必为己。是故谋闭而不兴，盗窃乱贼而不作，故外户而不闭，是谓大同。"

为了更好地传播和推广优秀中华文化和重要的文明成果，让更多的科学文化知识和历代先贤智慧更好地惠及天下苍生，国学的普及和推广也就运用而生了。为此，我们就必须知国学之菁华，学国学之智慧，行国学之规范，塑国学之精神，让国学的春风吹拂中华大地，让国学的声音响彻中外时空。在当下，我们还应该发掘、整理和研究国学中有关治国理政的学问，将国学中修身方法、管理智慧、治国理念有机地结合起来，倡导每位公民都能将格物、致知、修身、齐家、治国、平天下作为自己的情怀。

国学是中华文化的基石，是我们思想的家园和精神的乐土。让我们学好国学、用好国学，使国学流淌到我们的血脉之中，让国学成为我们智慧的源泉。

本书由李良松负责总体设计和全书的统稿工作。各章节的具体分工：李良松负责上编第一章和第五章的编写，郭洪涛负责下编各章节的编写，熊江宁负责上编第三章编写，赵威维负责上编第二章、第四章的编写，其他编委参与了部分章节的审定工作。

虽经全体编委会成员共同努力，力图使本教材尽善尽美，但由于编写时间有限，若存在不足之处，敬请广大教师和学生在使用过程中提出宝贵意见，以便进一步修订和提高。

《国学知要》编委会
2016 年 7 月

目 录

第二节 国学涵盖中国科技 ……… 48
第三节 国学的异化与忧惑 ……… 49
第四节 国学与中国人文精神 ……… 51
第五节 国学与国粹的关系 ……… 52
第六节 国学与西学的差别 ……… 52

上 篇 总论

第一章 国学释义 ……………… 1
第一节 古代国学的丰富内涵 ……… 1
第二节 近代关于国学的认知 ……… 7
第三节 现代对国学的再认识 ……… 9

第二章 国学史略 ……………… 11
第一节 先秦诸子 ……………… 11
第二节 两汉经学 ……………… 15
第三节 魏晋玄学 ……………… 16
第四节 隋唐佛学 ……………… 18
第五节 宋明理学 ……………… 21

第三章 国学概论 ……………… 24
第一节 古籍的分类 …………… 24
第二节 经部概述 ……………… 27
第三节 史部概述 ……………… 29
第四节 子部概述 ……………… 31
第五节 集部概述 ……………… 33

第四章 国学研究 ……………… 36
第一节 古书的版本与流传 ……… 36
第二节 古代汉语与古籍校读 …… 38
第三节 四部书籍的研读方法 …… 43

第五章 国学解惑 ……………… 47
第一节 国学是文化的文化 ……… 47

下 篇 各论

第六章 经学 …………………… 55
第一节 经学的研究内容 ……… 55
第二节 经学的孕育产生 ……… 56
第三节 经学的发展演变 ……… 58
第四节 经学的学术派别 ……… 62

第七章 儒学 …………………… 65
第一节 儒学的产生背景 ……… 65
第二节 儒学的发展演变 ……… 66
第三节 儒学的深远影响 ……… 71
第四节 儒学的代表人物 ……… 73

第八章 史学 …………………… 77
第一节 史学的含义 …………… 77
第二节 史学的起源 …………… 78
第三节 史学的发展 …………… 79
第四节 史学的特质 …………… 83
第五节 先秦的史籍 …………… 86

第九章 佛学 …………………… 89
第一节 佛学的概念 …………… 89

第二节　佛学的历史 ……………… 90
第三节　佛教的宗派 ……………… 96
第四节　八宗的特点 ……………… 100

第十章　道学 ………………… 102
第一节　道学的内涵外延 ………… 102
第二节　道学的发展演变 ………… 104
第三节　道学的代表人物 ………… 105
第四节　道学的八大支柱 ………… 107
第五节　道家思想的影响 ………… 109

第十一章　中医学 …………… 112
第一节　中医学的含义 …………… 112
第二节　中医的发展史 …………… 112
第三节　中医学的基本特点 ……… 118

第十二章　文学 ……………… 123
第一节　中国文学的起源发展 …… 123
第二节　中国文学的多重含义 …… 126
第三节　中国文学的基本特征 …… 128
第四节　中国文学的四大体裁 …… 129

第十三章　戏曲 ……………… 134
第一节　戏曲的含义 ……………… 134
第二节　戏曲的起源 ……………… 135
第三节　戏曲的发展史 …………… 137
第四节　戏曲的艺术特色 ………… 140
第五节　戏曲的表演行当 ………… 141
第六节　戏曲的音乐特点 ………… 143
第七节　中国戏曲脸谱 …………… 144
第八节　中国戏曲剧种 …………… 145

第十四章　书画 ……………… 148
第一节　书法 ……………………… 148
第二节　国画 ……………………… 155
第三节　中国字画的形式 ………… 162

第十五章　天文学 …………… 164
第一节　中国古代天文学概况 …… 164
第二节　天文学的基本概念 ……… 167

第十六章　音律 ……………… 175

第一节　中国音律的起源 ………… 175
第二节　古代音律简史 …………… 176
第三节　古典诗歌的音律 ………… 178
第四节　古代音律常识 …………… 179
第五节　古代音律的划分 ………… 181
第六节　音律的艺术价值 ………… 182

第十七章　武学 ……………… 185
第一节　武学的含义 ……………… 185
第二节　武学的历史演变 ………… 186

第十八章　小学 ……………… 195
第一节　小学的源流 ……………… 195
第二节　小学的发展史 …………… 196
第三节　训诂学知识 ……………… 202
第四节　音韵学知识 ……………… 205

第十九章　饮食学 …………… 209
第一节　饮食的基本含义 ………… 210
第二节　饮食的发展史 …………… 210
第三节　饮食文化的特点 ………… 213
第四节　古代食雕艺术 …………… 214
第五节　菜系的形成与发展 ……… 215
第六节　饮食与健康 ……………… 216

第二十章　风雅学 …………… 219
第一节　琴 ………………………… 219
第二节　棋 ………………………… 223
第三节　茶 ………………………… 227
第四节　香 ………………………… 229

第二十一章　风水学 ………… 232
第一节　风水的基本含义 ………… 232
第二节　风水学的起源与发展 …… 233
第三节　风水和《周易》的关系
　　　　　　　　　　　　……… 236
第四节　风水学相关用语 ………… 237
第五节　风水学的流派 …………… 238
第六节　风水学的原则 …………… 239
第七节　风水学的科学性 ………… 241

第二十二章　金石学 …………… 243
　　第一节　金石的基本含义 ………… 243
　　第二节　金石学的发展源流 ……… 243
　　第三节　金石学著作的分类 ……… 246
　　第四节　金石学的现状 ………… 247
　　第五节　金石学与考古学 ……… 247
　　第六节　保存金石的西泠印社 …… 248

第二十三章　姓氏学 …………… 249
　　第一节　姓氏的含义 …………… 249
　　第二节　姓氏的源流 …………… 250
　　第三节　姓氏的创建 …………… 252
　　第四节　帝王赐姓 …………… 253
　　第五节　姓氏分布 …………… 253
　　第六节　姓氏著作 …………… 254

第七节　姓名与阴阳五行 ……… 257
第八节　家族中的字辈 ………… 257

第二十四章　农学 …………… 259
　　第一节　农学的含义 …………… 259
　　第二节　农学的发展 …………… 259
　　第三节　农学思想 …………… 261

第二十五章　其他 …………… 269
　　第一节　园林 …………… 269
　　第二节　祭祀 …………… 272
　　第三节　灶神 …………… 277
　　第四节　春节 …………… 278
　　第五节　元宵节 …………… 281

主要参考书目 …………… 282

上篇　总论

第一章　国学释义

国学是中华文化的基石，是我们国家和民族传承了数千年、具有丰富精神内涵的文化与科技思想体系和学术架构，是国之灵魂和民之圭臬。

国学研究和探索的内容不仅包括了中华民族的文明结构、历史规律、学术思想和人文精神，而且也涵盖了礼仪习俗、文学艺术、典籍文献和人物事件等各个方面的内容。

关于国学的分类，以学科分，可分为哲学、史学、宗教学、文学、礼俗学、考据学、伦理学、版本学等，其中以儒、释、道三家哲学为主流；以《四库全书》的分类方法，可分为经、史、子、集四部及相关的子目；也有的学者将国学分为小学、经学、史学、诸子和文学等。简而言之，国学是全面反映中国人文思想与人文精神的社会科学。同时，国学还包括了医学、戏剧、书画、星相、数术、金石、建筑等。所有这些，构筑成了国学的学术大厦。

关于国学的定义，现今有多种不同的说法。但大都普遍认为：国学，又称中国学，是指以中华文化与中国学术为研究对象的一门学问。但这些说法都有一个共性的问题，就是忽略了国学在不同历史时期的真实含义。对此，本章分别从古代、近代和现代的视角进行阐述。

第一节　古代国学的丰富内涵

古代的国学，横跨了社会科学和自然科学两大学术体系，是囊括中华民族各种科学思想的智库和精英文化，包括了哲学、儒学、佛学、道学、文学、史学、经学、医学、法学、数学、建筑学、天文学、历法、武术、音律、书画、艺术、戏曲等具有独自学术体系和思想内涵的专业学科。

归纳起来，古代的国学有六种含义：一指国家的正统学问，二指国家的主流学术，三指国家的最高学府，四指国家最高教育行政管理机构，五指经史之学，六指治国理政之学。

一、国家的正统学问

国家的正统学问，是指为统治阶层所推崇、具有正向能量、符合社会需要的学问，或者统治阶层不反对、不禁止、对国家和社会有积极作用的学问，如经学、儒学、道学、史学、医学等。但对于占卜、巫术、谶纬、祝由等非正统的学问，则一般不纳入国学的体系。

在不同的历史时期，国家对于正统的学问也有一定的差异性，如秦代崇尚法家，西汉独尊儒术，唐代儒道并重、诸学圆融，宋明崇尚新儒，乾嘉推重考据等。

《大学翼真》卷一云："其所谓小学、大学，皆国学也。"又曰："乡学、国学各自有大小，不可以乡为小学、国为大学也。"小学指考据、训诂等研究和诠释经典之学，大学指治国安邦、治国理政等正统之学问，是乡学、县学、府学、国学都需要学习的知识。《四书通·孟子通》云："庠以养老为义，校以教民为义，序以习射为义，皆乡学也。学，国学也，共之，无异名也，伦，序也。父子有亲，君臣有义，夫妇有别，长幼有序，朋友有信，此人之大伦也。庠序学校，皆以明此而已。"忠孝、仁恕、信义、纲常等，都是正统的国家学问。

二、国家的主流学术

国家的主流学术，是指国家名流和著名历史人物所创立并得到广泛承认和系统传承的学术思想，如老子、孔子、孙子、荀子、孟子、司马迁、孙思邈等古代圣贤与名家所传播的治国安邦理念和各种思想方法。张衍田先生在《国学教程》中，将国学定义为："国，国家；学，学问、学术。国学，就是一个国家特有的学问、学术。"

主流学术是由代表人物所引领的一种文化思潮，既有精髓是思想内涵，也有独自的门派见解。在中国历史上，以先秦诸子百家为代表的思想流派，归纳起来有儒家、道家、法家、墨家、阴阳家、纵横家、兵家、农家、杂家等九家，若再加上医家共计十家。

《宋书·卷十四》曰："孔子恂恂，道化洙泗；孟轲皇皇，诲诱无倦。是以仁义之声于今犹存，礼让之风千载未泯。畴昔陵替，丧乱屡臻，儒林之教渐颓，庠序之礼有阙，国学索然，坟卷莫启，有心之徒，抱志无由。昔魏武身亲介胄，务在武功，犹尚息鞍披览，投戈吟咏，以为世之所须者，治之本宜崇。况今陛下以圣明临朝，百官以虔恭莅事，朝野无虞，江外静谧。如之，何泱泱之风，漠焉无闻；洋洋之美，坠于圣世乎！古人有言：《诗》《书》义之府，《礼》《乐》德之则。实宜留心经籍，阐明学义，使讽颂之音，盈于京室；味道之贤，典谟是咏，岂不盛哉！疏奏，帝有感焉。由是议立国学，征集生徒，而世尚庄、老，莫肯用心儒训。"《晋书》卷八十三也有相近的文字记载。关于国家的主流学术，文中主要推崇儒家之学。坟卷，三坟九卷，指伏羲、神农、黄帝所传之经典。典谟，《尚书》篇章的分类名称，凡圣人之传称为典、贤人之传称为谟。如《尧典》《舜典》《大禹谟》《皋陶谟》等。

三、国家的最高学府

国学，也称为太学，是全国的最高学府，是培养国家高级人才的教育机构，也称为"造士"之学。在近现代西方的大学教育体系传入中国之前，国学是唯一的国家级"大学"，是集大成的高级教育模式。古代学子在考取功名之后，大多要到国学系统学习1～9年之后，才能外放为官，到全国各地担任地方要员。

在最高学府的国学中要学习哪些知识呢？首先，是古代经史文献的阅读和断句。对于先贤所传的各种文献，不仅要能够读懂和断句，而且必须领悟其微言大义。其次，要有交际能力和敬业精神，要有精勤和严谨的治学态度。第三，要博学百家、尊师重道，对所学的知识要进得去、出得来，须知工夫更在书本之外，不能唯本本是论。第四，能由博返约、去粗取精，并将所学的知识融会贯通应用到社会生活中。第五，能够将书本的知识变成自己的智慧，触类旁通、身体力行。只有这样，才能成为一名国家的栋梁之材。

《日讲礼记解义》卷四十载："王都及侯国之学，为国学。则又以教元子、众子及卿大夫之子，与所升俊选之士也。于每岁之入学者，间一年而考校焉。一年岁终，则察视其能，离绝经书之句读，辨别志趣之高下；三年则视其敬业而习无怠荒，乐群而交无睽贰；五年则视其博习而不限于程，亲师而不忘所授；七年则视其论学而能求其蕴，取友而能收其益，如此谓之小成；至于九年，致知而识之精，可以触类旁通，力行而守之，定可以强立不反，则谓之大成。夫然后以此大成之士，而官使之，则推所学于人，足以化民而易其污俗。使近者被其教而无不说服，远者闻其风而无不怀之，此乃大学所谓明新止至善之道也。"从这段文字记载可以看出，国学教育是古代"造士"的最高学府，只有经过国学的系统教育和培训，才能成为国家的栋梁之材。"造士"的过程并非一蹴而就，而是有一个长期的教育过程和严格的考核机制。

国学之建制，上古即有之，并将"五帝"之学纳入教学体系之中。五帝是指黄帝、颛顼、帝喾、尧、舜。关于国学，上古三代有不同之名称。《礼经会元》卷三下载："夏曰校，殷曰序，周曰庠，三代之有学尚矣。周人兼立四代之学，则其学正为尤详。今观其学之名，校、庠之名不见于《周礼》，惟州党之学则曰序，国学则曰成均，又曰瞽宗。董仲舒《春秋繁露》云：'成均，五帝学也。郑贾以为虞庠是也。'《礼记明堂位》曰：'瞽宗，殷学也。郑氏以为祭于学宫。观此则成均为周之庠，瞽宗为周之序，分而言之。有成均、有瞽宗，总而名之曰学。而庠、序，则乡学、国学之通称也。'周人以成均之法而治国学之政，岂非虞朝典乐教胄之遗法乎？以乐祖祭于瞽宗，岂非殷学乐人共宗之遗意乎？然考之《周礼》乡学，惟州长合民于州序，以教民乡射之礼，党正属民于党，序以教民乡饮而已，师氏虽亦地官之属，则惟国之贵游子弟学焉。夏官之属，有诸子者，春合诸学，秋合诸射，以考其艺，则亦惟国子之游倅尔。至于春官，大司乐则掌建国之学政，乐师则掌国学之政，大胥则掌学士之版，小胥则掌学士之令，是皆以教国之子弟……夫子弟之所以得入国学者，岂泛然而并进邪。王制之升于学者，必皆俊选之士，为民之最秀者，而后升焉。故大司乐合国之子弟有道有德者使教焉。"

地方学校，具有培养和输送人才的职能，对于特别优秀的才子可以直接举荐到国学。《明史》卷一百六十四载："学校者，风化之源，人材所自出，贵明体适用，非徒较文艺而已也。洪武中，妙选师儒，教养甚备，人才彬彬可观。迨来士习委靡，立志不弘，执节不固，平居无刚，方正大之气，安望其立朝为名公卿哉！宜选良士为郡县学官，择民间子弟性行端谨者为生徒，训以经史，勉以节行，俟其有成，贡于国学。磨砻砥砺，使其气充志定，卓然成材，然后举而用之，以任天下，国家事无难矣。"

古代的国学，历朝的建制有较大的差异。西周时期国家的最高学府称为"太学"，汉武帝承袭"太学"建制，作为传授儒家经典的最高学府。三国·东吴永安元年（258年）景帝孙休创建国学，设太学博士制度，诏立五经博士。西晋晋武帝咸宁四年（278年）初立国子学。这是中国古代教育史上在太学之外另立国子学之始。《晋书·卷二十四·职官志》记载："咸宁四年，武帝初立国子学，定置国子祭酒、博士各一人，助教十五人以教生徒。博士皆取履行清淳，通明典义者，若散骑常侍、中书侍郎、太子中庶子以上，乃得召试。"国子学限五品官以上贵族子弟方可入学。但国子学在西晋并不景气，尤其是西晋末年以后，时兴时废。南北朝时期的宋、齐、梁、陈、北齐等都先后建立了太学。刘宋末年的祖冲之曾就职于太学，他花了较大的精力来研究机械制造，重造指南车，发明千里船、水碓磨等，是我国南朝机械工程专业之肇始。祖冲之算出圆周率的真值在 3.1415926 和 3.1415927 之间，相当于精确到小数第 7 位，简化成 3.1415926，成为当时世界上最先进的成就。隋开皇初年，决定国子寺辖国子学、太学、四门学、书学、算学。开皇十三年（593年）国子寺不再隶属太常，成为独立的教育管理机构，复名国子学。国子学与太学并立，是专门研习儒家经典的经学学校。唐承隋制，武德元年（618年）设国子学，贞观元年（627年）将国子学改称国子监，同时成为独立的教育行政机构。宋沿唐制，分设西京国子监（今河南省洛阳市）、东京国子监（今河南省开封市），增辖武学。宋代国子监亦屡易其名，有时称国子监，有时称国子学，其职能具有二重性，一是作为官学最高管理机构，二是生徒就学的最高学府。辽代的中央官学中亦设有上京国子学、中京国子学、东京国子学、西京国子学和南京国子学。其中除南京国子学外，其他均无明文可考。金代的国子学于海陵王天德三年（1151年）始创，另在金世宗大定十三年（1173年）设有女真国子学，限金人子弟优秀者入学。

一般来说，国学包括孔庙、太学和学舍三大部分。现以北京的国子监、孔庙为例，来窥看其规模。

北京孔庙位于安定门内国子监街，是元、明、清三代祭祀孔子的地方。孔子曾被尊为"大成至圣先师"，故又称先师庙。孔庙始建于元代大德六年（1302年），至今已有600余年历史。明、清两代屡以修葺、改建，到了乾隆二年（1737年）大殿全部用黄琉璃瓦顶。光绪三十二年（1906年），祭孔升为大祀，又进行大规模修缮，原来正殿七间三进，改为九间五进，工程到1916年才完成。主体建筑顺次为先师门、大成门、大成殿、崇圣祠。前院东面有碑亭、神厨、省牲亭、井亭，西面有碑亭、致斋所，并有持敬门与国子监相通。

国子监是我国元、明、清三代国家管理教育的最高行政机构和国家设立的最高学府，又称"太学""国学"。它始建于元代至元二十四年（1287年），明代永乐、正统年间曾大规模修葺和扩建，清乾隆四十八年又增建"辟雍"一组皇家建筑，形成现在的规制。国子监整体建筑坐北朝南，为三进院落，占地面积 27000 多平方米。中轴线上依次排列着集贤门（大门）、太学门（二门）琉璃牌坊，辟雍殿，彝伦堂，敬一亭。古代在国子监读书的学生称为"监生"。国子监不仅接纳全国各族学生，还接待外国留学生，为培养国内各民族人才、促进中外文化交流，曾起到积极的作用。国子监主体建筑经历 700 多年依然保存完好，是唯一保存完整的古代最高学府校址。国子监以其悠久的历史，独特的建筑风貌，深厚的文化内涵而闻名于世。辟雍是国子监的中心建筑，是北京"六大宫殿"之一。辟雍古制曰"天子之学"。国子监辟雍建于清乾隆四十九年（1784 年），是我国现存唯一的古代"学堂"，是皇帝临雍讲学的场所。其建筑风格独特，为重檐黄琉璃瓦攒尖顶的方形殿宇。外圆内方，环以园池碧水，四座石桥能达辟雍四门。构成"辟雍泮水"之制，以喻天地方圆，传流教化之意。殿内为窿彩绘天花顶，设置龙椅、龙屏等皇家器具，以供皇帝"临雍"讲学之用。

四、国家的最高教育管理机构

古代的国学或太学，是国家的最高教育行政管理机构，相当于现今教育部的职能，负责指导全国的文化教育和人才选拔工作。国家有国学、州府有府学、各县有县学，并由此形成了覆盖全国的教育管理体系。唐宋以后，国学在多数的时候是最高教育行政主管机构、最高学府以及孔庙的综合体。关于国学的行政机构含义，《乐律全书》卷二十五谓："建立国学政务，其略见于《礼记》。"

西周时期，国家最高的文化教育主官称为"乐师"。国学由乐师掌管，负责背诵、吟唱、保存、传播重要的国家典籍和文化。古人认为，舞蹈既是文明智慧的结晶，也是养生保健的方法。在当时，由于缺乏便捷的书写载体，许多重要的史实和文化是通过背诵与吟唱来传承的。因此，国学归于乐师管理符合当时的历史背景。《周官总义》卷十四载："乐师，掌国学之政，以教国子小舞。凡舞，有帗舞、有羽舞、有皇舞、有旄舞、有干舞、有人舞。""舞有小大，大舞见于大司乐云门，大卷、大咸、大磬、大夏、大濩、大武是已。此乐师所教，止于小舞。小舞，小学也。古者，国子十三学乐、诵诗、舞勺；成童，舞象，学射御，无非教也。勺者，周告成大武之，诗也。象者，武王告成象武之，诗也。播为乐章，以教国子，则有是六者之舞。帗舞者，谓析众缯以为舞饰也；羽舞者，谓析众羽以为舞饰也；皇舞者，谓杂五彩羽以象凤凰来仪者也；旄舞者，谓执牦牛之尾以象百兽率舞者也；干舞，兵舞也；人舞，手舞也。此六者，小舞而谓之。国学之政者，以无非教国子者也。"

两汉之后，国学长期作为国家的最高学府和教育主管机构。古代之国学、太学、孔庙等往往是多位一体，孔庙在国学之中，国学在孔庙之内。大凡春秋两季，国学要举行祭祀大典，由主管教育的官员主持释奠典礼。国学的最高官员为国子祭酒。古代祭祀礼仪有一种叫浇奠祭祀，就是举起酒杯，向天祝祷，洒酒于地，执行这个礼仪的人叫祭酒。国子监是中国古代官立最高学府和官府名，传授儒家思想，其中最重要的礼仪就是祭祀，所以国子监的主管被命名为祭酒。晋武帝时，始立国子学，设国子祭酒和博士各一员，掌教导诸生。《南齐书》卷三十三载："四年初，立国学，以绪为太常卿，领国子祭酒。"

释奠是古代在学校设置酒食以奠祭先圣先师的一种典礼。《礼记·王制》："出征执有罪，反释奠于学，以讯馘告。"《礼记·文王世子》："凡学，春官释奠于其先师，秋冬亦如之。凡始立学者，必释奠于先圣先师。"最初释奠礼每年只有秋季一次，后增为春秋二次。从后齐开始，每月朔日，国子祭酒要带领博士以下及国子诸学生以上，太学四门博士、升堂助教以下，太学诸生，到大成殿的阶下"拜孔揖颜"。后来，人们又在阴历八月二十七日（相传为孔子诞辰）举行大祭。这一天的祭孔仪式隆重，连在私塾念书和在学堂里学习的学生也要放假一至三天，以示敬重。

《五礼通考》卷一百十七曰："自晋宋以降，时有亲行而学官主祭，全无典实。且名称国学，乐用轩悬、樽俎威仪，盖皆官备，在于臣下，理不合专。况凡在小祀，犹皆遣使行礼释奠，既准中祀，据理必须禀命，今请国学释奠，令国子祭酒为初献，祝辞称皇帝谨遣，仍令司业为亚献，国子博士为终献。""后世国学遣官释奠之始前，此盖学官自祭也。而州县以守令主祭，亦始于此。"

五、经史之学

古代的国学，有时往往专指经学或经史之学。所谓经史之学，实际上包括经、史、子三大部类，但其真实含义的范畴，在各个时代也略有不同。《旧唐书》卷十六云："文官已抽修国学"。经指经营世界的活动、奉若神圣的典籍。经学即经世济民、经天纬地、探究经典的学问。经学原本是泛指各家学说要义的学问，但在中国汉代独尊儒术后为特指研究儒家经典，是一种解释其字面意义、阐明其蕴含义理的学问。经学是中国古代学术的重要组成部分，以儒家的五经与十三经为主干。仅《四库全书》经部，就收录了经学著作 1773 部、20 427 卷。经学中蕴藏了丰富而深刻的思想，保存了大量珍贵的史料，是儒家学说的核心组成部分。

（一）关于《诗经》列入国学的记载

《毛诗注疏》："前汉鲁、齐、韩三家诗，列于学官。平帝世，毛诗始立。齐诗久亡，鲁诗不过江东，韩诗虽在，人无传者。唯毛诗郑笺独立国学，今所遵用。《毛诗故训》，传二十卷。"这里所说的"鲁、齐、韩三家诗"，是指三家为《诗经》作注的三大名家。

（二）关于《尚书》列入国学的记载

《尚书古文疏证》卷二载："晋裴頠为祭酒，奏修国学，刻石写经，是为晋石经。"《古文尚书冤词》卷二亦谓："至东晋豫章，内史梅赜始得安国之传，奏之，时又阙《舜典》一篇，于是始列国学。"

（三）关于《易经》列入国学的记载

《隋书》卷三十二载："昔宓羲氏始画八卦，以通神明之德，以类万物之情，盖因而重之，为六十四卦。及乎三代，实为三易：夏曰连山，殷曰归藏，周文王作卦辞谓之周易……梁陈郑玄、王弼二注，列于国学。"

（四）关于《礼记》列入国学的记载

《钦定礼记义疏》中，卷首即载："今周官六篇、古经十七篇、小戴记四十九篇。凡三种惟郑注立于国学。其余并多散亡。"

（五）关于五经列入国学的记载

《五经文字》（提要）载："熹平四年春三月，诏诸儒正五经文字，刻石立于太学门外。参书立名，盖取诸此凡三千二百三十五字，依偏旁为百六十部。"刘禹锡《国学新修·五经壁记》云："大历中，名儒张参为国子司业，始详定五经书。"

六、治国理政之学

在古代，治国理政之学也称为国学。修身、齐家、治国、平天下的情怀，就是国学的精髓所在。因此，治国安邦、济世为民是国学的重要内容，也是历代贤人志士终身为之奋斗的目标。

要治理好国家，既要懂得"道"，也要懂得"术"。道者，王者之道也；术者，贤才之法也。

道为规律、准则和战略。《礼记大全》卷五载："富而后教，理势当然。若救死恐不赡，则必疾视其上，而欲与偕亡矣。虽欲兴学，其可得乎？此篇自分田制禄、命官论材、朝聘巡守、行赏罚、设国学、为田渔、制国用、广储蓄、修葬祭、定赋役、安迩人、来远人，使中国五方各得其所，而养生丧死无憾，是王道之始也。至此，则君道既得，而民德当新，然后立乡学以教民，而兴其贤能。下文司徒修六礼以下，至庶人耆老不徒食，皆化民成俗之事，是王道之成也。"

术为方法、路径和战术。《礼记述注》卷五亦曰："此以下言国学，教国子、民俊及取贤才之法。乐正掌其教，司马则掌选法也。术者，道路之名，言《诗》、《书》、《礼》、《乐》四者之教，乃入德之路，故言术也。"《钦定礼记义疏·卷十八》载："此言国学教人之法。《诗》以理性情，《书》以道政事，《礼》以谨节文，《乐》以和心声，四者入道之路，则崇尚之。《礼》《乐》有度，数之习，故教之。宜于《春秋》、《诗》、《书》，则诵读而已，故教之。"

第二节　近代关于国学的认知

与古代丰富的内涵相比，国学的含义在近代出现了大幅度的缩减。因此，西学东渐之后，国学主要是相对"西学"而言，产生于中国的学术文化被称为"中学"，而"西学"则指产生于西方的学术文化。

近代关于国学的研究，以"五四"为界，分为前后两个阶段。这两个阶段的研究都在尝试寻求中国原有学术系统和西方现代学术系统之间的贯通，前阶段被动研究的成分更多一些，后阶段则注重于主动的研究。两个阶段虽然未融成一体，但反思历史、继承传统、弘扬国粹的目的和动机是一致的。

　　国学一词虽源于先秦，但与西学相对应的"国学"则是 1840 年以后的事。18 世纪与 19 世纪之交，有一批留学日美的学者认为，"国学"与"国粹"源自日本。认为日本早在德川晚期，即已出现了一批"国学者"。他们可以说是对日本儒学的反思，强调日本本土学术的主体性。这两个源自日本的名词在清末传到了中国，变成了"中国的国学"或"中国的国粹"。章炳麟、梁启超、王国维、刘师培等人都曾正式用过"国学"或"国粹"两字。持此观点在学者中还不在少数。我们认为，与西学相对应的国学，当是中国近现代学者对中国历史文化和学术思想的反思、觉悟和重构过程所提炼出来，留日学者只是起到了推波助澜的作用。

　　当时还有一个非常流行的名词叫"国故"，胡适说："'国学'只是'国故学'的缩写。""国故"与"国学"意思大致相近，章太炎先生的《国故论衡》，在民国时期流传甚广，所以"国故"之说也一时风行中国。"五四"以后，"整理国故"的运动便承之而起。

　　自明末以来，"西学"主要指西方的自然科学，当时称之为天文、历算。晚清冯桂芬《采西学议》（见《校邠庐抗议》）仍将"西学"等同于现代科技。甚至 1896 年梁启超编《西学书目表》，情况也没有改变。梁氏所收集的有关西学译注一共 300 种，它分成三类：第一类是"西学"，为上卷，包括算学、重学、电学、化学等，完全属于自然科学的范畴。第二类不称作"西学"而名之为"西政"，包括史志、官制、学制、法律、农政、矿政等，收在中卷，这些书都是关于西方各国如何处理实际事务的记载，确实和"学"扯不上关系。第三类是"杂类之书"，为游记、报章等，收入下卷，更不足以当"学"的称号了。《西学书目表》是一条最可信的证据，证明到 1896 年为止，中国人对"西学"一般的认识大体仍未超出自然科学及其技术应用的范围。最早扩大"西学"这一概念的，其功当归之于严复。1898 年 9 月 18 日，他在通艺学堂讲"西学门径功用"，第一次对西学做了比较全面的介绍。他首先在各种专门学科之上，强调"玄学"的重要性，其次又在自然科学之外揭出"群学"，包括政治、刑名、理则、史学等，即今天所谓社会科学（见《严复合集》第一册，台北：辜公亮文教基金会，1998 年，168－171）。所以这篇演讲词具有一种象征意义，即"西学"在中国知识人心中的重要性开始从自然科学转向人文研究。严氏所译诸书，如斯密亚丹《原富》、斯宾塞《群学肆言》、约翰·穆勒《群己权界论》、甄克思《社会通诠》等都刊行在 1901～1904 年之间，而上述"西学"从自然科学到人文研究的转向便发生在严译流行全国的时候，严复在这一重要转折点上所发挥的影响力是决定性的。从此以后，中国学人以"国学"与"西学"对举而进行讨论，其"西学"主要即指西方人文社会科学而言。

　　清末民初是"国学"兴起的阶段，它构成了现代中国人文研究的主流。以实质内涵而言，"国学"是中国本土的学术系统，但它自始便要求与西方学术系统互相沟通，并且在概念化方面受到了西方的影响。所以"国学"不能简单地视为乾嘉考证学的延续。

第三节　现代对国学的再认识

当今之国学，就像国旗、国歌一样，是一门可以代表一"国"的学问，是一门不可或缺的重要学科。因此，国学不能仅是传统之学、古老之学或国故之学，更不应该称为"旧学"或"国粹"之学。时代在发展、社会在进步，国学也需要不断创新，不断拓展新的视野。正因为如此，国学不能仅执着于人文文明的探索，而且更要发掘中华文明在自然科学中的成就，丰富和壮大我们的科学文明。只有这样，国学才能真正地立国品、升国格和壮国威，才能称得上真正意义上的国学，才能让子孙万代肃然起敬，让全世界更好地理解和认识中国。

余英时先生在《"国学"与西学》一文中，对当代国学热的兴起做了较为全面的分析。20 世纪 80 年代，在中断了 30 年之后，新一代知识人对西方人文学术和思想产生了无限的向往。与此同时，有关"中国文化""儒家""孔子"，甚至"国学"的讨论也开始出现，不过远不能与"文化热"相提并论。进入 90 年代，代之而起的则是"国学热"。与"文化热"一样，"国学热"也是一种自觉或不自觉的社会政治运动。

"国学"这个观念，在消失了四十多年之后，几乎一夜之间又在中国大陆上复苏了，并形成了一股热潮，许多著名的大学都开设了"国学研究"的专业课程，有的还成立了专门的研究与教学机构。与"文化热"等其他的热潮相比，"国学热"具有两个明显的特色：一是它的持续性，十几年来这股"热"不但未消退，而且还在继续增高；二是它的扩张性，即从学术文化界走向社会。"国学热"的社会化，尤其是最近几年的突出现象，电视上有各种"论坛"，著名大学附设"国学"训练班，培养企业管理界人士的"精神资源"，甚至有些地区出现小学生读《四书》《五经》的活动。大众传媒包括电视、报纸、杂志、网络则极尽推波助澜之能事。如果说"国学"是今天大陆上一个家喻户晓的词汇，大概不算是夸张。

关于第二阶段的国故研究，1922 年胡适为北大《国学季刊》所写的《发刊宣言》将"整理国故"的规划和意义陈述得非常清楚。这篇宣言是代表《季刊》全体编辑人写的（编辑共 11 人：胡适、沈兼士、钱玄同、周作人、马裕藻、朱希祖、李大钊、单不庵、刘文典、郑奠、王伯祥），写成后又经过钱玄同的修改，然后才定稿。所以《宣言》表达了当时"国学界"的共识，不是胡适一人的私见。《宣言》开头便说国学界正处于"青黄不接的时期，只有二五个老辈在那里支撑门面"。根据胡适的日记，我们知道这"二五个老辈"是王国维、罗振玉、叶德辉、章炳麟和梁启超。这恰可证明"整理国故"是直接继承清末民初的"国学"运动而起的。因此，无论在"承先"或"启后"方面，第二期"整理国故"和第一期"国学"都持基本相同的态度：在"承先"方面，《宣言》首先肯定清代 300 年的学术成绩为"整理国故"奠定了坚实的基础；在"启后"方面，《宣言》也主张从中国原有的学术系统向西方近代的学术系统转移，不过目的更明确，方法更自觉了。

《宣言》最有影响的部分是提出："国学的使命是要大家懂得中国过去的文化史；国学的方法是要用历史的眼光来整理一切过去文化的历史；国学的目的是要做成中国文

化史。国学的系统的研究，要以此为归宿。"在这一指导原则下，进行"专业式的整理"，包括民族史、语言文字史、经济史、政治史、国际交通史、思想学术史、宗教史、文艺史、风俗史、制度史，一共 10 种专史。《宣言》要求国学家先在各专史上建立起一个基本架构，然后综合成一部"中国文化史"的大间架。当然，无论是专史或是全部文化史的架构都是开放的，随时因研究的新进展而不断修订，但国学研究必以建立中国文化史的整体架构为最后归宿，则是"整理国故"的中心意义之所在。从 1922 至 1949 年，"整理国故"的大运动大体是朝着这一方向进行的。"五四"以来出现的"国学大师"，尽管治学途径各有不同，整体地看，都是在各门专史上做出了重大贡献的学者。他们之中，有些建立了专史的架构，有些更从专史架构上攀至通史的架构。

总之，前后两个阶段的"国学"研究，都在寻求如何打通中国原有的学术系统和西方现代学术系统之间的隔阂。

第二章　国学史略

从广义上讲，整个中国传统文化的发展演变过程就是一部国学的发展史。本章以时间为轴，以国学思想的纵向发展为内容，简要介绍我国历史上不同时期最具特色的国学思想和代表人物。

第一节　先秦诸子

春秋战国是中国古代历史上社会经济、政治急剧变动的时代，又是中国古代哲学兴盛和发展的重要时期。天人关系、道德仁义、礼法刑政等成为当时思想界广泛关注和探讨的哲学范畴，从而出现了百家争鸣的局面。先秦诸子人数众多、思想体系庞大，其中最有影响力的有儒家、道家、墨家、法家、阴阳家、名家等。

一、儒家

先秦儒家最有代表性的三位人物是孔子、孟子和荀子。在中国哲学中，儒家哲学以具有丰富的伦理观念和道德实践为其特色，注重人的自身修养，倡导建立一种和谐的关系。

孔子（前551—前479年），名丘，字仲尼，春秋时鲁国陬邑（今山东曲阜）人。儒家学派创始人，中国古代最著名的思想家、政治家、教育家。孔子阐扬、发挥仁、礼、孝、悌、忠、恕、德、中庸等思想理论，对中国的政治制度、文化传统和中国人的民族性格产生了深刻的影响。孔子的思想主体是仁礼学说，仁与礼是孔子思想的核心范畴，现有《论语》流传于世。《论语》是记载孔子及其学生言行的一部书，成书于春秋战国之际，由孔子的学生及其再传学生所记录整理。《论语》涉及哲学、政治、经济、教育、文艺等诸多方面，内容非常丰富，是儒学最主要的经典著作。

孟子（前372—前289年），名轲，字子舆，战国中期邹国（今山东邹城东南人），离孔子的故乡曲阜不远，是著名的思想家、政治家、教育家，亦是孔子学说的继承者。《孟子》是记载孟子及其学生言行的一部书。到南宋孝宗时，朱熹编《四书》收入了《孟子》，正式把《孟子》提到了非常高的地位。元、明以后，《孟子》又成为科举考试的内容，更是读书人的必读之书。

荀子（前313—前238年），名况，字卿，战国时期赵国猗氏（今山西安泽）人，著名思想家、文学家、政论家，儒家重要代表人物之一，对儒家思想有所发展，提倡性恶论，常被后人拿来与孟子的性善论比较，对重整儒家典籍也有相当重要的贡献。他曾经传道授业，战国末期两位最著名的思想家、政治家——韩非、李斯都是他的入室弟子，亦因为他的两名弟子为法家代表人物，使历代有部分学者怀疑荀子是否属于儒家学者，荀子也因其弟子而在中国历史上受到许多学者的猛烈抨击。清末学者谭嗣同在他的《仁学》中这样评价："（中国）两千年来之学，荀学也，皆乡愿也。"且不说乡愿的评价是否中肯，但可看出荀子学说的影响。

二、道家

道家的代表人物是老子和庄子，其最重要的论旨就是顺应自然、顺性而行，而不要刻意。

老子，姓李名聃，又称老聃，是道家学派的创始人。其《道德经》在五千年中华文化史上影响深远，老子的哲学讲"无为"，讲"道法自然"，即所谓"人法地，地法天，天法道，道法自然"。老子将"道"视为宇宙之本，而道之本性则是"常无为而无不为"。老子既反对儒家推行"以德治国"，又反对"以智治国"，指出："大道废，有仁义；智慧出，有大伪；六亲不和，有孝子；国家混乱，有忠臣。"

庄子，名周，宋国蒙人，著名的思想家、哲学家和文学家，世以"老庄"并称。《史记·老子韩非列传》中说，庄子之学无所不窥，"然其要本归于老子之言"，最早指明了庄子学派的思想渊源在于老子。可以说，庄学对于老子思想的继承表现为体系上的继承。庄子学派思想学说体系的核心，即自然无为的理论，便是从老子那里传下来的，即与老子天道自然无为的学说有着直接的渊源传承关系。但庄子之学又是独立的，是因为庄子学派在继承的基础上进行了很大的创新和发展，从而建立起自己独特的理论体系，而与老子思想学说有着某些明显的不同。

老子的学说除了强调自然外，还讲权术。老子说："柔弱胜刚强。"《老子》中处处强调这一点。后来法家的韩非也援引《老子》。而庄子抛弃了老子思想中讲权术的一面。章太炎的《论诸子学》中有"其术似与老子相同，其心乃于老子绝异"的说法。在道物关系上，老子和庄子也有不同，《老子》曰："道生一，一生二，二生三，三生万物。"庄子也认为道生万物，但庄子强调道在物中，认为道无所不在，甚至"在蝼蚁""在屎溺"。

后世道教以老子为教主，以《老子》五千言为诸道经之首，又神化庄子，将《庄子》以及《列子》《文子》《淮南子》等道家著作作为道教经典，使道教具备了较系统的理论基础。

三、墨家

墨家学派创始人墨子，名翟，是我国战国时期重要的思想家和哲学家。墨家、孔子所代表的儒家、老子所代表的道家共同构成了中国古代三大哲学体系，韩非子曾称其和儒家为"世之显学"，而孟子也曾说："天下之言，不归杨则归墨。"

墨子最为后世景仰的是他的十大主张，即"兼爱""非攻""尚贤""尚同""节用""节葬""非乐""非命""天志""明鬼"。墨子十大主张的推行实施是有具体针对性的："凡入国，必择务而从事焉：国家昏乱，则语之尚贤、尚同；国家贫，则语之节用、节葬；国家熹音湛湎，则语之非乐、非命；国家淫僻无礼，则语之尊天、事鬼；国家务夺、侵凌，则语之兼爱、非攻。"

墨子的思想可以概括为以下三点。

1."兼以易别"的兼爱精神　儒墨两家在"爱人"学说上，仍有重大的区别。墨子讲"兼爱"，与儒家的"别爱"是不同的，兼爱是"爱无差等"之爱，即不分等级、不别亲疏地爱天下人；而儒家之爱是在宗法制度和宗法观念的前提下，"亲亲有术，尊贤有等"的有差等、有区别的爱。

2."尚贤""尚同"的社会理想　墨子主张"尚贤"是为了实现"尚同"，即统一人们的思想、意志和行为。尚同的根本点在人世间是天子，在人世以外是天。墨子说："天下之百姓，皆上同于天子。"而"天子又总天下之义，以尚同于天。"由此可见，墨子寄希望于贤明的好天子，同时又在贤明天子的头上增加了一层制约的力量——神明的"天"。

3."尚力""非命""三表"的哲学思维　墨子提出"强力从事"的著名论点。他认为：人之所以与动物不同，在于动物只是消极被动地适应自然界，而人则能运用主体的能动性，通过努力劳动去改变客观现状。治乱、安危、贫富、贵贱完全是由人自身努力与否决定的。

墨家思想极重现世福祉，有浓厚的实用倾向，他们以当时社会的有用无用、有利无利为唯一标准，以"宗教""刑政""操作"为思想理路，反对一切无用的理想主义治世观，因此，《韩非子》里说："孔子墨子俱道尧舜，而取舍不同。"而吕不韦主持编写的《吕氏春秋》甚至只用一个字来归纳儒、老、墨三家，其《不二篇》提到："老聃贵柔，孔子贵仁，墨子贵兼。"

四、法家

法家是先秦时期提倡以法制为核心思想的重要学派，其思想源头可上溯于夏商时期的理官，春秋、战国亦称之为刑名、刑名之学，经过管仲、士匄、子产、李悝、吴起、商鞅、慎到、申不害、乐毅等人予以大力发展，成为一个影响很大的学派。直到战国末期，韩非对他们的学说加以总结、综合，集法家之大成。

法家有论礼与法之关系者，当首推早期法家慎到。慎到，与孟子同时，班固言其"先申（申不害）韩（韩非），申、韩称之。"从仅存的篇章来看，慎到论法，以"法"为治国的依据和尺度，在慎到的观念里，所谓"法"是和"礼"相并行的，慎到虽为法家早期代表，却不似后来的商鞅、韩非摒弃"礼"，表现出其思想的兼容性。或许这与他并未直接参与当时的政治实践，故在思想上显得温和而有所兼容有关。

商鞅（前395—前338），作为倡导和主持变法实践的代表人物，从现实的政治实践出发，明确提出了以"法"代"礼"的主张。与孔子的"上好礼"之论正相对应。所以，"法"和"刑罚"在商鞅的观念里始终占据着重要的位置。如果说，儒家孔孟荀是主张"礼本论"和"民本论"的话，那么，法家尤以商鞅为代表则是强调"法本论"和"君本论"。而商鞅并没有全然否定先王的礼法制度，只是要根据时势对其加以变革更替。

韩非（前280—前233年），韩国都城新郑（今河南省新郑市）人，战国末期杰出的思想家、哲学家和散文家。韩非是韩王之子，荀子的学生，李斯的同学。韩非总结法家三位代表人物商鞅、申不害、慎到的思想，主张君王应该将"法""术""势"三者结合起来治理国家，司马迁在《史记·老子韩非列传》中指出：韩非"喜刑名法术之学，而其归本于黄老。""韩子引绳墨，切事情，明是非。""皆原于道德之意。"可见韩非思想源于道家。韩非子著有《韩非子》一书，共55篇，10万余字，其观点是反对复古，主张因时制宜，主张法治，提出重赏、重罚、重农、重战四个政策。自秦以后，中国历代封建王朝的治国理念都颇受《韩非子》学说的影响。

五、阴阳家

阴阳家是盛行于战国末期到汉初的一种哲学流派，齐国人邹衍是其创始人。邹衍（前305—前240），一作"驺衍"，齐国人，阴阳家的创始人，也被称为邹子。

邹衍与道家的关系十分密切，其思想学说来源于稷下道家学派者，后总结阴阳五行学说独创阴阳家学派。阴阳家的学问被称为"阴阳说"，其核心内容是"阴阳五行"，阴阳学说是汉民族最重要的哲学思维之一。阴阳家思想将自古以来的数术思想与阴阳五行学说相结合，并进一步发展，建构了规模宏大的宇宙图式，尝试解说自然现象的成因及其变化法则。华夏民族的天文学、气象学、化学、算学、音律学和医药学，都是在阴阳五行学说的基础上发展起来的。

司马迁在《史记》中称阴阳家的学问："深观阴阳消息，而作迂怪之变。"《吕氏春秋》《淮南子》《春秋繁露》则直接受到邹衍学说的影响。

六、名家

名家思想即"名辩礼法以归于大道"的学说，名家作为名辩思潮的中坚学派，在先秦思想史上有其特殊的地位。名家的政治思想学说往往是从"名实之辩"中引申出来，又以其"名实观"加以论证。

名家最著名的代表人物有惠施和公孙龙。惠施即惠子，战国时期著名的政治家、辩客和哲学家，是名家思想中"合同异"的主要代表人物。在《庄子·天下篇》中，记载了和惠子的辩论，可以看到惠施学派提出了"鸡三足""火不热""矩不方，规不可以为圆""白狗黑"等21个命题。

公孙龙（前320—前250年）是名家在战国末年的代表人物。作为一位善于论辩的游士、谋士，公孙龙常年活跃于政治舞台上，他曾数次力劝诸侯国君停止相互之间无谓的战争。在学术思想上，公孙龙专注于对"名"的研究，是"离坚白"派的领袖，"白马""坚白"之辩等，是他名垂史册的主要辩题。就连公孙龙也曾自诩："龙之所以为名者，乃以白马之论尔。"

汉朝的司马谈指出："夫阴阳、儒、墨、名、法、道德此务为治者也，直所从言之异路，有省不省耳。"先秦诸子百家中，儒、道、墨、法、阴阳、名六家属第一流的大学说。汉以后，法、阴阳、名三家，其基本思想为儒、道吸收，不再成为独立学派，墨家中绝，唯有儒、道两家长期共存，互相竞争，互相吸收，形成中国传统文化中一条纵贯始终的基本发展线索。

第二节　两汉经学

经过百家争鸣，发展到汉代，最具代表性的思想是经学。经学孕育于先秦时期，发轫于孔子。秦代时官方设有博士官，但在秦始皇三十四年（前213年），秦始皇采纳李斯"焚书坑儒"的建议，将全国图书集中到咸阳城焚毁，六经除了《易经》之外，其他几乎未能幸免于难。而在焚书开始的第二年，即前212年，秦始皇在咸阳将460余名术士坑杀。"及至秦之季世，焚诗书，坑术士，六艺从此缺焉"。（《史记·儒林列传》卷一百二十一）秦亡后，项羽焚烧咸阳，再次致使大量先秦典籍消失殆尽，到汉代经学才又兴起。

两汉经学有今文经学和古文经学之分。今文经学和古文经学，是西汉末年形成的经学研究中的两个派别。所谓"今文"和"古文"，最初只是指两种字体。"今文"指的是汉代通行的隶书，由于历经秦火战乱，汉初儒家经典大都无先秦旧本，因此今文经指汉初由儒生口传，并用当时流行的隶书记录下来的经籍。"古文"指秦始皇统一中国以前的古文字，古文经指汉代前期从民间征集或孔子故宅壁间所发现的用先秦文字写成的经籍。传授经典的学者，所持底本是用战国时古字写的即为"古文家"，用隶书写的便是"今文家"。

今文经学认为六经皆孔子所作，视孔子为托古改制的"素王"，注重阐发经文的"微言大义"，主张通经致用，以董仲舒、何休等为代表，最重《春秋公羊传》。而古文经学崇奉周公，视孔子为"述而不作，信而好古"的先师，偏重训诂，与现实政治问题联系较弱，以刘歆、贾逵等为代表，最重《周礼》。

汉武帝所立五经博士皆为今文经学，今文经学长期垄断汉代官学。后今文经学逐渐陷入了僵化和烦琐，且又与谶纬结合，流于妄诞，西汉后期渐衰。同时，古文经学却不断发展壮大，王莽当政时一度得立学官，东汉后期逐呈压倒今文经学之势。

到了汉末，古文经学家马融、郑玄兼采今、古文之说，今、古文之争遂息。至清代，今、古文经学之争再起，古文经学的治学路数被乾嘉学派和章太炎等发扬，今文经学则为常州学派所复兴，并最终成为康有为推动变法维新的理论依据。

第三节　魏晋玄学

魏晋玄学是我国魏晋时期出现的一种崇尚老庄的思想流派。"玄"这一概念，最早出现于《老子》："玄之又玄，众妙之门。"王弼《老子指略》说："玄，谓之深者也。"玄学即是研究幽深玄远问题的学说。魏晋时注重《老子》《庄子》和《周易》，称之为"三玄"，而《老子》《庄子》则被视为"玄宗"。魏晋玄学的主要代表人物有何晏、王弼、阮籍、嵇康、向秀、郭象等。

一、魏晋玄学发展的四个阶段

1. 魏代的"正始之音"，属玄学的开创时期。主要代表人物有何晏与王弼。这时的玄学，以老子之学为主。在他们看来，整个世界"以无为本""以有为末"，认为"无"是世界的本体，"有"为各种具体的存在物，是本体"无"的表现。以王弼为代表的玄学家们崇尚老子的无为而治，认为儒家的名教出于道家的自然，治理社会要以道家的自然无为为本，以儒家的名教为末，主张调和儒道两家的思想。

2. 竹林时期，主要代表人物为阮籍与嵇康。这一时期从道家自然无为的思想出发，提出了"越名教而任自然"的主张，同时又都欣赏庄子的遁世逍遥的思想，具有以消极手段反抗司马氏的强权政治的寓意。所以这一时期的玄学家在老子之学之外，同时重视对庄子之学的研究。阮籍、嵇康的老庄学，为玄学从老学向庄学的过渡起了承前启后的作用。

3. 西晋元康时期，代表人物是郭象。郭象的玄学思想，以庄学为主，反对何晏、王弼的贵无论，提出了崇有论。他主张"有"的自生独化说，认为"有"是自生自化的，并不需要一个"无"作自己存在的根据，并得出了独化于玄冥之境的说法。郭象提倡名教即自然的儒道合一说，认为逍遥物外与从事名教世务本是一回事，因此，逍遥游并不是要遁世。

4. 玄佛合流时期。两晋时期佛教得到了很大的发展。佛教的大乘空宗思想与老庄玄学思想，一个讲"空"，一个讲"无"，具有表面上的类似之处。在玄学盛行的形势下，佛教徒们为使佛教得到更大发展，便纷纷以玄学来解释印度佛学，于是产生了佛教玄学。主要代表人物有道安、支遁、僧肇等。其中尤以僧肇的思想影响最大。僧肇著有《不真空论》与《物不迁论》等，从思想上对魏晋玄学做了总结。

二、魏晋玄学的基本特点

玄学思想虽然继承了先秦的老庄哲学，但与老庄哲学又不尽相同，具有如下特点。

1. 以"三玄"为主要研究对象　玄学家一般以研究《老子》与《庄子》为主，同时也研究《周易》，并以《老子》《庄子》注解《周易》。例如：王弼著的《周易注》与《周易略例》两书，就是以老庄解《周易》的代表作。在玄学家那里解释的易学，已经不是先秦时的易学，也不是汉儒象数学的易学，而是老庄化了的玄学的易学。

2. 以辩证"有无"问题为思想中心　魏晋玄学把老庄哲学中的"有无"问题当作讨论的中心课题。以何晏、王弼为代表的玄学贵无派把"无"当作世界的根本和世界统一性的基础。崇有论者裴頠则反对贵无思想，否认无能生有，认为有是自生的，自生之物以有为体。郭象也反对无能生有，提倡万物自生独化之说。

3. 以解决名教与自然的关系问题为其哲学目的　先秦的老庄学以崇尚自然、反对名教为基本特征，而魏晋玄学的老庄学，除了阮籍、嵇康之外，总的来说是以调和儒道、调和自然与名教为根本目的。王弼认为名教是自然的必然表现，两者是本末体用的关系，是统一的。郭象则提出了名教即自然的理论，认为"圣人虽在庙堂之上，然其心无异于山林之中"，所以道家的自然与儒家的名教是一致的。阮籍、嵇康的老庄学与王弼、郭象的玄学有所不同，嵇康主张"越名教而任自然"。

4. 以"得意妄言"为方法　玄学的主要代表王弼、郭象等针对汉儒支离烦琐的解释方法，强调在论证问题时应注意把握义理，反对执着言、象，提出"得意妄言""寄言出意"的方法。但在魏晋时期，对言意关系的理解分歧较大，大致有以下三种观点：一是荀粲的"言不尽意"论。认为儒家经典都是圣人之秕糠，如象外之意，系表之言，蕴而不出，因此言不能尽意。二是王弼的"得意妄言"论。强调认识问题主要是把握义理，而不必执着言象。这对提高理论思维水平有一定的积极意义，但也有否认言、象在深化义理认识中作用的倾向。三是欧阳建的"言尽意论"。认为理得于心，非言不畅；物定于彼，非名不辨，主张言能尽意。

5. 以"辩名析理"为其哲学的思维形式　魏晋玄学家重名理之辩，善做概念的分析与推理，因此玄学的思辨性很强，辩析名理成为玄学哲学思维形式的基本特征之一。

三、魏晋玄学的历史地位

魏晋玄学在中国哲学发展史上占有重要的地位。两汉时期除官方儒学外，道家思想也有很大发展。西汉初年的黄老之学曾经一度赢得了统治地位，成为官方支持的哲学。自汉武帝独尊儒学之后，道家受到排斥。但道家思想并未因此窒息，它作为官方儒学反对派的思想继续得到发展。一般说来，汉代的道家思想有两个特点，一是崇尚自然无为，二是维护尊卑上下的等级制度（即名教）。魏晋玄学正是紧紧抓住了这两个特点，展开了自然与名教之辩，用道家的自然无为学说，来论证贵贱等级制度的合理性，调和儒道两家的思想。

可以说魏晋玄学不仅上承先秦两汉的道家思想，克服了汉代经学的弊病，开创了糅合儒道学说的一个新的哲学时期，而且对以后的佛学，乃至宋明理学都产生了深远影响。它提出的"本末""体用"等宇宙本体论思想，与西汉讨论宇宙生成论的哲学相比，在理论思维上是一个很大的进步。

第四节　隋唐佛学

西汉末年，佛教由印度传入中国，其后佛教思想影响不断扩大，至隋唐而达到极盛。隋唐时期的佛教以其思辨的精巧和心性论的繁富逐步取代了玄学而征服了上层思想界。同时以其因果报应论、轮回说等"方便说法"及宗教实践赢得了下层民众的信奉，极大地冲击了传统的儒学。

隋唐时期，由于中土佛教八宗的建立，进入了八宗并弘的时期。八宗依其成立先后，分别是：隋朝的"法华宗"与"三论宗"，盛唐太宗时玄奘大师的"唯识宗"、善导大师的"净土宗"以及唐高宗时道宣律师的"律宗"，武则天时法藏贤首大师的"华严宗"，还有出现较早但真正发展弘扬始于唐代的"禅宗"，以及成宗立派较迟，在唐玄宗时期，由"开元三大士"开创之"密宗"。

一、隋唐佛教的八宗并弘

1. 法华宗　法华宗由智者大师主要依据《法华经》开创，因为他居住在天台山国清寺，故而又名天台宗。法华宗虽为智者大师所创，但一般皆溯源于龙树菩萨造《中论》《大智度论》。北齐慧文大师悟"一心三观"之旨，后传南岳慧思大师，并悟"法华三昧"而得六根清净。智者大师从慧思修习，得法华三昧之前方便，乃传其观法，且依法华而广宣教义，进而创宗立派，故后世有尊龙树、慧文、慧思亦为法华宗之祖师者。

法华宗是中国佛教最早创立的一个宗派。它集合南北各家义学和禅观之说，加以整理和发展而成一家之言，当时得到朝野的支持和信奉，对隋唐以后成立的各宗派多有影响。元明以后，该宗学者往往兼倡净土，形成"教在天台，行归净土"之风。该宗在汉族地区虽几经兴衰，但仍延续至今不绝。

2. 三论宗　与天台宗同时建宗的是三论宗。三论宗以《中论》《百论》《十二门论》为主要立宗的根据。一般人都以印度的龙树、提婆（三世纪）为宗主。此宗的学统，在印度是龙树—提婆—罗睺罗—青目—须利耶苏摩—鸠摩罗什。在中国则是鸠摩罗什—僧肇—僧朗—僧诠—法郎—吉藏。初祖龙树，是释迦牟尼后第一个重要的大乘佛教学者。其《中论》《十二门论》等，发挥缘起性空的学说，为大乘佛学建立了牢固的理论基础。

佛教东传中国以后，因为鸠摩罗什翻译《中论》《大智度论》等，而被尊为宗主。鸠摩罗什之后，僧肇、僧朗、僧诠、法郎、吉藏等大师，都是三论宗的弘传者，但一般认为吉藏大师是为三论宗开宗的大师。吉藏著作宏富，陈义精微，评判晋以来各家的学说，亦采取南北各派长处，大凡当时流行的经典，多为注疏，在此基础上，正式建立了三论宗。

当时，除吉藏一系而外，同时弘传三论的学者也不少，因此三论学说在初唐曾盛极一时。后来法相、华严、禅宗相继成立和流行，此宗逐渐不振。会昌禁佛之时，此宗章疏被毁殆尽，几成绝学。清代末年，海运畅通，杨文会居士始从日本将此宗失传的章疏著作取回，世人方能探讨而窥其全貌。

3. 唯识宗　唯识宗是唐初成立的宗派。这一流派的远祖为古印度时的无著菩萨（410—500 年）和世亲菩萨（约 420—500 年），后传到中国。中土唯识宗起源于玄奘弘扬和翻译唯识学，后由玄奘的弟子窥基创立宗派。

窥基大师常住长安慈恩寺，世称"慈恩大师"，故唯识宗也称为"慈恩宗"。又因为该宗从分析法相入手，以表达"唯识真性"，所以又称"法相宗"或"法相唯识宗"，主要经典依据有六部经书和十一部论书。唯识宗在宋、元、明之后慢慢衰微，但在清末民初，全国佛教学院都采用唯识学为教材，而得以新的发展。

4. 净土宗　中国净土宗的弘扬，始于东晋慧远大师在庐山结社念佛，慧远大师（334—416 年），以东林为道场，修身弘道，著书立说，30 余年迹不入俗，影不出山。他在庐山般若台译经，成为我国翻译史上私立译场的第一人。他于晋安帝元兴元年（402 年），约集信徒刘遗民等名士 123 人，在精舍阿弥陀佛像前立誓，共期死后往生西方佛国极乐世界。这是佛教史上最早的结社。

而净土经典之传译，以支娄迦谶为始，三国时代支谦、西晋竺法护、姚秦鸠摩罗什先后翻译出《观无量寿经》与《无量寿经》《阿弥陀经》，合称净土三部经，至此净土经典传译已臻完备。昙鸾是弘扬净土的先驱，从昙鸾开始提倡口称念佛，至唐代善导承昙鸾教旨，奠定净土教义，为集净土思想之大成者，以"三经一论"为教材，以"持名念佛"为方式的净土宗宗义和行仪得以完备地建立，所以善导为公认的净土宗实际创立者。

5. 律宗　律宗在中国真正开宗立派者是在唐玄宗时的道宣大师，因其集中国律宗之大成，故在中国的佛教界，一直以道宣律师的律宗为所归。道宣曾经参加玄奘大师译经的道场，受到玄奘的影响，而以大乘教义讲说《四分律》。

中国律宗因所依经论翻译部派之多，有《十诵律》《四分律》《摩诃僧只律》《五分律》等，彼此因所依不同，意见分歧，甚至同为四分律宗，也由于彼此解释不同，分为多派，称为律宗三家，分别是：法砺律师相的部律宗、道宣律师的南山律宗、怀素律师的东塔律宗。

律宗的祖庭是位于西安市西南 35 公里左右的终南山沣峪口内的净业寺，初建于隋，盛行于唐。30 岁左右，道宣结庐于终南山，后居净业寺，创设戒坛，制定传戒仪轨，所以他创立的律宗又被称为"南山宗"，尊称他为"南山律祖"。

6. 华严宗　武则天时代建立了佛教华严宗，华严宗真正的创始人是法藏贤首一大师，所以华严宗又称贤首宗，后人称为"华严和尚"，是为华严宗三祖。华严宗以《大方广佛华严经》为所依经论。华严经世称"经中之王"，分有四十华严（唐朝般若三藏译）、六十华严（东晋佛陀跋陀罗三藏译）、八十华严（唐朝实又难陀三藏译）等。

华严初祖为杜顺，二祖为智俨。历代各宗之中，华严宗所出的国师最多。贤首国师之下，从被唐德宗赐号"清凉国师"的澄观大师之后，到五祖宗密，华严宗经过五位杰出大师的发扬光大，与天台宗同为中国佛教思想史上两大重要宗派。虽然在宋元明清时期，华严宗没有禅净两宗普及，但直到清末民国时代，仍弘扬不断。《华严经》被称为经中之王，据说是佛陀悟道宣说的第一部经典。

华严宗义主要内容包括四法界、三观、十玄门、六相等，略述四法界如下：①事法界：界是分义，一一事法，有界限故。②理法界：界是性义，无尽事法，同一性故。③理事无碍法界：界有性分二义。盖理因事显，事依理成，理事交融，相得益彰。④事事无碍法界：一一事相，大如须弥，小如毫末，得理法界之熔融，皆随理性而普遍，彼此不相妨碍。这四种法界，代表了对世界的不同层次的认识，华严宗认为，只有事事无碍法界，才是佛智的最高境界。

7. 禅宗　禅宗，又称宗门，汉传佛教宗派之一，始于菩提达摩，盛于六祖慧能，中晚唐之后成为汉传佛教的主流，也是汉传佛教最主要的象征之一。汉传佛教宗派多来自于印度，但唯独天台宗、华严宗与禅宗，是由中国独立发展出的三个本土佛教宗派。其中又以禅宗最具独特的性格。菩提达摩于梁武帝年间自南天竺来到中国，有二祖慧可立雪断臂，志求佛法，终得达摩所传心印，为中国禅宗第二祖。直到唐代，六祖慧能时代，禅宗成为宗派，慧能以后，禅宗广为流传，于唐末五代达于极盛。记录六祖慧能说法内容的《坛经》也是中国佛教唯一被称为"经"的经典。

禅宗从达摩始百余年间皆以《楞伽经》相印证，故亦称为楞伽宗。达摩的三传弟子道信开始兼以《金刚》等经为典据，到了六祖慧能即以文句简单的《金刚经》义代替了《楞伽经》，其目的在于摆脱名相烦琐的思想束缚，而单刀直入求得开悟。禅宗祖师会运用各种教学方法，以求达到这种境界，其核心思想为："不立文字，教外别传；直指人心，见性成佛。"意指透过自身实践，从日常生活中直接掌握真理，最后达到真正认识自我。

8. 密宗　密宗，又称为真言宗。兴起于印度大乘佛教晚期7世纪至13世纪间，直至印度佛教被"印回相争"而遭全面破坏灭亡为止。密教虽在印度消失，却在中国、西藏、日本、韩国传播开来。

唐玄宗开元年间，三位印度僧人善无畏、金刚智和不空，他们来到中国传教，并创立中国佛教密宗，逐渐发展成为唐代中国佛教八大宗派之一，佛教史上称这三位僧人为"开元三大士"。这一时期的密宗也被称为唐密，以与后来传入西藏的密宗有所区别。

不空在大唐的宣教活动，主要在译经，不空三藏为我国佛经的著名翻译家，他总共翻译了110部43卷佛经和目录1卷，这些主要属密教经典。其中，以《金刚顶经》最著名，从善无畏开始，中经金刚智，到不空结束，中国密教从天竺传来后，其经典大体翻译完备。可以说，不空是最后一位集大成者，经不空的弘传，密教遂成为唐代佛教六大宗派之一。佛教史家称不空为密教三大创始人之一，而僧传则列善无畏为密教的创祖，金刚智为始祖，不空为二祖。

二、隋唐佛教的主要思想

隋唐时期佛教哲学的心性本体论对后世宋明理学心性论影响较大，尤其是陆王心学一派对其吸取借用较为明显。

隋唐佛教以心为一切精神现象的总称，认为心是宇宙的本原，万事万物产生于心，这在天台宗和唯识宗的教义里得到反映。天台宗的创立人智顗认为世界万物都是一念之心的产物。他说："此三千在一念习，若无心而已。介尔有心，即具三千。"把变化万千、丰富多样的客观世界归结为一心的意念活动。唯识宗倡"心法"说，认为"心法"是精神活动的根本主体，把"心法"分为八识，第八识阿赖耶识亦称心识，唯识宗最重此识，认为它是一切现象产生的根源，前七识亦由第八识产生，把宇宙千差万别的事物和现象说成是"心法"的产生。佛教以心为宇宙本体，以"心法"产生现象世界的思想在隋唐时期广为流传，成为中国哲学心性论发展史上的一个阶段。

佛教华严宗、唯识宗的心性论，其哲学思辨性和理论水平明显高于先秦及汉唐儒家心性论，对儒家哲学产生了冲击。发展到宋明时期为了扭转被动局面，理学家们在对佛教进行指摘的同时，又吸取借鉴了佛教的心性哲学，并加以改造和理论创新，从而在佛教心性论的基础上，大大发展了传统儒学的心性论。

第五节　宋明理学

宋明理学是产生于我国宋元明清时期的思想潮流，产生于北宋，盛行于南宋与元、明时代，清中期以后逐渐衰落，但其影响一直延续到近代。广义的理学，泛指以讨论天道性命问题为中心的整个哲学思潮，包括各种不同学派；狭义的理学，专指以程颢、程颐、朱熹为代表、以理为最高范畴的学说，即程朱理学。理学在中国思想史上占有特别重要的地位，它持续时间很长，社会影响很大，讨论的问题也十分广泛。

一、理学的思想流派

理学流派纷纭复杂，北宋中期有周敦颐的濂学、邵雍的象数学、张载的关学、"二程"的洛学、司马光的朔学，南宋时有朱熹的闽学、陆九渊兄弟的江西之学，明中期则有王守仁的阳明学等。尽管这些学派具有不同的理论体系和特点，但按其基本观点和影响来分，主要有两大派别："二程"、朱熹为代表的程朱理学；陆九渊、王守仁为代表的陆王心学。

1. 濂学　周敦颐（1017—1073 年），世称濂溪先生，著有《太极图说》及《通书》，是为濂派。其学说源自道家太极阴阳五行之说，从宇宙观讲到人生观，他认为宇宙的起源，乃由于"无极而太极"。"太极"是宇宙的本体，"太极"动而生"阳"，静而生"阴"。太极为理，阴阳五行为气（阴阳为二气，五行为五气），这是周敦颐的宇宙论之要旨。在人生方面，周敦颐认为阴阳五行配合得最恰当的就是人，所以万物中以人最为灵秀，禀太极之理，其五行之性，接受太极"纯粹至善"的理，故人之"性"亦本来是善。宇宙既由金、木、水、火、土五行构成，则人亦有仁（木）、义（金）、礼（火）、智（水）、信（土）五常。周敦颐的学说将宇宙论与修身为人之道糅合在一起。

2. 关学　张载（1020—1077 年），世称横渠先生，著有《东铭》《西铭》《正蒙》等。他认为万物的生长发展都由于"气"的聚散动静，一气之中又有"阴阳二性"，气的聚散有一定的规律，故物的形成有一定的秩序，这就是所谓的"理"。人亦由气聚而成，故亦得"性"的部分，故人具有"天地之性"和"气质之性"。"天地之性"就是朱熹所说之"理"，可以说张载是确立"气"在理学中心地位的理学家。张载在《西铭》中还提出了"民胞物与"的主张，以及"为天地立心，为生民立命，为往圣继绝学，为万世开太平"的抱负，被称为"横渠四句"，对后世学人影响极大。

3. 洛学　程颢（1032—1085 年）、程颐（1033—1107 年），程颢世称明道先生，程颐世称伊川先生，著有《语录》一书。"二程"幼年曾受学周敦颐，后居洛阳，是为洛派。宋代理学虽创始于周敦颐，而能确定宋代理学地位者，则为程氏两兄弟。"二程"认为，"一物须有一理"，天下万物皆可用理去理解，而且永远不变。程颐由此提出"用敬致知"之说，他认为"涵养须用敬，进学在致知"。程颢则衍生为"识仁"之说："学者须先识仁，仁者浑然与物同体，义、礼、智、信皆仁也，识得此理，以诚敬存之而已。"

4. 闽派　朱熹（1130—1200 年），学者称之为紫阳先生，为南宋人，讲学于闽，而成闽派。两宋时期，学术上造诣最深、影响最大的就是朱熹，他总结了以往的儒家思想，尤其是宋代理学思想，建立起庞大的理学体系，其功绩为后世所称道，而被称为朱子。朱熹的宇宙观，是以周敦颐的《太极图说》为本，融合邵雍、张载与"二程"之说，提出"理"和"气"。他认为宇宙万物都有一个"理"的存在，这个客观的"理"就是"太极"，即"人人有一太极，物物有一太极"，而"太极只是极好至善的道理"，及至表现而为具体的形象，则有赖"气"。朱熹提出"穷理以致其知""反躬以践其实"的主张，他认为修养的目的在于"存天理，去人欲"，方法便是要在"持敬"与"致知"方面用力。

5. 象山学　陆九渊（1139—1193 年），又称象山先生。陆九渊提出"心即理也"，号为"心学"，他说："宇宙便是吾心，吾心即是宇宙。"认为"本心"即是真理，可以采用"易简功夫"，只要"根本者立"，再"发明人之本心"，即在自省上下功夫，"一是即皆是，一明即皆明"，就可成为圣贤。他反对朱熹博览群书，"格物致知"，认为这种做法是"支离"。朱熹则讥讽陆学过于简易，这也是淳熙二年（1175 年），两人在信州（今江西上饶）鹅湖寺进行的"鹅湖之会"争论的主要内容。

6. 阳明心学　王守仁（1472—1529 年），号阳明，世称阳明先生、王阳明。是我国明代著名的文学家、哲学家、思想家、政治家和军事家，是"二程"、朱、陆后的另一位大儒，"心学"流派的重要代表人物。王阳明在继承陆九渊"心学"主张的同时，其思想体系中也有若干朱子学的因素。如陆九渊不讲理气，少讲心性与情感之间的关系，而这些王阳明却从不回避。阳明思想体系的核心是"致良知"，它包括心即理、知行合一致良知，以及万物一体之仁等几个方面，提出了"心外无物、心外无事、心外无理"的观点。王阳明所说的"心"指最高的本体，如说"心即道，道即天"，也指个人的道德意识，如说"心一而已，以其全体恻怛而言谓之仁，以其得宜而言谓之义，以其条理而言谓之理"，比陆九渊所说的个人本心含义更为广泛。王阳明死后，"阳明学"流行天下，影响很大。

二、理学的历史作用与影响

宋明理学对后世影响甚大，由朱熹发展并集大成的理学，成为其后几百年中国社会的统治思想。元朝恢复科举以朱熹的《四书集注》考试文人，明清两代也以朱熹的思想为科举的标准答案，康熙为《朱熹全书》作序说："朱夫子集大成，而绪千百年绝传之学，开愚蒙而立亿万世之规……虽圣人复起，必不能逾也。"

纵观宋明理学的思想，宋明理学实际上是儒学发展的最高形态，它以儒家思想为本体，汲取易学、佛学、道学中某些思想成分以丰富儒学理论，建立了以"理"或"心""气"为本位，以"格物致知"或"穷理尽性""致良知"为方法，以"内圣外王"为目的的哲学理论体系，使它具有在哲学思维的深度上、理论体系的严密精致上超过先秦子学、汉唐经学的成就与特色。宋明理学还是一种以道德为本体的人文主义哲学，确立道德为主体的独立性，追求人生精神价值，对培养气节情操，发奋立志，重视品德，以理统情等主体意识结构，以及人们的社会责任感、历史使命感等方面起着重要作用。

第三章　国学概论

国学博大精深，内容又相当广泛，时间上纵贯数千年，空间则涵盖南北的人文与生活经验，这些悠久的历史与经验都记载在历代典籍里，想了解国学的概况，必须借由历代文献来理解其中的内容与发展脉络。然而典籍浩如烟海，要想系统地理解，就必须借助以"辨章学术，考镜源流"为宗旨的中国目录学，才可事半功倍。

中国目录学将书籍做分类，自汉代以来对中国学术的七分，发展至清代《四库全书》的四部分类，可以说对中国历代书籍的发展做了梳理，也间接地呈现出历代学术发展的脉络与轨迹。在书籍内容分类之外，清代曾国藩曾将中国学术分为四类：一是考据之学，内容是考据文字、文籍及古物的学问；二是义理之学，包括经学、诸子学、玄学、佛学、理学、宗教哲学等；三是经世之学，就是自然科学、社会科学、应用科学和术数学整体的总称；四是辞章之学，指创作及批评文学与艺术作品的学问，这其中也包括非文字的其他艺术形态。这是从学术的内容做大致的区分，要更清楚理解国学的整体轮廓，则须对中国历代典籍有基本的概念，才能藉此掌握中国学术发展的源流与脉络，及其与典籍之间的关系。

第一节　古籍的分类

中国古代文献的载体是以布帛与简牍为主，限于这类载体的形制，记载的方式也就形成一篇一卷的形式，初时文章都是单篇别行，故而汉代以前没有后世的书册概念，形成以卷数作为判断古籍是否完整的重要标准。汉代的校理图书，基本确定了汉代以前图书的篇目卷数与文字内容，形成后世所谓某书几卷的基本形式。虽然中华民族重视文献，古代的藏书机构出现的时间很早，但对图书分门别类，编成图书目录却是在汉代才正式出现。之后随着纸的发明与唐宋时雕版印刷的出现，使得各种内容的书籍大量出现，这就使得某些书籍难以归类，衍生出新的书籍分类方式，即四部分类。书籍的四部分类从南北朝出现开始，直到清代编纂《四库全书》时，都以四部分类为架构，四库馆臣更对四部分类做了细致地分析与分类，最终达到中国古代书籍分类的巅峰。因此，要了解国学的内容，必先从"辨章学术，考镜源流"的目录学开始，方能掌握中国传统学术的大致面貌。

一、《七略》的六分法

在秦代，始皇帝为了管控天下思想而起焚书之祸，使天下书籍皆归于宫廷。至秦末楚汉相争，项羽又将秦宫所藏书籍焚毁大半，汉代建立时，与民休息，高祖广求书籍，宫廷藏书逐渐丰富。到汉成帝时，因为书籍久未整理，编秩散佚，故于河平三年，派遣谒者陈农求遗书于天下，书籍遂逐渐重新集中到政府机构。然而收集得来的书籍卷数不一，内容文字错误又多，成帝便命光禄大夫刘向校勘经传、诸子、诗赋三类书籍，步兵校尉任宏校兵书，太史令尹咸校数术，侍医李柱国校方技，再由刘向总其成。每一书校完之后，刘向会做一篇题要，内容条例一书篇目，概括其大意，称为"叙录"，随同本书一起奏上。但刘向整理书籍的工作还没完成就去世了，成帝便命其子刘歆接续父亲的校书工作，最终完成之后，刘歆将诸书题要编纂成《叙录》，作为图书总目，再加上其他校对好的书籍共为七类，名为《七略》。

《七略》的内容为辑略、六艺略、诸子略、诗赋略、兵书略、数术略、方技略等七类，扣除辑略为《叙录》的内容，是将汉代的中国图书分为六类。《七略》一书虽然早已失佚，但班固《汉书·艺文志》的门类全依《七略》遗规。

六艺略：《易》、《书》、《诗》、《礼》、《春秋》、《论语》、《小学》、《孝经》。

诸子略：《儒家》、《道家》、《阴阳家》、《法家》、《名家》、《墨家》、《纵横家》、《杂家》、《农家》、《小说家》。

诗赋略：《赋一》、《赋二》、《赋三》、《杂赋》、《歌诗》。

兵书略：《权谋》、《形势》、《阴阳》、《技巧》。

数术略：《天文》、《历谱》、《五行》、《蓍龟》、《杂占》、《形法》。

方技略：《医经》、《经方》、《房中》、《神仙》。

以分为六大类、三十八小类的部类来整理汉代的图书颇为合理，在其分类之中可以见到学术的发展，明白书籍的性质。其分类的方法主要是依照下列三个原则。

1. 依照书籍篇卷的多寡做分合　《七略》是依照书籍的卷数多寡做分类，当某书的篇卷较少，便会将之归附到相近的门类里；而同一性质的书籍卷数过多时，便再做细分，而不是归附在原来的门类。例如《七略》里下列史部，而将历史类书籍都归入六艺略·春秋类，因为当时的历史类书籍只有八家四百余篇，不能单独编成一略，所以将历史书籍都归在性质相近的春秋类下。

2. 依照书籍内容的相关性进行合并　"六艺略"中六艺是指六经，与《周礼》称《射》、《御》、《礼》、《乐》、《书》、《术》为六艺是同名异义。在六艺略里除了六经之外，还将《论语》《孝经》《小学》一并归在此类中，原因在于这三部书都是汉代学童共读的书，是要学习六经之前的基础；兼之汉人称《论语》《孝经》为传记，是用来解释经典，也是学习经书的入门读物。所以虽然六艺略标明六艺，但实际上是按书籍内容相关者合一部，实为九经。这样的做法，不但能够显示治经的门径，而且也能借此考见当时人治学的次第。

3. 依照书籍内容的差异性做分类　兵书、数术、方技这三类似乎应该是诸子百家的支流，应该并入诸子略里。但若是仔细查阅这三类书籍的内容，确实与诸子略的性质有所不同。诸子略所收之书大多为先秦诸子论述伦理政治方面的主张，多为自成一套体系的理论内容；但这三类的书籍则是更倾向于技术方面的内容，与论述思想的诸子之书相较，在学问方面有虚实的差异，因此不归入诸子略。清代章学诚《校雠通义》里说：

"《七略》以兵书、方技、数术为三部，列于诸子之外者，诸子立言以明义，兵书、方技、数术守法以传艺，虚理实事，义不同科也。"即是此理。

这是《七略》对汉代的书籍所做的分类，无论在分类方式还是"辨章学术"的角度上，都有其特出之处，是中国最具代表性的书目之一。

二、魏晋以后的四部分类

中国图书的分类方式，在魏晋以后通行四部分类。在魏元帝时，秘书郎郑默编《魏中经簿》，此书为六分法；到了晋武帝太康二年，汲冢书出，秘书监荀勖便根据《中经》为基础另外编了《新簿》，所用的分类为甲、乙、丙、丁四部。甲部的内容是六艺、小学等书；乙部是先秦诸子、近世百家、兵书、数术等书；丙部是历史类的记载书籍，包括宫廷记事、杂事等；丁部是文学类书籍，有诗赋、图赞、汲冢书等。以后世四部分类来看，荀勖《新簿》的顺序是经、子、史、集。后来晋元帝时的李充编纂《晋元帝书目》，才将甲、乙、丙、丁的顺序改为经史子集。

这时虽然已经出现后世的四部分类顺序，但对于两种分类方式仍多有改换，如南朝刘宋的秘书丞王俭编《元徽书目》时以甲、乙、丙、丁四部分类，另外又依照《七略》的六分法体例编《七志》与之并行。南朝梁代阮孝绪依照《七略》体例编纂了《七录》，内容分为经典录、记传录、子兵录、文集录、术技录、佛录、道录，虽然看似七类的分法，实则已经是以四部分类为基础而做的延伸，如经典隶属经部，记传隶属史部，子兵、术技、佛、道四隶属子部，文集隶属集部。隋代以后，虽有以《七略》体例为书目者，但多是辅助书目的功能，重要的书目分类方式便多以四部为主，凡是官修史志里的"艺文志"或"经籍志"、官方编纂的大部书籍（如《崇文总目》《四库全书》）、私家藏书书目等，大多依据四部分类的方式编纂，四部分类也成为中国图书分类的规则。

唐代以后出现的书目，仍有学者感到四部分类的不足，因此在四部分类的架构下再加以调整，成为编纂者个人独特的分类方式。如宋代李淑编《邯郸图书志》在四部之外另加艺术、图书、书法、绘画四类成为八志；郑寅《郑氏书录》则增加艺、方技、类而成为七录。郑樵《通志·艺文略》里则分为十二类，在经类之外又分礼乐小学三类，诸子类以外又立天文、五行、艺术、医方、类书五类，加上史类、文类成为十二。

细看这些书目所提出的新分类，可以发现大多是从子部里面分出，原因在于中国学术思想的发展脉络有两条：一是经学，二是子学。经学的书籍都已归类在经部，且历代虽在经学上有不同的特色，但仍是依据儒家经典所做的诠释，在书籍数量的发展上有其限制，不如子学来得兴盛。子学书籍并不全是研究诸子之书，而是在思想上、艺术上能自成一家、自成体系的书籍都可归类于子部，这类书籍随着时代的更迭变化，每代都有其特别的思想与发明，自然在书籍种类与卷数上要超过经部。目录学家为了使各部书籍卷数能够被更平均地分配，自然便从子部里分出其他部类，使各分类能够显得更为均衡。

四部分类在清代《四库全书总目》时达到极致，《四库总目》除了继承四部分类方式外，更重要的是将四部之下的小类做了合理的安排。《四库总目》共分四部、四十四类，经部十类、史部十五类、子部十四类、集部五类。每部之前有总序，每类之前有类序，小类之后间有按语，目的在于说明某类图书的学术源流及立类理由。总序是各部类之前对部类书籍内容与此部发展源流的总体说明；小序（类序）是指各类按类编排书目中的部序和类序，是对小类所收书目与发展源流的说明；解题是对每部书籍考订作者、书名、篇章卷数，并评论书中内容的优劣。这三种体裁在《七略》《汉书·艺文志》里都有，是书籍目录自古以来常见的编纂体例。

自《七略》的六分到《七录》的七分，再到《四库总目》的四分，古籍图书的分类方式是否一定会归于四部分类呢？清代章学诚说："《七略》之流而为四部，如篆隶之流而为行楷，皆势之所不容已者也。史部日繁，不能隶以《春秋》家学，四部之不能返《七略》者一。名、墨诸子，后世不复有其支别，四部之不能返《七略》者二。文集炽盛，不能定百家九流之名目，四部之不能返《七略》者三。抄辑之体，既非丛书，又非类书，四部之不能返《七略》者四。评点诗文，亦有似别集而实非别集，似总集而非总集者，四部之不能返《七略》者五。凡一切古无今有之书，其势判如霄壤，又安得执《七略》之成法以部次近日之文章乎！"章学诚提出的五点，实际上指出历代学术的流变与书籍数量的关系，由史部书籍数量增多而致另分一部，先秦诸子至后世多未能传其学以致消亡，因编纂与出版技术的进步而导致难以归类的各类书籍，都是使得四部分类取代六分法的原因。时至今日，我们所面对的时代是信息量爆炸的时代，自然也不能再以四部分类来规范信息范围，而须采用新的分类法，可知书籍分类实是与时俱进，是因应时代而出现。然而想要理解中国古代图书与学术源流，仍须对古代图书的分类原则有所理解，才能掌握国学大概，治学方能收事半功倍之效。

第二节　经部概述

"经"的本意是指书籍，并非特指儒家所尊崇的经典。《庄子·天运》云："孔子为老聃曰：'丘治诗书礼乐易春秋六经，自以为久矣，孰知其故矣。'老子曰：'夫六经，先王之陈迹也。'"此处的"经"指六种书籍，也指出儒家所尊崇的六种经典。汉武帝建元五年，设置了五经博士，有《诗经》三家、《春秋》五家、《尚书》一家、《礼》一家、《易》一家共十一家。儒学在此时受到推崇，儒家思想成为中国学术思想的中心。此后，不论官学私学，都以研习孔子思想与儒家经典为主要目标，因此有了经学的开展，"经"也就成了儒家典籍的专称。

儒家典籍历代以来有六经、五经、七经、九经、十三经之说。六经的名称最早出现在《庄子·天下》："《诗》以道志，《书》以道事，《礼》以道行，《乐》以道和，《易》以道阴阳，《春秋》以道名分。"这里不但将六经的名称提出，也对各经所述之宗旨内容做了说明。六经的先后顺序有两种排法，一是如《天下篇》的安排，为《诗》、《书》、《礼》、《乐》、《易》、《春秋》，另一种排法则是《易》、《书》、《诗》、《礼》、《乐》、《春秋》。六经本来只是六种书籍，因为书写的关系而有先后次序，其间不一定有深刻的内涵。但在汉代经学开始的今古文之争，就对这两种排列有了分别的说法。今文家与古文家的争论，是在于儒家经典出现的方式不同，各有所依据而产生的学派争论。今文家主要尊奉孔子为哲学家、教育家，认为六经为孔子所做；古文家则尊崇周公，将孔子视为先师、史学家，六经则为古代史料。按两家之言对六经的顺序，今文家支持第一种《诗》《书》《礼》《乐》《易》《春秋》的顺序，认为六经是孔子用以教人的书，此种安排是教学顺序，《诗》《书》为文字教育，《礼》《乐》是为人处事、陶冶性格的教育，《易》是了解人与万物的关系，《春秋》则是孔子的政治思想，藉褒贬史事来传达微言大义，以期达到大同的思想。古文家则支持第二种，他们认为按照书籍出现的先后，应当是伏羲化卦的《易》最先，有《尧典》《舜典》的《尚书》其次，《诗经》有商代的作品，《礼》《乐》是周公所作，《春秋》是孔子据鲁史所改写。历代经学的讨论常可见到今古文家由于见解与立场不同，对相同论题提出不同的看法，故研读经部书籍时，应当要注意论说者的身份与立场，才不至于产生误读与误解。

五经在汉代出现，即《诗》《书》《礼》《易》《春秋》。《乐经》不列在汉代经师博士之列，原因有两种说法：一是古文家认为《乐经》本来有书，但在秦末时已经亡佚；二是今文家的主张，《乐经》本无其书，只是《诗经》的乐谱而已。两者都有其理由，也都不能完全成立。较公认的说法，则是乐原本是合于诗而用于礼的，因此原本无书，但于《诗经》《仪礼》则可多见其记载，可知原有乐的存在。

汉代以后，又有七经、九经的说法，是在五经的基础做增加或细分，直到宋代"十三经"被提出来后，仍有人提出十四经、二十经的说法，但只是个人意见，未能造成影响。南宋光宗绍熙年间已经有了《十三经注疏》的合刊本，成为经部的一套丛书。

《周易正义》：魏·王弼、晋·韩康伯《注》，唐·孔颖达《正义》。

《尚书正义》：汉·孔安国《传》，唐·孔颖达《正义》。

《毛诗正义》：汉·毛亨《传》，郑玄《笺》，唐·孔颖达《正义》。

《周礼注疏》：汉·郑玄《注》，唐·贾公彦《疏》。

《仪礼注疏》：汉·郑玄《注》，唐·贾公彦《疏》。

《礼记正义》：汉·郑玄《注》，唐·孔颖达《正义》。

《春秋左传正义》：晋·杜预《注》，唐·孔颖达《正义》。

《春秋公羊传注疏》：汉·何休《注》，唐·徐彦《疏》。

《春秋谷梁传注疏》：晋·范甯《注》，唐·杨士勋《疏》。

《论语注疏》：魏·何晏等《注》，宋·邢昺《疏》。

《孝经注疏》：唐玄宗《注》，宋·邢昺《疏》。

《尔雅注疏》：晋·郭璞《注》，宋·邢昺《疏》。

《孟子注疏》：汉·赵岐《注》，宋·孙奭《疏》。

这里所列的十三部经书，实际上不全部属于"经"。如《易经》《诗经》《尚书》固然是经，但《春秋》左氏传、公羊传、谷梁传，则是"传"；《礼记》《孝经》《尔雅》则是"记"；《孟子》在宋代以前则属于子书。南宋时将这十三部书合刊成书，"十三经"一词才被确认与使用。此后，各家目录里经部所收录的书籍便多依照十三经注疏的范围。

清代《四库全书总目》对经部的分法，是将十三经与相关经典加以分合，成为十类：《易》、《书》、《诗》、《礼》、《春秋》、《孝经》、《五经总义》、《四书》、《乐》、

《小学》。这种方法更为全面地总结了清代乾隆年间以前的经学成果。首先五经、《孝经》各自成一类，将同经相关的传记都归于一类之下；其次，将合论诸经的书籍分出，归于"五经总义"之下；三是立"四书"一类，把南宋朱熹以后俨然成为经学主流的《四书》相关书籍归为同类；"乐"将儒家乐教、音乐有关的书收录一类；"小学"收录蒙学、文字学、声韵学、训诂学等书籍。

《四库总目·经部》的分类将《十三经注疏》里经、传、记皆同列的问题解决，并且更为合理地安排了清代以前各种与经学有关书籍的归类，确实是对经部书籍分类有很高的提升。理解《四库总目》的十分法，再加以阅读经部的总序，可大致理解中国经部书籍的发展脉络与内容。

第三节　史部概述

"史"的本义历来有三种说法，《说文解字》说："史，记事者也。从又，持中。中，正也。"《玉篇》说："史，掌书之官也。"《周礼》说："史，掌官书以赞治。"这三说的共同点都是指史为记事，在古代是掌书记事之官。担任这个职位的人，以手记录书写相关事件，记载的态度应事事中正公平，说明了古代史官所负责的工作与应有的态度。历史即为记事，记载的是人类社会发展历程里的一切活动，故而将此类活动以中正公平的心态全部记录下来，成为当时的记载，记载历史的书籍称为史书，归属于史部类。

史部书籍的数量随着时间而逐步增加，《汉书·艺文志》只将其归于"六艺略"，到了《隋书·经籍志》史部书籍已经分为十三类，分别是正史、古史、杂史、霸史、起居注、旧事、职官、仪注、刑法、杂传、地理、谱系、簿录。从这里可以看出史部书籍数量的增加，以及对于史部类的概念有所扩张。原本记录国家历史的正史之外，便无其他分类，至唐代《经籍志》时，已经将记录皇帝日常事务的起居注，与政治体制有关的职官、仪注，与法律有关的刑法，以及与历史发展有关的地理、记载书籍目录的簿录等，都已经纳入史部的范围，正因书籍的发展与时代紧密连接且与日俱增，才形成了这样丰富多元的史部书籍。

清代《四库总目》总结历代史部书籍，分为十五小类："首曰正史，大纲也；次曰编年、曰纪事本末、曰别史、曰杂史、曰诏令奏议、曰传记、曰史钞、曰载记，皆参考纪传者也；曰时令、曰地理、曰职官、曰政书、曰目录，皆参考诸志者也；曰史评，参考论赞者也。"要言之，以三种体裁分别，即纪传体、史志、论赞，纪传体是指以人物为中心所做的记录方式，史志是指历代史书里关于人物事件之外的相关事物的记录方式，论赞则是对历史人物或事件有所评论。这是从史籍撰写的方式来对书籍所做的分类，虽过于烦琐，但仍可呈现中国历代史部书籍的大致面貌。

具体来说，史部书籍主要可以分为"纪传""编年""纪事本末""政书"四种主要的写作体裁，以下略述这四种体裁，并举其重要书籍加以说明。

1. 纪传的体例　纪传是以人为中心展开的记录方式，是将事件系于人的传记里，称为"以人系事"，体例最初是由汉代司马迁《史记》而来。《史记》的体例共分五类：

一是"本纪",以帝王为中心,记载国的大事。二是"世家",以诸侯国为中心,记载年封世系、兴盛衰亡的事迹,分年按国记述。三是"表",以时间为中心,编排同类性质的大事。历史人物不可胜数,人各一传则不胜其传。因此表有提要、汇总的作用,用来补充本纪、世家、列传的不足之处。四是"书",以同类之事为中心,记载国家的政制,诸如礼乐、律历、天文、河渠、财政。五是"列传",以各社会阶层的人为中心,记载这些人物的事迹,这些事迹包括贤德、异行的为人、事功,以及边疆各国的概况。在这五种体例之外,还有司马迁对历史人物或事件的论断,称为"太史公曰",即为司马迁的历史评论。

司马迁《史记》记录的是上古到西汉武帝的历史,不仅限于汉代,称为"通史",而班固《汉书》记录的是汉代的历史,称为"断代史"。《史记》《汉书》对官方史书撰写的影响很大,《隋书·经籍志》说:"世有著述,皆拟马班,以为正史。"指出由于司马迁、班固的影响,后世官方史书写作体例都以此作为正史的体例,纪传体也就成为历代正史所使用的体例。

历代正史共有25部,分别是《史记》《汉书》《后汉书》《三国志》《晋书》《宋书》《南齐书》《梁书》《陈书》《魏书》《北齐书》《周书》《隋书》《南史》《北史》《旧唐书》《新唐书》《旧五代史》《新五代史》《宋史》《辽史》《金史》《元史》《明史》《新元史》,前四部称为"四史",25部里除《史记》《汉书》是当代之人所编外,其余23部皆是后代为前代所修纂的史书。

2. 编年的体例　编年是以时间为顺序,依序记载发生事件的人事,称为"以事系年",编年体史书最早的是《春秋左氏传》。《春秋》是孔子依鲁史改修而成,其中可见古代史官纪事的体裁。以《春秋》的体例,记录的内容又有历代的编年与一代的编年两种,前者即为通代,属于"通史";后者为断代,属于"断代史"。两种体裁皆出自《春秋》。

通代的编年最早是西晋时的《竹书纪年》13卷,书中文辞如《春秋》简要,纪事则同《左传》,内容包括有夏、商、周三代的纪事。此书原为墓中所得,经过整理后成为13篇,书名"竹书"为此书原为竹简,"纪年"则是因此书为编年体裁,应非原书名。书中所记与儒家之说多有不合,故流传不广,南宋时仅剩残余,经清代朱右曾、近人王国维重新辑校才重见较完整的面貌。

断代的编年最早是东汉荀悦所编《汉纪》30卷,依照汉高祖、吕后、惠帝直到平帝,共有12纪,叙事时间前后231年。本书内容基本出自《汉书》,体例按《左传》编排。内容组织紧密,文字简约,虽然所记不出《汉书》范围,但也有所删润,荀悦自称"撮凡举要,存其大意",确非泛泛抄录而成书,实可作为研读《汉书》的参考书籍。

编年体历代书籍除上述外尚有东晋·袁宏《后汉纪》、宋·司马光《资治通鉴》、南宋·李焘《续资治通鉴长编》、宋·李心传《建炎以来系年要录》、清·毕沅《续资治通鉴》、宋·朱熹《通鉴纲目》等。

3. 纪事本末的体例　纪事本末是以事迹为主,记述事件的详细始末。历史事件的发生、经过、结果都有相关性与连续性,且整体事件的时间可能连绵数十年甚或更久,若欲了解某事件的前因后果，就应以事件为中心做叙述，才可较为全面地呈现历史事件的始末。再者，正史的体裁为纪传体，同一事件可能同时被记载在相关人物的不同传记里，阅读时翻检不易，故而纪事本末的体裁可补纪传体叙述一事而跨数卷的不足。

纪事本末体裁的史籍最初是宋代袁枢所撰之《通鉴纪事本末》42 卷。袁枢在读《资治通鉴》时，苦于其书体裁为以事系年，翻检不易，因此将《通鉴》所记的事迹分为 239 个题目，自春秋三家分晋开始，至五代周世宗征淮南，前后 1300 余年，各依时间先后分别叙述，使事迹首尾完具，本末皆明。此后即有按此体例所成之书，清·高士奇《左传纪事本末》、明·陈邦瞻《宋史纪事本末》《元史纪事本末》、清·李有棠《辽史纪事本末》《金史纪事本末》、清·张鉴《西夏纪事本末》、清·谷应泰《明史纪事本末》、清·杨陆荣《三藩纪事本末》等八部书籍，加上袁枢《通鉴纪事本末》，合称"九朝纪事本末"。

此外，尚有清·马骕《绎史》160 卷，所用的也是纪事本末的体裁。本书记录的内容起自太古，终至秦末，卷首为世系图、年表，不入卷数；其次太古 10 卷，三代 30 卷，春秋 70 卷，战国 50 卷，另有别录 10 卷。写作方式依《通鉴纪事本末》的体裁，每事先立名目，详述事件始末，篇末再加论断。《四库总目》评论说："疏漏抵牾，间亦不免，而搜罗繁富，词必有征，实非罗泌《路史》、胡宏《皇王大纪》所可及。"给予此书不错的评价。

4. 政书的体例　政书是以记载国家文物制度为主体，是由正史的书志部分发展而来。正史里书志记载的是典章制度，但限于时代，只记载了某朝某代的制度，不能会通古今，因此唐代杜佑所撰的《通典》，便按事分类，分别叙述历代重要制度的沿革与发展，兼录时人的议论，解此表现制度在当时的评价与影响。《通典》共 200 卷，分为食货、选举、职官、礼、乐、刑、州郡、边防等八门，每门之下再分子目。由于《通典》着重的是典章制度和社会经济发展的重要历史事迹，且全书组织严密，条理分明，《四库总目》赞其："详而不烦，简而有要，原原本本，皆为有用之实学，非徒资记问者可比。"

杜佑《通典》之后，历代皆有依此体例而编纂的政书，宋·郑樵《通志》、元·马端临《文献通考》、清代"续三通"《续通典》《续通志》《续文献通考》、清代"清三通"《清通典》《清通志》《清文献通考》等，此九部书籍合称"九通"。

第四节　子部概述

"诸子"原指周代诸子百家的学术，"子"是古代五等爵位之一，因春秋战国时代的思想家们开创或承袭一家学派，受到人们尊重，因此以"子"来尊称他们，如孔仲尼称"孔子"、墨翟称"墨子"。这些思想家所创造的思想，多是精深而影响深远的学说，他们的议论由于持之有故，言之成理，因此言论便被记录纂辑成书，书名则以人名代之，如《庄子》《孟子》《荀子》。

先秦时期的子学兴盛，依班固《汉书艺文志》分诸子为九流十家。十家名称是儒、道、阴阳、法、名、墨、纵横、杂、农、小说，其中小说家不计，则为九家，也称为九流。九家里杂家的学说不成体系，阴阳、农、纵横三家的书皆已亡佚不传，因此现存只有儒、道、墨、名、法五家之书。各家名称的由来也不相同，如孔子说："汝为君子儒，毋为小人儒"，可知儒的名称当时为通称，泛指具备知识学问的人，而孔子又从德行上做要求，以成为"品学兼具"的君子儒自许，故称其学派为"儒家"，而不是按其学术内容来命名。墨家则因为崇尚实践、勤苦、节俭，因此常常面目黝黑，跟随学习的人称为墨者，是以其特征而得名。以学术内容命名的，如道家，他们主要讨论自然之道，故以此为名。又如阴阳家谈论阴阳变化、法家主张以法治国、农家谈论农事，都是从学术内容命名。

诸子之学的起源有两种说法，一是诸子出于王官，是班固《汉书·艺文志》所提出来，认为十家的学说都是由相关的官职所衍生出来的学派，所说十家与官职的对应是：

儒家者流，盖出于司徒之官（掌管教育）。

道家者流，盖出于史官（掌管典籍）。

阴阳家者流，盖出于羲和之官（掌管星象历法）。

法家者流，盖出于理官（掌管律法）。

名家者流，盖出于礼官（掌管礼制）。

墨家者流，盖出于清庙之守（掌管祭祀典章）。

纵横家者流，盖出于行人之官（掌管外交）。

杂家者流，盖出于议官（掌管谏议）。

农家者流，盖出于农稷之官（掌管农事）。

小说家者流，盖出于稗官（掌管野史记录）。

《汉书》所说的十家出自于十种官职的说法颇为牵强，因此近代胡适有《诸子不出王官论》一文，反驳了这样的说法，认为诸子与王官间的关系并不密切，不能就此推定诸子即出自王官。

班固之所以认为诸子出自王官，原因在于西周时期知识多是掌握在官方，平民能够学习受教育的机会很低，这是政教不分、官师合一的现象。但在孔子生活的时期，民间的私人教育已经盛行，知识由官方普及至民间，由此产生了许多的民间思想家，各自展现其创造的思想能力，建立新说，呈现出百家争鸣的学术盛况。这是知识由官方转向民间的转变结果。因此，钱穆说："谓王官之学衰而诸子兴，可也；谓诸子之学——皆出王官，则不可也。"应是较为通达且公允的说法。

子部书籍经过汉代的整理之后，《七略》里除"六艺略""诗赋略"外，其余皆属子学。汉代以后，子学随着时代发展，内容更为丰富多元，不但在既有的诸子学说基础上有所进展，外来思想如佛学、西学，也经由转化成为中国思想的一部分。清代《四库总目》子部将历代诸子之学分为十四类，以儒家为首，其后依次是兵家、法家、农家、医家、天文算法、术数、艺术、谱录、杂家、类书、小说家、释家、道家。这十四类包括几个部分，一是《七略》《汉志》以来的子部分类，这些是中国自先秦以来就有的学说；二是将汉代以后所出现的学说，若与旧有分类内容相近，则分入同一类；若是中国学术所没有者，便新增一类。前者如明代传入的西学相关书籍，则依照其内容分入医家、天文算法、术数、艺术等分类；后者有东汉传入的佛教思想，新增一类立为"释家"。

子部里较为特别的分类是"类书"，类书是一种把多种的文献资料，分门别类地辑录其中的词、句、段、篇，将这些条目抄纂成书，以便于查检与阅览的工具书。类书之属的书籍最早是魏晋时魏文帝下令编纂的《皇览》，将《皇览》收入子部的是《隋书·经籍志》，这是不得已的做法，因为这类编纂成册的书，在此之前未曾出现，严格来说又不属于四部的任何一部，因此将之归于子部，自成一类。这样的做法《四库总目》也予以继承，其说："类似之书，兼收四部而非经、非史、非子、非集，四部之内，乃无类可归。《皇览》始于魏文，晋荀勖中经部分隶何门，今无所考。《隋志》载入《子部》，当有所受之。"可见将"类书"归入子部也是不得已的做法。属于类书较为著名的有唐高祖命欧阳询编纂的《艺文类聚》、唐玄宗命徐坚等编纂的《初学记》，宋代四大书里的《太平御览》1000 卷、《册府元龟》1000 卷、《太平广记》500 卷，明代成祖命解缙编纂的《永乐大典》22877 卷，清代编成的《古今图书集成》《佩文韵府》《骈字类聚》等，都是历代重要的类书。这些类书有一个特点，卷帙庞大，搜罗丰富，尤其当某些书籍后世已经不可得见时，可从这些书籍里查找，仍可得见只字片语的记载，不至于全然无考。

第五节　集部概述

"集"的本义是群鸟聚集在树木之上，是聚合的意思，集部所收录的书籍大多为文集，文集是辑录某家著作关于学术或文学的各种文体而成，内容包括文、史、哲各类的文章，与经史子三部专以一家之言不同，有集合各种著作之意，故称文集。因此，凡是文人学士的著述不能归类于经史子三部者，皆归于集部。

集部书籍的内容范围是以中国文学为主，中国文学的写作类型分为两类，一类是韵文，即押韵、读诵时有韵律感的文体；一类是散文，即不押韵、无韵律的文体。韵文的发展历程，最早的文献是《诗经》《楚辞》，分别代表了周代的北方与南方的文学特色。《诗经》是中国最早的诗歌总集，《诗经》的作品包括六种写作特色，称为：风、雅、颂、赋、比、兴，前三种是从作品的内容来说，有十五国风、大雅、小雅、商颂、周颂、鲁颂；后三种是写作的方法，赋是"叙物以言情谓之赋，情尽物也"，即直述而不用比喻；比是"索物以托情谓之比，情附物也"，即用他物来譬喻所要说的事；兴是"触物以起情谓之兴，物动情也"，即触景生情、触物起情，与联想、会意的方式较近，而不同于比喻的方法。由于《诗经》所收录的作品以黄河流域流传的诗歌为主，因此是北方文学的代表，也是中国韵文之祖，对中国文学的发展影响深远。

《楚辞》的成书是刘向校书时所编定，书名按宋·黄伯思《翼骚序》说："屈宋诸骚，皆书楚语、作楚声、纪楚地、名楚物，故可谓之'楚辞'。"《楚辞》所收录的篇章都是描述南方长江流域的山川大泽、神话风俗的内容而得名，书中作者包括屈原、宋玉、景差、汉代贾谊、东方朔、严忌、王褒、刘向、淮南小山等。作品的写作方法多是直陈其事，内容则富于想象且文字瑰丽，是汉代辞赋的先声，因此被认为是辞赋之祖。

虽然《楚辞》属于总集的体裁，但自《隋书·经籍志》在集部以《楚辞》另立一类，此后历代书目皆依此例。《四库总目·集部总叙》说："集部之目，《楚辞》最古，别集次之，总集次之，诗文评又晚出，词曲则其闰余也。"也是以《楚辞》为集部第一小类，以《楚辞》为最初最古，可知其来有自。

别集、总集二类是按照书籍编纂方式区分，别集则是以个人作品为主，辑选某人的诗赋文章各方面的作品合为一册，如宋·苏轼《东坡全集》收录苏轼的诗文作品；总集是以作品为主所编纂的书籍，收录某个主题为主的多人作品，如《诗经》《楚辞》都是总集的形式。《楚辞》之后，较为著名的总集作品是梁代昭明太子萧统所编《文选》30卷。《文选》收录周代至南朝梁共七代130余家的诗文作品，选文标准最重要以"事出于沈思，义归乎翰藻"，不收录经、史、子部的文章，因为这三部文章的写作各有用意，与文学的概念不相符合，因此一概不收。《文选》编成之后影响很大，陆游有"文选烂，秀才半"之说，可见编纂之精与流传之深广。之后又有宋代李昉奉命编成的《文苑英华》1000卷，收录《文选》之后至于五代的诗文，用意在接续《文选》，分类编辑体例与之相近，但因应文体类型的增加，小类所分更为烦琐。此外历代重要的总集成果有宋代章樵编《古文苑》、姚铉编《唐文粹》、吕祖谦编《宋文鉴》、元代苏天爵编《元文类》、明代程敏政编《明文衡》、清代姚鼐编《古文辞类纂》、严可均编《全上古三代秦汉三国六朝文》、清代编纂的《全唐诗》《全唐文》，近现代编纂的《全宋诗》《全宋文》等皆属此类。

《楚辞》之后，别集、总集的分类内容已如前说，而诗文评则是较晚出现的书籍内容。诗文评是指对历代诗文的写作与内容提出批评，以刘勰《文心雕龙》最为有系统，书中提出文体论、方法论、批评论等方面。文体论里分中国历代著作为21种文体，并对其定义、内容、源流、价值等方面加以讨论，全面贯通其始末。方法论是对写作方式的看法，认为文章的写作应当要文质并重，以及反映当时的社会环境。批评论是关于应当如何进行文学批评以及提出文学批评的标准，刘勰认为批评的标准为三文、六观，三文指形文、声文、情文三方面来评论，六观则是"一观位体，二观置辞，三观通变，四观奇正，五观事义，六观宫商"。综合而言，要看选择的文体与内容是否搭配，写作的手法是否文质彬彬、念诵时音调是否协调、文辞是否富于感情、布局是否令人惊喜等方面。此外，刘勰也提出文学评论者所应具备的学识修养与评论态度，是全面性的文学评论著作。此外，历代也多有诗文评的著作，如梁代锺嵘的《诗品》、唐代司空图的《诗品》、宋代计有功的《唐诗纪事》、姜夔的《白石诗话》、严羽的《沧浪诗话》、明代王世贞的《艺苑卮言》、清代何文焕编的《历代诗话》、王国维的《人间词话》等，都是诗文评的作品，从中也可窥见文学批评的发展脉络。

文学另一类非韵文的写作类型是散文，散文作品最早是《周易》《尚书》，这两部书的内容写作并不押韵，而以直述论议为主要内容，后世散文的写作也以此为典范。散文形式在中国著作里随处可见，如先秦诸子论述哲理思想的文章就是散文形式，汉代司马迁《史记》也是将史学内容以散文的形式加以记录，而唐代以后常见的古文运动，所反对的都是华而不实、堆砌辞藻的韵文，要求回归到质朴、情真的散文内容，如唐代韩愈提出"文以贯道""以文为诗"的主张，到宋代"文以明道""文以载道"的说法，都是对于文章过于形式主义，内容却空洞无物的反响。集部收录的散文作品，多依作者而被编入个人别集或是诗文总集之中，虽然有称"文集"，多是诗文作品的合集，并非单录散文。

非韵文的文学作品除散文之外，尚有笔记小说之类，这类作品虽是文学作品，但按照学术源流的分类，被归类在子部小说家。小说最初的来源是"街谈巷议，道听途说者之所造"，是集体创作的结果。这类文学作品最初是由神话的描述开始，藉由将神话予以记录、历史化的过程，出现在汉代《史记》《山海经》的描述里，进而转变为南北朝以志怪、志人为主题的残丛小语，到唐代"传奇"形式的文学作品，就确立了中国小说的出现，这类唐传奇的作品多是文言的短篇小说，宋代时的话本也是接续唐传奇的形式，直到元明清时出现的章回小说，由文言转为白话，成为近现代白话小说的原形。

第四章　国学研究

　　国学的内容范围宽广，前章略述历代以来四部典籍的大致内容，然而要想进入国学的领域，研究国学的内涵，有必要了解一些基础研究知识。首先是了解古籍的历史演变，对古籍的形式与内容如何形成现代所见的图书样貌，应有所认识。有了基本的认识之后，才能选择正确的版本来阅读，以及辨别古书的真伪。其次是古文阅读与理解能力，借由对文字、声韵以及古书校读方法的理解，才能在阅读古文时有一定的掌握能力，不至于误读或误解。第三是了解四部书籍的读书研究方式，从四部书籍的内容特性入手，理解阅读四部书籍时所应侧重的方向与研读时的方法。

第一节　古书的版本与流传

　　关于古书的版本，首先要明白"版""本"是指什么，为何合称"版本"？在纸张还没有发明以前，古人记载文字的载体是以竹简、木牍为主，利用竹简、木牍来记事、抄书。东汉·王充《论衡·量知》里记载："截竹为筒，破以为牒，加笔墨之迹，乃成文字。大者为经，小者为传记。断木为椠，析之为版，刀加刮削，乃成奏牍。"说明竹简是用来记事、写书，木牍用来作为奏牍。木牍是将木头截断之后，剖析成为一块方形的木板，这块木板就称为"版"，因为形制较为方正，上面可以书写的文字较多，可数行并列，因此也称为"方"。"方""版"的意思相同。竹简则是将竹子剖成细片，经过一定的炮制程序之后，将文字书写在简上，竹简因为形制细长，所能书写的文字有限，通常仅容一行字。将竹简编连起来，就称为"策"，也就是"册"的意思。《礼记·中庸》有"文武之道，布在方策"之说，就是指记载在简牍之上。"版"的原义为木片，其义引申之后，竹简也可以称作"版"。

　　古人记事除了简牍之外，还有利用缣帛记事。将文字记载在缣帛上，有时缣帛的篇幅太大，不好收卷，因此有时在卷末的地方，粘上一根竹片，以此将帛书卷起。长沙马王堆出土的帛书里，就有如此从尾向前卷起成为帛书的例子。帛书卷起之后，叠架在柜子上，露出的竹片便称之为"本"，也就是书籍的下缘处。由此可知，"版"的出现指的是简牍，"本"指的是缣帛，"版""本"二字合称就是书册的通称。雕版印刷出现之后，"版本"的意思又有转变，成为印本的代称。

　　在雕版印刷之前，所说的版本应该溯源自石经。东汉灵帝时，曾将几部重要的儒家经典刻在石碑上，树立在洛阳城外。这是让读书人可以利用石经作为标准读本，利用石经改正自己手抄本的错误，没有书籍的人也可以利用捶拓石经来得到经书的拓本。之后历代多有刻石经，但其重要性逐渐降低，因为约在唐代中期时，雕版印刷已经开始流行，学者便转向重视由木板刻印的经书，雕刻石经也就从原先的实用意义慢慢变成象征各代重视经学的制式工作，而不能引起学者的关注。

从历代石经所刻的内容与保留下来的完整性而言，应属唐文宗开成年间刻成的开成石经最有价值。首先，开成石经所刻的内容是儒家十三经里的 12 部（无《孟子》），保留了唐代十三经的面貌；其次，开成石经的完整拓本现在仍有保存下来，可藉此明白所刻石经的内容，其他早期刻成的石经多已不全或仅余残片；第三，石经以楷书刻成，书写时保留当时的俗体字，对于研究历代文字的演变研究很有帮助。清代顾炎武、严可均、钱大昕都曾利用唐石经校对过十三经的内容，也检出不少今本的错误，可知唐石经是校读经文最可依据的本子，也可说是经文最早的版本。

雕版印刷出现之后，书籍流传的方法更为简便。雕版印刷大约出现在九世纪前后，约在唐代中晚期，最初只用来雕印佛像、佛经，唐代虽也用以刻书，但流传不广。直到北宋时，雕版印刷的书籍才逐渐地被学者们所接受，其中原因是宋代官方刊刻的历代正史，宣告官方认可这种书籍的生产与流传方式，也就带动了宋代雕版印刷的风气。这种官方主导的刻本称为"官刻本"，民间私人刻印的称为"坊刻本"或"家刻本"。"坊刻本"是指民间书坊校书之后自行刊印的本子，"家刻本"则是私人出资，请刻工刻印的书籍。宋代时，坊刻本的刻板印书是主要的书籍出版来源。据宋代叶梦得《石林燕语》说："天下印书，以杭州为上，蜀本次之，福建最下。京师比岁印版，待不减杭州，但纸不佳。蜀与福建多以柔木刻之，取其易成而速售，故不能工。福建本遍天下，正以其易成故也。"说明坊刻本的品质随着刊刻的地方有所不同，较为著名的刊刻地有三个，分别是浙江杭州、四川、福建建阳，这三地所刻印的书籍分别称为浙本、蜀本、闽本。

三种刊本里，以浙本质量最佳，无论在内文的校勘与雕版的版式上，都是雕版印刷发展至成熟的表征。蜀本的特色是字体稍大，因此称为"蜀大字本"，虽比不上浙本的精良，但也是好的、可参考的版本。较差的是闽本，福建地区刻书所使用的木材质地较软，刷印数次之后容易有漫漶不清的现象，兼之为求刊印快速，内文校勘粗糙，因此普遍被视为品质较差的本子。此外中国各地也有刻印书籍的书坊，只是规模与群聚并未如这三地，故而说宋代刻书多以浙、蜀、闽三地为代表。

历代刊刻的书籍都各有特色，一般以时代称呼各代刻本，如宋刻本、元刻本等。传世的刻本里，以宋刻本为最早，但因时代久远，流传至今的书籍数量不多，也多非全本。继宋之后的元代刻本，也成了被重视的本子，常与宋刻本并称"宋元"。到了明代，刊书的风气大盛，官方的刻书有国子监的"监本"外，尚有当时司礼监刊刻的经本，称为"经厂本"。"经厂本"虽装帧精美，但内容校勘不精，因此不为世人所重视。清代的官方刻本有"殿本"，是康熙年间在武英殿设修书处所刊印的本子，校勘、版式极工。

古代书籍在不断地重复抄写、刊印的流传过程中，内容难免有所舛误。尤其明代在刊刻古书时，喜欢以己意擅改古书文字，并且有删去旧名另立新名的现象，若不明白古籍的版本发展，误读校勘不精的本子，就可能会出现错误的理解。因此，要读古书之前应晓得先求善本，才不至于误读。何谓善本？清代张之洞《輶轩语》说："善本之义有三：一足本，无阙卷，未删削；二精本，一精校、二精注；三旧本，一旧本、二旧钞。"古籍的善本首先是要首尾完具，中间内容没有缺卷的为佳；第二是经过精心地校注过的本子；第三是时代愈古的印本或抄本愈好。由此来看，张之洞重视的善本是从内容上完整且精校精注的本子，而不仅仅是以时代愈早愈为善本。旧本值得重视，但仍要仔细辨别内容，才不至于因为误信旧本而推出错误的结论。

"读书宜求善本"，在国学研究时若能利用历代目录里的著录，并且认识古籍的版本流传与古籍善本的定义，就能避免选择错误的版本，造成误读与误解。书籍经过传抄雕刻，不免会写错或刻错一些字，读书若遇着误本，便会以伪传伪，带来不善的后果。所以读书必求善本，是十分必要的。

第二节　古代汉语与古籍校读

1. 认识古代汉语　"读书必先识字"，中国古代书籍都是用汉字书写，想阅读自然需要读懂汉字，若不能认识汉字，根本读不下去。秦汉以后的书籍，虽然比先秦时期的易于理解，但其中仍有许多地方采用古字古义，这些用法与现代汉语不同。要对汉字的发展与语法，有知其所以然的理解，这样才能够解悟其中的原意。因此，"识字"就成为研究中国古代书籍的首要工作。

古代称学习文字为"小学"，视为经学的附庸。近代因学科分类，称为"文字学"，作为专门学科，从其广义的内容来看，学科内容应该包括字的形体、声音、意义三个部分，因为汉字的结构都是由形、声、义三者构成，是不可分的整体。而后随着学科专业的细化，又分为文字学、音韵学、训诂学三种专业。但实际上三者很难断然区分。因此，从研究的角度来看，虽可分为数科，但若从方便阅读古籍的角度而言，三者应为一体，应当一起认识。

古代汉字的发展是循着由少至多、由简至繁的规律发展，清代《康熙字典》收录汉字有 42 174 字，到现代《汉语大字典》收录 5.4 万余字，可说极其繁富。然而一般知识分子，乃至专家学者，经常牢记和运用的汉字，只不过二三千字，甚或少至 1500 字便够用，这是由于汉字在运用方面所具有的灵活性。一个字随着在文章或句子里的位置不同，不仅含义会起变化，音读也会有所差异，有些地方使用文字的本义，有些地方则使用文字的引申、假借义。本义虽然简单，但引申义与假借义却变化无穷，所以一个字可以当作数个字使用，少数一些字，甚至能代替十数个字使用。因此经常只要记得几千字，无异于记住数万字。

一个字可以代替若干字使用，在古代书籍中是经常出现的，所以在阅读史部类书籍时，特别是有关古代史的材料，必须先了解古代汉字的本义、引申义和假借义，才能清楚每个字的原意，不致认错字、读错音。例如"说"字原本指以言辞解释，如《墨子·经上》："说，所以明也。"可借用表示"悦"，如《论语》第一句"子曰：学而时习之，不亦说乎"的"说"，应该读为"悦"，与"悦"意思相同，意为心中解开郁结；可借用表示"脱"，《易·蒙卦》："用说桎梏。"干宝注："说，解也。"《诗·大雅·瞻印》："女覆说之。"《后汉书·王符传》引作"汝反脱之"，可知是借"说"表"悦""脱"两字。这些都是"说"字假借为另一个字使用，这在古籍中是常见的例子。

这时或许会产生一个疑问：既然各有专字来表达本义，为何还要在使用时借用相近的字呢？东汉经学家郑玄说："其始书之也，仓促无其字，或以音类比方假借为之，趣于近之而已。"说明古代汉字在运用之际普遍采用假借的原因，在于写作的时候一时之间忘记某字的写法，只得找一个同音或音近的字来代替。这自然是原因之一，另一个原因则在于古人运用文字时，每每习惯使用笔画简省的字来代替笔画繁复的字，特别是在一群形声字中，习惯于用一声符来代表若干同此声符的字，因此形成使用假借字的现象。

古书的写作用字既然是以假借为多，那么我们在理解古书时，便应该找到它的本字，照本字去读，才会文通句顺；如果按照假借的字去理解字面的意思，必然隔阂难通，甚至把原意弄错。如清代王念孙的《读书杂志》、王引之《经义述闻》里，多有记载历代注释里因为不明假借而造成的错误。以下略举数例说明：

借"光"为"广"，注释者误以为光明之光：

《尚书·尧典》："光被四表。"即为广被四表的意思。

借"求"为"逑"，注释者误以为干求之求：

《诗·桑扈》："万福来求。""求"当读作"逑"，是聚合的意思。"万福来求"犹言万福来聚。

借"亡"为"忘"，注释者误以为灭亡之亡：

《诗·角弓》："民之无良，相怨一方，受爵不让，至于己斯亡。"这里的"亡"是"忘"的假借，意思是只怨别人不让己，却忘了自己没有让过别人，正是说明"民之无良"那种厚责于人的作风。

借"径"为"经"，注释者误以为行径之径。

《春秋左氏传·僖公二十五年》载："昔赵衰以壶飧从，径馁而弗食。"这里的"径"当读作"经"，"经馁而弗食"是指历时甚久，寝饿而不敢食。

借"取"为"聚"，注释者误以为劫取之取：

《春秋左氏传·昭公二十年》："郑国多盗，取人于萑浦之泽。"这里的"取"当读作"聚"，指郑国盗贼众多，贼人都聚集在密生芦苇的沼泽里。

以上数例可以发现，假借的方式大多是以音为主，原因如郑玄所说，或是取之双声；或是取之叠韵。当然也有因字形相近而做的假借。大致而言，古籍里用借字的占十之七八，用本字约占十之二三，如果不能注意古人用字的习惯，便容易将古人原意弄错，不仅不能理解群经诸子，就连《史记》《汉书》这类的史传都不容易读懂。

对古代文字、声韵、训诂没有素养的人，要想理解古书的文字内容，有两种方法，首先必须依靠注解，注解会介绍难字的读音、意义，藉由注解的帮助，就能较快地掌握文字意思。现代较具规模的古籍出版社、大学出版社多有出版常见古籍的现代注解，是阅读时较好的选择。第二要经常使用编纂精良的工具书，有时遇到注解没有解释，或说得不很透彻时，就必须凭借工具书来解决问题。例如清代阮元主持编纂的《经籍籑诂》，就是荟萃经典故训所编成的大书，以抄录排比的方式，将历代传注家的解释综合地编排在一起，不加任何的思考与考证，使我们每翻检一字而众意皆备，如同现代编纂的《汉语大字典》一般，对研究国学帮助尤大。

2. 辨明古籍句读　理解文字的含义之后，进一步要了解古文文句该如何点断。古代书籍除了童蒙读物之外，绝大多数是连续书写，其间并没有圈点和句读的标示，因此在读书之前，必须先把句读弄清楚。如《礼记·学记》说："一年，视离经辨志。"郑玄注云："离经，断句绝也。"按照郑玄解释"离经"的意思，就是指将句子在语气完结之处断开。《礼记》与郑玄的说明，证明古人在读书学习时对文章句读的重视。

句读音"具豆"，是指对古文的点断，也就是标点。句与读分别而言仍是有所差别，大致上若一句话语气已经完结，称为句；语气没有完结，但可以稍加停顿者称为读。句的点断符号是在句子的末字旁加一小圈，如同今日的句号；读的点断符号是在语意没有完结处，便加一小点，形式如同今日的顿号，作用则同逗号。

句读的点断是否正确，有时将会影响对文字意思的理解。如《论语·乡党》里的"厩焚子退朝曰伤人乎不问马"一章，可有三种点断方式：

第一是"厩焚，子退朝，曰：'伤人乎？'不问马。"

第二是"厩焚，子退朝，曰：'伤人乎不？'问马。"

第三是"厩焚，子退朝，曰：'伤人乎？''不。'问马。"

三种句读的方式不同，解释的意义也就不同。

古人说："学识如何观点书。"这是很有道理的，因为一个人如果没有学识，甚至文理不通，虽然进行古书的标点工作，必然会招致不少错误，或完全无法句读的情况。若遇到难字僻词，更是考验自己能力是否能够正确地句读，这些自然代表了学识的能力。如果能在古书句读方面下功夫，一方面能够扩展自己对古书的视野，一方面也能养成自己直接阅读古书的习惯，对国学的研究能力将会大大提升。

3. 利用古代传注　由于古书流传久远，对于书中文字的理解与篇章的分析与现代差异太大，因此必须依靠历代以来的传注，帮助我们来理解古籍的内容。传、注就是解释的书籍，历代的传注家就像翻译员一样，会尽量设法将古人的语言转变为后世能理解的语言，虽然这样的过程并不保证全然正确，但大多数的传注仍是比较可靠。后人就依靠这些传注的解释，来认识时代久远前的文字内涵。清代陈澧《东塾读书记》说："时有古今，犹地有东西、有南北，相隔远则语言不通矣。地远，则有翻译；时远，则有训诂。有翻译，则能使别国如乡邻；有训诂，则能使古今如旦暮。"这段话说明了传注的用处，是用来弥合古今时间差距所造成的理解差异，当中提到的"训诂"，据唐代孔颖达解释："诂者，古也；古今异言，通之使人知也。训者，道也；道物之貌以告人也。"这将"训诂"的含义与功用说得很明白，即用易懂的语言来解释古代难知难懂的语言文字，让人明白古代文献语言记载的含义与所描述的事物样貌。

古代传注的体裁有许多种，各种体裁所使用的体例、形式也多有不同，约略可分为十类，兹分述如下：

第一，传。"传"是传述之意，即对文本的内容直接解释。最初"传"是对儒家经典做解释，如孔子为《易》所做的十篇阐释的文字，后人称为"十翼"。按此体例从事写作的作品很多，在内容上也颇有分别，如有论述本事、阐发经义的《春秋左氏传》；

有阐明经中大意的《春秋公羊传》《谷梁传》；有依经文逐字逐句解释的《毛诗故训传》；有不依经文而别自为说的《尚书大传》，都是以不同的面对经文加以解释。

第二，说。"说"是解释的意思，这个体裁出现的时间很早，是与经、传相辅而行的。"说"的内容是以说大义为主，也就是对某篇章的大义予以解说，藉此揭示出此篇大义。如《易》十翼的《说卦》，即是解释《易》里重卦的原因以及重卦所成之象，是大致解说《易》里卦象的文字。

第三，故。"故"也作"诂"，即以今言释古语的意思。现存最早的就是《五经正义》里的《毛诗故训传》，是这种体裁的范本。

第四，训。"训"如上文孔颖达的解释，是对具体形象化的描绘做说明，也是注释的一种。

第五，记。"记"是疏通记载的意思，对古书的记载加以解说，以疏通其义。经传中的《礼记》，就是七十子后学者解说《礼经》的文字。

第六，注。"注"的原意是灌注，古文艰涩，必须解释之后才能够明白；就像水道堵塞了，必须疏通才能够流畅。东汉郑玄遍注群经，保存到现代的有《周礼注》《仪礼注》《礼记注》，都是直接以"注"作为书名。

第七，解。"解"是分析的意思，是对前人的经传再加解释之意。"解"作为传注的书名又称为"解谊"，如东汉服虔《春秋左氏传解谊》；又称为"解诂"，如东汉何休《春秋公羊传解诂》。

第八，笺。"笺"是表识的意思，是对原注隐而不显、略而不详之处加以申说，主要在表达自己的看法，不与传注内容相混同者称为"笺"。

第九，章句。"章句"有时候也就是指传注的意思，原意为"离章辨句"，表明这种注释方式主要以文字的句、章为单位所做的解释，重视对于章、句大义的敷衍贯串，不重视个别字词的分析。有时经师在说解时因为对个别章句延伸太过，而造成与本文意义间的偏离。此种注释方式在汉代较为流行，汉代以后则多不用此例。现存有汉代赵歧《孟子章句》为此类范例。

第十，集解。这是荟萃众说的体例，即汇集各家对同一部经典的注释于一书，如魏何晏《论语集解序》说："集诸家之说，记其姓名；有不安者，颇为改易。"为将诸家注释之书，于同一段经文，各自署名记其说于下，后世"集注""集释""集说"一类的著作，都是由此发展而来，是一种新的传注体裁。

以上十种传注体裁的体例，大约可以概括历代传注里最重要的写作。南北朝时，"义疏"之学大兴，它的体例也在"引取众说，以示广闻"，和"集解"很相近。义疏之学在唐代之前非常兴盛，但是进入唐代之后，为了科举取士，需要一个简约的本子，因此唐代初年出现了"正义"，是"正前人之疏义，奉诏更裁，定名曰正"，可知其目的在于义定一宗。五经各自选定注本，而后再加以解释说明，在唐代，官修的五经义疏称为"正义"；私人写作的称为"疏"。"正义"的写作是在旧注的基础上，引申发明，例不破注，故无其他不同的见解。"疏"的意思也取义于治水，既然灌注了还不能明畅，便再加以疏通之意。因此，唐代以后，"注疏"的名称就被确定下来，并且后世也将之作为注解书的意思。

　　要为某书做注释实际上是颇为困难的工作，有时比自己新著一书还难。原因在于自己著书可以随意发挥，但注释古书的约束力却很大，不能随意说解。时代愈早的传注，愈是简朴。这类古传注表面上看虽是枯燥无味，但深入钻研便可发现其中多有未尽之处，耐人寻味，并且注释有其自身的解释系统，能将意义层层累积，以简单的言词传达出深厚的思想架构。这正是古代传注的精神，值得后学研读时加以重视。

　　4. 古籍校勘　古书传世既久，其间流传的方法又多以传抄为主，在雕版印刷盛行以前，流传的抄本里常常会有许多因手抄产生的错误，举凡字体的缺谬、语句的脱落，乃至衍文增句，皆在所难免。假若不能找到一个好的本子和比较早的本子做比对，便很难考订原书的本来面目；更遑论要进一步探索其中的内容。因此校书工作是读书过程中重要的工作。

　　校书的工作称为"校雠"，今称"校勘"。这类的工作起源甚早，到汉代时已发展成学术史上专门的事业。西汉末年的刘向、刘歆父子，就是这个方面的专家。《太平御览·刘向别传》里提到刘向校书的方法说："雠校者，一人读书，校其上下，得谬误为校；一人持本，一人读书，若怨家相对，故曰雠也。"刘向校书时方式是两人一组，一人念书，一人拿着本子仔细对照，如果遇到误字误句，便相互对校，就像仇人般相互指正，因此称为"雠校"或"校雠"。私人的校书则不一定是按照这种方式，多是自己一人拿一个本子作为底本，再蒐集其他相关版本作为对照，以此进行校勘。

　　校勘的程序首先是需要蒐集副本，尤其是时间比较早或是内容较精良的善本，用以作为校勘的依据。接着从中选定一本子，作为记录的底本，其余诸本则作为参校之用，而后运用校勘方法，将所得的文字错误记载在底本之上，这个校本就是最后的成果。校勘的方式分为四种，一是对校法，就是将不同的本子相互对照字句，将两本的差异之处写在底本上，让别人看到你的校本时，就像看到另一个本子一样，这种情况也称为"死校"。

　　第二种为本校法，是以本书校本书，从本书内部的记载前后相互发明，找到证据，比较其异同。如《庄子·刻意》有"故曰圣人休休焉，则平易矣"。清代俞樾《诸子评议》说："按'休焉'二字传写误倒，此本作'故曰圣人休焉，休则平易矣'。《天道篇》'故曰圣人休焉，休则虚'，与此文法相似，可据订正。"就是本校法的例子。

　　第三种是他校法，凡是本书引用他书、他书引用本书、两书同写一事件史料者，都可以拿来校书，作为订正的依据。这种方法的要求是要能广泛地掌握相关同类文献资料，包括引文与同一史料的互见。往往后代编纂的大型类书、总集，多收录有前代的相关文句，正是可以用来对校的依据。

　　第四种是理校法，这种方法是一种综合性地运用前面三种方式，并且再加上自己对古代汉语文字、音韵、训诂、文史知识的综合修养，来判断最终的是非对错。清代王念孙《读书杂志》记载校《荀子·君道》"欲得善驭速致远者"一句，在"速"前面有无"及"字时，《读书杂志》说："有'及'字者是也。'及速'与'致远'对文。行速则难及，道远则难致，故唯善驭者乃能及速致远，非谓其致远之速也，则不得以'速致远'连读。'善驭及速致远'与'善射射远中微'对文，若无'及'字，则与上文不对。一证也。《王霸篇》云：'欲得善射射远中微，则莫若羿、蠭门矣；欲得善驭及速致远者，则莫若王良、造父矣。'二证也。《淮南子·主术篇》：'夫载重则马羸，虽造父不能以致远；车轻马良，虽中工可使追速。''追速致远'即'及速致远'，三证也。《群书治要》中有'及'字，四证也。"这里提供了四个证据，来证明《荀子·君道》的这句话应该有"及"字，这段文字当中充分使用了对校、本校、他校、理校四种方法，最终得出的结果当然是可信的，也因此改正了后世传本里的错误。

校书是需要有一定的国学素养与能力方能做出成果，初学者不易为之，但若能在阅读古书时，对于所阅读的本子有所理解，明白读本的优劣，就不会轻易地被错误的字句所误导，反而能因此培养国学的素养与研究能力。初学者若想从事校书，可暂以宋元旧椠为依据，反复，使这方面的知识与技术不断积累、提高，自然可以达到深入的境地。研读国学时，若具备以上所列的诸种观念，那么在研读古书时，若遇到字句不通、义理难畅的段落时，就懂得如何寻找帮助，来得到正确的解答。故而研究国学需将上述几点概念熟记，方能在研究时易于有成。

第三节　四部书籍的研读方法

经史子集是我国书籍的分类方式，也可说是我国书籍的总称，是国学的研究对象。四部之书，卷帙浩繁，以研究国学所需要的方式来看，应当理解各部的特色与其研读方式，如此才能收事半功倍之效。

1. 经部研读法　古代典籍之中，经书的地位是极为重要的。前人尊经，认为经书是经过孔子的纂修，是圣人的制作，自然不可与诸子书为伍；又以经书乃是"恒久之至道，不刊之鸿教"，因此特别加以尊重，甚至认为没有再加以研究讨论的可能，只能做些解释的工作。但是以现代的治学角度而言，经书所记载的内容也可视为史料的一部分，值得加以研究的并不仅止于解释经典的原意而已，况且经书作为我国文化思想的核心，由此所产生的历代学术发展皆有可观，追其源头多是由经学而来。因此，现代研究国学仍须重视经学，方不至于学无根底。读经之法，历来研习者皆为重视，略举数点如下：

第一，明白历代经学变迁之大方向。学习经学之前，应先对历代经学的发展与转折有所了解。首先明白了经学的大致发展与转折，对各代何以出现不同的经学样貌与研究方向有所理解，才可以在研读各个时代的经学时，把握到整体经学发展的脉络。此类书籍如清代皮锡瑞《经学历史》、近代马宗霍《中国经学史》或相关的经学历史著作，都能帮助掌握中国经学的发展历史。

第二，读经应贯通其中之大义。经学乃我国传统文化里思想与学术的根源，因此在研读经书时，应当以贯通其中大义为指归，而不应单以解释字句作为研究的目的。清代江藩《经解入门》说："治经贵通大义：每一经中，皆有大义数十百条，宜研究说明，会通贯串，方为有益；若仅随文训解，一无心得，仍不得为通也。"指出治经贵在通晓其中大义，能将经中诸大义掌握清楚，就是正确理解经典的方法。

第三，读经在考圣王之制作。经学之大义牵涉广泛，但总言之不外修己治人，修己在注重德行的熏陶，治人则在政教礼制。据《汉书·艺文志》诸子出于王官之说，经学亦是出于王官，自汉以后，举凡政治上的争执、政治制度的确立，无不引经学为裁断，可见中国经学不是空泛的理论，而是见之于人伦日用之间。古人明体达用，无不依傍经学，其实际事功则在典章制度之间，故不可不察经学内涵之用心。

第四，读经宜从传注着手。读任何古籍，都应该配合传注训诂加以研读。惟经学之传注，不止千门百类，更是古人心力精神所专注的学问，能指示读经的要途。前文所列的十余种传注类型，皆是历代经学研究的传注成果，在研读经典时应当搭配研读，方能有所成效。

第五，专守一经一家，然后再及其他。各经的传承历来多不相同，且古代治经，多以一经成家，无兼通者，可知精通一经之难。所以学者可以依其兴趣，先通一经，再通其他；因经书性质相近，研读其他经典也能事半功倍，再者经学研究的能力已经建立，理解起经文自然更为容易。

2. 史部研读法　我国史学观念发达，相应而生的史籍极为宏富，官方有正史，州郡地方有方志，家族有谱牒，个人有传记、行状、铭志，皆为研究者提供了无比丰富的史料。史学历来皆颇受重视，研读本国史学的方式，历来学者也多有提及，现略举数条如下：

第一，读史应当考察制度得失与事件事实。历史的功能为记载制度与史事，因此研读历史者必须先有探究历史事实真相与制度之得失，方为有得。清代史学家王鸣盛在《十七史商榷》说："大抵史家所记，典制有得有失，读史者不必横生意见，驰骋议论，以明法戒也；但当考其典制之实，俾数千百年建置沿革了如指掌，而或宜法，或宜戒，待人之自择焉可矣。其事迹则有美有恶，读史者不必强立文法，擅加与夺，以为褒贬也；但当考其事迹之实，俾年经事纬，部居州次，记载之异同，见解之离合，一一条析无疑，而若者可褒，若者可贬，听之天下之公论焉可矣。"此文所论皆着眼在事实与制度二者，能考历代制度的实际设计，明白事实的真实情况，那么历代治乱兴衰之原由自然显见易知。

第二，读史应明白时代精神。每一个时代有它各自的历史，各个时代的历史就是它所发生的历史事件，这些历史事件的背后都有其时代背景、有其时代精神作为推动，此即所谓"时势造英雄"。研读史书若能明此时代精神，则此时代的种种活动与其相关的种种事件，则自然能洞然明白。然而某一时代精神的求得，并不能凭空臆想，或主观判断而得，应该以客观的分析，反复验证，积累归纳，然后才可证明其正确性。

第三，读史应考明治乱兴衰之故。研读历史不应只观察史事的"治""乱"，而应该追究"治""乱"的根源为何，从中得到正确处事的方法，才真正是有所得。南宋吕祖谦曾说："大抵看史，见治则以为治，见乱则以为乱，见一事则止知一事，何取？观史如身在其中，见事之利害、时之祸患，必掩卷自思，使我遇上等事，当作如何处之。如此观史，学问亦可以进，智识亦可必高，方为有益。"由见乱知乱、见治知治，见一事知一事，进而知治乱的本源，后得其处置之方，自然学问进而见识高。

第四，读史应设身处地与史中人物相化。读书需要贴上身来，使人与书合一，读史尤宜如此。如读史时能设身处地，与史中人物化为一整体，则史事之发展与事变因应的方法，自然历历在目，晓然不忘。由此也才能对史中人物有同情的理解，立论不至于苟，不厚责古人，观察不至于疏漏，也不至于智识不足以知古人。

第五，读史应与地理书、舆图相配合。史书是记载人类活动的文献，人类活动的空间则记载在地理书，而人类活动不能不受地理影响，因此要知道人类活动的真相，必然要明白古代的地理面貌。历代以来的地物、地名都有改换，读史书时不能单以现代的地理知识套用古史，也不能以现代地图证明古地，因此研读史书应该先通古代地理舆图，以古代的地理舆图来解释印证古史，如此才不至于发生错误。

第六，读史应纵横联系，由史传入手。我国史部书籍繁富，仍在经、子两部之上。以正史而言，二十六史共 4450 卷，若除去《新元史》《清史稿》二书，仍有 3259 卷之多。前人读史，大致主张由以上之正史入手。然卷帙浩繁，研读为难，故宜以纵横两方面的联系方法读之。纵的方面而言，不外了解历代的史事与制度变革，于是以《史记》《资治通鉴》《续资治通鉴》《明史》为纵的线索，读其他各代正史时，参合阅读，读正史的书和志时，参照通考，才能免于"断代为书，无以观其会通"之弊。横的方面而言，《史记》与《汉书》《后汉书》与《三国志》《南北史》与宋齐梁陈魏周齐等八书、新旧《唐书》、新旧《五代史》、新旧《元史》皆可合并阅读，可收相互参考印证之效。

3. 子部研读法　诸子之学，起源甚早，于春秋战国达到鼎盛，至两汉以后集部之书兴起，乃告衰竭。子部之学多为一家一派的学术，不专主于一人，是以唐宋以后，子部几至无闻。然而子部之书原先与经学并行，至刘向《七略》时，分出"诸子略"一类，子学之名由此确定。其学术之性质以今日学术分类观之，多属于哲学范围。其研读方法略举三点如下。

第一，研读时应当知其源流。诸子之学，就其源流而言，各有所异。《汉书·艺文志》认为出于王官，《淮南子·要略》则认为出于救世之弊，两种说法各有所据，也都不无道理。又诸子之书非成于一人之手，乃一家派之书，加以秦火烧残、汉世压抑、后代兵乱等因素，是否能据现今所见之书论断出现之时代，多有可议之处。故研读者需明白诸子学说的源流，进而细细研读探究，自可有会于心。

第二，研读时应当分别异同。诸子学说间虽有所分别，但其间也可能有主张相同之处。同一师承，立言未必相同；同一学派，大同之中也有相异之处；相异之外，也有所相同。如老庄皆归类于道家之说，二说定有其相同之处，但二说之间仍是有所区别，不一定便全然相同。是故虽然同为一家之学，其中之同异又各自有别，不能囫囵吞枣而不加以细究。

第三，研读时当明各家变迁。诸子之学在战国时已有互相影响的情况，传至后世，因各时代间学术发展的方向不同，各学说也有融合他说、转变己说以顺应时代之现象，故而辨明各家学说于时代变迁之下所造成之流变差异，亦为研读时所必须注意之要点。

第四，研读时应知诸子学说之大义。子部之书主旨在表达义理思想，表达作者的学说，因此研读时应当推求作者主要义理所在，掌握其主要义理之后，以贯通其说，不要着重在枝微末节之处，忽略了真正的重要所在。

4. 集部研读法　四部之中，集部最为繁多，集部所收有总集、别集，又有诗文评类、词曲类等，可谓洋洋大观，大致属于文学的范畴。其中最为驳杂的应属个人别集，由于文人对自己作品的难以割爱，兼之印刷术发达以后，流传较易，因此个人别集收录的内容不仅是诗文的文学作品，有时尚有经论、奏表、行状、墓志铭、书信、序跋等，组成相当驳杂且数量繁多。虽然不一定以驳杂为病，但仍然须予以"翦刈厄言，别裁伪体"，方能在所欲研究的对象上有所成果。

第一，先读总集。总集成书在文学作品繁丰之后，于是编纂时便产生分别体裁的观点，按文体或内容予以编排；又为求师法乎上，以求"兼功"，于是"略其芜秽，集其精英"就成为编纂的原则。故读总集，可以直窥历代文学的代表性作品，易于掌握历代文学的精华，诸如《玉台新咏》《昭明文选》都是具有代表性的总集。

第二，读一家之专集。总集所选入的文章不过百什之一，若在阅读时对某家感到有兴趣，则应专读一家之作品熟读精玩，以得其精髓。因此，虽然要对诸家文论有理解，但若真要专精、专熟，则不可不着眼于专守一家，以求一门深入，建立辞章的根底。

第三，探究文体的源流以得法式。各式文章体裁有其不同之处，使用不同体裁来因应不同场合才能恰当，若不明文章体裁，在学习时就容易多犯错误。故研习各种文体首要在辨体而得体，理解文体的源流发展与其要义是学文读集的主要着眼处。

第四，论篇章之法式。历代文章的做法有多种，其中虽有主张作文无有法则可遵循，但大多还是承认作文有其法则。文章的法则潜藏在文学篇章之中，因此读集部之书时，应当留意于此。古人典籍多由一篇一章所组成，须知其写作的法式，才能深切了解文章的含义。

第五章　国学解惑

惑指疑惑、困惑和迷惑。由于国学是一个既古老又时髦的词汇，需要解释和澄清的问题比较多。首先，国学在改革开放以前基本上属于曲高和寡，在主流媒体和社会传播平台几乎不被关注。其次，改革开放以来，特别是中国的综合国力显著增强之后，国学的回归成为全民族和全社会的共同呼声。但什么是国学？国学该干些什么？国学的发展方向在哪里？这些年很少有人对此进行全面的反思。第三，近些年来，国学的民间传播呈泛滥的趋势，各种以诵读《弟子规》《三字经》《千字文》等古代蒙书为主体的国学教育机构如雨后春笋般地冒了出来，精华与糟粕不分、成年与儿童不分、时间与空间不分、学识与背景不分，给人们带来了更多的困惑和不解，难道这些就是我们所说的国学？

第一节　国学是文化的文化

国学是建立在传统文化之上的高雅文化，是文化金字塔上的塔尖文化。文化更多的是强调特色和特性，而国学则重在普世的权威性与体系的学术性。如果说哲学是科学的科学，那么国学就是文化的文化。所谓"文化的文化"就是文化学术化与文化科学化，即将文化上升到具有严密科学体系的国家学问与民族精神。这与良莠间杂、雅俗并立的传统文化有明显的差异。

首先，国学不能等同于文化。文化是一个包罗万象的概念，人类的一切文明成果、所有人类化的产物都可以归入文化的范畴；各个地域、各个民族所创造的精神与物质财富，也都可以归列为文化。文化是指不同国家、地域、民族所特有的习俗、行为方式、语言、文字、知识、认知、思维、审美、价值观和体质等要素，共同构成的人类智慧成果和实践的概括。因此，文化并不排斥个性化、区域化和非普世化。但国学则不同，国学是文化中的高大上，是中华民族文化宝藏中的璀璨明珠。与文化相比，国学更强调整体化、体系化和普世化，只有那些具有正能量、善知识、大智慧的科学体系，才能称得上是国学。国学是中华文化中的"阳春白雪"，即具有严谨完善的学术体系的学科和门类，而中华文化还包括了"下里巴人"。

其次，国学必须得到统治阶级、文化精英和社会大众的普遍认可。我们可以把有悖于社会共识和世俗观念的传统看成文化，但绝不可称之为国学。在历代统治者的心目中，四海臣服、国泰民安、社会稳定、长幼有序、条纲有常、百姓安居、人民乐业等，都是治国安邦的重要思想理念。这些君君臣臣、高低尊卑思想理念，是儒家的精神实质之所在。因此，历代的统治阶级大都将儒家经典视为国学的精华，甚至成为国学的代名词。这从另一个视角证明，只有得到统治阶级、明贤大儒和社会大众的精英文化，才能形成国学的体系和法脉。

最后，国学更多地表达整体的概念，这与文化包罗万象的概念有显著的不同。中医、文学、国画、天文、建筑等都可以称为国学，同时也是文化的重要组成部分。但是，我们不能把中医中的补土派、滋阴派等称为国学，也不能把国画中的花鸟派、山水派称为国学，但却都可以称之为文化。因此，国学在概念上是宏观的、整体的、全面的，而文化则粗细皆有之、雅俗共备之。

第二节　国学涵盖中国科技

为什么说古代的国学包括了自然科学？自然科学之名虽然是舶来品，但就科学与技术而言，我国早在先秦时代就有独立的体系和独自的特色。如天文学、建筑学、医药学等。既然国学就是中国正统的学问，就必然包括了数学、天文学、气象学、建筑学、医学、农学等诸多具有自然科学属性在内的各个学科。如果说哲学是科学之王，那么国学就是"科学之母"，因为国学不仅包括了科学，而且还为科学提供哲学和智慧的思想基础。

有人或者会认为，国学的社会科学属性是约定俗成的，是人们所公认的认知内涵。持这种观点的错误就在于过度轻信一些学者的个人观点，有的人甚至将自己的观点与见解强加于他人。国学与西学并非是社会科学与自然科学的对立，国学中有自然科学，西学中有社会科学。如西方的哲学、文学、逻辑学等并没有自然科学的属性；同样，国学中的医学、天文学、数学等则具有现代科学的属性。

真正完整的国学，包含了人文科学、自然科学和生命科学。鲁班、祖冲之、僧一行、沈括、方以智等古代著名的科学技术巨匠，同时也是著名的国学大家，具有非常雄厚的国学功底。

建筑大师鲁班原名公输般，是墨家文化的重要传承人，由于在建筑上具有许多重大的发明和建树，被尊为"祖师"。鲁班的发明创造很多。不少古籍记载，木工使用很多的木工器械都是他发明的。像木工使用的曲尺、墨斗、锯子、刨子、钻子等，传说均为鲁班所发明。

著名的数学家祖冲之，不仅在数学、天文方面建树非凡，而且还是一位杰出的机械专家，重新造出早已失传的指南车、千里船、水碓磨等多种巧妙机械。此外，他对音乐也有研究。著作有《释论语》《释孝经》《易义》《老子义》《庄子义》及小说《述异记》等，是一位饱读诗书的国学大家。

僧一行，本名张遂，唐代杰出天文学家，唐功臣张公瑾之曾孙。他在世界上首次推算出子午线纬度一度之长，编制了《大衍历》。他还是发现恒星运动的第一人，等英国天文学家哈雷（1656 — 1742 年）提出恒星自己移动的观点时，比张遂的发现晚了一千多年。一行为佛教密宗的领袖，著有密宗权威著作《大日经疏》。生于唐高宗弘道元年，卒于玄宗开元十五年。据《旧唐书·一行传》载，玄宗"为一行制碑文，亲书于石，出内库钱五十万，为起塔于铜人之原。明年，幸温汤，过其塔前，又驻骑徘徊，令品官就塔以告其出豫之意，更赐绢五十匹，以莳塔前松柏焉"。可见朝野上下对僧一行非常敬仰。

沈括，古代著名科学家、政治家。他出身于仕宦之家，自幼饱读诗书，儿时随父宦游各地。嘉祐八年（1063年），进士及第，授扬州司理参军。神宗时参与熙宁变法，受王安石器重，历任太子中允、检正中书刊房、提举司天监、史馆检讨、三司使等职。元丰三年（1080年），沈括出知延州，兼任鄜延路经略安抚使，驻守边境，抵御西夏，后因永乐城之战牵连被贬。晚年移居润州，隐居梦溪园。绍圣二年（1095年），因病辞世，享年六十五岁。沈括一生致志于科学研究，在众多学科领域都有很深的造诣和卓越的成就，被誉为"中国整部科学史中最卓越的人物"，其名作《梦溪笔谈》，集前代科学成就之大成，在世界文化史上有着重要的地位，最早对激素药秋石的制作即出自本书。其医著《苏沈良方》亦为后世所推崇。

方以智（1611—1671年），明代著名哲学家、科学家。字密之，号曼公，安徽桐城人，崇祯十三年进士，官检讨。弘光时为马士英、阮大铖中伤，逃往广东以卖药自给。永历时任左中允，遭诬劾。清兵入粤后，在梧州出家，法名弘智，他在发愤著述同时，秘密组织反清复明活动。康熙十年三月，因"粤难"被捕，于押解途中自沉于江西万安惶恐滩殉国。学术上方以智家学渊广，博采众长，主张中西合璧，儒、释、道三教归一。一生著述400余万言，存世作品有《东西均》《物理小识》《通雅》《永思录》《学易全集》《内经经络》《医学会通》等数十种，内容广博，于文、史、哲、地、医药、物理无所不包。

可以说，古代的科学与技术名家，也多为国学之大家。正因为他们有精深的文化造诣和渊博的学识，才让他们在科学与国学之间游刃有余，并获得了巨大的成就。

第三节　国学的异化与忧惑

近现代的一些知名学者，往往将国学的概念过于简单化，或将国学看作古籍文献，或将国学看作中国学术，甚至将国学视为故旧之学。当今之时，人们又往往将蒙学看作国学，认为国学就是读古经背旧书。如果对这些异化的国学思潮不遏止，势必将带来一系列的负面影响。

对于国学的发展和振兴，我们最担心的不是国学经典文字古奥、年代久远，也不是学术高雅、学问高深，更不是提纲挈领、深入浅出，而是国学在不知不觉地走向异化的道路，偏离了国学的正向航道。

首先，国学不是蒙学，不能简单地把古代的启蒙读本视为国学。《三字经》《千字文》《百家姓》《弟子规》《增广贤文》等古代蒙学作品，让少年儿童多读多背本是一件好事，可以让他们开启童蒙、增长智慧。但如果用古代的启蒙读物来排斥现代的科技文化教育，甚至让学生反复背诵一本蒙书而放弃对其他国学经典的学习，则让国学走上了异化的道路。现以《弟子规》为例：

近些年来，一本诞生于清代的儿童读物《弟子规》声名鹊起，成为各类国学培训的首选教材和必背的经典。《弟子规》为清代山西绛州秀才李毓秀所作，在清代的流传十分局限。因李毓秀没有中举，也没有其他学术上或者政治上的成就，所以同时代人对于他的记录很少。据黄晓丹研究，在国内馆藏的《弟子规》的十二个版本，其中最早的一个刊刻于咸丰六年（1856年），在此之前几乎没有任何的文献记载。事实上，《弟子规》不是专门写给儿童的，其适用范围原先面对的是社会下层。最初的使用环境是祠堂、茶馆、书馆，使用对象是干完农活的成年人。《清史稿·劳乃宣传》载："劳乃宣，字玉初，浙江桐乡人。同治十年进士……任吴桥，创里塾，农事毕，令民入塾，授以弟子规、小学内篇、圣谕广训诸书，岁尽始罢。"有人在中国期刊网上对"弟子规"和"三字经"进行检索，从1956～2000年之间几乎没有人提到弟子规，但从2004年开始，它就飞速上涨，到2008年曝光率超过"三字经"。2004年之后的十年间，"三字经"的使用率膨胀了2.4倍，而"弟子规"的使用率膨胀了70倍。它在文献数据库中的检出率对应着它在社会上的知名度，在最近十年里，远远超出《三字经》和《论语》。

《弟子规》于20世纪90年代在中国台湾地区走红，并逐渐影响祖国大陆。但《弟子规》只是清代蒙书的一种，它可以作为国学的枝末，但绝非主干。当涉及那些与现代生活相距甚远的内容时，《论语》和《弟子规》带来人们的感受是完全不一样的。因为《论语》是具有建设性的智慧和思想，而《弟子规》则是与现实渐行渐远的行为规范。论语基本上是讲一个大致的道理，孔子从来不越出他的时代和处境隔着几千年要求后面的人该做什么，这正是《论语》的魅力之所在，也是国学的主干之所在。

其次，厚古薄今、推重训诂考据之学，认为国学即经典之训读。训诂、考据是国学的重要支脉，但不能成为国学的代名词。

章太炎先生的《国学概论》一书，虽然没有提到国学的定义和概念，但通过目录可略知其端倪。本书分为概论、经学之派别、哲学之派别、文学之派别和国学之进步五章，其中第一章又分为国学本体（经史非神话、经典诸子非宗教、历史非小说传奇）和治国学之方法（辨书籍的真伪、通小学、明地理、知古今人情的变迁、辨文学应用），第二至四章论述国学之派别，第五章结论虽名为"国学之进步"，但书中的观点则认为清代之国学"登峰造极，后人只能追随其后，绝不再能超越过"。章太炎先生的另一本书《国学略说》分为五章，分别为小学略说、经学略说、史学略说、诸子略说和文学略说。

从章太炎先生的著作中可以看出，他所说的国学即为经史百家之学，并以乾嘉学派的训诂、考据为其入门之密钥。

乾嘉学派，又称"乾嘉之学"，是清代的一个学术流派，以对于中国古代社会历史各个方面的考据而著称。乾嘉学派的治学内容是以儒家经典为中心，并认为儒家典籍越古越真。由于学派在乾隆、嘉庆两朝达到鼎盛，故得名。学派的主要创始人是明末清初的大儒顾炎武，其后的主要代表人物有阎若璩、钱大昕、段玉裁、王念孙、王引之等。乾嘉学者搜集钩沉，辑佚许多亡佚的文献典籍，例如马国翰的《玉函山房辑佚书》，辑出经部432种，史部8种，子部152种。因为该学派采用了汉朝儒生训诂考订的治学方法，与着重于理气心性抽象议论的宋明理学有所不同，所以有"汉学"之称。由于这一学派的文风朴实简洁，重证据罗列而少理论发挥，又有"朴学""考据学"之称。

乾嘉学派重视客观资料，不以主观想象轻下判断，广泛收集资料，归纳研究，有着细致、专一、锲而不舍等可贵的治学精神，但也存在厚古薄今、舍本求末之流弊。他们考订问题，用形式逻辑的归纳法，把同类材料罗列一起，旁征博引，然后得出结论，只讲证据不讲道理。有时为了标新立异，解释一个字的古义，疏至盈千累百，议论不休。有的学者穷毕生之精力，耗于一字一句的正讹，一名一词的渊源，造成很大的浪费。

民国时期，由于西风东渐，西方文化以强猛的势头迅速占领了话语权和制高点，再加上扬西抑中、媚西损中现象的普遍存在，让人们产生许许多多的困惑和不解。有的学者提出采用西学的模式来改造国学，美之曰"中体西用"或"中西合璧"。如此一来，让人们对国学倍感困惑。用中国的瓶子装上西方的酒，还能称得上是"中国固有的学术"吗？

第四节　国学与中国人文精神

人文指人类社会的各种文化现象。《周易》云："观乎天文，以察时变；观乎人文，以化成天下。"意思是说：观察天道运行规律，以认知时节的变化。注重人事伦理道德，用教化推广于天下。

人文精神是一种普遍的人类自我关怀，表现为对人的尊严、价值、命运的维护、追求和关切，对人类遗留下来的各种精神文化现象的高度珍视，对一种全面发展的理想人格的肯定和塑造。从某种意义上说，人之所以是万物之灵，就在于他有人文，有自己独特的精神文化。

周国平在《人文精神的哲学思考》中写道：在西文中，"人文精神"（humanism），通常译作人文主义、人本主义、人道主义。狭义人文精神是指文艺复兴时期的一种思潮，其核心思想为：①关心人、爱护人，以人为本，重视人的价值，反对神学对人性的压抑；②张扬人的理性，反对神学对理性的贬低；③主张灵肉和谐、立足于尘世生活的超越性精神追求，反对神学的灵肉对立、用天国生活否定尘世生活。广义则指欧洲始于古希腊的一种文化传统。其基本内涵可确定为三个层次：①人性，对人的幸福和尊严的追求，是广义的人道主义精神；②理性，对真理的追求，是广义的科学精神；③超越性，对生活意义的追求。简单地说，就是关心人，尤其是关心人的精神生活；尊重人的价值，尤其是尊重人作为精神存在的价值。人文精神的基本含义就是尊重人的价值，尊重精神的价值。

陈旭光《艺术的意蕴》一书中写道：人文精神不仅是精神文明的主要内容，而且影响到物质文明建设。它是构成一个民族、一个地区文化个性的核心内容；是衡量一个民族、一个地区的文明程度的重要尺度。一个国家的国民人文修养的水准，在很大程度上取决于国民教育中人文教育的地位和水平。

什么是"中华人文精神"？我们将之归纳为德行、自律、境界、要求、志向10个字。德行，指忠、孝、礼、义、仁、慈、廉、耻等儒家正统的道德伦理规范。自律，指具有富贵不能淫、贫穷不能移、威武不能屈的凛然正气。境界，指自强不息、厚德载物、杀身成仁、舍生取义的高风亮节。要求，指正心、诚意、致知、格物、修身、齐家、治国、平天下的胸襟。志向，指"为天地立心，为生民立命，为往圣继绝学，为万世开太平"的鸿鹄大志。

中国人文精神可以归纳为"仁爱"的精神。"仁"是人的内在的道德自觉，是人的道德的自主性。"仁"又是"天、地、人、物、我"之间的生命的感通，是"天下一家，中国一人"的价值理想。这种价值理想以"己欲立而立人，己欲达而达人""己所不欲，勿施于人"等"忠恕"之道作为主要内涵。这可以推广为人与人之间，乃至国家间、民族间、宗教间、文化间的相接相处之道，乃至人类与动植物、人类与自然的普遍的和谐之道，是"人与天地万物一体"的智慧。

第五节　国学与国粹的关系

国学不是国故，不是旧学，不是已经凝固沉淀、不可更易的古代精英文化。因此，将国学称为国故、国粹或旧学，是对国学的曲解和无知。

谭正璧在《国学概论讲话》中谓："何谓国学？回答这个问题，比回答何谓文学要简单而容易得多……国学又名故学，亦名旧学；系对西学、洋务、新学而言……由此看来，所谓国学，不过是指中国的学术而言，以示和西洋对学术不同，并无费解，也没有什么特殊的意义。"台湾朱维焕在《国学入门》中亦谓："'国学'即'中国学术'之省称。所谓'学术'，乃相应环境环绕于人生之诸问题，以探讨其原理、原则，并寻求解决之方术。就此探求而得之原理、原则，以及解决之方术，所成就之理论系统，称为'学术'。此一属于中国特有之学术系统，简称'国学'。"该书同时认为，中学、国粹、国故、国故学、古学、旧学、东方文化、文学、汉学等都是国学之异称。事实上，国学并不像谭先生说得那么简单和轻松，更不是故学或旧学所能涵盖的。

国粹指的是一个国家固有文化中的精华。在中国，国粹指华夏民族的传统文化中最具有代表性和最富有独特内涵的深受人们欢迎的文化遗产。誉满中外的中国京剧、中国画、中国医学，被世人称为"中国的三大国粹"。当然，也有的人将国粹归于国故之列，认为国粹就是旧学的典型代表。国学包含国粹，但国粹并不能完全代表国学。

第六节　国学与西学的差别

国学与西学并非是完全对立的概念。有人说国学偏重于人文学科，如中国的文学、哲学、史学等；西学偏重于自然学科，如泰西之天文学、物理学、化学、医学等。乍一听来，似乎有点道理，其实存在着很大的误谬之处。

首先，国学是中国一家之学，既有人文科学的属性，也有自然科学的属性，国学并不排斥自然科学。而西学则泛指西方各国的科技与文化学说，两者没有可比性。

其次，在不同的历史时期，国学与西学的内涵有很大的差异。总体来说，国学的内涵越来越窄，西学的内涵越来越宽。在西学东渐之前，国学是中华学术文化的全部；在西风泛滥的年代，国学则被认为是落后学科。

在 1840 年鸦片战争之后，随着西方列强的入侵，西方学术也日渐东来，传统的中华文化受到了严重的冲击。特别新文化运动提出"打倒孔家店"的口号，使两千年来作为社会主导思想核心的儒家思想面临倾覆之势，中华传统文化的传承出现了危机。在此背景下，晚清、民初之时，一些学者提出"振兴国学"的口号，以之与西学抗衡，希望借此增强国人的民族自信心。

今天"国学"和"西学"的生态，都已和1949年以前的情况大为不同。以国学而言，由于大国的崛起、文化的觉醒，人们对自己的传统文化开始了新的定位，并逐渐找回久违的自信。但由于国学的研究没有与时俱进，更多的是一种展示怀旧和复古的文化思想状态。所以，如何重建国学这块园地，使它欣欣向荣，是当前一个最迫切的任务。中国知识人如果对西方学术和思想史缺乏通贯的认识，而又急于以西方文化为参照系重新"整理国故"，他们所面临的陷阱和困惑将会越来越多。

下篇　各论

第六章　经　学

　　"经学"一词最早出现在汉代，东汉·班固《汉书·倪宽传》有"见上，语经学，上从之"；《汉书·儒林传》亦有"于是诸儒始得修其经学，讲习大射乡饮之礼"。其原本是泛指各家学说要义的学问，但在中国汉代独尊儒术之后转为特指以儒家之"经"为中心所形成的学术传统，即研究儒家经典，解释其字面意义、阐明其蕴含义理的学问。简而言之，经学是我国历史上训解和阐述儒家经典的学问。可见，经学的实质就是研究儒家的经典。

　　经学是中国古代学术的主体，仅《四库全书》经部就收录了经学著作 1773 部、20427 卷。经学中蕴藏了丰富而深刻的思想，保存了大量珍贵的史料，是儒家学说的核心组成部分。

第一节　经学的研究内容

　　"经"之本义是指编织中的纵向丝线，而线有纵横，故分经纬。段玉裁在《说文解字注》中说："织之纵丝谓之经，必先有经而后有纬。"春秋战国时代，文字记载在竹简或木简上，典籍以牛皮绳编连起来，如同织物之经，于是一些权威的开创学派的诸子文献便分别被后学通称为"经"。到了汉武帝"独尊儒术"之后，"经"的范围逐渐缩小，变为特指儒家经典，也就是说这时的"经"成了儒家经书的专利。

　　经学的研究内容大致可从以下几个方面来理解：

　　1. 经学是研究和探讨儒家经书之学　六经是经学研习的重点。六经在中国学术史上逐渐演变为十三经，历代对经典的阐释分门别派，各有创获。研究经书的内涵及其发展演变便是经学的主要任务。

　　2. 经学是研究和弘扬儒家思想之学　经学的重点在于弘扬以孔子为代表的儒家思

想。班固《白虎通义·五经》："孔子所以定五经者何？以为孔子居周之末世，王道凌迟，礼乐废坏，强凌弱、众暴寡，天子不敢诛，方伯不敢伐，闵道德之不行，故周流应聘，冀行其圣德。自卫反鲁，自知不用，故追定五经以行其道。""道"就是"天命"，"天命"是人与自然关系中所需要遵循的规律。经书是"天命"的载体，孔子是通达"天命"并见诸行事的圣人，他删定的经书贯注了他的思想意旨，所以经学也就是弘扬孔子思想之学。

3. 经学是研究和推行治世之道与人生修养方法之学　经学是古人信奉的治世之道与人生修养教材。《汉书·儒林传》："古之儒者，博学乎六艺之文。六艺者，王教之典籍，先圣所以明王道、正人伦、致至治之成法也。"经学是研究孔子整理的《诗》《书》《礼》《易》《春秋》等经书之学。经书是古代长期政治、社会、人生的经验积累，并经过整理、选择、解释，用作治理国家社会的政治理论根据，也是人生修养的基本教材。因而自汉以后两千年来，经学成为中国学术的骨干。

第二节　经学的孕育产生

先秦时期是经学的孕育时期。春秋末年（前六世纪至前五世纪），儒家的创始人孔子在长期的政治活动失败后，返回故乡鲁国，编订和整理了一些传统文献，以《诗》《书》《礼》《乐》四经和《鲁春秋》《周易》为基础，形成了六经。先秦时期的六经，传到西汉只有五经，东汉时期有七经之名，唐代先后扩充为九经、十二经，宋代再增至十三经，以宋版《十三经注疏》为本，清代阮元校刻的《十三经注疏》成了现在的通行本。

我们现在一般认为儒家经典有十三种，被称为十三经，即《周易》《尚书》《诗经》《周礼》《仪礼》《礼记》《春秋左传》《春秋公羊传》《春秋谷梁传》《论语》《孝经》《尔雅》《孟子》。它是在六经的基础上经过 1000 余年的不断扩充，发展到宋代而完成的，其间，经学的内容也得到了不断丰富和发展。

一、六经

"六经"古称"六艺"，也称"六学"，是孔子选定的教科书——《诗》《书》《礼》《乐》《易》《春秋》，在儒家地位上升后，这些教科书被尊为"经"。"六经"之名，始见于《庄子·天运》："孔子谓老聃曰：'丘治《诗》《书》《礼》《乐》《易》《春秋》六经，自以为久矣，熟知其故矣。'"《庄子》一书是战国后期庄子的后学们编辑的，所以"六经"概念的流行当在战国的后期。其实，在战国以降的两汉时期，六经和六艺之称谓，也是同时并存的。如班固的《汉书》中仍然使用"六艺"之名，"古之儒者，博学乎六艺之文"。（《汉书·儒林传》）"六学"之名，见于汉·董仲舒《春秋繁露·玉杯》："君子知在位者不能以恶服人也，是故简六艺以赡养之。《诗》《书》序其志，《礼》《乐》纯其养，《易》《春秋》明其知。六学皆大，而各有所长。"并且，六学、六艺在文中同时使用。

《郭店楚墓竹简》（1993 年 10 月，湖北省荆门市郭店村出土竹简）中曾论述《诗》

《书》《礼》《乐》《易》《春秋》六者的学术要义，可见在战国中后期上述六部经典已经合为一套整体的学术著作。这六种儒家经典著作本来是古老的文献，《易》是古代占筮用书，《书》是夏商周三代历史档案文献，《诗》是周代诗歌总集，《礼》（指《仪礼》）记载着先秦的各种礼仪，其中以士大夫的礼仪为主，《乐》早已亡佚不论，《春秋》是鲁国的编年史。在孔子生活的春秋末年，由于周室衰微和旧贵族没落，大批文献散失或残缺。孔子进行了大量地搜集，整理出六经。其实，早在汉朝董仲舒的《春秋繁露·玉杯》就对六经的要义做出了概括："《诗》道志，故长于质；《礼》制节，故长于文；《乐》咏德，故长于风；《书》著功，故长于事；《易》本天地，故长于数；《春秋》正是非，故长于治。"

二、五经

五经之说，始于汉武帝时，建元五年（前136年），初"自武帝立五经博士"（《汉书·儒林传》），这是弘扬经学的一大盛事。五经是指《诗》《书》《礼》《易》《春秋》，即六经除去《乐》经。《乐》是否原本有经书？今文经学家和古文经学家观点不同。今文经学家认为，《乐》本无经，《乐》即在《诗》与《礼》之中；而在古文经学家看来，《乐》经本来是有的，因为秦始皇焚书而亡佚。

三、七经

七经之说，起于东汉，是两汉以来历代封建王朝所推崇的七部儒家经典。七经名目，历来说法不一。东汉《一字石经》作《易》《诗》《书》《仪礼》《春秋》《公羊》《论语》；《后汉书·张纯传》唐·李贤注作《诗》《书》《礼》《乐》《易》《春秋》《论语》；宋·刘敞《七经小传》作《书》《诗》《周礼》《仪礼》《礼记》《公羊》《论语》；清·康熙《御纂七经》作《易》《书》《诗》《春秋》《周礼》《仪礼》《礼记》；近人刘师培在《经学教科书》中谓："以《论语》《孝经》配五经，是为七经。"

四、九经

"九经"之说，起于唐代，但九经书目，说法多样。《唐会要》记载，将六经加上《孝经》《论语》《尔雅》，称为"九经"。唐宋科举取士，皆用九经，名目则有所不同。唐之九经，为"三礼"（《周礼》《仪礼》《礼记》）、"三传"（《左传》《公羊传》《谷梁传》）及《毛诗》《尚书》《周易》。宋之九经，为《易》《诗》《书》《周礼》《礼记》《春秋》《孟子》《论语》《孝经》。明之九经（郝敬《九经解》）为《易》《书》《诗》《春秋》《礼记》《仪礼》《周礼》《论语》《孟子》。清朝还有不同的说法。

五、十经

十经之说，起于南朝刘宋。《宋书·卷三十九·百官志》："国子助教十人，《周易》《尚书》《毛诗》《礼记》《周官》（《周礼》），《仪礼》《春秋左氏传》《公羊》《谷梁》，各为一经，《论语》《孝经》为一经，合十经，助教分掌。"

六、十二经

十二经之名，首见于《庄子·天道》："孔子翻十二经，以见老聃。"唐文宗时在太学立十二经石刻，其十二经为《易》《书》《诗》《周礼》《仪礼》《礼记》《左传》《公羊传》《谷梁传》《论语》《孝经》《尔雅》。

七、十三经

南宋时，十三经正式形成。于十二经之外，加上《孟子》，始成十三经。这也是《孟子》正式成为"经"之始。至此，儒家的十三部文献确立了它的经典地位。绍熙年间（1190—1194 年）始有汇集唐宋之前最具权威性的"十三经"注、疏的合刊本，形成一整套经书及其注文，称为《十三经注疏》。清乾隆时期，镌刻《十三经》经文于石；嘉庆时期，著名学者阮元主持重刻《十三经注疏》，撰《校勘记》附于诸经卷末，称为善本，是迄今为止最好的版本。

第三节　经学的发展演变

1. 先秦时期　经学孕育于先秦时期，肇始发轫于孔子。秦代时官方设有博士官，但在秦始皇三十四年（前 213 年），秦始皇采纳李斯焚书坑儒的建议，将全国图书集中到咸阳城焚毁，六经除了《易经》之外，其他几未能幸免于难。而在焚书开始的第二年，即公元前 212 年，秦始皇在咸阳将 460 余名术士坑杀。"及至秦之季世，焚诗书，坑术士，六艺从此缺焉"（《史记·儒林列传》卷一百二十一）。秦亡后，项羽焚烧咸阳，再次致使大量先秦典籍消失殆尽。

2. 两汉时期　汉朝是经学最为昌盛的时代，朝野内外诵读经书蔚然成风，《汉书·韦贤传》引民间谚语说："遗子黄金满籝，不如一经。"汉代初期的开国皇帝刘邦并不重视这些儒家经典，从文景时期开始展开了大量的献书和古籍收集工作，部分年长的秦博士和其他儒生，或以口述方式默诵已遭焚毁的经典，或把秦时冒险隐藏的典籍重新拿出，使之传世。汉武帝即位后，采纳董仲舒的建议，推行"罢黜百家，独尊儒术"的思想，使得经学日益兴盛和发展起来。汉朝的"以经义决狱"是汉朝经学与王朝政治相结合的一大特色，也是汉朝经学繁盛的一大标志。儒生通过司法实践并官学私学教育，移风易俗，把经学思想深深地植入了普通民众之中。

汉代经学分古文经学和今文经学。这是因为文字、传述和解释体系的不同，学者在研习的过程中形成了两种思想派别。后来经相互争辩、互相渗透和整合，初步实现了经学的统一。今文学家的代表人物是董仲舒，他不仅提出"独尊儒术"的主张，而且将阴阳五行说与今文经"春秋公羊学"相牵和，在政治上通过阐发孔子大一统的精义，为汉武帝建立专制主义中央集权的大一统的汉帝国提供了理论依据，同时又在学术上通过吸收道家、阴阳家的思想，建构起了一个令汉武帝心醉的博大精深的经学思想体系。今文经学的特点是微言大义地阐发说明孔子的思想，继承和发扬儒家学说。今文经学认为《春秋》是孔子为万世立法的"元经"，其主流就是"春秋公羊学"。公羊学即为

《春秋公羊传》里所阐发的微言大义，主要包括大一统、大居正、大复仇、通三统、统三世、更化改制、兴礼诛贼等。汉武帝时期出现了为大一统政治提供了完整理论体系的公羊学大师董仲舒和善于把公羊学理论运用于现实政治中的政治家公孙弘，经过一代代今文经学学者的推阐与实践，以公羊学为代表的今文经学深受汉朝皇帝的重视，始终在汉朝政治中处于主导地位。

今文经学发展到西汉后期，出现了两种趋势：一方面由于董仲舒对于公羊学中灾异、符瑞、天人感应的阐发，今文经学由此逻辑发展的后果即是谶纬泛滥，再加之统治者的迷信与提倡，经学逐渐神学化；另一方面由于今文经学继承了较多的原初儒学的色彩，其理论内在地包含着对现实的批判，从而越来越不能为逐渐加强的君主专制所容忍，所以转移到了民间传授。

古文经学所依据的经书一般都是西汉中期以后在民间发现的古书，因其是用战国及以前的古文字所书写，故称之为古文经。古文经学与今文经学并不仅仅是文字篇章的差异，主要在于它们对经书的解释与治学方法的不同。今文经学认为孔子是"为汉制法"的"素王"，而古文经学认为孔子只是古典文献的整理保存者，是一位"述而不作、信而好古"的先师；今文经学认为六经都是孔子所作，是孔子政治思想所托，其中有许多微言大义，而古文经学则认为六经是上古文化典章制度与圣君贤相政治格言的记录；今文经学注重微言大义，古文经学注重对经文本义的理解和典章制度的阐明。如果说今文经学关注的重心在于政治哲学与历史哲学的话，那么自西汉后期开始与之针锋相对的古文经学所关注的重心就是历史史料学与语言学。古文经学的兴起最早起自《春秋谷梁传》，西汉后期曾被立为博士。在王莽当政时期，刘歆极力鼓吹古文经学，并使之立为新朝的博士。东汉时期，古文经学虽然一直没有被立为博士，属于民间学说，但是其影响力越来越大，逐步超出并压倒了今文经学。由于今文经学发展后期日趋烦琐，又有所谓"师法""家法"的束缚，再加之其与谶纬纠缠过深，使得人们逐渐遗弃了今文经学。而古文经学一来较少受"师法""家法"的制约，较为自由也较为简明；二来与谶纬瓜葛较少，较为理性；三来其放弃了今文经学的批判性，对君主专制的维护更有优势，所以在今古文经学的长期斗争中，古文经学取得了最后的胜利。东汉的古文经学大师有贾逵、许慎、马融、服虔、卢植等，弟子众多，影响很大。而今文经学只有何休取得较大的成就，他的《春秋公羊解诂》是唯一一部完整流传至今的今文经书。

在今古文经学的长期争辩过程中，也在逐渐地渗透，互相融合。东汉初年（79 年）召开的白虎观会议就是一个官方召开的企图弥合今古文经学异同的重要的学术会议。会议的成果由班固写成《白虎通德论》（又称《白虎通义》，简称《白虎通》）。《白虎通》是以今文经学为基础，成了经学初步统一的滥觞。东汉末年，古文经学的集大成者郑玄，网罗众家、遍注群经，对今古文经学进行了全面总结，自成一家之言，世称"郑氏学"或"郑学"。郑玄以古文经学为基础，但又能吸收今文经学中的优点，态度严谨，实事求是，无证不信，从而超过了前人。郑学的兴盛，不仅标志着汉朝今古文经学之争的终结，也标志着汉朝今文经学的消亡。至此，经学实现了暂时统一。

3. 魏晋南北朝时期　魏晋南北朝时期是经学由衰落走向分离的时期。曹魏时期，出现了王肃创立的经学体系，称为王学；郑学与王学之间的纷争，也由此拉开了序幕。

王肃是司马昭的岳父，所以王学获得了司马氏的支持，他注解的《尚书》《诗》《论语》，三《礼》和《左氏春秋》以及其父王朗所作的《易传》，自然都被列了为晋朝的官学。王学和郑学之争已经超出了纯粹的学术争论，实质上成了一场政治斗争和权力角逐。这场纷争的结果，就是两汉经学的衰落。

魏晋时期在经学取得成就较大的还有王弼、何晏等。他们调和儒道，倡导玄学，摒弃两汉阴阳灾异之说和烦琐的注疏之学，对儒家经典弃繁就简，退《春秋》而进《周易》与《论语》。王弼注《周易》，摆脱了汉代用"象数"和谶纬解说的老路，开创了用义理、思辨哲学解说的新径，这是经学史上一次重大变革。何晏所作《论语集解》收集了汉以来各家之说，解经以老庄的"无为"思想为本，以为"无为之为用，无爵而贵矣"，对后世影响颇大。这一时期的玄学思想也渗透到了经学中，使其沾染上了玄学的色彩。

南北朝时期随着政治上的南北对立，经学也有了南学和北学之分。据《北史·儒林传》记载，南学《周易》尊王弼，摒弃象数、发挥义理，《尚书》流行《孔传古文尚书》，《左传》盛行杜预撰《春秋左传集解》；北学《周易》《尚书》主郑玄，《左传》主服虔。"南人简约，得其英华；北学深芜，穷其枝叶。"从学术风格上看，南学受玄学和佛学影响比较能博取众家之长，又喜标新立异，反映了其哲学思辨能力的提高；而北学受北方游牧民族质朴风尚的影响，保持了汉朝经学以章句训诂为宗的特点。

4. 隋唐时期　经学由汉而唐，有古今文经学，郑学、王学，南学、北学之争。唐代基于选拔人才的需要，以国家的力量来推行经学，孔颖达的《五经正义》是这一时期的代表作，同时也是自郑玄以来经学研究领域集大成的扛鼎之作。《五经正义》一方面成为朝廷取士的教科书，另一方面则象征着政府在圣统上合法性的建立，从而影响了后来明代《五经大全》《永乐大典》以及清代《四库全书》等朝廷主导下的经典编辑。《五经正义》的官修和颁布标志着经学统一时代的到来。唐初著名的音韵学和训诂学家陆德明编著的《经典释文》是一部解释儒家经典文字音义的书，成了古人读经书时用的字典，这也是从民间的角度开启了经学大一统的时代先声。

5. 宋明时期　宋代经学大不同于汉代经学，汉代经学注重制度名物的训诂考证，而宋代经学则注重经书的义理研求，即所谓"经义"。这种学风的转变，主要是由于这一期间科举制度的矛盾运动引发的。王安石颁行《三经新义》亦明令士子弃古从新，由此遂开宋明经学标新立异之风气。王应麟《困学纪闻》说："自汉儒至于庆历间，谈经者守故训而不凿。《七经小传》出而稍尚新奇矣。至《三经义》行，视汉儒之学如土梗。"所谓"三经"是指《诗经》《书经》《周礼》。王安石主要以《周礼》为依据，建立起一套功利之学的思想体系。

中国学术史上以"汉学""宋学"对言，是从经学的立场而言的。宋以后又有"道学"或"理学"的说法。《宋史》于《儒林传》外，别立《道学传》，说明宋学与理学有所不同。理学的兴起主要是为了回应佛老之学与功利之学的挑战，也是为了矫正魏晋以来经学上的"杂学"流弊，因而提出"道统"说，即认为自家哲学接续了尧、舜、禹、汤、文、武、周公、孔子、孟子的"道统"。理学的主要代表人物是程颢、程颐、朱熹、陆九渊、王守仁，他们最重视的儒家经典是《周易》和"四书"。

理学家们以重新诠释古代经典的方式，以疑经、改经、删经来进行回归先秦经典的活动，阐发他们的主张，或保守，或激进。他们将《论语》《孟子》加上从《礼记》中抽出的《大学》《中庸》合称为"四书"，因为被界定为还原圣人思想的需要而被重新定位，所以"四书"成为超越五经的思想著作。

理学家着眼于建立儒家心性哲学，注重理、气、心、性等心性论范畴的阐释是理学的重要特征。他们或讲"体认天理"，或讲"发明本心""致良知"，都意在指示意义的源头，以实现一种内在的超越。就其整体倾向而言，他们对心性二重化，因而有性与情、理与欲、公与私、道心与人心、本然之性与气质之性的截然对立。一方面被抽象化、形上化，成为信仰、体认的对象；另一方面则加以贬抑，作为现实社会的流弊加以批判。

明代延续了宋代的理学路线，一方面政府编纂官方版经典文本，另一方面南方的经学力量逐渐抬头，例如王阳明即是最为重要的明代理学家。明末经学家几乎都带有王阳明式的豪气，纷纷组织学社，发动朝野清议、舆论、弹劾，与腐败的政府、宦官对抗，形成激烈的党争，种下明朝灭亡的内部因子。

宋明时期出现了经学的理学化现象。其派系很多，依据地域可划分为濂学（周敦颐）、关学（张载）、洛学（"二程"）、闽学（朱熹）、赣学（陆九渊）、姚江学派（又名阳明学派，创始人为王守仁）；依据义理又可分为三大系，即五峰、蕺山系，象山、阳明系，伊川、朱子系。尽管理学流派纷纭复杂，各学派具有不同的理论体系和特点，但按其基本观点和影响来分，主要有两大派别，"二程"、朱熹为代表的程朱理学；陆九渊、王守仁为代表的陆王心学。

6. 清朝时期

入清后，士人一方面受到明朝灭亡的影响，开始思考明朝陆王心学之集大成者王阳明思想的弊病；再者，清代统治者入主中原后，为防止和镇压知识分子的反抗，残酷实施文字狱，使得士人避开敏感的学术领域，远离现实，把全部精力用于训诂、考据之中。这种风气直接影响到了清人对经学研究，使其走上了不介入政治的考据路线，即以大量的古代典籍以及文字学、声韵学、训诂学等方式来研究经书，甚至进一步考证某些经书的真伪、划分学术流派等。可以说，清代初期的经学思想是被明朝遗老们如黄宗羲、顾炎武等人所影响主导的；清末基于时代需求，又以常州学派的康有为、梁启超等主张激进改革的公羊家活跃盛行。

皮锡瑞在《经学历史》中曾说明清代经学"凡三变"。清初，以宋学为主。乾隆以后，许（许慎）郑（郑玄）之学大明，是为专门汉学。嘉道以后，"汉十四博士今文说，自魏、晋沦亡千余年，至今日而复明。实能述伏（伏生）、董（董仲舒）之遗文，寻武（汉武帝刘彻）、宣（汉宣帝刘询）之绝轨，是为西汉今文之学。学愈进而愈古，义愈推而愈高；屡迁而返其初，一变而至于道。"又说："乾嘉以后，阳湖（今江苏常州市）庄氏（庄存与等族人）乃讲今文之学，孔广森治《公羊春秋》，孙星衍于《尚书》兼治今、古文，陈乔枞治《今文尚书》，齐、鲁、韩三家《诗》，魏源作《书古微》《诗古微》《公羊古微》，凌曙作《公羊礼证》《春秋繁露注》，陈立作《公羊义疏），王馆长（指时任湖南师范馆馆长的王先谦）作《三家诗义疏》，已成《周南》《召南》《邶风》，锡瑞作《今文尚书考证》《尚书大传疏证》。”两广总督阮元辑《皇清经解》（又名《学海堂经解》《清经解》），收 73 家，记书 188 种，凡 1400 卷。此书是汇集儒家经学经解之大成，也是对乾嘉学术的一次全面总结。

7.“民国”时期

到“民国”时期，由于西学大量传入，加之政治运动风起云涌，原来的经学思想逐渐被这些“新生事物”所取代。在中西两者的冲击之中，也产生了诸多主张，一般而言，全面排斥西学的想法已经不复存在，但“中学为体、西学为用”与全面西化的路线争执仍有存在。胡适在《论六经不够做领袖人才的来源》一文就说：“儒家经典中，除《论孟》及《礼记》之一部分外，皆古史料而已。”胡适把《诗经》当成文学作品，而不是一部经典。可见，古代经书的权威性逐步下降，经学逐渐式微。如 20 世纪 30 年代，何键、陈济棠等倡议学校恢复经学课程，就遭到不少人的反对，经学研究处于了低潮。

第四节　经学的学术派别

一、经学分派诸说

《四库全书·提要·经部总叙》将经学分为汉学与宋学两大流派，这是明确区分经学派别之始，并且这一两派说的学术观点也得到当时的普遍认可。康有为的经学以孔子之真与刘歆之伪来分派，将宋学、汉代汉学都视为刘歆之学的支流，实际上也持两派说。刘师培在《经学教科书序例》中，将经学分为两汉、三国至隋唐、宋元明、近儒四派，是为四派说。另外，还有三派说，即分为汉学、宋学、清学三派，章太炎论经学就以汉儒、宋儒、清儒为说。相对而言三派说比较合于经学的实际。周予同在《中国经学史讲义》中提出他的新三派说：汉学、宋学、以梁启超为启蒙者的新史学。把内涵与时段结合起来划分经学派别，我们可以把经学分成“汉代今文经学”“汉代古文经学”“唐代注疏之学”“宋明程朱理学”“宋明陆王心学”“清代汉学”“清代宋学”等几个主要的学术派别。

二、今文经学与古文经学

今文经学系经学中研究今文经籍的学派；古文经学指经学中研究古文经籍的一个流派。所谓今古文的“文”，是指记载经典所使用的文字。今文指的是汉代通行的隶书，古文则指秦始皇统一六国之前的古文字，即大篆或籀书。

今文经指西汉学者口传，并用当时通行的隶书传授的儒家经典，“董仲舒是西汉今文经学的创始人。”（范文澜，蔡美彪，等，《中国通史》第二编第二章第九节）由于秦代对书籍的禁毁，除《易经》为卜书未遭劫难外，其余诸经都已佚失，因此只有采取口传笔录的方式加以传承，由于采用汉代通行的隶书记录，与由西汉中期以后陆续发现的先秦文字记录的经书有别。因此被称之为“今文学”。古文经指汉代前期从民间征集或孔子故宅壁间所发现的用先秦古籀文字写成的经籍。始皇焚书期间，民间儒生将一些古文经书埋藏起来，至汉代前期，相继发现。如景帝时，河间献王以重金在民间征集所得古文经书，以及武帝时鲁共王（又作恭王）从孔子故宅壁间所发现的古文经籍。《汉书·艺文志》载："武帝末，鲁共王坏孔子宅，欲以广其宫。而得《古文尚书》及《礼记》《论语》《孝经》凡数十篇，皆古字也。"《汉书·鲁恭王余传》："恭王初好宫室，坏孔子旧宅以广其宫，闻钟磬琴瑟之声，遂不敢复坏。于其壁中得古文经传。"诸王等都先后把这些古经书献给朝廷，藏于秘府。

由于西汉朝廷重视今文经籍，设立学官传授，各经博士均由今文经学派把持；而在孔壁和民间发现的古文经籍长期仅由民间传授。王莽为改制需要，重视《周官》，才列入学官，设古文经博士，东汉初又被取消。章帝时，治古文经的贾逵受重视，古文经籍也随之风行，古文经学地位始提高。其后马融、服虔、郑玄等在讲解经义、训诂文字方面取得很大成就，古文经学兴盛，成为魏、晋、六朝、隋、唐研究经学的主流。现存《十三经》多采用古文经学的说法。它的主要特点是按字义讲解经文，训诂简明，不凭空臆说，反对谶纬，迷信成分少。清代学者继承古文经学的训诂方法而加以条理发明，用于古籍整理和语言文字研究，很有成就。清末，以皮锡瑞、康有为为代表的今文经学，与以章太炎、刘师培为代表的古文经学，又形成了近代的今古文经学之争。时起时伏的今文、古文经学之争，影响到了2000年左右的不少学术领域，在中国历史上占有重要的地位。

从表面上看，今古文之争论的焦点是对文字及对经义的理解、解释之不同（参见本章"三、经学的发展演变"中"2. 两汉时期"的有关论述）。从实质上看，今古文之争其实是一场政治斗争。钱穆在《国学概论》中指出今古文之争，"其实则争利禄……非真正学术之争也。"可见，今古文经学之争实际上已远远超过了正常的学术之争的范围，而成为政治统治的需要在经学领域的延伸。魏晋时期经学的特点是用老庄思想解释儒家经典，谈玄析理，放达不羁，史称正始（三国魏齐王曹芳的年号）之音，以王弼、何晏为代表。至南北朝，经学亦分为南学和北学，南学多受玄学、佛学的影响，北学则继承两汉经学传统。隋唐时，经学走向统一，孔颖达等奉敕编撰《五经正义》，为科举取士的根据，并形成义疏之学。宋代理学形成后，著多为经注或经说的形式，借以阐发理学思想。其中较有影响的有周敦颐《太极图·易说》，张载《易说》《正蒙》，朱熹《四书章句集注》等，朱熹集理学之大成，对后世的影响最大。元代经学继承宋儒传统，有许衡《读易私言》、吴澄《五经纂言》等著作。明代阐释经学的著作较少，唯有官修《五经大全》《四书大全》行世。到了明末清初经学复兴，有王夫之、顾炎武、黄宗羲等著名思想家。康乾之时官修诸经，限制朱学为主，后宗汉学。"乾嘉汉学"，注重考据，多为私家著述。清代中晚期，今文经学得以复兴。先是常州学派庄存与、庄述祖、刘逢禄、宋翔凤等探讨西汉今文经学，其后魏源、龚自珍以经术讥切时政，有力地推动了今文经学的发展。清末康有为、梁启超等维新派，受到四川今文经学家廖平的影响，借今文经学"托古改制"，行于一时；章太炎、刘师培等则治古文经，站在实学立场驳斥今文经学，是为经学尾声。随着清王朝的覆灭，长达2000多年的今古文经学之争也随之消亡。

正因为此，今文经学与古文经学之争，由单纯的对书籍本身的看法不同，扩大到了学术思想、学派体系、政治观念和社会地位等诸多方面，几乎贯穿了整个漫长的封建社会，不仅对经学的发展产生了重要的影响，也对中国历史的发展产生了重要的影响。

第七章 儒 学

　　儒学亦称儒家学说或儒家经学，也有人认为它是一种宗教而称之为儒教。儒学由孔子创立，最初指的是司仪，后来逐步发展为以尊卑等级的仁为核心的思想体系，是中国影响最大的流派，也是中国古代的主流意识，对中国乃至全世界都产生过深远的影响。

　　儒学是以信奉孔子为先师，以"儒"为共同认可符号，各种与此相关或声称与此相关的思想道德准则，是中华文明最广泛的信仰构成。春秋战国时期，孔子在鲁国讲学，以"《诗》、《书》、《礼》、《乐》、《易》、《春秋》"之六经为经典，奠定儒家的最早起源。儒学自汉武帝时期起，成为中国社会的正统思想，至今已有 2500 余年的历史了。

第一节　儒学的产生背景

　　《说文解字》对"儒"的解释是："儒，柔也，术士之称。从人，需声。""儒"字本是古代对学者的尊称，字义是"雅""优"及"和"的意思，从"人"从"需"，指他们的思想学问能够安定别人，说服别人，为人所需。中国人历来重视婚嫁、祭祀、丧葬礼仪，这种广泛的社会需求促成了一个特殊的社会阶层——"儒"。在中国古代社会，最晚到殷代有了专门负责办理婚丧祭事务的神职人员——司仪。这些人就是早期的儒，或者称为术士。他们精通当地的丧葬礼仪习惯，时间一长，便形成了一种相对独立的职业。"儒"即今所谓"学者"，是非常普通的一种名称。《论语·雍也》载有孔子对子夏说："汝为君子儒，毋为小人儒。"可见那时只称有知识才艺者为"儒"，其中有君子，也有小人。

　　儒家一词来自《汉书·艺文志》。云："儒家者流，盖出于司徒之官，助人君顺阴阳明教化者也，游文于六经之中，留意于仁义之际，祖述尧舜，宪章文武，宗师仲尼，以重其言，于道最为高。"也就是说，儒家是以六经为圣经，遵循尧舜之道，以周文王、周武王的典章（周礼）为典范，以孔子为宗师，教化民众的流派。自春秋、战国、秦、汉以后起，指由孔子创立的后来逐步发展以仁为核心的思想体系。

　　儒家，是中国春秋战国时代"百家（如道家、墨家、法家、阴阳家等）争鸣"中的一家，是一个学术派别。儒家的学说简称儒学，儒家是儒学的载体，换言之儒学是儒家思想的集成和表达。可见，儒家与儒学既有不同，而又密切关联、密不可分。

　　儒学起源于孔子生活的东周春秋时期。《史记·老子韩非列传》："世之学老子者绌儒学，儒学亦绌老子 。"《后汉书·方术传上·李郃》："父颉，以儒学称，官至博士。"儒学是中国古代自汉代以来的主流意识流派，自汉以来在绝大多数的历史时期作为中国的官方思想，至今也是中国人和海外华人的主流思想基础。

第二节　儒学的发展演变

一、先秦儒学

战国时代是"诸侯异政，百家异说"、战乱频仍而又开始酝酿新的统一的大变革时代。此时，儒学获得了极大的发展，成为当世的显学。儒学之徒或是干谒诸侯，从事政治活动；或是周游列国，从事讲学活动；或是传授儒学经典，从事理论创造活动。但孔门弟子及其后学又不可避免地出现分化。《韩非子·显学篇》说，自孔子死后，儒学分为了八派，其中最有影响的为子思、孟轲一派和荀卿一派。大体上说，思孟学派主要是继承并发挥了孔子的仁学，在哲学上有更多的创造；而荀卿学派则是继承并发挥了孔子的礼学，在政治上对"一天下"则有更多的设计。荀子学说影响及于汉儒，而思孟学派影响则及于宋儒。这表现出先秦儒学在后世的不同走向。

儒出身于"士"，又以教育和培养"士"（君子）为己任。"士"者，"仕"也。孟子说："士之仕也，犹农夫之耕也"（《孟子·滕文公下》），意思是说，士出来任职做官，为社会服务，就好像农夫从事耕作一样，是他的职业。荀子在讲到社会分工时，也把"士"归于"以仁厚知能尽官职"（《荀子·荣辱》）的一类人。所以，从这一角度来讲，原始儒家学说也可以说是为国家、社会培养官吏的学说，是"士"的文化。子贡曾向孔子提出"何如斯可谓之士矣"的问题，即怎样做才称得上"士"。孔子回答说："行己有耻，使于四方不辱君命，可谓士矣。"（《论语·子路》）这既表明了"士"的官吏身份，同时也指出了作为一名"士"的最基本条件和责任：一是要"行己有耻"，即要以道德上的羞耻心来规范自己的行为；二是要"使于四方不辱君命"，即在才能上要能完成国君所交给的任务。前者是对士的道德品质方面的要求，后者则是对士的实际办事能力方面的要求。而这两方面的统一，则是一名合格的士，也就是一名完美的儒者。荀子在《儒效》中对于儒者的形象和社会作用是这样来描写的："儒者，在本朝则美政，在下位则美俗。""美俗"就要不断修身，提高道德品质，以身作则；"美政"则要"善调一天下"，为社会制订各种礼仪规范、政法制度等，以安定社会秩序和富裕百姓生活。基于以上对于"儒""士""君子"的基本社会使命的分析，可以说原始儒学的主要内容都是关于"士"的修身方面的道德规范和从政方面的治国原则。而且，从孔子、孟子到荀子，他们所提出的各种道德规范和治国原则，都是十分具体的为人处世中践行的规范和原则。

孔子的思想核心是"仁"。"君子去仁，恶乎成名？君子无终食之间违仁，造次必于是，颠沛必于是。"（《论语·里仁》）指出君子一时一刻也不能离开仁德。《论语》一书中记载着孔子回答弟子们问"仁"的许多言论，其内容都是要遵循的各种具体规范和原则。如：答颜渊问仁，曰："克己复礼为仁"（《颜渊》）；答仲弓问仁，曰："出门如见大宾，使民如承大祭。己所不欲，勿施于人。在邦无怨，在家无怨"（《颜渊》）等。可见，孔子是把"仁"作为士君子最根本的道德规范来要求的。

孟子除了进一步发展孔子以"仁"修身的思想外，又以推行"仁政"学说而著称于世。孟子主张"仁政"，进一步提出"民为贵，社稷次之，君为轻"的民本思想，在伦理观上主张"性本善"，要实行仁政来回复和扩充人的善性。与孔、孟相比，荀子的思想则具有更多的现实主义倾向。他在重视礼义道德教育的同时，也强调了政法制度的惩罚作用。他认为，人的本性并不是那么美好的，顺着人性的自然发展，必然造成社会的争乱。因此，必须用礼义法度等化导人的自然本性，即所谓的"化性起伪"，然后才能使之合乎群体社会的公共原则和要求。所以，荀子在强调自我修养、道德自觉重要的同时，更为强调"师"与"法"的教育与规范作用。"今人之性，生而有好利焉，顺是，故争夺生而辞让亡焉；生而有疾恶焉，顺是，故残贼生而忠信亡焉；生而有耳目之欲，有好声色焉，顺是，故淫乱生而礼义文理亡焉。然则，从人之性，顺人之情，必出于争夺，合于犯分乱理，而归于暴。故必将有师法之化，礼义之道，然后出于辞让，合于文理，而归于治。"（《荀子·性恶》）又说："礼者，所以正身也；师者，所以正礼也。无礼何以正身，无师吾安知礼之为是也。""故非礼是无法也，非师是无师也。不是师法而好自用，譬之是犹以盲辨色，以聋辨声也，舍乱妄无为也。"（《荀子·修身》荀子提出"性本恶"，强调用礼乐来规范人的行为，使人向善。经过孟子、荀子的改造和发展，儒学体系更加完整，儒家思想更能适应社会的需要。战国后期，儒学发展成为诸子百家中的蔚然大宗。

此时期儒家思想较为具体，带有浓厚的理想化色彩；没有严密的理论基础，大多是关于思想修养方面的道德规范和政治理想的治国原则；孟子的"仁政""民贵君轻"使儒家思想开始与政治相结合，但因脱离现实政治而遭新兴地主阶级冷遇。

二、秦汉儒学

秦朝统一天下之后，鉴于当时私学兴盛，百家争鸣，许多儒生、游士评议国政，极不利于国家统一、中央集权，秦始皇为了压制原来战国分裂割据时遗留的政治势力和思想影响，采纳丞相李斯的建议，实行野蛮的"焚书坑儒"政策，焚烧百家书籍，坑杀儒学之士，进一步确立法家学说的官学地位，来实现学术思想的统一，以巩固秦政权。这时期儒学不能为封建专制主义中央集权统治服务，统治者用政治权力强制干预和控制思想，儒学遭受到了毁灭性打击。

汉初统治者为医治秦末苛政、战乱造成的社会民生极度凋敝的状况，采用了简政约法、无为而治、与民休息的方针政策，以恢复社会的生机。与此相应，在文化思想上则主要是推崇和提倡黄老道家学说。这种情况一直延续到汉武帝时才有所变化。不过，这并不是说儒学在汉初社会中一点也没有起作用。儒学在传授历史文化知识方面，对汉初社会仍然是很有影响的。儒家所推崇的历史文献——"六经"的教授和研究，也是得到官方的肯定和重视的。荀子的学说在汉初儒家中影响很深，"六经"中的《诗》《易》《礼》《乐》等学，都有荀学的传承。同时，荀子作为先秦诸子和儒家各派学说的集大成者，其广采各家学说之长的学风，对汉初思想的发展也有很大的影响。

董仲舒对于儒学的发展不仅在于学理方面，而更在于他把儒学推向政治制度化和宗教化的方向。董仲舒研究的春秋公羊学，是一种密切联系社会现实的学说。公羊学认为，《春秋》所载对于各类社会事件的判断和对于历史人物的评价，都具有某种法典的意义，可以作为汉朝朝廷判断各类事件和评价人物的依据和范例。这也就是当时社会上相当流行的所谓"春秋断狱"说。由此，董仲舒进一步又认为，《春秋》经中所说的"三统""三正""三世"等理论，都是为汉王朝的建立作论证的；而《春秋》经中所提到的各种礼义法度也都可以为汉王朝所效法。于是，董仲舒作《春秋繁露》，借以揭示孔子作《春秋》之宏旨及其包含之微言大义。他认为，"《春秋》修本末之义，达变故之应，通生死之志，遂人道之极者也"。（《玉杯》）"《春秋》记天下之得失，而见所以然之故，甚幽而明，无传而著，不可不察也。"（《竹林》）所以，他引述子夏的话说："有国家者不可不学《春秋》。不学《春秋》则无以见前后旁侧之危，则不知国之大柄、君之重任也。"（《俞序》）董仲舒的这些观点在当时是很有影响的，如司马迁在谈到《春秋》时就明确表示说："余闻董生曰"，同时，他也竭力强调说："有国者不可以不知《春秋》……为人臣者不可以不知《春秋》……为人君父而不通于《春秋》之义者，必蒙首恶之名；为人臣子而不通于《春秋》之义者，必陷篡弑之诛、死罪之名。"（《史记》"太史公自序"）无怪乎当时就流传着所谓孔子作《春秋》"为汉帝制法"的说法。

董仲舒成功地改造儒学，以儒学为基础，广采诸子百家之长，建立起的儒学倡导"天人感应""君权神授"，宣扬"大一统""三纲五常"。这时的儒家思想"内法外儒"，适应了加强中央集权的需要。汉武帝欣然接受董仲舒建议，实施"罢黜百家，独尊儒术"、兴太学等政策，禁止其他各家思想传播，使儒家思想逐渐成为我国封建社会的正统思想。可见，这一时期的儒学特点，是以儒学为基础，结合和糅合了法家、道家、阴阳等思想，使儒家思想宗教化、经学化、政治制度化。总之，董仲舒的"孔子之术"，显然已经不是原来的孔子学说，也不是原始儒家学说。

三、隋唐儒学

唐代的儒学，大体可以分为两大流派，一是新儒学，一是经学。唐代新儒学的性格特征，一是哲学思想品格，继承和创新了先秦原始儒学的人性思想和政治思想，二是政治实践品格，积极参与社会，勇于提出批评。

隋末王通重新发扬先秦儒家的人性本善、人性平等的人性思想，和民本民贵君轻、君权有限合法性、君臣关系相对性的政治思想，扭转了汉儒以来性善恶混及人性三等说、屈民伸君说、君权神授说、尊君卑臣说等流弊。王通的河汾之学开启了唐代的新儒学。

唐代新儒学的代表人物，有唐初的魏征、盛唐的杜甫、中唐的韩愈。唐代新儒学兴起的背景，是藩镇实行胡化割据，分裂中国；汉后儒学长期衰微，儒家思想若存若亡；唐室君主带头佞佛，佛教势力过度扩张。新儒学主张复兴儒家思想，以回应藩镇胡化割据、君主带头佞佛、佛教势力喧宾夺主的现实挑战。韩愈《原人》道："形于上者谓之天，形于下者谓之地，命于其两间者谓之人。""是故圣人一视而同仁。"这是创造性地以仁贯通天道人性，从而建立起新儒学的本体论哲学。《原人》："天道乱，而日月星辰不得其行。地道乱，而草木山川不得其平。人道乱，而夷狄禽兽不得其情。"表示天道是万物并行而不悖、并育而不相害，人道是使人类全体乃至自然万物得到共同生存发展，表明天人是一体同仁的。《原道》："孔子之作《春秋》也，诸侯用夷礼则夷之，进于中国则中国之"，"今也举夷狄之法，而加之先王之教之上，几何其不胥而为夷也？"这是批评当君主举异质文化凌驾中国文化之上，是批评君主失去合法性。《原道》提出中国文化传道系统的道统学说，表示道统高于君统，是对儒家君权有限合法性思想的重大发展。苏轼《潮州韩文公庙碑》："文起八代之衰，而道济天下之溺；忠犯人主之怒，而勇夺三军之帅。"概括了韩愈的儒学和文学成就以及儒者实践品格。

从魏晋南北朝至隋唐五代末约700年间，儒学只有那些体现为政治制度化方面的东西，在统治阶层的维护下继续起着作用。尽管这一时期儒学文献方面的研究也并没有中断，但像唐朝孔颖达编纂的《五经正义》之类的著作，除延续汉儒和玄学家的观点外，并没有多少新意。

四、宋明理学

理学直接承继了孔子到孟子的先秦儒家，同时也有选择性地吸收扬弃了道家、玄学、道教以及一些佛教思想的一种新的思想体系。理学由北宋程颢、程颐建立，南宋朱熹集其大成。

理学对儒学的重大发展，是与它积极吸收和融合玄学、佛教、道教（和道家）的理论为己所用分不开的。理学所强调的"天理当然""自然合理"等，当然与玄学的"物无枉然，必由其理"（王弼《周易略例·明象》）、"依乎天理"（郭象《庄子·人间世》注）、"天理自然"（同前《齐物论》注）、"自然已足"（王弼《老子》二、二十等章注）等思想有联系。而理学核心理论中的"理一分殊""体用一源"等，又显然吸收于佛教，其中尤其是与佛教华严学中的"法界缘起"，以及"六相圆融""理事无碍"等理论的启发有关。至于王阳明著名的"四句教"："无善无恶是心之体，有善有恶是意之动，知善知恶是良知，为善去恶是格物"（《传习录》卷下），则更是明显地表现了儒佛的融合。其中，前两句就是从佛教的"不思善不思恶""本性清净""念起欲作"等理论中变化出来的。通过这些基本理论的发展，理学也大大地丰富了儒学的知识论和修养论理论。

宋明理学的兴起和发展，确实在相当程度上恢复了儒学作为伦理道德、身心修养层面的社会功能，从而与作为政治制度层面的儒学相呼应配合，进一步强化了儒学在社会政教两方面的功能。宋代以后，儒学这种两个层面、两种社会功能的一致化，使得许多本来属于伦理修养层面的问题与政治制度层面的问题纠缠在一起而分割不清。而且由于伦理修养层面是直接为政治制度层面服务的，常常使得本来建立在自觉原则上的规范，而变为强制人们接受的律条。而这种以"天理""良心"来规范的律条，有时比之明文规定的律条更为严厉。清代著名思想家戴震曾尖锐批评封建统治者利用性理学之"天理""良心"来置人于死地，它比之用明文规定的"法"来杀人更为厉害，且无处可以申辩。所以说："人死于法，犹有怜之者；死于理，其谁怜之。"（《孟子字义疏证》卷上）这是对性理学所引生出的社会流弊的深刻反映。

简而言之，宋明理学是以儒家思想为基础，吸收佛教和道教思想形成的新儒学，是宋代新儒学的正统。南宋朱熹完善和发展了客观唯心主义的理学体系，把"天理"和

"人欲"对立起来，认为人欲是一切罪恶的根源，因此提出"存天理，灭人欲"，实质上是为封建等级制度辩护。

明代，作为宋明理学的一个流派的心学开始兴起。心学是儒学的一门学派，即所谓良知之学。最早可推溯自孟子，而北宋程颢开其端，南宋陆九渊则大启其门径，而与朱熹的理学分庭抗礼。至明朝，由王守仁（号阳明）首度提出"心学"两字，并提出心学的宗旨在于"致良知"，至此心学开始有清晰而独立的学术脉络。

心学最不同于其他儒学者，在于其强调生命的过程，中国的圣人学问开始"哲学化"，而有新儒家的诞生。王阳明说："无善无恶心之体，有善有恶意之动；知善知恶是良知，为善去恶是格物。"（《四句教》）良知是心之本体，无善无恶就是没有私心物欲的遮蔽的心，是天理，在未发之中，是无善无恶的，也是我们追求的境界，它是"未发之中"，不可以善恶分，故无善无恶；当人们产生意念活动的时候，把这种意念加在事物上，这种意念就有了善恶的差别，也可以说是"已发"，事物就有中和不中，即符合天理和不符合天理，中者善，不中者恶；良知虽然无善无恶，但却自在地知善知恶，这是知的本体；一切学问、修养归结到一点，就是要为善去恶，即以良知为标准，按照自己的良知去行动。无善无恶就是没有私心物欲的遮蔽的心，是天理，在未发之中，是无善无恶的，也是我们追求的境界。

王阳明反对朱熹把心与理视为两种事物的观点，创立与朱熹相对立的主观唯心主义理论——心学，主张"心外无物，心外无理，心外无善"，通过"内心自省""以致良知"，说明理学由客观唯心向主观唯心演变，也说明它已经走向极端。

宋明理学开创了儒学的新时代，是儒学第二期发展的象征。它使儒家思想理论化和哲学化，使儒学服务统治阶级的政治作用和修养身心层面的社会功能走向一致化，但理学的发展也使儒学日益走向极端。

五、现代新儒学

明末清初，随着朝代更易和商品经济、资本主义的萌芽，一批新思想家开始崛起。他们既继承了理学的许多思想观念，又对其中不少陈腐之处不满，力求有所更新。明代后期的李贽，否定孔子是"天生圣人"，反对以孔孟学说为权威和教条，提倡个性的自由发展，批判理学的"天理"学说。明末清初的黄宗羲、顾炎武、王夫之等人，政治上提倡"趋时更新"，反对君主专制独裁，认为君主专制是"天下之大害"，"以天下之权，寄天下之人"，主张"法治"，反对"人治"；经济上反对"重农抑商"，提出"农工商皆本"；思想上批判继承宋明理学，否定理学的形而上学观点，提倡"经世致用"的务实学风和行为。从而使得儒学思想更趋实事求是，与国计民生靠得更近，从而又一次发展了儒学，对晚清民主思想的兴起有一定的影响。

到"五四"时期，虽然儒学遭到空前大难，但现代新儒学已经萌发。在一片"打倒孔家店"的声浪中，在儒学受到空前挫折的背景下，梁漱溟挺身而出，为孔子辩护，举起儒学复兴的旗帜，成为新儒家的前驱。

20世纪20年代，出现了以接续儒学道统为己任，以服膺宋明儒家心性之学为主要特征，会通西学，谋求儒学现代化的一个思想流派，学界称之为现代新儒学。以梁漱溟、熊十力、牟宗山等人为代表的新儒家，形成了新陆王学（新心学）。以冯友兰为代表的新儒家，形成了新程朱学（新理学）。梁漱溟（1893—1988 年），为现代新儒学之先驱。尊孔崇儒，于中西印三种文化形态中，断言调和持中的儒家文化最有前途。熊十力（1884—1968 年），是现代新儒学哲学本体论的奠基人，开创新唯识论，被世人称之为陆王心学之精致化系统化的集大成者。牟宗山（1909—1995 年），以康德哲学为范本，完成了中国儒学道德的形而上学之重建，强调儒学道统之内圣，应顺乎现代化之潮流，开出科学学统与民主政统之外王。牟宗三认为，历史上的中国文化是有道统而无学统和政统，内圣强而外王弱。近代以来，中国文化面临西方文化的严峻挑战。对中国传统文化如何现代化的问题，牟宗三提出了"开出"说，即儒家的"内圣之学"而开出"新外王"、由"道统"开出"政统"和"学统"。具体的方法就是通过"良知"的自我"坎陷"，以坎陷出"知性主体"和"政治主体"，也就是从"道德主体"转出"民主"与"科学"。冯友兰（1895—1990 年），以贞元六书为标志，以真际、实际两世界，自然、功利、道德、天地四境界为骨架，构筑了一个完整庞大的新理学体系。

第三节　儒学的深远影响

孔子构建了儒学理论的基本构架，后经由孟子、荀子等后来人的羽翼补充和发展，最终形成了一个成熟的、开放的、兼容性极强的思想体系。儒家思想对中国文化和国人的思想观念的影响都很深，几千年来的封建社会，传统的责任感思想、节制思想和忠孝思想，都是它和封建统治结合的结果。

孔子、孟子、荀子属于原始儒家，即最早的儒家。儒学创始人孔子最大的贡献，就是建立了一套完整的仁学体系。它包括孝、弟（悌）、忠、恕、礼、知、勇、恭、宽、信、敏、惠等内容，其中孝、悌是仁的基础。他提出要为"仁"的实现而献身，即"杀身以成仁"的观点，对后世的影响很大。孟子把孔子的仁学思想，发展成一种仁政的学说，由仁爱之心，发展为统治者要关爱自己的百姓，要施仁政；还发展了孔子的"礼治"和"德政"思想，提倡"王道"，主张"仁政"。荀子的思想，更多地吸收了齐文化里道家和法家的思想，使儒学达到王道和霸道并重的高度，但是从本质上他并没有离开孔子的儒家思想。春秋末期到战国时期，儒家思想还只是众多思想流派中的一支，或者说是九流中的一派。到了秦朝，秦始皇采取"焚书坑儒"政策，儒家的著作大多被焚毁，使儒学遭受了重创。

汉代以后，儒学开始真正地走上社会舞台，有了进一步的充实与发展。汉武帝当政时期，儒学大师董仲舒在《天人三策》里提出了："罢黜百家，独尊儒术"，开了儒学被官方正式接纳并尊为正统的先河。唐朝中期的儒学大师韩愈，从维护封建统治出发，用儒家的天命论和封建纲常来反对佛、道的观点。理学是以儒家思想为基础，吸收佛教和道教思想形成的新儒学。朱熹是理学发展的集大成者，朱熹继承了北宋哲学家程颢、程颐的思想，进一步完善和发展了客观唯心主义的理学体系，后人称之为程朱理学。其核心内容为："理"为宇宙万物的本源，是第一性的；"气"为构成宇宙万物的材料，是第二性的。把"天理"和"人欲"对立起来，认为人欲是一切罪恶的根源，因此他提出"存天理，灭人欲"。这实际上是在为封建等级秩序寻找理论依据。心学是陆九渊、王守仁为代表的宋明理学的一个流派，即所谓良知之学，其强调"明本心""致良知"，认为心为宇宙的本原。

"察业识莫如佛；观事变莫若道；而知性尽性，开价值之源，树价值之主体莫若儒。"儒家思想对中国文化和国人传统观念的影响根深蒂固，当然，随着社会的发展、文化的发展，儒学逐渐走向成熟与完善。尽管儒学在不同时期呈现出不尽相同的主体意识，但主体精神始终保持着连贯性和统一性，这种延续对国人的思想认识产生了极大的影响，也影响着中国的传统文化。

一、重视教育

儒家非常重视教育，孔子提出了"有教无类"（《论语·卫灵公》）的教育思想。孔子"有教无类"思想的理论基础是其"众生一体都有善性"的理论。人们的本性是"性相近也，习相远也"（《论语·阳货》），"性相近"说明了人皆有成才成德的可能性，而"习相远"又说明了实施教育的重要性。正是基于"人皆可以通过教育成才成德"的认识，孔子才提出了"有教无类"的论断。儒家认为人可以为神、上帝，并相信人毕竟有体现至善、上通神明、天人合一的可能。孟子指出人人皆可以为尧舜，人之趋善，如水之就下。人有天生的善端，本此善端，便可成德、成圣。荀子认为途之人可以为禹。（《荀子·性恶第二十三》）程朱理学修身、齐家、治国、平天下的内圣外王之路，也是把郡国的管理权最终交给圣人。圣人又需要通过教育来达到，由此可见教育的重要性。

儒家还创造性地提出了"因材施教"（《论语·先进》）的教学方法。因材施教最先是孔子对学生实施的教学方法，先是对学生有充分的了解，并能因材施教，让学生们各尽其才，有所进步。

二、重视"仁"

儒家注重道德、礼教、仁义，要求自觉遵从真和善，注意自我修身。强调积极入世为目标，在不断地追求自我完善的基础上报效社会，以此来实现自己的人生理想，体现人生价值。孔子的基本思想点是"仁者爱人"，而后他又提出了"己欲立而立人，己欲达而达人"的观点，这种推己及人、成己成物的目的，不仅仅是为了在道德上追求自我完善，正如曾子所言"士不可以不弘毅，任重而道远。仁以为己任，不亦重乎？死而后已，不亦远乎？"孟子也说过"天下之本在国，国之本在家，家之本在身"，其基本要求是人要从自身的道德修养做起，"古之欲明明德于天下者，先治其国；欲治其国者，先齐其家；欲齐其家者，先修其身；欲修其身者，先正其心；欲正其心者，先诚其意；欲诚其意者，先致其知；致知在格物。物格而后知至，知至而后意诚，意诚而后心正，心正而后身修，身修而后家齐，家齐而后国治，国治而后天下平。"（《礼记·大学》）由以个人修养为中心，逐步上升到以报效国家为终极目标，构成了中国人特有的人生价值取向，这一方面是中国封建社会能够稳定的重要思想基础，另一方面也是中国文化能够长期传承的重要因素之一。

儒家还特别重义轻利。孔子说："君子喻于义，小人喻于利"，在价值取向上确立了义高于利的原则。孟子说："生亦我所欲也，义亦我所欲也；二者不可得兼，舍生而取义者也。"这说明他把"义"看得比生命都重要。董仲舒认为"天之生人也，使人生义与利。利以养其体，义以养其心。心不得义不能乐，体不得利不能安……体莫贵于心，故养莫重于义。义之养生大于利。"更明确了重义轻利的观念。

三、倡导以民为本

修身、齐家、治国、平天下是儒家伦理政治的核心，孔子认为国家的安定是以民心的安定为前提的，他主张以富民、教民为基础，在"民、食、丧、祭"中，民居首位。孟子则强调民为贵，社稷次之，君为轻；张载提出了"民胞物与"（《西铭》）；程颐则直言"民唯邦本"；朱熹说"天下之务莫大于恤民"；王夫之确认"君以民为基"。由此可见，"民本思想"是儒家学说的集中体现。

四、主张"天人合一"

"天人合一"体现了中国的文化精神，儒家思想的主流多持有这一思想。这一思想认为"天"与"人"的关系是："天"不离开"人"，"人"亦不离开"天"，强调人和自然的协调统一，它包括人的道德观念与自然理性的一致、人的行为与自然运行的统一两个方面，千余年来这种理念一直影响着国人的思想观念和行为方式。

儒学作为中国传统文化的主流文化，只能在超越了单一民族观念和思想体系时才能存在。他一方面提倡"夷夏之防"，十分注重激励民族精神与爱国主义，同时又以"近者悦，远者来"和"四海之内皆兄弟"的博大胸怀，倡导民族和睦，友好相处，对中华民族共同体的形成与巩固起了凝聚作用，因此儒学长期以来是中华民族共同的精神支柱。儒学提倡德化社会、德化人生的思想对中国人产生了极其深远的影响，成为华人世界共同的文化心理基础。

第四节　儒学的代表人物

一、孔子思想

孔子（前551—前479年），名丘，字仲尼，鲁国陬邑（今山东曲阜东南）人。春秋末期思想家、教育家、儒学创始人，"孔子不仅开创了儒学，也确实开创了易学。"（李学勤先生语）孔子幼年生活贫困，学无常师，相传曾问礼于老子。50岁时任鲁国司寇，摄行相事。后同学生周游列国，终不见用。晚年致力教育事业，传弟子有3000人，著名者72人。世传《论语》20篇。

孔子政治上主张"正名"，认为"君君、臣臣、父父、子子"都应名实相副，以巩固等级名分和社会秩序。提倡德治教化，反对苛政。伦理思想上宣传"仁"。"仁"是符合等级制度的言行规范，又是维护家长制的精神支柱，是品德素养恭、宽、信、敏、惠的总称。仁有三义，一曰仁者爱人。无论老幼贵贱，凡属人类，皆有可爱之处。爱人之道即忠恕之道。"己欲立而立人，己欲达而达人"为之忠（《论语·雍也》）；"己所不欲，勿施于人"为之恕（《论语·卫灵公》）。二曰克己复礼为仁。礼为周礼，尊亲为本，君礼臣忠父慈子孝弟悌乃理想社会之秩序，尊卑贵贱亲疏长幼乃爱人社会之规则。三曰君子之仁。行恭、宽、信、敏、惠于天下为仁，"恭则不侮，宽则得众，信则人任焉，敏则有功，惠则足以使人"（《论语·阳货》）。教育思想上注重"学"与"思"的结合，提出"学而不思则罔，思而不学则殆"和"温故知新"；并重视因材施教。

二、孟子思想

孟子（约前372—约前289年），名轲，字子舆，战国鲁国邹（今山东邹县）人。战国时期思想家、教育家。孟子受业于孔子之孙子思的门人，是继孔子之后儒家学派的又一位最有影响的大师，封建时代被尊为"亚圣"，又与孔子并称"孔孟"。曾游历齐、宋、滕、魏等国。孟子则宣扬"仁义"，主张实行"仁政""王道"，宣扬"省刑罚，薄赋敛"，使民有"恒产"，能安居乐业，并主张"民为贵，社稷次之，君为轻"，劝告统治者要"与民同乐"，反对虐政害民。他与弟子著书7篇261章，即《孟子》。《孟子》是儒家的经典著作之一，也是先秦的杰出散文著作。

三、荀子思想

荀子（约前313—前238年），名况，时人尊而号为卿；因"荀"与"孙"二字古音相通，故又称孙卿；周朝战国末期赵国猗氏（今山西运城临猗县）人，著名思想家、教育家，儒家代表人物之一。他批判和总结了先秦以来的学术思想，发展了唯物主义，认为自然运行法则是不以人们意志为转移的；提出人定胜天的思想；首创性恶论，重视环境和教育对人的影响。著有《荀子》32篇。

四、程朱理学

宋明时期儒学复兴，史称新儒学。宋明新儒学分为两支，一曰程朱理学，二曰陆王心学。程朱理学将孔孟之政治伦理思想之人性论起点，升华至探讨世界终极存在之本体论高度，促成儒学质的飞跃。

周敦颐（1017—1073年），原名敦实，字茂叔，号濂溪。道州营道县楼田堡（今湖南道县）人，北宋思想家、哲学家、文学家，宋明理学创始人。周敦颐学术思想是以儒家学说为基础，融合道学，间杂佛学，提出"太极而无极"的宇宙生成论。其学说是孔子、孟子之后儒学最重要的发展，在中国思想史上的影响深远。其主要著作有《太极图说》《易通》，后人编成《周子全书》。

程颢（1032—1085年），字伯淳，号明道。世称明道先生，北宋洛城伊川（今河南洛阳伊川县）人，程颢与其弟程颐，皆理学大师，世称"二程"，大哥叫大程，程颐叫小程。早年与程颐共师周敦颐。程颢与其弟程颐共同为宋代理学奠定了基业，"新儒学"的真正成立，自程氏兄弟始。因"二程"兄弟长期在洛阳讲学，故世称其学为"洛学"。程氏兄弟最重要的贡献在"天理"的发现，程颢提出"天者理也"和"只心便是天，尽之便知性"的说法。他把"理"视为宇宙的本原，认为知识、真理的来源，知识内在于人的心中，"当处便认取，更不可外求"。就天道来说，程颢形容它是"生"，谓世界生生不已。为学以"识仁"为主，《识仁篇》提到"仁者，浑然与物同体，义、礼、智、信皆仁也。识得此理，以诚敬存之而已，不须防检，不须穷索。"《定性书》则说"夫天地之常，以其心普万物而无心，圣人之常，以其情顺万物而无情。故君子之学，莫若廓然而大公，物来而顺应。"

程颢亲撰有《定性书》《识仁篇》等，后人集其言论所编的著述书籍《遗书》《文集》等，皆收入《二程全书》。

程颐（1033—1107年），字正叔，洛阳伊川（今河南洛阳伊川县）人，世称伊川先生，出生于湖北黄陂，北宋理学家和教育家。为程颢之胞弟。《宋史》称他"学本于诚，以《大学》《论语》《孟子》《中庸》为指南，而达于'六经'"。二程的学说在某些方面有所不同，但基本内容是一致的。皆以"理"或"道"作为全部学说的基础，认为"理"是先于万物的"天理"，"万物皆只是一个天理"，"万事皆出于理"，"有理则有气"。强调人性本善，"性即理也"，由于气禀不同，因而人性有善有恶。所以浊气和恶性，其实都是人欲。人欲蒙蔽了本心，便会损害天理。"无人欲即皆天理"。因此教人"存天理、灭人欲"。要"存天理"，必须先"明天理"。而要"明天理"，便要即物穷理，逐日认识事物之理，积累多了，自然就豁然贯通。

朱熹（1130—1200年），字元晦，又字仲晦，号晦庵，晚称晦翁，谥文，亦称朱文公。祖籍江南东路徽州府婺源县（今江西省婺源），出生于南剑州尤溪（今属福建省尤溪县）。南宋著名的理学家、思想家、哲学家、教育家、诗人、闽学派的代表人物，儒学集大成者，世尊称为朱子。朱熹是唯一非孔子亲传弟子而享祀孔庙，位列大成殿十二哲中者。

朱熹是程颢、程颐的三传弟子李侗的学生，继承周敦颐与"二程"天理思想，融入北宋思想家张载（1020—1077年）之气学说，创立宋代研究哲理的学风，称为理学。其门人黄榦曾总结曰："继往圣将微之绪，启前贤未发之机，辨诸儒之得失，辟异端之论谬，明天理，正人心，事业之大，又孰有加于此者。"（《行状》）又曰："自周以来，任传道之意，得统之正者不过数人。而能使斯道章章较著者，一二人而止耳。由孔子而后，曾子、子思日继其微，至孟子而始著。由孟子而后，周、程、张子继其绝，至先生而始著。"（同上）其著作甚多，著有《晦庵先生》《朱文公文集》和《朱子语类》，辑定《大学》《中庸》《论语》《孟子》为四书作为教本。

五、陆王心学

陆王心学主要强调人的本心为道德主体，自身就决定道德法则和伦理规范，使道德实践的主体性原则凸现出来。心学作为儒学中宋明理学的一门学派，最早可追溯自孟子，而北宋"二程"开其端，南宋陆九渊则大启其门径，明·王阳明正式提出"心学"之名，至此心学开始有清晰而独立的学术脉络。心学最不同于其他儒学者，在于其重视生命的过程。

陆九渊（1139—1193年），字子静，抚州金溪（今江西省金溪县）人。南宋哲学家，陆王心学的代表人物。因讲学于象山书院（位于江西省贵溪市），世称"象山先生"，学术界常称其为"陆象山"，著有《象山先生全集》。

陆九渊将儒家思孟学派之学说与佛教禅宗思想相结合，并承袭程颢天即理之观点，提出了心即理的命题，是儒家心学之开山。他的思想偏重在心性的修养，他认为朱熹的"格物致知"方法过于"支离破碎"。其主张"吾心即是宇宙"，"明心见性"，"心即是理"，重视持敬的内省工夫。即所谓的"尊德行"。朱熹言"理"，侧重探讨宇宙自然的"所以然"，陆九渊言"理"，则更偏重于人生伦理。

王守仁（1472—1529年），幼名云，字伯安，号阳明子，谥文成，人称王阳明。浙江绍兴府余姚县（今浙江省宁波余姚市）人。明代著名的思想家、哲学家、书法家兼军事家、教育家。王守仁是陆王心学之集大成者，不但精通儒、释、道三教，而且能够统军征战，是中国历史上罕见的全能大儒。其著有《王文成公全书》。王守仁继承陆九渊强调"心即是理"之思想，反对程颐、朱熹通过事事物物追求"至理"的"格物致知"方法，因为事理无穷无尽，格之则未免烦累，故提倡从自己内心中去寻找"理"，认为"理"全在人"心"，"理"化生宇宙天地万物，人秉其秀气，故人心自秉其精要。在知与行的关系上，强调要知，更要行，知中有行，行中有知，所谓"知行合一"，两者互为表里，不可分离。知必然要表现为行，不行则不能算真知。

第八章　史　学

　　史学是历史学的简称，是以历史为研究对象的学科。虽然在广义上历史可以包含人类以外的事物，但作为一门社会和人文科学，历史学主要以人类社会为研究对象。

　　《汉语大词典》对史学的注释："研究、编纂人类社会和各个民族、各个国家的历史的学问。《晋书·石勒载记下》：'任播、崔濬，为史学祭酒。'《宋史·杨亿传》：'真宗称其才长于史学。'"史学是研究历史如何被编写，并不侧重于历史事件本身，而注重怎样重新解释个别历史学家的历史观。从事历史学研究的人通称为历史学家。由于历史学家们向来讲究有一分证据说一分话的实证精神，对于无法运用史料加以证明的事多避而不谈，尤其耻于谈理论。因此，历史学尽管有悠久的发展过程，但相较于近代新兴的社会科学，则显得理论基础相当薄弱。全世界的历史学家至今对于"何谓历史"与"何谓历史学"等直接关系到其生存命脉的议题，都没有达成共识，所以历史学这门学科的研究内容与研究主题，一直没有办法与其他学科被明确地界定，有时候一个历史学家可能同时为经济学家、社会学家、考古学家、人类学家、政治学家、心理学家，甚至生物演化学家。

第一节　史学的含义

　　史，这个词汇早在甲骨文时代就已经产生了，甲骨文作 🔣，其中 🔣（中，即"仲"的本字，仲裁决断）、🔣（又，手，表示持笔记述），造字本义：在星象观测、凶吉卜筮等重大活动中做出论断并记录在册。金文 🔣、篆文 🔣 承续甲骨文字形。《说文》诠释道："史，记事者也，从又，执中，中正也。"所以，在中国古代，"史"与"事、吏"的词义是相通的，带有伦理学（含自然伦理原则和社会伦理原则）的价值判断含义。古代称博学的文职官员为"史"，称行政管理官员为"吏"。

　　在讲述史学含义的时候，有必要对历史、史料的含义进行说明，这样更有利于我们对史学的理解。

　　历史，广义上是泛指一切事物的发展过程，包括自然和社会史；狭义上仅指人类社会的发展过程。后者是史学研究的对象。

　　史料，通常是指那些人类社会历史在发展过程中所遗留下来的，帮助我们认识、解释和重构历史过程的痕迹，包括文字、图形、文物等。在研究史学的过程中，我们必须依据史料。葛兆光在《七世纪至十九世纪中国的知识、思想与信仰》中曾写道："进入我们的叙述之前，它们已经在选择、编辑、写作、评论的历史中，经过了'意识形态'（政治性的观念）、精英意识（传统的对精英历史资料的关注）、道德原则（例如何为文明、何为鄙野的判断）和历史学叙述（观察、剪裁和修饰）这几重筛子的过滤，已经未必那么真实可靠了，而考古发现和作为文物的那些文字资料，如有名或无名的碑刻、艺术性的书画题跋、大量叙述家常与礼节性问候的书信及民间流行的各种通俗读物，反而并没有经过这种有意识的'筛子'，倒有可能有利于重建或呈现思想的真实历史语境。"

史学，系通过利用史料研究和阐述人类社会发展的具体过程及其规律性的科学，属社会科学中的一个门类。它包括人们占有史料、认识历史以及历史研究、历史编纂的理论和实践。史学的发展基本上与历史的发展相一致。一方面，史学随着历史的发展，在促进历史的发展中发展起来；另一方面，它又因对历史需要有个认识上和技术上的准备过程，往往表现出滞后于历史发展的现象，甚至不像哲学和政治学那样跟得上历史的脚步。

历史和史学的含义是不同的。杨鸿烈在《史学通论》中做出说明："中外一般的学者们都很随便地把'历史'和'史学'两个名词混为一谈"，因此，着力对此二者进行梳理。他认为"'历史'为文章（广义的）的一种，'史学'为学问的一种"；"'历史'尚不过成为'史学'研究的对象或材料，并非可以说史籍的自身即成为史学"。具体的定义是："历史是一种很客观而有系统的叙述人类在过去所有的行动的记录。"同时，"研究与'历史'有关系的种种'理论'和搜辑鉴别整理史料的最可靠的'方法'与必需的学问，就叫作'史学'。"可见，史料或史籍是历史载体，史学则是历史理论和历史研究法。

第二节　史学的起源

中国的史学萌芽于原始社会，那时候没有文字，为了传授生产经验和氏族传统，人们采用历代口耳相传、结绳记事、刻痕记事等方式来记载和传授历史。进入阶级社会之后，由于巩固统治的需要，统治者非常重视史学，朝廷中设立了史官，专掌记载历史，其记载就是史书。我国早期用文字记载的历史，根据文献记载，商代已有典册，这已被甲骨文所印证，只是这些用竹木简编撰成的典册容易腐朽，难以流传下来。今天我们能够看到的最早的文字记录是甲骨文和较多的商、周铜器铭文。甲骨文和铜器铭文虽然不是正式史著，但却是正式史著的源头。

白寿彝先生说："中国史学的历史起源，可以从远古的传说说起。无论从历史意识来看，还是从传述历史的形式来看，追本求源，中国史学还是要从远古的传说说起。"在先秦史籍中，我国古代有许多神话、传说以各种不同形式的记载得以保存和流传下来。虽然这些记载在很大程度上经过了后人的加工，但它却包含着生活在阶级社会的人无法凭虚描绘的一些原始的内容：如关于原始社会的居住、饮食、婚姻、军事、生产等多个方面在书籍中有所记载。这些可以说是中国史学的滥觞。通过这些记载，可以窥见我们的先祖生活斗争的情况。

　　文字是记录语言的符号，是语言的载体，有了文字的历史才是真正的历史；历法是有着均匀刻度的计时系统，以年月日为单位，有了历法的历史才是确切的历史。所以文字的发明和历法的产生成为中国史学产生的基本条件。

　　中国的历史学最早产生于春秋战国，孔子就已经开始历史学教育，编写了《春秋》著作。到汉朝司马迁父子建立更加完善的历史学体系和创作形式，历史学已经开始成为官方研究重点。东汉的班固就是在专门保存书籍的兰台（御史台）修史，开始官方对史学的控制，禁止私人修史。随着封建民主制度发展，到晋朝不仅设立官方专业的著作省，也有了专门负责著作、修史的高级官员，同时允许民间修史。官史和私史并存，体现官方立场和人民立场的史学观也逐渐形成。后世通常把官方和民间都认可的相对客观、准确的历史著作作为正史，代表官方史学。

　　史学名词始出于东晋太兴二年（319年），《晋书·石勒载记下》有"史学祭酒"一词。在当时和其后一个半世纪间，并未对它的内涵做出明确的解说。但是，史学摆脱对经学的依附地位，并与传统的经、律两学鼎足而立，成为官学中一个完全独立的部门，这在中国古代史学发展上还是极具重要意义的。后来它有了编纂学、文献学的内容。至清代乾嘉时期，人们又赋予了史学以历史叙述技巧和历史认识方法等内容。（瞿林东《中国史学史纲》）

　　古代早期史官有传说中黄帝时的仓颉、沮诵，舜时的伯夷，夏有终古。商朝的史官，甲骨文作"作册""史""尹""太史""内史"，原本与宗教官"卜""占""巫"之间没有明确的分工，都充当神人之间的媒介，不仅负责天帝的旨意，而且可以代表天帝监督商王的行动。周朝史官的设置具有明细的分工。《周礼》中有太史、小史、内史、外史、御史之称，"大史掌建邦之六典"，"小史掌邦国之志，奠世系，辨昭穆"，"内史掌王之八枋（八柄）之法，以诏王治"，"外史掌书外令，掌四方之志，掌三皇五帝之书"，"御史掌邦国都鄙及万民之治令，以赞之冢宰"。

第三节　史学的发展

一、秦汉——史学的形成时期

　　由于秦始皇的焚书坑儒，因此秦朝史学、文化著作留传至今的极少，但并不能因此说明秦朝不重视史学和文学。秦焚书时，烧掉了《诗》《书》等儒经及六国的史书，但《秦纪》一直保留至汉初。司马迁曾依据《秦纪》编写《六国年表》。他说："余是因《秦纪》，踵《春秋》之后，起周元王，表六国时事，讫二世，凡二百七十年。"（《史记·六国年表序》）这部《秦纪》是秦朝史官保存的较为原始的资料。

　　两汉是我国史学逐步走上成熟发展道路的时期。该时期出现了著名的史学家司马迁与班固。司马迁的父亲司马谈是汉武帝建元年间的太史令，博学。司马迁"年十岁则诵古文"（《太史公自序》），后来曾师从董仲舒学习《公羊春秋》，跟孔安国研究《尚书》。他注意考察史迹、观察民俗和古代遗风，"网罗天下放（通'佚'）失旧闻"，编撰的《史记》，首创纪传体，是我国古代史学走上成熟发展道路的奠基之作。记述了从黄帝至武帝太初年间近 3000 年的历史。全书由 12 本纪、10 表、8 书、30 世家、70 列传共 130 篇组成。司马迁重视人在历史上的作用，注重用社会经济生活来探索历史发展的原因，"究天人之际，通古今之变，成一家之言"，是他史学思想的概括。东汉初年史学家班固编撰了我国第一部纪传体断代史《汉书》。他宣扬"天人感应"的神学史观，如《后汉书·光武帝纪》记载东汉儒生强华献《赤伏符》，上有"刘秀发兵捕不道，卯金修德为天子"的隐语。《汉书·古今人表》把伏羲氏到秦二世的各色人等人为地分为"上智""中人""愚人"三品，以此来宣扬人性分为"三品"的唯心观点。把《项羽本纪》《陈涉世家》贬入列传等的记载，反映了班固"成者为王，败者为寇"的封建正统观。

此外，东汉官方编修的《东观汉记》是我国第一部官修纪传体国史，记录了东汉从光武帝至灵帝 100 余年的历史。全书由班固、刘珍、蔡邕、杨彪等人编撰，可惜的是历经自汉明帝至汉献帝几乎一朝时间尚未完成。东汉末年史学家荀悦奉汉献帝命以《汉书》中的本纪为纲，将书中传、志、表的内容加以概括，按时间的顺序，散放于帝纪各年之下，使 80 万字的《汉书》精简为 18 万字的《汉纪》，为用编年史体撰述断代历史创立了典范，被时人称为"辞约事详"。东汉时期赵晔编撰的《吴越春秋》、子贡（或作汉朝袁康和吴平）编写的《越绝书》，这两部史籍均兼采史书记载和民间传说写成，是我国最早的民族史和地方志。

二、魏晋——史学的发展时期

中国史学在魏晋南北朝时期已从经学的附庸变为独立学科。魏明帝曹睿太和年间（227—233 年），开始设置修史官署——著作局，职官为著作郎、佐郎、令史等。著作局隶属中书省，专门负责国史的修撰。宋、齐设著作佐郎，梁设修史学士；北魏在秘书省下设著作局，后又设史局；北齐、北周讫于隋，史局由大臣统领，称为监修。这些变化，说明魏晋南北朝史学不仅成为独立学科，而且受到朝廷重视。

魏晋南北朝是史学全面发展的时期，不但史书的数量多，而且史体种类多，从记事时限上看，有通史、断代史；从体裁上看，纪传体的地位得到巩固，编年体蓬勃发展，起居注、人物传记、史注、地理方志等各类史籍也大量涌现。这些史籍较真实地反映了当时的历史现状，还表明民族史学蓬勃兴起，发展成为我史学的一个重要组成部分。魏晋南北朝时期的著名史学家有陈寿、范晔、司马彪、裴松之、袁宏等人，史学著作留存至今的，"正史"有《后汉书》《三国志》《宋书》《齐书》（亦名《南齐书》）、《魏书》等，分别记载东汉、三国、南朝宋、齐及北魏各时期重要史事和人物的断代史。其他体裁的史书有《后汉纪》《华阳国志》《洛阳伽蓝记》《高僧传》等。《三国志》以魏为正统，用本纪来记述魏国君主行事，记蜀、吴二国事称传。但对三国国君均采用编年体方式，按年月记事，名为传，实为纪。裴松之注《三国志》不在训诂名物，而在史料的补缺与纠谬。《后汉书》记载了上起汉光武帝建武元年（25 年），下至汉献帝建安二十五年（220 年）共 196 年的历史，计由 10 纪、80 列传组成。范晔原本作志十篇，并已托谢俨收集资料，可惜由于他遇害过早离开人世，致使十志独缺。今传本《后汉书》中的 30 卷志即司马彪《续汉书》中的志，系由后人将司马彪的志拿来补到《后汉书》

中。根据东汉时期独特的社会风气和时代特色，范晔在《后汉书》中首创《列女传》，"搜次才行尤高秀者，不必专在一操而已"（《列女传》），因此他把"博学有才辩，又妙于音律"的蔡文姬收入该传，而蔡文姬曾先后嫁给卫仲道、匈奴人、董祀。此例一开，后史多沿用，从而使妇女在正史中占有一席之地。但后史多将《列女传》改为《烈女传》，还建立了《文苑列传》，把文学从经学的附庸中独立出来而与儒林并列，反映了当时重视文学的社会风气。范晔的史学思想表现在，把"忠义"作为衡量历史人物的重要条件，反对佛教、图谶和阴阳禁忌。

该时期的地理学名著有北魏·郦道元的《水经注》，西晋·裴秀所绘的《禹贡地域图》（即历史地图）和《地形方丈图》（即晋代地图），提出"制图六体"等六项重要技术原则，为我国明末以前的制图者所遵循。

三、隋唐——史学的繁荣时期

隋朝的建立，结束了数百年的魏晋南北朝的分裂割据的局面。这一特定历史时期，从客观上赋予当时的历史学家以较重的修史任务。然而终隋一代并没有修出有影响的史学著作，也没有造就出有影响的史学家。这也可能与隋朝较短的37年统治历史有关。隋朝编修的一些史书大多未流传于世，因此人们论及隋朝史学，往往寥寥数语，甚至避而不谈。实际上隋朝史学并不是一片空白，朝廷在秘书省下设著作曹和太史曹；设有著作郎2人，负责史书的起草；设有著作佐郎8人，炀帝时，佐郎增为12人，负责史料的收集。编修的史籍有魏澹等重修的《魏书》，王劭作的《隋书》《齐志》，牛弘修的《周史》，李德林的《齐史》，杜台卿的《齐纪》，许善心的《梁史》，姚察的《梁书》等，这些史书为以后唐修诸史奠定了基础。

唐代是我国史学承上启下的时期，也是史学的大发展时期。官修国史始于东汉，南北朝时期已开始设官修史，隋王朝建立之后，对史学领域采取了严密控制的措施，不许私人修史，只允许官修。唐朝建立后，朝廷就设立史馆，负责编修前代史和本朝国史。从唐代至清朝，史馆修史，宰相或重臣监修，成为定制；而且下一朝代编修前代史，也成惯例。这是我国古代史编撰工作上的一次重大变革。其后的纪传体"正史"，除欧阳修的《新五代史》为私人撰修外，其余的全是官修。历代王朝对史籍编撰工作的控制大大加强。

实录体史书创始于南北朝时期，至唐代，嗣君时期编撰先帝实录，成为一个惯例，而且唐代以后的各朝代都沿袭此制。从此实录发展成为史书的一个重要部类。

唐代还产生了对前代史学进行系统总结的史评专著。刘知几编著的《史通》对前代出现的各种史学思想、编撰体例、修史制度，以及史籍源流与前人修史之得失等情况，做了一次总结性的评价与概括。《史通》是我国第一部史评专著。刘知几在该书中提出了"史才须有三长，世无其人，故史才少也。三长：谓才也，学也，识也。夫有学无才，亦犹有良田百顷，黄金满籝（竹笼），而使愚者营生，终不能至于货殖者矣。如有才而无学，亦犹思兼匠石（名为石的巧匠），巧若公输，而家无梗柟（两种木材；柟，同楠）斧斤，终不果成其宫室者矣"（《旧唐书·刘子玄传》）。《史通》奠定了我国史学理论的基础，对后世的历史编纂学产生了不可低估的影响。

唐代杜佑撰《通典》，记载历代典章制度，首创典志体的通史；苏冕编《唐会要》记载唐代的典章制度，首创典志体的断代史。

唐代史馆官修和私人编撰正史共八部，占二十四史的1/3，分别为《梁书》《陈书》《北齐书》《周书》《隋书》《晋书》《南史》《北史》。唐玄宗时编撰的《唐六典》《大唐开元礼》，以及《元和郡县图志》《蛮书》（又名《云南志》），都是典章制度及地理方面的重要著作。五代十国官修正史《旧唐书》，其他私撰之史籍较多。

四、宋元——史学的巅峰时期

宋代是我国史学发展史上的顶峰时期，在史籍的种类、数量、质量等方面，都超过了前代和后来的元、明时期。元代史学，除了马端临的《文献通考》把典志体的编撰推进一步外，值得一提的就是民族史发展较快。宋元时期的史学成就，主要表现有：一是已建成完备的修史制度：宋有实录院、起居院、玉牒所、日历所、国史院、会要所、时政记房等。辽设国史馆，设有监修国史、史馆学士、史馆修撰、修国史等职，又有著作局，置著作郎、著作佐郎；在门下省设起居舍人院，置起居舍人、起居郎。金朝设有国史院、著作局。二是史学著作丰富多样，体例完备。北宋薛居正等撰《旧五代史》，多取材于历朝实录和范质的《五代通录》，其体例仿《三国志》，五代各朝独立成书。均设纪、传；志则通录五代典章制度。由欧阳修、宋祁主持纂修的《新唐书》，修于宋代仁宗时期，是官修书。该书前后用了17年时间，共修成本纪10卷、志50卷、表15卷、列传150卷。《新五代史》是欧阳修私修史书，是二十四史中自唐朝以后唯一的私修史书。宋朝时期，司马光编著了《资治通鉴》，它上从周威烈王二十三年（前403年）韩、赵、魏三家分晋起，下至五代后周显德六年（959年）共1362年，计294卷，300余万字。用司马光自己的话："专取国家盛衰，系生民休戚，善可为法，恶可为戒者，为编年一书"，"鉴前世之兴衰，考当今之得失"《资治通鉴》。一书具有很高的历史价值，是中国第一部编年体通史。书中体现的司马光的史学思想为：①突出史学的经世致用的作用。司马光明确提出作史之目的，是"鉴前世之兴衰，考当今之得失，嘉善矜恶，取是舍非，足以懋稽古之盛德，跻无前之至治"（《进通鉴表》）。②主张据事直书，反对正统观念。③反对神鬼怪异之说。南宋时期，郑樵仿《史记》而作《通志》。元末修撰《宋史》《辽史》和《金史》。

除正史之外，其他史籍有北宋政府编纂的《太平御览》《册府元龟》《文苑英华》《太平广记》四大类书，大型类书还有南宋王应麟撰的《玉海》，这些都是颇有价值的大型类书。北宋王溥私撰的《唐会要》《五代会要》两部会要体著作；私撰的名著还有李焘的《续资治通鉴长编》，南宋·李心传的《建炎以来系年要录》、徐梦莘的《三朝北盟会编》等。南宋郑樵的《通志》是典志体著作。地理志、地方志和金石学著作也较多。元代马端临的《文献通考》，与《通典》《通志》都是典志体的代表作，合称"三通"。

五、明清——史学的衰落时期

明代统治者由于加强文化专制，加之当时学术界风气所影响，导致明代史学的成就不大，属于史学的衰落时期。比较重要的成就，是方志体史书的发展和私撰野史的盛行。明代官修史书有《元史》《明实录》《明会典》《永乐大典》等。《永乐大典》由明成祖朱棣永乐时解缙等人奉敕编修，是我国历史上最大的一部类书，也是世界上最早最大的一部百科全书。明末的私家修史较著名的有柯维骐的《宋史新编》、王圻的《续文献通考》、陈邦瞻的《宋史纪事本末》和《元史纪事本末》，以及谈迁的《国榷》等。

明清之际，是我国古代史学发展到末期而出现的一个短暂而重要的时期。该时期，一些知识分子面对明朝灭亡和满族入主中原的现实，总结明朝灭亡的教训，认为是宋明理学空谈心性，导致了亡国，因而提出了"经世致用"的思想，并将其应用到经学与史学的学术领域。这时史学的代表人物是顾炎武、黄宗羲和王夫之。他们对史学的主要贡献有：顾炎武开清代考据之风，黄宗羲创立了学案体，王夫之发展了史论。这些贡献在我国史学史上都占有重要的地位。

清代统治阶级采取高压手段，实行文化专制的"文字狱"，使得史学经过明末清初短暂的活跃之后，很快就被窒息扼杀，走上了脱离实际、埋头考据的道路。乾隆、嘉庆时期的史学主要成就是：校注古籍，考证史实；辨伪和辑佚；改选与增补旧史。比较著名的考据学著作有钱大昕的《廿二史考异》、王鸣盛的《十七史商榷》、赵翼的《廿二史札记》。史论名著有章学诚的《文史通义》。清代的官修史书有《明史》《清实录》《清会典》《清三通》《大清一统志》等。清代的私人著述很多，较著名的有顾祖禹的《读史方舆纪要》、黄宗羲的《宋元学案》和《明儒学案》、顾炎武的《天下郡国利病书》等。

六、中国近代史学

对于这一时期的中国史学，顾颉刚有精辟的概括。他说："这百年来的史学（约1845—1945年），可以分作前后两期，大致民国成立以前为前期，民国成立以后为后期。前期的史学界，学者们依然走着过去的大路，继续前辈学者的工作，对历代正史，加以补作或改作，对历代正史的表志，更用心地加以补充或修订，同时此期的史学界，还有三种新的趋势：一是金石学的考索，二是元史和西北边疆史地的研究，三是经今文学的复兴。""后期的史学，方向更多，大要言之，除继承前期的成绩，加以发展外，又多出：①考古学和史前史的研究，②中外交通史和蒙古史的研究，③敦煌学的研究，④小说、戏曲、俗文学的研究，⑤古史的研究，⑥社会史的研究。"他认为，后期史学的面目是"颇为新颖的"，原因在于它有"好几个助力"："第一是西洋的科学的治史方法的输入。""第二是西洋的新史观的输入。""第三是新史料的发现。""第四是欧美日本汉学研究的进步。""第五是新文学运动的兴起"。

第四节　史学的特质

一、历代统治者均重视史学

中国历代统治者重视史学，首先表现在重视史书的编撰，其次表现在重视史学家对于历史人物和事件的评价，这是由于史书的性质所决定的。从奴隶社会开始，统治者就非常重视史学，朝廷中设立史官，专掌记载历史，当时史官的地位很高。进入封建社会，特别是秦汉大一统封建王朝建立之后，由于巩固统治的需要，统治者加强了对文化思想的统治。销毁或者篡改史书记载，打击与本朝政见不合的撰史者和文人，对史书的编撰权严加控制，其措施即禁止私撰史书，开创并逐步完善官修史书制度。官修史书制度从东汉朝廷编撰本朝史《东观汉纪》开始，经过魏晋南北朝时期官修与私修的并行，至隋代，为了加强中央集权的统治，禁止私撰史书。唐代政府设立史馆，负责编修前代史和本朝国史，并由重臣或宰相监修，正式确立了史馆修史的制度，政府对史籍编撰工作的控制大为加强，从此官修史书成为我国古代史书的主体。该制度对中国传统史学的发展、史籍数量迅速增加起了一定的促进作用。但是官修史书的有关内容取舍必须符合统治者的需要，对历史人物及事件的评价也必须体现统治者的意图，史书的编撰实际就是当时实施统治的重要内容，因此，其思想性受到了很大局限。

二、私撰史籍之风绵延不绝

中国的西周时期是"学在官府"，不许办私学。春秋时期，孔子收徒讲学，开创私学，又整理鲁国的史书，编撰成《春秋》一书，开私撰史籍之始。至战国、西汉、魏晋南北朝以及唐、宋、明、清各代，私撰史籍逐渐形成一种社会风气，虽然也有东汉、隋、清等时期对私人修史的限制，但是总的来看，私撰史籍并没有被人为杜绝，仅仅是遭遇挫折后的曲折发展而已。而在较长的历史时期之内，私撰史籍层出不穷，私人撰史风气甚盛，著名史学家参与其事者司空见惯。中国传统史学的名著及在史书体裁、内容记载方面有开创之功的史书，几乎全是私撰的。例如开创编年体史书体裁的《春秋》《左传》，开创纪传体史书体裁的《史记》《汉书》，开创典章制度史的《通典》，以及纪事本末体、纲目体、学案体、方志学以及史学评论等史书体裁的史籍，还有《资治通鉴》《三国志》《后汉书》《南史》《北史》《新五代史》等正史和编年体名著，都是私撰史书。这些史书的编撰者孔子、司马迁、班固、陈寿、范晔、杜佑、刘知几、司马光、袁枢、黄宗羲、章学诚，都是对我国传统史学做出巨大贡献的著名史学家。

私撰史籍与官修史书相较，具有突出的特点，如选择史料比较全面，受统治阶级的正统思想影响较小，对历史上的事件和人物的评价比较中肯，史料的可信度较高等，总的来说，中国传统史学的精华部分，多半保留在私撰史籍之中。

三、史学文体多样内容丰富

据《礼记·玉藻》记载："动则左史书之，言则右史书之。"《汉书·艺文志》记载："左史记言，右史记事。"据此可知，我国远古的史书分为记事和记言两大部分。记事和记言两种史书的内容互相渗透、互相结合，因而产生了正式体裁的史书。我们把历史著作分为以下三种体裁。

1. 编年体 编年体系以历史事件发生的时间为顺序，来编撰、记述历史的一种方式。以年和月为纲，既记事，又记言，更可以追叙往事，附叙后事，并有当事人或后人对某一事件或人物所作的评论，因而对于史事有比较完整的叙述。我国现存第一部编年体史书，是孔子整理编订的鲁国历史《春秋》。《左传》是继《春秋》之后的又一部春秋时期的编年史著作，相传为春秋末期鲁国史官左丘明编撰，从《左传》的编纂方法来看，这时编年体已经完善。编年体是先秦史籍体裁的主流。

东汉末年，荀悦用编年体撰成《汉纪》，记西汉一代历史，开创了编年体的断代史。编年体的飞跃发展，源之于北宋司马光编撰《资治通鉴》，这一编年体巨著的撰成，使编年史的编撰出现了一个高潮。自宋代以来，代有续作，使编年体也形成了一个从上古传说时代到清代世代相传的庞大的史书体系。

2. 纪传体 纪传体是以为人物立传记（皇帝的传记称"纪"，一般人的称"传"，记载诸侯称"世家"，特殊情形的人物称"载记"，记载制度、风俗、经济等称"志"，以表格排列历史大事称"表"）的方式记叙史实。纪传体创始于司马迁的《史记》。在司马迁之前，先秦史籍在编纂方法上已出现了若干体例，司马迁综合各种体例，集于一书，创造了以人物为中心的纪传体史书《史记》。该书分为本纪、表、书、世家、列传五个部分。"本纪"是帝王的传记，按年月顺序，记载帝王的政绩言行，兼及当代的重大事件，属于编年体。"表"是大事记，用表格形式，按时间顺序，提纲挈领地谱列史事。"书"是各种典章制度的专史，记述社会政治、经济、文化、天文、地理等各方面的制度沿革或发展情况。"世家"是重要诸侯的传记。"列传"主要是人物传记，也有少数列传记载的是我国少数民族的历史以及当时与我国有交往的国家的历史。此外，在每篇本纪、书、世家、列传的最后，都有一段评论文字，发表史家对本篇记述的历史人物与事件的见解，借以表达作者的政治观点和史学思想。这种史书体裁以纪、传为主体，表、书为辅助，既各有分工，又互相配合，组成一个有机的整体，后人称为纪传体。

《史记》是一部纪传体的通史。东汉班固的《汉书》，创立纪传体断代史。纪传体被统治阶级定位为"正史"，"正史"至清朝共有二十四部，就是二十四史。二十四史的第一部是《史记》，最后一部是《明史》。清朝灭亡之后，又增加了《清史稿》和《新元史》，所以我国纪传体"正史"也可以称为二十六史。

3. 纪事本末体 纪事本末体是以历史事件为主体，完整地叙述一个历史事件始末的体裁形式。以事件为主线，将有关专题材料集中在一起。纪事本末体，既不同于编年体之以纪年为主，也不同于纪传体之以传人为主，而是以记事为主，把历史上的大事，详其首尾，集中表述其过程。它克服了编年体记事分散和纪传体记事重复的缺点，在编年、纪传之外又创立了一种新体裁，从而为史学发展开辟了一条新途径。首创者是南宋的袁枢，他的《通鉴纪事本末》就采用这种体例。其后有明朝陈邦瞻的《宋史纪事本末》，清朝谷应泰的《明史纪事本末》，李有棠的《辽史纪事本末》《金史纪事本末》等。

纪事本末体的优点是每一历史事件独立成篇，各篇按时间顺序编写，能够完整地反映历史事件的全过程，可补编年体与纪传体之不足。缺点在于不能表明同一时期各个历史事件的联系。

第五节　先秦的史籍

《尚书》，是目前保留下来的最早的史书。《尚书》约成书于3000年前的战国时期，是中国最古老的皇室文集，也是中国第一部上古历史文件和部分追述古代事迹著作的汇编，它保存了商周特别是西周初期的一些重要史料。最早时它被称为《书》，到了汉代被叫作《尚书》，意思是"上古之书"。汉代以后，《尚书》成为儒家的重要经典之一，所以又叫作《书经》。这部书的写作和编辑年代、作者已很难确定，但在汉代以前就已有了定本。

《春秋》，我国古代第一部编年体历史著作。它是孔子根据鲁国史官所撰的《鲁春秋》编纂而成的记载各国间的朝聘、盟会、战争及统治阶级人物活动的事迹的著作。据说孔子在编订《春秋》时，在字里行间寓寄了自己的思想和主张，创立了后人所谓"微言大义"的"春秋笔法"。

《左传》，中国古代最早的一部完备的编年体史书。《左传》相传是春秋末期的鲁国史官左丘明所著。司马迁首先认为《左传》是左丘明所写，之后刘向、裴骃、刘歆、桓谭、班固皆以《左传》出于左丘明。唐朝的刘知几《史通·六家》亦称："左传家者，其先出于左丘明。"《左传》以《春秋》为本，并采用《周志》《晋乘》《郑书》《楚杌》等列国资料，记事的范围涉及社会的各个方面（经济、学术文化、社会生活、自然现象等）。司马迁《史记·十二诸侯年表》说："鲁君子左丘明惧弟子人人异端，各安其意，失其真，故因孔子史记具论其语，成左氏春秋。"《左传》长于叙事，富于情节、故事性和戏剧性，善于描写细节，尤其善于描写战争，如秦晋韩之战、晋楚城濮之战、秦晋殽之战等。历来研究者常把它和《史记》并称，尊为历史散文之祖，"文之有左、马，犹书之有羲、献也"（刘熙载《艺概·文概》）。

《诗经》，是我国最早的诗歌总集，又称《诗》《诗三百》，收录自西周初到春秋中叶的诗歌305篇。包括《国风》160篇，多按诸侯国编次，多数采用民间歌谣加工而成，重在抒情，可反映社会生活与阶级矛盾；《雅》105篇，是周王朝直辖地区的音乐；《颂》40篇，多为宗庙祭祀舞曲，歌词颂扬祖先功业。从历史价值角度言，《诗经》实际上全面反映了西周、春秋历史，全方位、多侧面、多角度地记录了从西周到春秋（亦包括商代）的历史发展与现实状况，其涉及面之广，几乎包括了社会的全部方面——政治、经济、军事、民俗、文化、文学、艺术等。后世史学家的史书叙述这一历史阶段状况时，相当部分参考了《诗经》的记载。其史学价值：文史不分，可以文证史，重视历史经验的总结和教训。

《竹书纪年》，春秋时期晋国史官和战国时期魏国史官所作的一部编年体通史，亦称《汲冢纪年》，记录了从夏朝到魏襄王（一说魏哀王）之间的重要历史事件，对研究先秦史有很高的史料价值。

《穆天子传》，又名《周穆王游行记》，是西周的历史典籍之一。该书以日月为序，详细记载了周穆王驾八骏西巡天下之事，作者不详，共6卷，前5卷记载周穆王驾八骏马西征之事；后 1 卷记录穆王美人盛姬卒于途中而返丧事。书名虽曰传，其体裁实属编年，晋·郭璞曾为本书作注。

《世本》，又作世或世系。世是指世系，本则表示起源。是一部由先秦时期史官修撰的，主要记载上古帝王、诸侯和卿大夫家族世系传承的史籍。书的上限始于黄帝，下限讫于春秋。全书可分《帝系》《王侯世》《卿大夫世》《氏族》《作篇》和《居篇》及《谥法》等 15 篇。司马迁的《史记》、韦昭《国语注》、杜预的《春秋经传集解》、司马贞的《史记索隐》、张守节的《史记正义》、林宝《元和姓纂》和郑樵的《通志》都曾引用和参考书中内容。南朝时，《世本》已缺《谥法》一篇，到唐朝又有更多篇目散佚，直至南宋末年全部丢失。后世的学者根据其他书籍所引内容进行辑补，共分为八种不同辑本，商务印书馆曾于 1959 年将辑本集合而印成《世本八种》。

《国语》，中国最早的一部国别体著作。全书共 21 卷，记录了周朝王室和鲁国、齐国、晋国、郑国、楚国、吴国、越国等诸侯国的历史。《国语》的作者，自古存在争议，迄今未有定论。最早提出《国语》作者为左丘明的是西汉大史学家司马迁。他在《报任安书》中说："左丘失明，厥有《国语》。"

《战国策》，汇编而成的历史著作，是一部国别体史书，又称《国策》。其中所包含的资料，主要出于战国时代，包括策士的著作和史臣的记载，汇集成书，当在秦统一以后。作者并非一人，成书并非一时，书中文章作者大多不详。原来的书名不确定，西汉刘向考订整理后，定名为《战国策》。全书共计分为 12 策，33 卷，共 497 篇。按国别记述，计有东周一、西周一、秦五、齐六、楚四、赵四、魏四、韩三、燕三、宋和卫合为一、中山一。记事年代起丁战国初年，止于秦统一。以策士的游说活动为中心，反映出这一时期各国政治、外交的情状。全书没有系统完整的体例，都是相互独立的单篇。

《逸周书》，原名《周书》，晋代始有此名，相传乃孔子所删百篇之余，故不入六经。作者不详。此书经后代学者考定为先秦古籍，与《尚书》相类，是一部周时诰誓辞命的记言性史书，记载了西周至春秋间约 600 年的事迹。今本全书 10 卷，正文 70 篇，其叙事上起周文、武王，下至春秋后期的灵王、景王。内容庞杂，体例不一，性质各异，如前 3 篇皆以王者师的口吻，讲为政牧民之道；第 5 篇和第 11 篇讲救助灾荒的措施与制度；第 6～10 篇等均类兵家言；而自第 11 篇以下，各篇又多以"维（王）某祀（或某月）"的形式开头，记事或言。第 30～50 篇，主要记伐商前后事。第 51、52 篇是有关天文历法的文字等。其中不少事实，可以和《史记》《礼记》《周礼》等典籍中的记载相互印证。

《仪礼》，是中国春秋战国时代一部汉族礼制汇编，共 17 篇。内容记载周代的冠、婚、丧、祭、乡、射、朝、聘等各种礼仪。

《周礼》，一部讲述建国与设官的著作，保存了大量的先秦史料。全书有 6 篇，分别为《天官冢宰》《地官司徒》《春官宗伯》《夏官司马》《秋官司寇》《冬官司空》（早佚，汉时补以《考工记》）。

《山海经》，是中国先秦重要古籍，也是一部富于神话传说的最古老的奇书。该书作者不详，现代学者均认为成书并非一时，作者亦非一人。《山海经》传世版本共计 18 卷，包括《山经》5 卷，《海经》13 卷，各卷著作年代无从定论，其中 14 卷为战国时的作品，4 卷为西汉初年作品。《山海经》通过神话形式，记录了全国的山川矿藏共 226 处，以及 260 多种动物、130 多种植物，还记载了古代的一些社会情况。

第九章　佛　学

　　佛学发源于古印度，创始人为释迦牟尼，迄今为止有近 2500 年的历史。中国佛教史开始于公历纪元前后，佛教自印度向中国本土传入，并大兴于东土。在时间与空间上的延续和发展的过程中，佛教逐渐与中国本土文化相融合，形成了具有民族特色的文明。佛教传入中国内地后，经过长期的发展，与儒家、道家共同构成华夏文化不可或缺的一部分。佛学在其传播过程中对人类的文明产生了不可磨灭的作用，是无数圣贤智慧和追求的结晶，记载着历代古圣先贤的谆谆教诲，成为蕴含人类精神财富的珍贵宝库。随着时间的延续和空间的传播，佛学越来越成为智慧的象征。

　　佛学，是一门觉悟学问。内觉人生本身，外觉宇宙环境。觉则支配人生宇宙，得大自由，获大解脱；不觉则被人生宇宙支配，受它束缚，不得自在。人人宜觉，故人人当研佛学。

第一节　佛学的概念

　　佛，意译觉者、知者、觉。觉悟真理者之意，亦即具足自觉、觉他、觉行圆满，如实知见一切法之性相，成就等正觉之大圣者，乃佛教修行之最高果位。李炳南居士认为佛字之义，是一智一觉。即对一切事物之道理，能够断定是非、正邪，而有所取舍者，称为智；觉者，即已舍去迷妄分别，自彻真源，开显真理，具有大慈悲、大智慧、自觉、觉他、觉行圆满之圣者。由此看来，学佛是为了能够开智慧、求觉悟。

　　佛法，佛所说之教法，包括各种教义及教义所表达的佛教真理。《成实论》卷一举出六种"佛法"的同义语，称为佛法六名，即：①善说，如实而说。②现报，使人于现世得果报。③无时，不待星宿吉凶而随时修道。④能将，以正行教化众生至菩提。⑤来尝，应当自身证悟。⑥智者自知，智慧者自能信解。又佛法为佛教导众生之教法，亦即出世间之法；对此，世间国王统治人民所定之国法，则称为"王法"。印度及中日佛教史中，有关佛法与王法的关系，因时因地而异，有以王法而护持佛法、推动佛法者，如阿育王、迦腻色迦王、梁武帝等；有以王法而抗衡佛法，乃至摧毁佛法者，如我国历史上著名的三武一宗之厄（北魏太武帝拓跋焘、北周武帝宇文邕、唐武宗李炎和后周世宗柴荣，这四位皇帝都曾经发动过毁灭佛法事件）。此外，佛所得之法，即缘起之道理及法界之真理等；又佛所知之法，即一切法；以及佛所具足之种种功德（十八不共法），均称佛法。故知，广义而言，"佛法"一词，包含极广，上记之外，举凡诸法本性、一切世间之微妙善语，乃至于其他真实与正确之事理等，皆属佛法。然狭义而言，则一般所说之佛法多指佛所说之教法。

佛教，系指佛所传宗教。释迦牟尼成道后被尊称佛陀，意为觉悟者，简称佛。《丁福保佛学大词典》释为"佛之教法也"。可见，"所谓'佛教'就是'佛的教法'或'佛陀所说的宗教'。易言之，佛教就是以佛陀释尊为开祖而尊崇信奉的宗教"（《中华佛教百科全书》）。

佛学，是对释迦牟尼与佛陀学说研究的学问，主要集中在对于佛教经典的整理与注疏上。它有时被等同于现代的佛教研究，但通常使用在较传统的研究方法上。在不同佛教传统中，产生许多不同的学派。通常有两种研究方式，一种是考证、梳理式研究；一种是实证佛学所蕴含的深刻义理的领悟式研究。

《佛学大词典》对佛学的含义阐述得非常清楚："佛学，即佛法之学。其探讨方向，通常侧重于思想体系、源流、发展之阐述等；其内容范围，除佛陀所宣说之教法外，亦包括其以后之弟子、后世宗师、历代学者，以佛陀之教法为依据，加以解说、抉择、阐论之佛教各种宗要学说；又若就教法内容之类别而言，佛学统括理论与实践两方面，包括教、理、行、证四法。至于现代所称之佛学，则是为将佛法流行人间，化度新学根器众生，或为因应时代学术潮流，而强调以新方法加以整理，并作有条理、有系统之说明，而使之学术化者。佛陀将教法授予弟子，弟子们辗转传至后世，所结集之经、律、论三藏内容，不外剖释宇宙现象、人生真相，示导如何解脱以达究竟安乐之法门。故佛学所探讨之主题，系以人生解脱为中心，兼论及宇宙之问题两大部分。"

第二节　佛学的历史

佛学的历史与佛教密不可分，故研究佛教在中国的传入、发展、兴盛、衰落历史，就完全可以见证佛学的历史。因为佛学是由佛教派生出来的，是专门研究佛经里关于哲学部分的学问。佛学和佛教的主要区别，研究佛学者大多都没有实证的工夫，只是在理论上加以研究；佛教和佛学没有很大的区别，只是在佛学的基础上多了一些戒律和实证的措施。

一、汉朝——佛教传入时期

对于佛教传入中国的具体时间，根据史料记载，学术界尚无定论。历来就流传着汉明帝求法、佛教初传的史话，与此同时，还有说法认为在汉明帝之前佛教已经传入中国。而汉明帝之前的诸多说法因无译述遗迹传世，无法证实，故一般认为佛教的传入始于汉明帝刘庄（28—75年）时期。史籍记载，汉明帝永平七年（64年）派遣使者12人前往西域访求佛法。67年他们偕同两位印度僧人迦叶摩腾和竺法兰回到洛阳，带回经书和佛像，开始翻译了一部分佛经，相传就是现存的《四十二章经》，该经是《阿含经》的节要译本；同时在首都建造了中国第一个佛教寺院——白马寺。这个寺据说也是因当时驮载经书佛像的白马而得名。到了后汉末叶桓灵二帝时代（147—189年），记载才逐渐翔实，史料也逐渐丰富。其时西域的佛教学者相继来到中国，如安世高、安玄从安息来，支娄迦谶（简称支谶）、支曜从月氏来，竺佛朔从天竺来，康孟详从康居来。由此译事渐盛，法事也渐兴。后汉末期佛典的翻译，主要开始于安世高，译有《安般守意经》《阴持入经》《大十二门经》《小十二门经》和《百六十品经》等。支娄迦谶译有《般若道行经》《般舟三昧经》《首楞严三昧经》等23部，为后世大乘佛教发展奠定了扎实的基础。竺佛朔在熹平元年把《道行般若经》译成汉文，光和二年又译出《般舟三昧经》。此外，还有还有康孟详、竺大力、昙果译出《佛传》，使人了解释迦如来的事迹，这对佛教的弘扬和传播也起到了很重要的作用。

两汉时期是佛教在中国的初传时期。它经历了一个反复、曲折的探索过程，从上层走向下层，由少数人进入多数人，自北向南发展，以洛阳、彭城、广陵为中心，旁及颍川、南阳、临淮、豫章、会稽，直到广州、交州，终于在中国特定的社会条件和文化背景上定居下来。印度的佛教艺术，经过中国的艺术家和民间工匠的吸收、融合和再创造，形成了更具中国特点的佛教艺术，从而更容易在中国社会流传和发展。形形色色的佛像，主要是作为佛教徒供奉和礼拜的对象，因此佛像艺术的发展和流行，基本上是伴随着中国佛教的兴衰而兴衰，两者之间的密切关系是显而易见的。

二、魏晋——佛教发展时期

三国时期，天竺、安息、康居的沙门如昙柯迦罗、昙谛、康僧铠（僧伽跋摩）等先后来到魏都洛阳，从事译经；支谦、康僧会等前往吴都建业（今江苏省南京市）弘法。支谦深得吴太祖大皇帝孙权礼遇，拜为博士；并为康僧会建立寺塔。昙柯迦罗、昙谛精于律学，译出摩诃僧祇部的戒本《僧祇戒心》一卷。主张僧众应遵佛制，禀受归戒，为汉地佛教有戒律、受戒之始。昙谛也在白马寺译出《昙无德羯磨》一卷。康僧铠还译出《郁伽长者所问经》和《无量寿经》等4部。吴国译经，始于武昌，盛于建业。支谦专以译经为务，所译典籍广涉大小乘经律，共88部，118卷，现存51部，69卷；康僧会译出《六度集经》9卷等。当时译经，大小乘并举。小乘经典强调禅法，注重守神养心（守意）；大乘偏重般若。这个阶段的译经工作和对教义的宣传、研究，为魏晋南北朝时期佛教的发展奠定了思想基础。此外，这个时期的寺塔建筑、佛像雕塑也各具规模，但今存极少。

南朝宋、齐、梁、陈各代帝王大都崇信佛教。梁武帝笃信佛教，自称"三宝奴"，四次舍身入寺，皆由国家出钱赎回。他建立了大批寺庙，亲自讲经说法，举行盛大斋会。梁朝有寺2846座，僧尼82700余人，在建康（今江苏省南京市）就有大寺700余所，僧尼信众常有万人。北朝虽然在北魏世祖太武帝和北周武帝时发生过禁佛事件，但总的说来，历代帝王都扶植佛教。北魏文成帝在大同开凿了云冈石窟；孝文帝迁都洛阳后，为纪念母后开始营造龙门石窟。北魏末，流通佛经共计415部，1919卷，有寺院3万余座，僧尼200余万人。北齐僧官管辖下的僧尼有400余万人，寺庙4万余座。在南北朝时，有大批外国僧人到中国弘法，其中著名的有求那跋摩、求那跋陀罗、真谛、菩提流支、勒那摩提等。中国也有一批信徒去印度游学，如著名的法显、智猛、宋云、惠生等曾去北印度巡礼，携回大批佛经。

两晋南北朝时期的佛教有了极大的发展。以东晋戴逵为代表的佛像雕塑家的出现，标志着中国佛教艺术发展到了一个新的水平。戴逵的创作态度认真，据说有一次他为了制作一尊佛像，曾潜藏在帐中，倾听众人的褒贬议论，然后加以详细研究，积思三年，才得以完成。因此他所作的佛像，使"道俗瞻仰，忽若亲遇"。这一时期出现的各种佛像，包括塑像和画像，已经不再是单纯地模仿西方传来的佛像图样，而是融合了中国的民族风格，开始走上了独立的发展道路。南朝时期佛教，传世遗物较少。但从现在仅有的一些造像来看，其风格有着明显的特点。例如宋文帝元嘉十四年（437 年）所造的佛坐像，其衣纹、手印、背饰等基本上还保留着较早的传统手法，但其面部表情则安详柔和，与其他一些显得强有力而充满感情色彩的佛像相比，尤为幽雅娴静，具有更多的中国传统色彩。

北魏时期，是中国佛教发展史上一个极为重要的阶段。由于政府的保护和提倡，佛教有了快速的发展，佛教艺术的发展也是蒸蒸日上。这一时期留传下来的金铜佛像数量很多，此外，闻名于世的大同云冈、洛阳龙门两大石窟，都是这时由国家主持开凿的，所以规模巨大，空前绝后，显示了非同凡响的宏伟气势。大同作为当时北方的政治、经济中心，在佛教艺术发展过程中，还形成了被称为"平城模式"的艺术风格（大同古称平城），对当时中原地区佛教艺术的发展起到了指导性的作用。

三、隋唐——佛教全盛时期

佛教经魏晋南北朝时期的发展，无论在思想上和经济上都为隋唐时期创立具有中国特色的佛教宗派创造了条件。隋文帝杨坚统一南北朝后，即下诏在五岳胜地修建寺院，并恢复了在北周禁佛时期所破坏的佛寺佛像。在首都大兴城（汉长安城东南）建立了执行佛教政策的国家寺院——大兴善寺。仁寿（601—604 年）年间在全国建立了 111 座舍利塔，并广置译场，罗致中外译师、名僧进行翻译、疏解佛教经典。文帝以长安为中心建立了传教系统，选聘当时各学派著名的学者，分为槃众、地论众、大论众、讲律众、禅门众等五众。此外还曾在长安建立了二十五众（《续高僧传·义解篇后论》）。炀帝杨广继文帝的保护佛教政策，在扬州建立了著名的慧日道场等，作为传播佛教的据点，并继续发展前代的译经事业，佛教十分兴盛。仁寿年间，全国有重要寺院 3792 所，度僧 23 万人，写经 46 部 328 616 卷，修理旧经 3 853 部，营造大小石像、修复旧像 1 508 940 尊。唐代很重视对于佛教的整顿和利用。唐高祖李渊武德年间（618—626）在京师聚集高僧，立十大德，管理一般僧尼。太宗李世民重兴译经的事业，使波罗颇迦罗蜜多罗主持，又度僧 3 000 人，并在旧战场各地建造寺院，促进了当时佛教的发展。贞观十五年（641 年）文成公主将佛像、佛经等带入西藏，使汉地佛教深入藏地。贞观十九年（645 年），玄奘从印度求法回来，朝廷为他组织了大规模的译场，以他深厚的学养，精确地翻译佛经，对当时佛教界影响极大。因而在已有的天台、三论两宗以外，更有慈恩、律宗等宗派的相继成立。武则天伪造《大云经》，她将夺取政权说成符合弥勒的授记，随后在全国各州建造了大云寺，又造了白司马坂（在今河南省洛阳市境内）的大铜佛像，并封沙门法郎等为县公，又授怀义为行军总管等，这使佛教和政治的关系益加密切。武则天鼓励《华严经》的翻译工作，高僧法藏（643—712 年）参加了《华严》的新译，他理解经文更为透彻，还吸收玄奘新译的一些理论，这样完成了教判，并充实了观法，而建成了宗派——贤首宗。因为法藏曾被武则天赐以"贤首"之名，人称"贤首国师"，所以后人即以他的法号贤首作为宗名。其后，玄宗李隆基时，由善无畏、金刚智等传入密教，促使密宗的形成。当时佛教发展达于极盛，寺院之数比较唐初几乎增加一半。不久，安史乱起，佛教在北方受到摧残，声势骤减。从敬宗、文宗以来，政府渐有毁灭佛教的意图，武宗开始致了灭佛运动。从会昌二年到五年（842—845 年），命令拆毁寺宇，勒令僧尼还俗。综计当时拆毁大寺 4600 余所，小寺 4 万余，僧尼还俗 26 万余人。这对以后佛教的发展影响很大。当时佛教典籍的湮灭散失情况也极严重，特别是《华严》《法华经》等的章疏，大半都在此时散失，以致影响到天台、贤首等宗派的发展，使其日趋走向衰落。佛教的鼎盛时期就此画上了句号。

隋唐佛教义学蓬勃发展，促成大乘各宗派的建立，逐渐发展成大乘八大宗派。创立于隋朝的宗派有：智𫖮创立的天台宗，吉藏创立的三论宗，信行创立的三阶教。天台宗的核心内容是止观学说，其理论基础是它的"实相"论。智𫖮认为，止观所要成就的任何法，都具有"三轨"，即"真性""观照"和"资成"。他进一步发展了"三谛"说，"三轨"与"三谛"相配，则"真性"为"中"，"观照"为"空"，"资成"是"假"，称作"圆融三谛"。他还提出了"五时八教"的判教说，为天台宗的建宗和确定主导地位制造了经典和历史根据。晚年的他提出"性具实相"说，这一学说最能够表达他的思想内容。吉藏对魏晋南北朝所有的各家学说加以批判，著有《中论疏》《百论》《十二门论疏》《三论玄义》《大乘玄义》《二谛义》等，形成了三论一大宗派。三阶教（又称第三阶宗、三阶宗、普法宗）提倡"解""行"并重。它的基本理论是三阶普法说；最重要的实践是"无尽藏行"。依据时、处、机，信行把佛教分为"三阶"，认为其所在的时代多有戒见俱破的颠倒众生，归于"第三阶机"。唐朝在宗派上又形成多个宗派。其中，玄奘和窥基创立法相宗，统一了过去摄论师、地论师、涅槃师等种种分歧的说法，特别是在修持依据和方法的议论上，都用新译的资料做了纠正。以《瑜伽师地论》及其附属论书为典据，法相宗奉印度大乘教中从无著菩萨、世亲菩萨相承而下直到护法、戒贤、亲光的瑜伽一系之说；从"唯识无境、境无识亦无"来解释世界。其门人还有慧沼、智周、象圆测、道证、太贤、慧景、道伦等。道宣、法砺和怀素分别创立律宗，有南山、相部和东塔三家。道宣著有《四分律戒本疏》《羯磨疏》《行事钞》等大部著作，在理论上吸收了玄奘译传的新义，较旧说为长。因为道宣后来居住在终南山丰德寺，所以一般称呼他一系传承的律学宗派为南山宗。而法砺的相部宗和怀素的东塔宗，对于《四分律》解释也各持不同观点，各成一派。他们的声势虽不及南山宗之盛，但流行了较长时期，存在着分歧，最终南山畅行，余宗逐渐衰落了。由北魏昙鸾开创，隋代道绰相继，而由唐代善导集成了净土宗。弘忍的弟子神秀和惠能分别创立禅宗，有北宗和南宗，在唐中叶后又陆续出现"禅门五家"，即沩仰、临济、曹洞、云门和法眼五派。法藏创立华严宗，以阐扬《华严经》而得名，用于解释人生和宇宙发生的理论是"法界缘起"，还提出"六相圆融"说和"十玄无碍"说。密宗也在此时形成，其创始者为善无畏、金刚智和不空，被誉为"开元三大师"，哲学理论或依《华严》，或依《唯识》，或依《中观》，经常是杂糅的。这些宗派创立后，随着隋唐对外交通的开拓，传播到了海外。

隋唐的佛教艺术，有了明显的转变，形成了中国佛教艺术发展的一个新阶段。这一时期出现的各种佛教造像，在风格上已摆脱了以前的那种呆滞、平板的表情和神秘气氛的笼罩。开始出现一种新的，显得温和圆润、生动柔和的风格。人物造型也从南北朝时的清瘦飘逸转向丰满端丽。

四、宋清——佛教衰落时期

五代时期，中国南北分裂。北方战争不断，社会动荡不安，佛教设施遭到严重破坏。同时国家对佛教实行严格的限制政策，如度僧一向禁止私度、禁新建寺院、限制寺院等。南方政局相对较稳定，统治阶级热心护教，因此禅宗和天台宗得到了较好的发展。

北宋时期，朝廷对佛教采取保护政策。建隆元年（960 年）普度僧人 8 000 人，继之派行勤等 157 人赴印度求法，并于益州（今四川省成都市）镂雕大藏经版。太平兴国元年（976 年）又普度僧人 17 万人；太平兴国五年设立译经院，恢复了从唐代元和六年（811 年）以来中断达 170 年之久的佛经翻译工作。同时，西域、古印度僧人携经赴华者络绎不绝，至景祐（1034—1037 年）初已达 80 余人。译经规模超过唐代，但成就稍逊。宗派以禅宗特别是临济、云门两派最盛，天台、华严、律宗、净土诸宗稍次。由于各宗互相融合，提供"教（天台、华严）禅一致""净禅一致"，因而广为流行华严禅、念佛禅等。另外，在天台宗中分为山家、山外两派，而在民间念佛结社特别兴盛，影响极大。天禧五年（1021 年），天下僧尼近 46 万人，寺院近 4 万所，为北宋佛教发展的高峰。徽宗时（1101—1125 年），由于朝廷笃信道教，曾一度下令佛道合流，改寺院为道观，佛教一度受到打击。

南宋时期，江南佛教虽仍保持一定盛况，但由于官方限制佛教的发展，除禅、净两宗外，其他各宗已日益衰微远非昔比。禅宗不立文字，不重经论，因而在会昌禁佛和五代兵乱时所受影响较小。净土宗强调称名念佛，一心专念阿弥陀佛名号，简单易行，故能绵延相续，直至近世，仍然盛行。

元、明、清三朝，中国佛教停滞不前，每下愈况。元代的统治者崇尚藏传佛教，但对汉地佛教也持宽容的态度。佛教中的禅、律宗等继续流传、发展，寺院林立，僧尼21.3 万人，中央和地方设有严密的僧官制度，加以监督，颁行了《敕修百丈清规》，雕印了著名的普宁寺版的《大藏经》。因为元世祖忽必烈笃信喇嘛教，奉西藏名僧为帝师，但对佛教的发展来说是有害无益。

明太祖原系僧侣，对佛教的护持应该是毫无疑问的。然而由于他出身秘密宗教之"明教"（白莲教之前身，与摩尼教和弥勒教有关），深悉宗教力量庞大，乃再度以"既利用又限制"的两面手法来对待佛教。他规定僧尼"或居山泽，或守常住，或游诸方，不干于民"（《释鉴稽古略续集》）。这使得僧尼的经济只好建立在寺产和经忏上，而不能建立在广大的信众上，从而造成佛教的没落。同时他还曾露骨地表示："释道二教，自汉唐以来，通于民俗，难以尽废，惟严其禁约，毋使滋蔓。"（《明会典》）更使得佛教的发展，无形中受到许多的限制。

清朝基本上继承了明朝的佛教政策。历代皇帝对佛教既有保护和扶植，但也有所限制。《大清会典》的律令规定：僧道不得沿门化缘，不得外出，妇女不得到寺庙进香礼拜等。乾隆皇帝更公开表示，"释道是异端"，并希望佛道人士可渐次减少。在这样的大环境下，佛教的衰颓，是在所难免的了。

这时期的中国佛教，已经缩减混杂成净土一宗了。一般的说法是："天华同信，禅净双修。"可见，中国佛教徒在理念上，同时接受天台宗和华严宗的原理。但在修持上，又会依照禅宗的传统来坐禅，也依照净土宗的习惯颂念佛号。然而实际上，天台和华严的"一切即一"和"一即一切"的哲学，在中国佛教徒中，只有少数人明了。坐禅也退化为一种习常的静坐方式，唯一表现某种虔诚的，就只是佛号的颂念。但是对大多数人来说，连念佛都变成纯粹的形式，就不再有任何意义了。

五、近代——佛教停滞时期

近代由于战乱频仍，生灵涂炭，整个中华传统文化的命运岌岌可危。中国佛学已表现出明显的下坡趋势，太虚大师（1890—1947 年）把佛教当时的状况概括为四点：神异的，奸盗的，闲隐的，朽弃的。于是中国知识界和佛教界开始重新检讨历史，以振兴中国佛学。无疑，太虚大师是中国近代佛教改革运动的先驱，太虚之前的敬安法师和之后的印顺法师以及著名学者章太炎、梁启超、沈子培、陈佰严、欧阳竟无、吕徵等，也都对中国近现代的佛教改革做出了突出的贡献。（《中国佛教简史》）随着社会的进步以及科技水平的提高，佛教的传播方式也发生了大的变化，其典型的现象是过去教派的传承与说法和佛经的注释与撰写逐渐衰落，取而代之地出现了刻经处、佛学院、佛学刊物及新的研究方法等方式。（《中国近代佛教文化事业的新走向》吕美泉）如杨文会居士于南京创立了我国近代第一个刻经处——金陵刻经处，他还从日本追回了许多散佚佛籍并印制，印制的第一部佛经是净土四经；他搜集古人绘制的佛像，而且邀请画家画佛教图画并印制。近代比较著名的佛学院有月霞法师于上海爱俪园创办的华严大学、谛闲法师在宁波观宗寺创立的观宗学社、太虚大师在武昌创办的武昌佛学院、韩清净居士于北平主持的三时学会等，形成了举办佛学的风气。近代著名居士狄楚青在上海创办了我国第一个佛学刊物——《佛学丛报》，太虚大师创办了民国以来最著名的佛教杂志《海潮音》。这些都极大地促进了佛学在社会各个方面的发展，巩固了佛学在中国传统文化中的地位。

第三节 佛教的宗派

佛法在古印度，最早分两大派——空宗和有宗。传入中国最初没有宗派的门户之见，后来由于翻译事业的逐渐鼎盛，佛典的大量译成，以及佛教思想家对于佛法的分类判摄，才有宗派的出现。隋唐以来，各宗的著述和流传的法门，大都各具有本宗的特点；及至今日，宗派划然，各宗有各宗的内容，各派有各派的藩篱。为了消弭冲突、避免矛盾，中国佛学家即以判教方式，将各种说法融合消化。中国之派别有八宗、十宗、十三宗之说，若依大乘旧传八宗之说而言，其中禅、净、律、密属于行持，三论、天台、华严、唯识则以义学见长。下面对八宗之说略述如次。

一、三论宗

三论宗原属印度大乘佛学之中观一系，北齐（550—577 年）末年，由辽东僧朗传入江南，至唐初嘉祥吉藏集其大成。三论宗因以龙树菩萨的《中论》《十二门论》和提婆菩萨的《百论》为主要典籍而得名。又因主张"诸法性空"，故也称"法性宗"。为了区别也称法性宗的天台宗和华严宗，又称为"空宗"。

此宗所依之基本典籍为：①中论：驳斥婆罗门教、小乘佛教和其他大乘诸宗派之错误见解，而皈依中道教义。②十二门论：矫正大乘佛教徒自身之错误见解。③百论：驳斥婆罗门教之外道思想。其学说主要有三方面：①破邪显正：即总破一切有所得、有所见，驳斥外道对于"实我"之邪见、遮遣毗昙宗"实有"之执见、成实宗"偏空"之情见，摧破大乘之一切有所得和有所见。如是内外尽破，大小遍斥，而以"都无所得"为旨归。②真谛和俗谛之差别：即以俗谛之故，不动真际而建立诸法；以真谛之故，不坏假名而说实相。故依此二谛之说，有是空之有，空是有之空，由是乃显无得之正观。③八不中道：即揭示诸法不生不灭、不断不常、不一不异、不来不去之理，来破除生灭、断常、一异、去来等"四双八计"之偏颇，而说明宇宙万事万物皆无固定不变之自性。要之，此宗以"破而不立"来遣除一切偏执情见；以"无所得"为本旨，认为一切诸法本来无相，本自寂灭；故所谓之谜悟及成佛不成佛皆为假名，唯以"觉"为本体，染净诸法本来寂灭，而以"无得正观"为至极妙道。

二、天台宗

陈宣帝建德七年（575 年），智顗大师入天台山而初创此宗。追溯传承，上承龙树，经过北齐慧文禅师之阅读《中论》《大智度论》，得一心三观之妙旨后，传南岳慧思禅师，因悟证法华三昧，著述《大乘止观》，再授智顗大师而修得法华三昧前方便，盛弘教观，并依《法华经》融摄性空论义，而大成天台宗学，由此也称为"法华宗"。其著作有《法华玄义》《法华文句》《摩诃止观》，世称天台三大部。此宗之教义说一心具十法界，静观此心，可悟"烦恼即菩提，生死即涅槃"之道理。其纲义要旨有三：即一念三千之世界观，一心三观，三谛圆融之哲理。指出诸法之相互融摄，整个宇宙之究竟合一，每一现象（物或心）所表现之原理是圆融三谛（空、假、中），意指事物或生命本身即是实相；主张一切法平等，此乃天台止观之中心思想。要之，天台一宗以《法华经》为典据，直显诸法实相之哲理，自"理"方面而言，以即空、即假、即中之圆融三谛彰显诸法之当体；自"事"方面言之，则揭示百界千如、一念三千之"性具"思想（性德本具）；而所谓理事之互相融即，即是诸法之实相、法界之本然（法尔自然）。

三、华严宗

华严宗因奉《华严经》为主要经典而得名；又因其实际创始人法藏大师，被武则天赐号"贤首"，后人称法藏大师为"贤首大师"，故又称"贤首宗"；该宗主要发掘"法界缘起"的旨趣，因而又有"法界宗"之名。杜顺（557—640年）为华严宗之开祖。此宗创始之前，中国已有地论宗，地论宗奠基于世亲（又名天亲）之"十地经论"。华严宗一方面吸收地论宗之教义，而进入中国佛教之繁盛期；另一方面则统一当时各宗派新旧异说，立足于唯识缘起之理论基础。而在构成判教、观行理论方面，表面上虽批评天台、唯识之学说，实际又撷取两家之说。然大抵而言，华严宗依照《华严经》建立宗义，其无碍缘起之义理，乃从"般若"思想展开来，根据"般若"之"法性本空"，进一步阐明法界诸法由于"性空"而形成平等，乃至等同一体，而得入于一与多"相即相入"之无尽无碍概念，此即所谓"法界之普遍缘起"。此宗重要教义另有因门六义、六相、十玄门等，以显示其圆融无碍之法界缘起思想。

四、唯识宗

唯识宗又称法相宗，是因为通过分析法相而得出万法唯识的结论故得名。此外又称慈恩宗（因玄奘和窥基均曾住过慈恩寺故名）、瑜伽宗（该宗的根本经典为《瑜伽师地论》，故称）、应理圆实宗、普为乘教宗、唯识中道宗、有相宗、相宗、五性宗。创始人为唐玄奘法师（602—664年）及其弟子窥基大师（632—682年）。这一流派的远祖，是古印度时的无着菩萨（约410—500年）和其弟世亲菩萨（约420—500年），中间经过护法上师和尊师们的弟子戒贤法师而传到中国。玄奘于唐贞观年间，至印度求法，从戒贤、智光诸位论师习受瑜伽、唯识等论。归国后其弟子窥基依玄奘大师口述，撰成《唯识论述记》，发畅奥义，又撰成《唯识论掌中枢要》以释之，而蔚成唯识宗学。此宗之名相繁众，义理深邃，侧重分析，立有五位百法（八心法、五十一心所法、十一色法、二十四不相应行法、六无为法）、三自性（遍计所执性、依他起性、圆成实性）、五种性（声闻种性、缘觉种性、菩萨种性、不定种性、无性有情）。以"阿赖耶识"为基础，阐明"万法唯识，识外无物"之理。其根源是在于阿赖耶识有含藏生长万有之种子。种子又称"习气"，分为名言种子与业种子两种。在实证上以识为中心，转变有漏之心识，而成为无漏之实智，转第八识为大圆镜智，转第七识为平等性智，转第六识为妙观察智，转前五识为成所作智，最后将能观之识亦归诸空，入"能所一体"之世界。

五、禅宗

禅宗的禅是禅那（dhyana）的简称，汉译为静虑，是静中思虑的意思，一般叫作禅定。此法是将心专注在一法境上一心参究，以期证悟本自心性，这叫参禅，所以名为禅宗。禅的种类很多，有声闻禅、有菩萨禅、有次第禅、有顿超禅。这个宗所传习的，不是古来传习的次第禅，而是直指心性的顿修顿悟的祖师禅。禅宗是中国汉传佛教中影响最大、传播最广、发展最成熟的一个宗派。此宗的禅法是在六世纪初由印度的菩提达摩传来的。过去说：禅宗单传心印，不立文字，称为"教外别传"。但初祖达摩以四卷《楞伽经》传于二祖慧可作为印心的准绳，弘忍、慧能又教人诵持《金刚般若》，这样，《楞伽》《般若》便是此宗的经典依据。以后更有《六祖坛经》和许多"语录"的出现，不能说禅宗没有经典依据。在八世纪间，此派曾分为南北两宗，北宗神秀（约606—706年）一派主张渐修，盛极一时，但不久便衰落；南宗慧能（638—713年）主张顿悟，后世尊为六祖，弘传甚盛。从唐到宋，南宗的禅师辈出，在此三四百年中又分为五家七派，可想见其兴旺的景象。此宗和净土宗一样，一直是中国流传最广的宗派。南宗六祖慧能弟子中，有南岳怀让（667—744年）和青原行思（？—740年）两大支系，由这两大支系又分成五宗七派。从南岳先分出一派外沩仰宗，次又分临济宗。青原行思一系分出三派：曹洞宗、云门宗、法眼宗。由两系分为五宗，以后又从临济宗分出黄龙、杨岐两派，合前五宗名为七派，都曾兴盛一时，经过一段时期有的就衰绝不传了。后来的禅宗只有临济、曹洞两派流传不绝，临济宗更是兴旺。近代所有的禅宗子孙，都是临济、曹洞两家后代。

六、净土宗

净土宗是依《无量寿经》等提倡观佛、念佛以求生西方阿弥陀佛极乐净土为宗旨而形成的宗派，所以名为净土宗。此宗分佛陀说的法门为二道，即难行道和易行道。并说别的宗依戒定慧修六度万行，需经三大阿僧祇劫为难行道；说修净土法门一生至诚念佛，临命终时，仗承阿弥陀佛的愿力往生安养净土永不退转为易行道。因此，此宗主张劝人念佛求生西方净土极乐世界。此宗简单易行，普能摄受广大群众。修学此宗不一定要通达佛经，广研教乘，行住坐卧皆可称念"南无阿弥陀佛"，只要信愿具足，一心念佛，始终不怠，临命终时，就可往生净土。当然平时也要持戒诵经，广行众善以作助行。由于法门简便，所以最易普及。别宗的学者，也多兼修此法，因而使净土法门在中国得到广泛的流行。

七、律宗

律宗以研习及传持戒律而得名。因其所依据的是五部律中的《四分律》，故又称为

"四分律宗"；又因创宗人道宣律师常住终南山，而又名为"南山宗"或"南山律宗"。由于此一宗的盛行，中国僧人们在修学大乘的戒定慧三学中，仍然重视出家声闻乘的戒律。戒律有声闻戒、有菩萨戒，这里所讲的律宗，是依声闻律部中的《四分律》。就戒条戒相说，有五戒、十戒、具足戒之分。五戒是出家，在家佛弟子共持的戒；十戒、具足戒是出家弟子的戒。各部律藏不只是戒相和制戒因缘，更大的部分是僧团法规、各种羯磨法会议办事、出家法、受戒法、安居法、布萨法、衣食法，以及日常生活小事，都有详细规定。因为时代的关系，环境的不同，许多戒律的规定，早已废弛不行了。菩萨戒有在家菩萨戒、出家菩萨戒。出家菩萨戒如《梵网戒经》有十重四十八轻戒，在家菩萨戒如《优婆塞戒经》有六重二十八轻戒。又总摄菩萨戒为三聚，三聚是三类的意思，称为三聚净戒。一是摄律仪戒，是戒相，是"诸恶莫作"；二是摄善法戒，是"众善奉行"；三是饶益有情戒，是"利益一切众生"。中国主要是大乘佛教，所以这里也简单提一提菩萨戒律。以上是大小乘戒律的内容。《四分律》虽属小乘戒，但其文义通于大乘，自古就有"分通大乘"的说法。中国盛行大乘，以大乘教义解释律藏，摄小入大，就是大乘戒的组成部分，出家菩萨三聚净戒中的摄律仪戒就是以声闻戒为基础的。如杀、盗、淫、妄四根本戒，是大小乘共同遵守的。对于律学的研究，最重要的是善于分辨开、遮、持、犯，就是在出家戒条中，本来是不得触犯的，但在某种情况下可以开许，这叫开；在通常情况下又不得违犯的，就叫遮。在某种情况下，本人也不知是持戒还是犯戒，这就需要研究律学，律师根据律藏分辨清楚确定开、遮、持、犯的界限。在声闻戒中除四根本戒杀、盗、淫、妄，或者还加十三僧残戒是八根本十七僧残必须严格遵守，不得违犯外，其他绝大部分的戒条，在特殊情况和必要情况下是可以开许的。例如"非时食"这一条戒，即通常过午就不许吃东西，而在劳作以后就允许吃东西。但如何开许，要依戒律来判定。可见佛教戒律不是死板的，除根本性戒外，都是具有灵活性的。

八、密宗

密宗的教义在八世纪时由善无畏、金刚智、不空等传入中国，从此修习传授形成密宗。此宗依《大日经》《金刚顶经》建立三密瑜伽，事理观行，修本尊法。此宗以密法奥秘，不经灌顶，不经传授不得任意传习及显示别人，因此称为密宗。本尊是学者选择自己最敬爱最尊崇的一尊佛、一位菩萨或者一位明王，作为学习成就的对象或榜样，就叫本尊。要成就本尊的所有功德智慧，就要修习三密瑜伽法。三密就是身、口、意三业，瑜伽译为相应。三密瑜伽，就是三业相应。与谁相应？就是修行者自己的身、口、意与本尊的身、口、意三业相应。修法时，修行者要身作本尊的姿态，手结印契，口诵本尊真言，意作本尊观想或种子字，务使自己的三业与本尊的三密相应，名为瑜伽修法。此法如果修成，可以即身成就本尊之身。密教的修法很多，这只是举一个例证。此宗最高理论还是以性空无相的法性理体为基础，所谓阿字本不生，不生就是空义。

第四节　八宗的特点

中国汉传佛教八大宗派的特点可以用一偈浅而概之：密富禅贫方便净，唯识耐烦嘉祥空。传统华严修身律，义理组织天台宗。

"密富禅贫方便净"，这句话说明了三大宗派的修持特点。"密富"是说如果要学密宗的话，在经济上必须是富有的。密宗也称为"密教""秘密教""真言乘""金刚乘"等。由于自称授法身佛大日如来深奥秘密教旨的传授，为真实言教，这种真言奥秘，若不经灌顶和秘密传授，不得任意传习，以及显现于人，因而得名。又由于他修习在密想应，又称"瑜伽密教"。密教本是七世纪以后，印度大乘佛教的一些派别（中观，瑜伽）与婆罗门教——印度教相结合的产物，很快就传入中国，成为中国佛教的一个宗派。修炼密宗为何要经济富有呢？因为密宗的坛场要布置得非常精致庄严，道具的打造材料非金即银，或者是铜质的铸造，样式很多，并且要样样齐全；修持作法，每次都要花相当的时间，对于上师更要有优厚的供养，所以要如法学密，经济上必须富裕，时间上相当空闲的人才好修学。"禅贫"是说修习禅宗不需要经济上的富有，正好与密宗相反。禅宗是中国化最为典型的中国佛教宗派，主张用禅定概括佛教的全部修习而得名。又由于自称传佛心印，以觉悟众生心性的本原佛性为主旨，故又称为"佛心宗"。他渊源于印度佛教，而形成于传统文化之中，于隋唐时正式创立，到唐末五代时达极盛，宋元以后仍继续流传发展。想学禅宗，没钱不要紧，因为禅者的修行生活，无论山林、水边、茅棚，只在双腿一盘，就可参禅了。古代禅宗祖师大德们，有的常年居住在山林里，吃的是野菜杂果，穿的是粗布麻衣，虽然生活是这样的清贫淡泊，但是他们的禅定之乐是无穷的。"方便净"讲的是净土宗的修持特点，因净土宗专修往生阿弥陀佛净土而得名。该宗倡导简易的念佛法门，故又有"念佛宗"之称。相传东晋慧远大师曾在庐山邀集僧俗成立白莲社，发愿往生西方净土，慧远大师因此而被奉为净土宗"初祖"，净土宗也因此而称"莲宗"。而一般认为净土宗的实际创始人应该是唐代的善导大师，其先驱可上溯到昙鸾大师与道绰大师。而之所以说是"方便净"是说修行净土宗的念佛法门，不管什么行业、身份，无论何时何地都可以修持，是一种最方便的修持方法。

"唯识耐烦嘉祥空"是讲唯识宗和嘉祥宗的特点。"唯识耐烦"就是说学法相唯识的人必须要有耐烦的心。法相唯识宗里面的名相很烦琐，义理层次比较复杂，你如果不耐烦就无法把他的头绪搞清楚，一进入法相唯识宗里如坠云里雾中。所以学唯识必须要不急不躁，专心致志，才能学得通。"嘉祥空"讲的就是三论宗的特点。此宗自罗什大师译出三论以来，研究三论者代不乏人。至隋吉藏大师而集大成，正式创立了"三论宗"。之所以说"嘉祥空"是因为三论宗的吉藏大师在研究三论时，住在嘉祥寺，故把他称为"嘉祥大师"，又因为他是三论宗的集大成者，故又名嘉祥宗。而此宗所依据的《中论》等三论的内容完全是阐明缘起性空的般若智慧，所以称他为"嘉祥空"。

　　"传统华严修身律"，讲的是华严宗和律宗的特点。"传统华严"是在说明华严宗的特点。中国号称是大乘佛教的国家，中国佛教的大乘思想就是以华严宗为中心的。如近代的佛教领袖——太虚大师，虽然主张八宗兼弘，但以华严思想作为他信仰的根据。《华严经》起源于印度，传到中国之后，经过中国祖师大德的智慧的融合，将华严法界缘起的思想发挥得最圆融最究竟，并提出种种的观法，寓哲理于实践中。由于历代大德对华严思想所作的创新与发明，使华严哲学在中国佛教史上开出了奇葩，而成为中国佛教的传统信仰。"修身律"开示了律宗的特色。佛教的律宗是讲究修身作人的。如太虚大师云："仰止唯佛陀，完成在人格；人成即佛成，是名真现实。"因为人格完成了才能成佛。把人做好，修身完成才能进一步来开发内心的光明智慧，而证悟最高的真理。这是律宗给予我们的指示，所以称为"修身律"。

　　"义理组织天台宗"，显示了天台宗的特色。天台宗是中国佛教史上创立最早的一个宗派，其渊源于南北朝，初创于隋兴盛于唐。在各宗派之中，对佛学义理，能建立严密的组织，有系统地加以阐发的当推天台法华为第一。天台的智顗大师将佛陀一代圣教分为五时，并按其所摄受的对象分为顿、渐、密秘、不定等化仪四教，以及藏、通、别、圆等化法四教。以科学的方式将三藏十二部经典，分门别类地归纳于不同根性的众生，并将修行的方式与证果的等次，一一加以分析比较，所以说到义理的组织方面，天台宗是最严密最有系统的。

　　中国佛教的八大宗派，同时兴盛于隋唐盛世，并且都在中国文化史上写下了光辉灿烂的一页。可见，隋唐时期确是中国佛教史上的黄金时代。但是盛极一时的大乘八宗到了今天，有的已趋于衰落，有的虽然继续弘扬于世，然而已经比不上隋唐时代的盛况了。

第十章 道 学

道学原指老子创立的有关道的学说，它包括哲学的道家、宗教学的道教，以及属于人体生命科学范围的内丹学。中国古文献中凡较严肃的学术分类或艺文志书，皆以儒、道并举，《宋史》立"道学传"。胡孚琛著《道学通论》首先为道学正名，同时又论证了道家、道教、内丹学三者的关系并揭示了道学的基本内容。

道学指的是以"道"为宇宙万物之发源和思想根底，以道家学派的发生、发展流变为对象，以探索宇宙、生命和社会奥秘为目标，以发掘生存智慧为指归，以道为终极人生关怀的学说。长期以来，道学在思想文化史上产生了深远影响，至今仍然具有重要的现实价值。

道学思维早已注入到了中华民族的意识思维之中，这种思维发展到现在，已经是华夏民族的传统民族文化，道学是中华的本土众文化的核心，有很多借鉴道学思想延伸的一些学说，也是围绕华夏民族意识的思维形式而发展起来的。

第一节 道学的内涵外延

道学之名，始见于《隋书·经籍志三》："盖公能言黄老，文帝宗之。自是相传，道学众矣。"我们要想明白道学的含义，很有必要清楚"道"，"道家"以及"道教"等概念；同时，也要清楚它们之间的内在联系和不同之处。

道，是中国古代哲学的重要范畴。用以说明世界的本原、本体、规律或原理。老子所说的"道"，是宇宙的本原和普遍规律；孔子所说的"道"，是"中庸之道"，是一种方法；佛家所说的"道"，是"中道"，佛家的最高真理。狭义的道，指的是中国道家文化；广义的道，指的是同道家思想相融合的中国优秀传统文化，或称道学文化。汉代司马谈论"六家要旨"时曾经说过："道家使人精神专一，动合无形，瞻足万物。其为术也，因阴阳之大顺，采儒墨之善，撮名法之要，与时迁移，应物变化，立俗施事，无所不宜，指约而易操，事少而功多。"下面就对道德内涵进行一下剖析。

道是过程。这是道的第一层含义。道不仅是对万事万物的系统性、整体性的概括，而且是对万事万物发展过程的高度抽象和概括。道不是一种静态的形而上的实体，而是一个过程。道的过程性表现为道生万物的过程，即老子说的："道生一，一生二，二生三，三生万物"（《老子》第四十二章）。就是说，道转化为一，一转化为二，二转化为三，三转化为万物。在这一过程中，道循环往复，"周行而不殆"，它的运动周期是"大曰逝，逝曰远，远曰反"（《老子》第二十五章），它逐渐地离开，离开得越来越远，远到一定程度又返回来。万物又复归于道。

道是本原。这是道的第二层含义。道是天地万物之母，无和有都来自道，是道的不同角度的名称。这是最为玄妙和深奥的。道是万物的本体和来源，天地万物都是由道演化而来。道作为本源，是浑然一体的东西。老子指出："无名，天地之始，有名，万物之母。""玄之又玄，众妙之门。""玄牝之门，是谓天地根。""天下有始，以为天下母。"就是说，道是天下万物的本源，这里"始""母""根""门"等都含有本源的意思。但是，它们有层次的区别。作为本源，它具有唯一性，它无前无后，无上无下，"吾不知谁之子，象帝之先"（《老子》第四章），它像是在天帝的前边，然而在它之前却没有什么存在。"有物混成，先天地生"（《老子》第二十五章），在没有天地之前，它就存在了。作为本原，它是物质的东西，"道之为物，惟恍惟惚，其中有物，其中有精"（《老子》第二十一章）。

道是规律。这是道的第三层含义。道是物质运动的规律，道是天地万物变化的终极原因。老子指出："道者万物之奥"，就是说，道是万事万物运动的规律。道是普遍存在的，"大道泛兮"，道存在于一切事物之中，贯穿于一切事物发展过程的始终，万物从道起源，又回归于道，"各复归其根，归根曰静……复命曰常"（《老子》第十六章），返回本性是事物发展的永恒规律。作为规律的道，是看不见、听不着、摸之不得的。所谓"夷、希、微"，它是"无状之状，无物之象"，但是一切都受到它的支配和制约。道的规律是不可抗拒的，不能违反的。只有遵循道的规律，坚持"无为"的原则，才能把事情办好。否则，"物壮则老，是谓不道，不道早已"（《老子》第三十章），违背了规律要受到规律的惩罚，下场是极其可悲的。

道是法则。这是道的第四层含义。老子把道视为必须遵循的法则，他说："故从事于道者，道者同于道。"他要求人们要坚持遵循道的法则。又说："执古之道，以御今之有，能知古始，是谓道纪。"意思是要遵循古代的法则，驾驭现实的实有，以认识历史的规律，这就是遵循道的法则的具体表现。老子主张"唯道是从""贵食母"，即是要坚持道的法则，按道的法则做事。道也是观察事物的永恒法则。"自古及今，其名不去，以阅众甫，吾何以知众甫之然哉？以此。"（《老子》第二十一章）从古至今，这些信息一直都被保存下来，供人们了解宇宙的一切信息。我们如何能知道这一切？这就需要靠"道"。我们要从道的法则中观察万事万物。老子认为，人们对道的法则的态度是有区别的。"上士闻道，勤而行之"，上等人能够坚持道的原则，而且身体力行。至于其他人，多是相形见绌了。"孰能有余以奉天下，唯有道者"，坚持道的原则的人，才能把自己有余的奉献给社会。是否按道的原则办事，结果是不一样的。"天下有道，却走马以粪，天下无道，戎马生于郊"（《老子》第四十六章），坚持道的原则，天下和平安定；放弃道的原则，则会陷于兵荒马乱之中。按道的法则去做，道会成全你，"同于道者，道亦乐得之"（《老子》第二十五章）。最后，道的原则是最高原则，而且有很高的价值，"天之道，利而不害"（《老子》第八十一章）。

可见，道是中华民族在人类进化长河中积累的智慧的体现，也是认识自然万物的一种客观方式。

道家，我国古代的一种思想流派，以老子、庄子为代表。道家的思想崇尚自然，有辩证法的因素和无神论的倾向，并且主张清静无为，反对斗争。《汉书·艺文志》曰："道家者流，盖出于史官，历记成败存亡祸福古今之道，然后知秉要执本，清虚以自守，卑弱以自持，此君人南面之术也。"

道教，我国主要宗教之一，东汉张道陵根据传统的民间信仰而创立，到南北朝时盛行起来。奉元始天尊、太上老君为教祖。初时，入道者须交五斗米，故又称"五斗米道"。金元以后分正一、全真二派。《周书·武帝纪上》曰："十二月癸巳，集群臣及沙门、道士等，帝升高座，辨释三教先后，以儒教为先，道教为次，佛教为后。"

道学，道家或道教的学说。（《汉典》）

总之，道家为先秦时期的一个思想派别，以老子、庄子为主要代表，崇尚自然，主张清静无为，反对争斗。道教是一个中国本土文化产生的宗教，它直接吸收并发展了春秋战国时期老子、庄子的道家思想，奉老子为教祖，尊称他为"太上老君"。因以"道"为最高信仰，认为"道"是化生宇宙文物的本源，故名。道学是指以道家或道教的意识形态（也就是道家或道教的经典）为研究对象，而形成的一门系统学问。可见，道教与道家是不同的，因为道家是学问，道教是宗教；道学与前二者也是不同的，它是研究道家或道教的学问。

第二节　道学的发展演变

道学本是伏羲、黄帝所传的圣人之道，周代虽以礼教为朝廷的方内之教，道学被置之方外，师传不明，但尚由史官掌握，为王者师。直至汉代相国曹参将在方外师徒相传的道学宗师盖公推荐给朝廷，汉文帝以黄帝、老子的道学治国，才使道学兴盛起来。

汉代的文景之治，是道学在治国的政治实践上的一个辉煌时期。汉武帝排摒道学独尊儒术之后，儒家思想一直在中国历史上占据统治地位，是以《隋书·经籍志》将儒者排在道学之前。然而唐代皇帝以老子为祖宗，在尊儒之外又复兴道学，人们仍可在唐代贞观之治和开元之治中，发现道学治国的光辉。中国历史上强盛的汉唐王朝，都受到道学思想的滋养，连清初康熙皇帝也外示儒术而内用黄老，道学之富国强兵的政治效果是昭然可见的。

迨至宋代，国势积弱而受制于异邦，周敦颐、程颢、程颐直至朱熹，汲取佛道思想来丰富儒学，称为程朱理学，就是现在的新儒学之祖。元人脱脱撰《宋史·道学传》，将程朱一派专讲儒家道德伦理的学者全部包拢进去，后世遂将程朱理学也称之为道学，冯友兰教授等沿袭此说。明代以来，朱元璋推崇朱熹为文人之宗，宋明理学于是兴盛一时。王守仁的心学也成为理学的分支，理学家们大讲孔孟仁义道德，因此被世人称为道学家。

明清两朝，宋明理学是皇帝提倡的意识形态，科举考试以理学家的《四书集注》为教材。宋明理学是今日之"新儒学"的前身，但宋代以来打着"道学"的幌子，难免在学术史上遗下"伪道学"之讥讽。明代王阳明心学传至李贽，则走向宋明"道学"的反面，伪道学的流弊暴露出来。李贽揭露道学家"咸以孔子之是非为是非"，"阳之道学，阴之富贵，被服儒雅，行若狗彘"。李贽进而宣称"道学可厌"，斥责宋明理学为"假道学",道学家为"假人","道学其名也,故世之好名者必讲道学,以道学之能起名也。无有者必将道学,以道学之足为济用也。欺天罔人者必讲道学,以道学之足以售其欺罔之谋也。噫!孔尼父亦一讲道学之人耳,岂知其流弊至此乎!"李贽对宋明理学家的揭露,使"今世俗也与一切假道学,共以异端目我",受到假道学的攻击。这使李贽觉悟到只有老子的学说才是"真道学",他说:"老子则有无为之学问矣,释迦不可及也,吾庶几者其老子乎!"同时也呼唤:"自然之性,乃是自然真道学也,岂讲道学者所能学乎!"伪道学之流弊,一直延续到清代,可谓和"家天下"的政治制度相始终。其实,宋明理学实质上就不是道学,理学与道学有着质的不同,这就无怪乎人们在称宋明理学为道学的"道学"前面加上一个"伪"字了。

第三节　道学的代表人物

道学的创始人为老子,其主要代表人物还有关尹、庄子、彭蒙、田骈等,主要著作除了《老子》(又称《道德经》)、《庄子》外,还有《淮南子》《黄帝四经》《列子》和《管子》中的"内业""白心""心术上下"等。从广义上来说,主要分为老庄派、黄老派、杨朱派三派。其中老庄派以大道为根、以自然为伍、以天地为师、以天性为尊、以无为为本,主张清虚自守、无为自化、万物齐同、道法自然、远离政治、逍遥自在,体现了"离用为体"的特点,因此成为历代文人雅士远离残酷现实的精神家园,其代表人物是老子、庄子、列子等。黄老派以虚无为本,以因循为用,采儒墨之善,撮名法之要,主张因俗简礼、兼容并包、与时迁移、应物变化、依道生法,依法治国、删繁就简、休养生息,体现了"离体为用"的特点,成为历次大乱之后政府治世的急救包,同时也与中国古代盛世关系密切,其代表人物是慎到、田骈、环渊等。杨朱派主张全生避害,为我贵己,重视个人生命的保存,反对他人对自己的侵夺,也反对自己对他人的侵夺,属于道家的别支,代表人物杨朱、子华子,春秋战国后,因不容于世,后湮灭不存,但其全生保性的思想被道教全盘继承。

道学是研究道家思想和道教思想的一种学问,道家不仅是道家思想的载体,也是道学的研究者。可见我们上面所说的老子既是道家的代表人物,也是道学的代表人物。因为道教是在东汉时期以道家学说为教义派生的一个宗教组织,所以在这里我们不把道教的代表人物列入介绍。

1. 老子(约前571—前471),字伯阳,谥号聃,又称李耳(古时"老"和"李"同音,"聃"和"耳"同义)。道家学派创始人,主张"无为自化、清静自正"(司马迁语),代表作是《道德经》。他的学说后被庄周、杨朱等人发展,后人奉为道家学派之宗师,与儒家的孔子相比拟。其身世没有确定的说法,司马迁在《史记》中记载了三种观点:一说老子姓李名耳,楚国苦县厉乡曲仁里(今河南省鹿邑)人。曾担任周守藏室之史,因见周德日衰,退隐西游,不知所终;二说老子是老莱子;三说太史儋即老子。后人对这几种说法有不同的观点,引起了长期的争论。

2. 庄子(前369—前286),姓庄名周,字子休(亦说子沐),战国时期宋国蒙人(今河南省商丘,一说安徽省蒙城),是老子之后道家理论的重要开创者,与老子并称

"老庄"。庄子平生只做过地方漆园吏，因崇尚自由而不应楚威王之聘。主张尊重天性，逍遥处世，"独与天地精神往来，而不睥睨于万物"，代表作品为《庄子》。

3. 列子，本名列御寇（列子是世人对他的尊称），生卒年不详，与郑缪公同时，战国时期郑国圃田（今河南省郑州市）人。道家学派的杰出代表人物，著名的思想家、文学家。其思想对后世哲学、文学、科技、宗教影响深远。其学本于黄老，主张"秉要执本，清虚无为"（汉朝刘向语）、"贵虚""贵正"。现存《列子》8篇，是东晋张湛所辑。

4. 杨朱，字子居，战国时期魏国（今河南省开封市）人，生卒年不详，是老子之后道家的重要代表人物，也是道家杨朱学派创始人。主张"贵生""重己""为我"，其名言是："损一毫利天下，不与也；悉天下奉一身，不取也。人人不损一毫，人人不利天下，天下治矣。"其学说并不是浅薄简单的"自私自利"，他们对老子的思想加以发展，旨在通过对个体的自我完善进而达到社会的整体和谐。杨朱的见解散见于《庄子》《孟子》《韩非子》《吕氏春秋》等书中。后学有子华子、詹何等人。

5. 文子，姓辛氏，号计然。老子的弟子，与卜商子夏同时，而少于孔子，曾问学于子夏和墨子，是一位学无常师者。他虽学习了各家学说，但经过自己的融会贯通，遂别生新义。他的道家思想也兼容了儒家的思想。后又游学到齐国，彭蒙、田骈、慎到、环渊等皆为其后学，形成齐国的黄老之学。现存作品《文子》12篇，曾被认为是汉以后的伪书，但1973年河北定县（今定州）40多号汉墓出土的竹简中，有《文子》的残简，所以确证是先秦著作无疑。

6. 田骈（前370—前291），又名广，一称陈骈，齐国宗室（今山东省淄博市临淄区），战国时思想家。他本学黄老，借道明法，与慎到齐名。曾在稷下讲学，因能言善辩，人称"天口骈"。主张"贵齐""顺道""明分""立公"。《汉书·艺文志》著录《田子》25篇，列入道家，已佚。

7. 慎到（约前395—前315），战国时期赵国邯郸（今属河北省）人。早年学黄老之术，曾在齐国的稷下讲学，负有盛名，后离齐至韩。主张"因循""尚法"和"重势"。《汉书·艺文志》著录《慎子》42篇，列法家，现存残本仅7篇。他的名言是"贤智未足以服众，而势位足以诎贤者"。

8. 宋钘（约前370—前291），又称宋子（庄子作宋钘，孟子作宋牼，韩非子作宋荣子），宋国宋城（今河南省商丘市睢阳区）人。其继承老子思想，主张"崇俭""非斗""别宥"，是战国时期道家学派的前驱。曾有《宋子》18篇，今亦亡失，仅存辑本。

9. 尹文（前360—前280），尊称"尹文子"，齐国人（今属山东省）。尹文的思想是以道家"无为而自治"的思想为主，融合了儒家的思想因素。尹文所说的"大道容众，大德容下"的所谓"恕道"，与孔子的"己所不欲，勿施于人"的儒家"恕道"思想，是一致的。只是，其中突出了"名实"思想，即所谓"深见辱而不斗""名实审也"。尹文反对诸侯间的兼并战争，提倡"无为而能容天下"，这不仅与儒家思想相通，而更重要的是与老子的无为而治的"尚柔"精神一脉相承。可见其他主张与宋钘类似。另外，他认为"道"即是"气"，明确提出了精气说。现存《尹文子》1卷。

10. 鹖冠子，战国晚期楚人，姓名不详，因"居深山，以鹖为冠"（《汉书·艺文志》），故名鹖冠子。鹖冠子为赵将庞煖之师，庞煖（一作庞焕）曾多次向他请教，并领兵打败燕国，《太平御览》曾记载庞焕在赵国立功显名后，鹖冠子害怕庞焕举荐自己，便和庞焕断绝关系。其代表作《鹖冠子》为战国晚期黄老道家的重要著作。

除了上述著名道家学者外，还有姜尚、范蠡、吕不韦、曹参、汉文帝、窦太后、汲黯、王充、王导、谢安、刘基、傅山、严复、杨增新等政治家和思想家，他们也服膺道家思想或者深受道家思想影响，历来也被视为道家人物。

第四节　道学的八大支柱

1. 乾——天地人哲学　道学的哲学是一种究天人之际、通古今之变的学问，它包括道论、道的宇宙生成图式、时空观、气论、气的人体观以及辩证法、认识论等内容。简言之，可以用"人、行、道"三字概括，人是人学；行是实践哲学；道是形而上的道家哲学。

2. 兑——政治管理学　经济学主要关注如何以最少的成本取得最大的利益，其支点是价值的生产；政治学关注如何分配那些业已由经济活动生产出来的利益，其支点是价值的支配；伦理学则关心所分配的利益是否公正，其支点是价值的评估。在社会观点中，道学的核心思想是建构一个模拟自然界或人体生命的自组织、自调节的最优的自动化系统，这个系统依乎天、地、人之道，无亲无疏，大公大慈，导人向善，是一种"万物将自化"（《老子》第三十七章）的自然之治的社会。在经济上，道学主张一种以自然生态立国的经济模式，反对无限制地掠夺自然资源，将保护生态环境置于经济生产的首位。在政治上，道学强调一种"天地相合，以降甘露，民莫之令而自均"（《老子》第三十二章）的分配制度，将普施利益于天下众生作为价值分配的支点。道学从来不反对每个人首先珍惜自己的生命和获得个人的幸福，但也鼓励人们根据自己的条件"参赞天地之化育"。

3. 离——文艺审美学　道学渗透到文学艺术的所有方面，诸如小说、戏曲、音乐、诗词、书法、绘画、雕塑、园林、建筑、盆景、游艺、膳食、衣饰、手工艺品等多个领域，形成自然主义的审美意识，激发了文学艺术家的创造力。魏晋南北朝时期，道教开始成熟，道家自然主义的审美标准成为社会风尚，道家美学和道教美学开始形成。六朝时期是美的觉醒时代，过去被君权政治和礼教伦理观念束缚的文学艺术开始解放出来，在各个领域开出美的花朵。在这个时代，山水文学、游仙诗、志怪小说、山水画、水墨画、壁画、模拟自然山水的庭园艺术等几乎同时出现，自然美的发现反映了人的自然本性的觉醒。老子云："人法地，地法天，天法道，道法自然。"（《老子》第二十五章）这是道家美学的总纲，"道"就是美学的最高境界，即文学艺术的最高境界。无论是社会结构、文化结构、心理结构、自然结构，凡是与道相协调的，与大自然的基本节律相协调的，同宇宙的自然本性相契合的东西，就是美的，而那些违反自然本性的东西，就是无道的、丑恶的。道学之美追求一种"天人合一"的境界，也即与道一体化的境界，它以回归自然、返璞归真为导向，以悟道的灵性来激发文学艺术家的创造力来揭示宇宙内在运动的美的节律。

4. 震——医药养生学 道学将整个宇宙看作一个生生不息的大生命,以道的"生化原理"来认识世界,认为宇宙是由道"生成"的,并处于不停的"变化"之中。"生"有"生成""生长""生命""生存""创造"等含义;"化"有"变化""发展""转化""进化"等内容,二者集中了道的自然性,说明整个自然界包括人类社会都在生生化化、自强不息地发展着。道化生出先天一气,再化生出阴阳二性,生成信息、能量、物质三大要素,由此才生成万物纷纭的世界,这都是生化原理的作用。道学是一种"生道合一"(《太上老君内观经》)的学说,将爱护天下众生放在首位,认为"生命"本身就是道的体现。道教更是一种"生道合一"的宗教,认为养生就是修道,因之道教中汇集了中华民族几乎所有的防病治病、养生益寿的医药和方术。

5. 巽——宗教伦理学 宗教、科学、哲学、文学艺术、社会伦理学(包括民俗学)是文化的五个基本要素,它们之间是不能互相取代的。宗教是人类文化的母体,是人类一切精神创造活动的资源,是文化的最高层次,是人类心灵的完整状态,它是伦理学的精神支柱,伦理学是由宗教派生出来的。道教是一种古老的宗教,它以"道"作为人类的终极信仰。在伦理上,道学的要点就在老子《道德经》所说的:"道生之,德畜之,物形之,势成之。是以万物莫不尊道而贵德。道之尊,德之贵,夫莫之命而常自然。"(《老子》第五十一章)这段话里。尊道贵德是道家伦理学的落脚点,"德"就是"得道",是道在人类社会万事万物中的体现。道之尊和德之贵,并非靠行政命令的干涉和世俗权力的束缚,而是人自身修道养德逐步觉悟与自然节律同步造成的。

6. 坎——自然生态学 道学的自然生态学不同于荀子"人定胜天""勘天役物"的思想,而是主张"天与人不相胜"的天人合一的原则。庄子提出:"天与人一也"(《庄子·山水》)、"大地与我并生,而万物与我为一"(《庄子·齐物论》)、"天与人不相胜也,是之谓真人"(《庄子·大宗师》)、"唯同乎天和者为然"(《庄子·庚桑楚》)。道学这种以大自然为友的回归自然思想,正确地解决了人与自然的关系。

7. 艮——丹道性命学 内丹学在道书中简称为"丹道",是人体性命双修的学问,因此应称为丹道性命学。在丹道性命学里,道学主张人通过修道而达到真人的境界,而真人为纯真无瑕的人,也即道教里的仙人。道学将修道看作技术问题,认为只要通过丹道学的人体修炼系统工程,按法诀完成内丹筑基、炼精化气、炼气化神、炼神还虚四个修炼程序,最大限度地开发个体生命和心灵的潜能,使自身的精气神与道一体化,与大自然的本性契合,便是体道合真的仙人。丹道学是中国学者数千年来苦苦探究宇宙自然法则和人体生命科学的智慧结晶,是一种综合道、释、儒三教文化的宇宙论、人生哲学、人体观、修持经验为一体的理论体系和行为模式,又是一项为探索生命奥秘、开发精神潜能而修炼的人体系统工程。

8. 坤——方技术数学 前识是道学的智慧之花,是返璞归真的开端,因之道学本身也是一种开发超前意识的学说。古代的老子、庄子等哲人"游心于物之初"(《庄子·田子方》),舍弃宇宙万物的一切具体属性,寻找宇宙的起始点和产生宇宙万物的总根源,体悟到宇宙万物之中最本质的共相,这就是道。道既是宇宙的本源,又是人体的本我。作为宇宙的本源,道是一种绝对的真知,因而为符号指称所难以描述的客观存在。语言符号的指称只能描述相对知识，而道是可以体悟难以言说的绝对知识。作为人类心灵的本我，道是"知觉者"，因而具有不可被知、不可当作测量的对象，即"不可名""不可道"的性质。在道学中，方技术数学包括一些夺天地阴阳造化、改变人生命运和社会历史进程的方技和各类占验术数。术数学是一种以周易象数体系为理论基础，以阴阳五行学说和天人感应原理作思想根基，以太极、阴阳、三才、四象、五行、六亲、七耀、八卦、九宫、十干、十二支、二十四气组成的形式系统。

第五节　道家思想的影响

道家思想对中国传统文化的影响深远而巨大，可谓是中国哲学之根基。著名学者陈鼓应先生提出了道家主干说，若以大树比喻中国哲学，其主干是儒道互补，具有鲜明的中国哲学之树的特征，而树根则是道家思想。鲁迅先生说："中国根底全在道教。"英国学者李约瑟先生说："中国如果没有道家，就像大树没有根一样。"鲁迅先生和李约瑟先生用根底、根来比喻道家哲学在中国哲学中的地位与作用，是非常深刻的。因限于篇幅，下面仅从几个方面对道家思想产生的影响作一简述。

1. 道家思想对中国传统思维方式的影响　道家对中国传统思维方式的显著贡献主要在于相反相成的辩证思维模式以及与此相关的"无为"方法论。所谓辩证的思维模式体现在对矛盾对立面之间相互依存、相互转化的辩证关系有深刻把握。这种模式可以使人在看问题时不会轻易走向形而上学的绝对化，避免固执、僵化和教条主义。"无为"既是一种思想主张，同时也是一种具有方法论意义的思维模式。"无为"的方法教会人们在看待问题和处理事情时要善于顺其自然，不要蛮干、硬干，要学会换个角度想问题，退一步想问题，要善于因势利导，以柔克刚，以退为进。另外，"无为"对于个人修养上的积极影响也是不容忽视的，如"道法自然"，强调的是万物都遵循自然的法则，透出一种万物平等、追求自由的思想，它的"为而不争""少私寡利"的主张有利于我们培养一种超越名利的思维习惯，这些都能使我们的自身修养达到一种更高的境界。因此，道家思想对于个人的人格修养有着重要的引导作用。这种思维方式是中国传统文化之智慧的重要组成部分。

2. 道家思想对中国传统绘画的影响　老子认为："人法地，地法天，天法道，道法自然。"自然是整个宇宙的普遍规律，自然界和人类社会必须遵循"道"以"自然"的法则才能到达和谐。首先认为，色彩不是本质，仅起炫耀眼目"五色令人目盲"的作用，"色"和"华"作为表象与"腹"和"实"作为本质形成明确的对立。对于"素"与"玄"两种无彩色高度重视。文人们深受道家思想的影响，在投入山水绘画创作中，便选择了更本质的墨白，即水墨。中国画水墨山水的兴起，道家美学的影响是一个不容忽视的原因。

庄子发挥了老子的思想，认为"道"是宇宙的最高实体，是事物本源、本质和规律的总称。"道"是无限的、永恒的、必然的和稳定的。在"道"的作用下，一切可感知的事物都是有限的、暂时的、偶然的和流变的。但是，形而上的"道"又是借助形而下的"器"得以显示的。精神的最高境界是"悟道"，但这个"悟道"的过程却要通过"味象"，即通过对具体的事物的观察与思考，才能走向精神的彼岸。自然景观就是"道"的映像，山水的存在意义是"以形媚道"。因此，山水画的审美意义同样体现在对"道"的传达上，而不是仅仅满足于对一时一地的自然景观的简单再现，创作必须体现出艺术家的主体意识，即创造过程不单是技艺问题，同时也是一个"以神法道"的精神升华过程，正是基于这种创作宗旨，形成了中国传统绘画在形神关系上的特有观念。画家认识到"景无情不发，情无景不生"（宋·范仲淹）的道理，需要在画中渗透纯真的情感，才能获得神韵。

3. 道家思想对中国传统文学的影响   受天人合一观念的影响，中国的文学跟道学之间并没有很明显的界限。道家思想对传统文学产生了直接影响，尤其是《老子》《庄子》。老庄认为素朴最美，所谓"素朴而天下莫能与之争美"，确立"自然""素朴"为最高审美原则。老子说"无言"，庄子说"得意忘言"，使得文学常追求"意在言外""言有尽而意无穷"。人总是在自然中，人感情的喜怒哀乐也是与自然运动变迁相辅相成的。从《诗经》《楚辞》到唐宋诗词的辉煌，诗歌一直是中国文学的主流。中国文人的抒情对象更多的不是人与人之间的情感，而是更宏大的存在——自然。其创作空间是"天地大美，四时明法"的框架内，写的总是乘风破浪、江山如画、春花秋月、飘絮落红……中国诗的最高境界就是敏锐的洞察力与捕捉自然与人在刹那间的交流。

后来道家思想在发展中又影响了其他流派的形成，主要有道教、玄学等。魏晋玄学的主要特点是融合儒道，以道释儒，于是催生了玄言诗和山水诗，使文学侧重于追求自然之美。道教促成游仙诗的诞生，也为《封神演义》《聊斋》等神话、志怪、鬼狐小说的产生和成长，提供了适宜的土壤，道教的神话世界极大地丰富了中国文学创作的想象空间。

4. 道家思想对中国法律的影响   法律理念需要以普遍的自然理性为准则。道家思想的核心和精髓，就是"道法自然"的理念。道家以自然界理法为万能，以道为先天的存在，且一成不变，所以说："人法地，地法天，天法道，道法自然。"（《老子》第二十五章）道家认为，在人类创造的各种秩序文明产生之前，整个宇宙就已经按照一种永恒而明智的秩序在运转了。这种秩序的本质，是一种超越了一切人类理性的先验的自然理性——道。在道家的观念里，"道"是关于正义的基本的和终极的原则的集合，是一切人定法的基础和本源。所有人定法都必须受制于它，服从于它，并从它那里获得力量源泉。"故道大，天大，地大，人亦大"（《老子》第二十五章）。由此，道家形成了"自然法"至上的观念，"道"俨然成了统领一切秩序、支配一切秩序的"至尊法则"，"道法自然"也就成为道家法律思想的精髓和最高准则，成为其阐述一切法律哲理的出发点。

因俗而治的法律原则。道家提倡的"无为"和"自然"，对君主的绝对权威和国家强制力提出了挑战，具有朴素的反专制和反对法律一元化的因素。事实上，道家已经注意到民间自发形成自我约束规范的能力，并且认为这种以民情和天道为基础形成的自然规范，远比统治者煞费苦心设计的法律要明智得多。道家的"无为"限制了君主手中"无限"的政治资源，要求统治者信赖和依靠人民自我调整、自我正化的力量，并给予民间的政治智慧以充分的发展空间。"道常无名。朴虽小，天下莫能臣也。侯王若能守之，万物将自宾。天地相合，以降甘露，民莫之令而自均。始制有名。名亦既有，夫亦将知止，知止可以不殆。譬道之在天下，犹川谷之于江海"（《老子》第三十二章）。"道常无为，而无不为。侯王若能守之，万物将自化。化而欲作，吾将镇之以无名之朴。无名之朴，夫亦将无欲。不欲以静，天下将自定"（《老子》第三十七章）。道家的观念推翻了统治者自上而下"赏赐"法律予民的运行顺位，而对民"自均""自正""自定"的自下而上推动社会和谐的能力给予了充分的肯定。

第十一章　中医学

中医学是研究人体生理病理、疾病诊断与防治以及摄生康复的一门科学。它承载着中国古代人民同疾病作斗争的经验和理论知识，是在古代朴素的唯物论和自发的辩证法思想指导下，通过长期医疗实践逐步形成并发展成的医学理论体系。在研究方法上，以整体观相似观为主导思想，以脏腑经络的生理、病理为基础，以辨证论治为诊疗依据，具有朴素的系统论、控制论、分形论和信息论内容。

第一节　中医学的含义

中医，中国的传统医学，是中医学的省称。按照全国科学技术名词审定委员会审定的名词，中医学是"以中医药理论与实践经验为主体，研究人类生命活动中健康与疾病转化规律及其预防、诊断、治疗、康复和保健的综合性科学"。

中医学，也叫汉族医学，简称汉医，它起源于汉民族，是由汉族人民创造、总结、发展出来的，它本身也是汉族文化体系的组成部分。汉医，一是来自日本对中医的称呼（称"汉方医学"），一是来自清代人的自称。1949 年之前，汉医一词比较普遍。清后至民国，中医又有国医之称谓。

中医学以阴阳五行作为理论基础，将人体看成气、形、神的统一体，通过望、闻、问、切，四诊合参的方法，探求病因、病性、病位，分析病机及人体内五脏六腑、经络关节、气血津液的变化，判断邪正消长，进而得出病名，归纳出证型，以辨证论治原则，制定"汗、吐、下、和、温、清、补、消"等治法，使用中药、针灸、推拿、拔罐、气功、食疗等多种治疗手段，使人体达到阴阳调和或消除病因而康复。中医的治疗不但积极调理脏腑功能，恢复人体的阴阳平衡，达到祛病防疾的目的；而且在减缓或解除疾病时，还注重兼顾生命与生活的品质。

第二节　中医的发展史

中医学发展史与中国历史变迁过程是密不可分的，中医学也是中国传统文化的重要组成部分。因此，作为中国传统文化一部分的中医学，也一直受到我国历史发展的影响。参照我国历史发展来对中医发展进行适当的分期，有助于我们纲举目张地理清中医学产生、演变、发展的脉络。我国社会发展一般按五种社会形态分期，即原始社会、奴隶社会、封建社会、半封建半殖民地社会以及社会主义社会。根据中医发展的情况，奴隶社会以前，还没有较系统的理论体系，只有一些朴素的实践经验，而人们的疾病和生命大权主要掌握在所谓"巫医"手中，所以从原始社会到奴隶社会，虽然经过了约6500年的漫长历史，但从医学史上来说，仅是一个医学实践知识的积累阶段。从战国时代起，一直到清代鸦片战争，是我国的封建社会时期，这中间2300多年，是中医由理论体系的形成到发展成熟的阶段。鸦片战争以后，我国沦为半封建半殖民地社会，西方医学传入中国，从而又形成中西医对立的阶段。

一、上古至春秋——中医学实践积累时期

中国在170万年前就有了人类，经过漫长的猿人、古人和新人时代，到公元前7000年左右，才开始建立了原始的氏族社会。这一时期，虽然历史很长，但生产力低下，社会发展很慢，是人类文化的蒙昧时代。直到公元前2000年左右，私有制出现，国家的形成，才进入奴隶制时代，这就是夏、商、周的"三代"，到这时人类开始进入了文明时代。

甲骨文中有疾病的记载，《山海经》中有疾病和药物等的记述，《尚书》《左传》《国语》等书中有一些医事活动的记录，《管子》中有关于人体形成的记载；此外，关于医药和巫术的记载，对医巫对照的研究上也有一定意义。关于医学的起源，战国以至秦汉以后著作中记载了一些古代的有关传说，如神农尝百草、伏羲制九针等。对于医学的起源问题，历来有三种说法。

一种认为医学起源于动物本能。这是由于人们看到许多动物都有一种自疗伤病的本能，如狗舔伤口可以防止化脓，某些动物可自选草药引起呕吐而解除某种不适等。但我们知道，本能是动物在几千万年进化过程中形成的一种不自觉的适生特性，其本身是不会发展的，因此不可能进步成医学。只有人类才能支配自然界，能动地改造自然界。至于人们因受到某种动物本能的启发而获得某种医疗知识，则应归功于人的观察与思考，并不是本能自身的发展。所以说医学起源于本能的说法是没有科学根据的。

第二种说法，认为医学起源于神话传说或宗教迷信。从时间上来看，各国的医学出现以前，都有一段神话传说和以宗教迷信治疗疾病的阶段。但不论神话也好，宗教也好，都是建立在人们的幻想或迷信上，它不但不能发展成医学，恰恰相反，它的存在与兴盛，正是医学发展的严重障碍，如我国的商周时代，巫医盛行，而真正的医学却得不到发展；到了春秋之后，巫医衰落了，真正的医学才开始获得了发展的机会。事实上，"有了人类，就有医疗活动"，而巫的出现和活动却是在原始社会末期的事。所以"医源于巫"的说法是毫无根据的。

第三种说法，认为医学是圣人创造的。这种说法，在我国历史上影响颇为深远，认为医理精微深奥，非圣人不可为。后世有些医药学著作，总结了人们与疾病做斗争的实践经验，却要托名于"黄帝""神农"或其他传说的人物，就是受了这种思想影响的反映。事实上根本没有什么天生的圣人，也就不会有不可改变的经典，所以圣人创造医学的说法大大阻碍了医学的发展与进步。传说的伏羲制九针、神农尝百草、仪狄制酒、伊尹制汤液，实质上都是说医学起源问题，而伏羲创畜牧、神农创农业、禹益制酒、伊尹烹调，则都属于生产实践的范围，可见最初的医学知识主要是来源于生产实践的积累。

这一时期医学发展的特点表现为从实践知识的积累到医学理论的萌芽。实践知识大致可分两类，一是解除疾苦的方法；二是对疾病的认识。砭石灸刺和药物应用在原始社会积累了不少经验，砭石灸刺是针灸的起源。《山海经》中病名的记载又有所增多，说明对疾病认识由笼统记载到症状的确定，再到病名的归纳，也在逐渐进步。到了春秋时期，医学发展有了较大的进步，其表现有三：一是巫医的衰落，如子产、晏婴等对疾病的论述；二是专业医生的出现，如秦国的医和、医缓等；三是医学理论的萌芽，如医和对病因的论述等。

二、战国到两汉——中医学的奠基时期

战国时期（前 476 – 前 221 年）是我国由奴隶制社会进入封建社会的一个大变革时期，虽然战事频仍，但由于铁器的普及、生产力的解放，各国又都奖励耕战，所以社会经济还是有了较大的发展。除农业、手工业外，商业也繁荣起来，于是出现了许多经济文化比较集中的大城市。由于阶级关系的变化，教育文化事业由过去的官学中解放出来，普及到一般的庶民，于是社会上出现了一批所谓"士"的知识分子阶层。各诸侯国的统治者为了竞争，又争相"养士"，为他们的富国强兵出谋划策，这样士的社会地位有了提高，各种学说纷纷兴起，于是出现了我国历史上文化学术的第一个黄金时代，即所谓"百家争鸣"的时代。所有这些，对我国医学理论的形成，都创造了十分有利的条件。

这一时期的医学资料和前一时期相比就丰富多了，现存的医籍就有《黄帝内经》《难经》《神农本草经》《伤寒杂病论》四部医学典籍，以及马王堆出土的帛书《五十二病方》和《十一脉灸经》、武威出土的木简《治百病方》等医学著作。除此以外，《史记》中的《扁鹊仓公列传》，《后汉书》和《三国志》中的《华佗列传》，《周礼·天官》中有关医官的记载，以及《吕氏春秋》《淮南子》等书中的一些零散医药记载等，都是比较可靠的医学资料。

《黄帝内经》《难经》《伤寒杂病论》《神农本草经》是中医学的四大经典著作。《黄帝内经》是我国医学宝库中现存成书最早的一部医学典籍，它是研究人的生理学、病理学、诊断学、治疗原则和药物学的医学巨著。《黄帝内经》在理论上建立了中医学上的"阴阳五行学说""脉象学说""藏象学说"等。

《难经》是一部与《黄帝内经》相媲美的古典医籍，系秦越人所著，成书于汉代之前，其内容十分丰富，包括生理、病理、诊断、治疗等各个方面，补充了《黄帝内经》的不足，与《黄帝内经》一样，成为后世指导临床实践的理论基础。

东汉著名医学家张仲景在《内经》《难经》等医学理论基础上，进一步总结了前人的医学成就，结合自己的临床经验，著成了《伤寒杂病论》（即后世的《伤寒论》和《金匮要略》）。《伤寒杂病论》以六经辨证、脏腑辨证的方法对外感疾病和内伤疾病进行论治，确定了辨证论治的理论体系，为临床医学的发展奠定了基础。

《神农本草经》简称《本草经》或《本经》，是我国现存最早的药物学专著。《神农本草经》成书于东汉，并非出自一时一人之手，而是秦汉时期众多医药学家不断加以搜集、整理成书的。《神农本草经》收药 365 种，概括地记述了君、臣、佐、使，七情

和合、四气五味、功能主治等药物学理论，奠定了中医药物学的基础。

三、两晋至隋唐五代——中医学全面发展时期

从汉末的三国分立到隋朝的统一，即从 220 年到 589 年的 369 年间，我国历史陷入比较混乱的时代，虽然西晋也曾一度统一，但时间很短，只有 20 多年，很快就形成南北对峙，朝代更迭的所谓"南北朝"。589 年隋文帝统一了中国，虽然时间短暂，但后继的唐朝却把大一统的局面维持了 289 年，成为我国汉代以后的第二个统一大国。

这一时期的前一阶段，由于战争，生产力遭到很大破坏，社会经济谈不上有什么发展，不过有两个特点值得重视：一是北方由于各民族互相斗争、互相渗透的结果，出现了民族大融合的倾向；二是东晋南迁以后，中原各阶层的人民也大量南迁，南方经济有了较大的开发，这样就给中国的进一步统一和版图的扩大创造了有利的条件。所以唐代统一以后，很快出现了经济繁荣、文化兴盛、国力强大的"贞观之治"，也使之成为我国历史上第二个隆盛时代。

这一时期的医学著作大量出现，有晋代王叔和的《脉经》、皇甫谧的《针灸甲乙经》和葛洪的《肘后方》，南北朝陶弘景的《神农本草经集注》，隋代巢元方的《诸病源候论》，唐代孙思邈的《备急千金要方》《千金翼方》、王焘的《外台秘要方》以及唐政府官修的《新修本草》（即《唐本草》）等医药学著作。从这些著作中我们可以看出，这一时期医学发展的主要特点是实践医学的大发展，医学的发展主要表现在以下两个方面：一是对疾病的认识，不论广度上还是深度上都有了很大发展，如《诸病源候论》共记载病候 1700 余种，有些疾病的描写相当详细和明确，如对消渴、脚气和癫病的描写，不但详细而且有许多创见，抓住了这些疾病的特点，使我们今天看了也很容易鉴别出来。本书还对每一病候，都要探其原因，论其机理，根据《内经》理论加以诠释，这为以后辨证论治的普及创造了十分有利的条件。二是医方的大量出现，不论《千金方》还是《外台秘要方》，每病之下都列有大量的医方，或数方，或十数方，甚或达数十方之多。此外还有两种情况值得注意：一是受魏晋清淡及道家养生影响，服石和炼丹曾一度形成风气；二是随着佛教的传入，印度医学及西域的药物也大量传入中国，也对中医学产生了一定的影响。

《脉经》是我国现存最早的中医脉学专著，西晋王叔和撰于 3 世纪。切脉是中医诊断学的重要组成部分，也是中医学的卓越成就之一。《脉经》首先确立了寸口脉法，分寸、关、尺三部脉位，脏腑分配原则，解决了寸口切脉的关键问题，推进了独取寸口诊脉法的临床普遍应用；其次将脉象归纳为 24 种，并对每种脉象均做了具体描述。

《针灸甲乙经》详细地论述了生理、病理、诊断、经络、俞穴和针灸治疗等方面，是现存最早的一部针灸专书。皇甫谧在《针灸甲乙经》序言中说，他编写本书主要依据了《素问》《灵枢》和《明堂孔穴针灸治要》三部著作。后者原书虽没有流传下来，但《针灸甲乙经》有关俞穴针灸的记载，基本上是保存了其主要内容的。本书不但具体记载了每个穴位的详细部位，而且主治什么病、针宜几寸、灸宜几壮等都有明确记载，这可以说是中医针灸学的奠基之作。

《肘后救卒方》（简称《肘后方》）主要论述内科急性病证，兼及外伤科及五官科

等，为我国外科发展奠定了基础。另外，书中对某些传染病的认识，达到了很高的水平，如所述的"虏疮"，是世界上对天花的最早记载。

《诸病源候论》是中国最早的论述以内科为主各种疾病病因和证候的专著。该书总结了隋以前的医学成就，对临床各科病证进行了搜求、征集，并予系统地分类，还论述了各种疾病的病因、病理、证候等。其内容丰富，包括内、外、妇、儿、五官、口齿、骨伤等多科病证，对一些传染病、寄生虫病、外科手术等方面，有不少精辟论述，对后世医学影响较大。

《千金要方》和《千金翼方》总结了唐代以前医学成就，其妇、儿科专卷的论述，奠定了宋代妇、儿科独立的基础；其治内科病提倡以脏腑寒热虚实为纲。

《外台秘要方》，是唐代王焘编撰的一部规模巨大的综合性医书，内容包括内、外、骨、妇产、小儿、传染病、皮肤、五官等科疾病的证治。本书汇集了初唐及唐以前的医学著作，对医学文献进行了系统的整理，使前人的理论研究与治疗方药全面系统地结合起来。

《新修本草》是一部以政府名义编纂的药典，也是一部承前启后的中药学著作。苏敬（657—659）等人于唐显庆二至四年（657—659）编著，世称《唐本草》。《新修本草》收录了844种药（一作850种），比前代药学家陶弘景的《本草经集注》（730种）新增药物114种，对古书未载的内容加以补充，内容有误者，重加修订，具有较高的学术价值，从正式颁布天下之后就作为临床用药的法律和学术依据，流传了400余年，代表了中国中医药学发展的一个里程碑。书中还记载了用白锡、银箔、水银调配成的补牙用的填充剂，这也是世界医学史上最早的补牙的文献记载。

四、宋金元——中医学争鸣创新时期

我国经过五代十国短时期的分裂，到960年被赵宋王朝统一。不过宋代的统一，远没有汉唐时期的强大，北方的辽、金、蒙古，西方的西夏，始终威胁着宋朝的安全。到1127年北宋就被金国灭亡，南宋又经过150多年，到1279年最终统一到了蒙古的铁骑之下。蒙古帝国的版图，曾一度扩大到欧洲，但不到百年，到1368年就走向了全面崩溃，退出了历史舞台。

宋金元时期的医学著作借助于印刷术的进步，每部书的印数比抄本要多得多，因此流传下来的也就较多。首先是宋代的四部官修著作《太平圣惠方》《圣济总录》《太平惠民和济局方》和《政和经史类证本草》；其次是有关《伤寒论》研究的著作，如庞安常《伤寒总病论》、朱肱《南阳活人书》、许叔微《伤寒百证歌》和《伤寒发微论》、成无己《伤寒论注》和《伤寒明理论》；第三是一般医药著作，如陈言《三因极一病证方论》、严用和《济生方》、钱乙《小儿药证直诀》、陈自明《妇人大全良方》和《外科精要》等；第四是金元四大家的著作，如刘完素《素问玄机原病式》、张从正《儒门事亲》、李东垣《脾胃论》、朱丹溪《格致余论》和《局方发挥》等。该时期医学发展的特点，除实践医学继续有所进步以外，主要是争鸣创新带来的医学基础理论的深化和不同学术流派的形成。其表现主要有两个方面：一是"五运六气"学说的研究：五运六气学说是把阴阳、五行、六经、六气和天干、地支联系起来，借以推断某年某气的盛

衰及疾病的发生和预后。实际并没有任何科学根据和实用意义，对后世的实践医家也没有发生什么显著的影响。不过其中有些概念及个别理论，被后世医家用来解释某些生理、病理变化，对中医理论的深化是起了作用的。如相火、生化、气化等概念的引用；生克制化理论的发展，药理、方制理论的变化等，都直接、间接促进了中医理论的发展。二是学术争鸣带来流派的产生：基础理论的深入发展，必然要出现学术方面的不同主张，所谓金元四大家，就是在宋代医学理论发展的基础上产生的。四大家中刘完素主清火，张从政主攻下，李东垣主补脾胃，朱丹溪主滋阴降火。金元医家的学术争鸣创新，活跃了当时的学术空气，改变了当时"泥古不化"的局面，丰富了医学理论，也促进了医学的发展。

五、明清——中医学成熟完善时期

元朝的残酷统治和歧视的民族政策，导致了元末全国性的农民大起义爆发，1368年，朱元璋推翻元政权，建立了明王朝。明朝经过276年的统治，又被农民起义军推翻，清朝乘机入关，建立了第二个由少数民族统治全国的清王朝。清朝初年，接受了元代统治失败的教训，对汉民族采取了怀柔政策，很快取得了统一全国的胜利，而且经济繁荣、版图扩大，成为汉唐以后第三个封建强国。

明代的哲学思想，基本上继承了宋学的遗风，故后世称"宋明理学"，其中以王阳明为主要代表。清代初年，由于大兴文字狱，一般学者很少敢发表独立见解，所以把大部精力都倾注到研究古籍方面去，于是考据之学大兴，成为"乾嘉学派"的主流。所以，对古典著作的考证、注疏、辨伪方面做出了很大贡献。这种学术风气，当然也要影响到对中医古籍的研究，所以这就是这一时期《黄帝内经》《伤寒论》等经典著作的注解和研究特别被重视的主要原因。

明清时期的医学著作更为繁多，流传至今的可汗牛充栋，如吴又可的《温疫论》、叶桂的《温热论》、薛雪的《温热条辨》、吴鞠通的《温病条辨》、王孟英的《温热经纬》和《霍乱论》、楼英的《医学纲目》、张景岳的《景岳全书》、王肯堂的《证治准绳》、张三锡的《医学六要》、吴谦的《医宗金鉴》、程钟龄的《医学心悟》、陈修园的《陈修园医书》等。其他专科方面，如薛己的《正体类要》和《外科枢要》、汪机的《外科理例》、王肯堂的《疡医证治准绳》、陈实功的《外科正宗》、伪托傅山的《傅青主女科》、陈复正的《幼幼集成》、杨继洲的《针灸大成》、龚云林的《小儿推拿密旨》等。此外，特别值得重视的是关于方药方面的著作。如朱橚等人编的《普济方》、李时珍的《本草纲目》，缪希雍的《神农本草经疏》，汪昂的《本草备要》《医方集解》《汤头歌诀》，吴仪洛的《本草从新》等。明代之前，虽有医案专辑，但数量甚少，且较简略，大部分的医案记载散见于各种医著之中。明代开始，医案专辑明显多了起来。如明代江瓘编的《名医类案》、清代魏之琇编的《续名医类案》等。

这一时期医学发展的主要特点是：第一，中医最后形成一个比较完整、比较系统的理论体系，即形成一个从生理到病理、从病理到药理、从诊断到治疗、从理论到实践的系统性结构，其主要标志就是辨证论治原则的普遍实施。第二，温病学说的形成和天花接种的发明，显示了我国在传染病防治领域的独特成就，其临床成效大大超过了抗生素和牛痘接种发明以前的近代西医。第三，在外科、骨伤科、妇科、儿科、眼科、五官科等科的疾病治疗中，也都确立了辨证论治原则，显示了中医在这些领域的特殊疗效。第四，医案医话的编辑出版，对中医临床诊疗经验进行了系统总结，对中医药理论和临床的成熟发展都起了很大的作用。

六、鸦片战争至民国——中医学缓慢发展时期

1840 年鸦片战争以后，我国逐步地变成了一个半殖民地、半封建的社会。帝国主义的文化侵略，北洋军阀和民国政府排斥、限制和消灭中国医学的措施，使中医学受到严重的摧残。近百年间，由于中医药同仁的努力和广大民众防治疾病的需求，中医学仍取得了一定的成就，临证各科积累了新的经验，并有一些较好著作问世，如高玉章、罗济川的《素问直讲》、周学海的《内经评文》和《伤寒补例》、叶霖的《难经正义》、陈恭溥的《伤寒论章句方解》、恽铁樵的《伤寒论研究》、陆渊雷的《伤寒论今释》等著作。学术思想方面，产生了"中西医汇通派"，在当时的历史条件下有着一定的进步意义。当然，中西医汇通思想的产生，成为后来中西医结合的滥觞。有的中医人士创建中医学校、学会及出版中医杂志，为培养中医人才，传播中医药知识，探讨中医药学术，促进中医药学术交流，起到了积极的作用。

第三节　中医学的基本特点

一、整体观念

整体是指人体的统一性和完整性，中医学的整体观念包含着以下三个方面的内容。

中医认为人体是一个有机整体。人体是由许多的组织器官所构成的，如脏腑、经络、肢体、孔窍和气血津液等，虽各有不同的生理功能，但都不是孤立的，在功能上相互协调、相互为用，在病理上是相互影响的，从而形成了一个以五脏为中心，配合六腑，联系五体、五官九窍等，并通过经络纵横广泛地分布，以贯通内外上下，运行气血津液，滋养并调节各组织器官的活动。

人与自然的统一性。人类生活在自然界中，自然界存在着人类赖以生存的必要条件。同时，自然界的变化，如季节气候、昼夜晨昏、地理环境不同等，直接或间接地影响人体，而机体则相应地产生反应。属于生理范围内的，即为生理的适应性；超越了这个范围，即是病理性反应。由于人与自然界存在着既对立又统一的关系，所以因时、因地、因人制宜，也就成为中医治疗学上的重要原则。

人与社会环境的统一性。人是社会的一员，具备社会属性，与社会环境存在着密切的联系。人生活在纷纭复杂的社会环境中，对社会产生着影响；而人的生命活动同样也受到社会环境——诸如政治、经济、文化、宗教、法律、婚姻、人际关系等社会因素的影响，这些因素通过与人的信息交换影响着人体的生理功能、心理活动和病理变化，特别是社会的安定与动乱、社会的进步以及社会地位的变更等方面，对人体的影响更大。

二、辨证论治

证，是机体在疾病发展过程中某一阶段的病理概括。包括病变的部位、原因、性质以及邪正关系，能够反映出疾病发展过程中，某一阶段的病理变化的本质，因而它比症状能更全面、更深刻、更准确地揭示出疾病的发展过程和本质。

"辨证"，就是将四诊（望、闻、问、切）所收集的资料，症状和体征，通过分析综合、辨清疾病的原因、性质、部位以及邪正之间的关系，从而概括、判断为某种性质证候的过程。

"论治"，又叫施治，则是根据辨证分析的结果来确定相应的治疗原则和治疗方法。辨证是决定治疗的前提和依据，论治则是治疗疾病的手段和方法。所以辨证论治的过程，实质上是中医学认识疾病和治疗疾病的过程。

辨病与辨证的关系。疾病是具有特定的症状和体征的，而证则是疾病过程中典型的反应状态。中医临床认识和治疗疾病是既辨病又辨证，并通过辨证而进一步认识疾病。例如感冒可见恶寒、发热、头身疼痛等症状，病属在表。但由于致病因素和机体反应性的不同，又常表现为风寒感冒和风热感冒两种不同的证。只有辨别清楚是风寒还是风热，才能确定选用辛温解表还是辛凉解表方法，给予恰当有效的治疗，而不是单纯的"见热退热""头痛医头"的局部对症治疗。

三、中医学理论体系

中医学在数千年的历史中，逐渐形成了独特的医学理论体系，标志着中医学作为一门科学的诞生。中医学理论体系是包括理、法、方、药在内的一个整体，主要阐明中医学的基本理论、基本规律和基本方法。它是以整体观念为主导思想，以气、阴阳、五行诸学说为论理方法，以脏腑经络精气血津液为生理病理基础，以辨证论治为诊治特点的独特的医学理论体系。

理、法、方、药是中医学关于诊断与治疗操作规范的四大要素。辨证论治是理、法、方、药运用于临床的过程，为中医学术的基本特色。所谓"理"，指根据中医学理论对病变机制做出的准确的解释；所谓"法"，指针对病变机制所确定的相应的治则治法；所谓"方"，是根据治则治法选择最恰当的代表方剂或其他治疗措施；所谓"药"，指对方剂中药物君、臣、佐、使的配伍及其剂量的最佳选择。辨证是论治的前提，论治是在辨证基础上拟定出的治疗措施；辨证与论治在诊治疾病过程中，相互联系，密不可分，是理、法、方、药在临床上的具体应用。

1. 中医学基础理论

（1）阴阳学说：阴阳属于中国古代哲学范畴，是对自然界相互关联的某些事物和现象的概括，即含有对立统一的概念。人们通过对矛盾现象的观察，逐步把矛盾概念上升为阴阳范畴，并用阴阳二气的消长来解释事物的运动变化。阴和阳，既可以代表相互对立的事物，又可用以分析一个事物内部存在着的相互对立的两个方面。中医运用阴阳对立统一的观念来阐述人体上下、内外各部分之间，以及人体生命同自然、社会这些外界环节之间的复杂联系。阴阳对立统一的相对平衡，是维持和保证人体正常活动的基础；阴阳对立统一关系的失调和破坏，则会导致人体疾病的发生，影响生命的正常活动。

（2）五行学说：即是用木、火、土、金、水五个哲学范畴来概括客观世界中的不同事物属性，并用五行生克乘侮的动态模式来说明事物间的相互联系和转化规律。中医主要用五行学说来阐述五脏六腑间的功能联系以及脏腑失衡时疾病发生的机理，也用以指导脏腑疾病的治疗。

（3）运气学说：又称五运六气，是研究、探索自然界天文、气象、气候变化对人体健康和疾病的影响的学说。五运包括木运、火运、土运、金运和水运，指自然界一年中春、夏、长夏、秋、冬的季候循环。六气则是一年四季中风、寒、暑、湿、燥、火六种气候因子。运气学说是根据天文历法参数，来推算年度气候变化和疾病发生规律。

（4）脏象学说：是通过对人体生理、病理现象的观察，研究人脏腑生理功能、病理变化及其相互关系的学说。按照脏腑的生理功能特点，可以分为脏、腑和奇恒之腑三类。脏，即心、肺、脾、肝、肾，合称为"五脏"；腑，即小肠、大肠、胃、胆、膀胱、三焦，合称为"六腑"；奇恒之腑，即脑、髓、骨、脉、胆、女子胞（子宫）。脏腑的共同生理特点，五脏是化生和贮藏精气；六腑是受盛和传化水谷；奇恒之腑，有异于六腑，他们都不与水谷直接接触，而是一个相对密闭的组织器官，而且还具有类似于五脏的贮藏精气的作用，故称之为奇恒之腑。脏象学说认为人体是以五脏为中心，以六腑相配合，以气、血、精、津液为物质基础，通过经络使内而脏腑，外而五官九窍、四肢百骸，构成一个有机的整体，并与外界环境相统一。中医脏腑概念虽然包含着解剖学成分，但主要是一个标示各种整体功能联系的符号系统，是人体整体的功能模型，主要是阐述其生理功能和病理现象，因而不能与现代解剖学的同名脏器完全等同。

（5）气血精津液学说：气、血、精、津液，是构成人体的基本物质，也是脏腑功能活动的物质基础，又是脏腑功能活动的产物。气，是不断运行着的具有很强活力的精微物质。血，指的是血液，具有营养和滋润作用。精，是构成人体的基本物质，狭义之精系指生殖之精；广义之精泛指一切精微物质，包括气、血、津液和从饮食物中摄取的营养物质，因此，精又称精气。津液，是机体一切正常水液的总称。机体的脏腑、经络等组织器官，进行生理活动所需的能量，来源于气、血、精、津液；它们的生成代谢，又依赖于脏腑、经络等组织器官的正常生理活动。因此，无论是生理还是病理方面，气、血、精、津液和脏腑、经络等组织器官之间，都始终存在着互为因果的密切关系。

（6）经络学说：该学说是研究人体经络的生理功能、病理变化及其脏腑相互关系的学说，是中医学理论体系的重要组成部分。经络是人体内运行气血的通道，有沟通内外、网络全身的作用。在病理情况下，经络系统功能发生变化，会呈现相应的症状和体征，通过这些表现，可以诊断体内脏腑疾病。

（7）病因学说：病因学说是研究各种致病因素的性质和致病特点的学说。中医学认为疾病的发生是致病因素作用于人体后，正常生理活动遭到了破坏，导致脏腑经络、阴阳气血失调所致。病因可分为六淫（风、寒、暑、湿、燥、火）、疫疠、七情（喜、怒、忧、思、悲、恐、惊）、饮食失宜、劳逸失当、外伤、胎传等。中医学对病因的认识，是通过对患者的症状、体征进行分析推求而得来的，并能为治疗用药提供依据，这种方法称之为审证求因或辨证求因。按照症状、体征、证候来建立病因概念，是中医学确认病因的特殊标准和主要特点。

（8）病机学说：病机学说是研究疾病发生、发展和演变机理的学说。其内容包括发病机理、病变机理和病程演化机理三部分。发病机理是研究人体疾病发生的一般规律的学说。中医学认为疾病的发生关系到正气和邪气两个方面，即"正气存内，邪不可干""邪之所凑，其气必虚"。病变机理简称病机、病理，是研究人体病理变化规律的学说，包括邪正盛衰、阴阳失调、气血精津液失常以及脏腑经络功能失衡等病理变化的一般规律。病程演变机理是研究疾病发生、发展和结局的一般规律的学说，包括病位传变、病理转化、疾病转归与复发等。

（9）防治原则：即预防和治疗。防，是预防；治，是治疗。

预防，是采取一定的措施，防止疾病的发生与发展。采取积极的预防或治疗手段，防止疾病的发生和发展，即"治未病"，是中医治疗学的一个基本原则。治未病包括未病先防和既病防变两个方面。未病先防即在疾病发生之前，做好各种预防工作，以防止疾病的发生。要防病必先强身，欲强身必重摄生；摄生又称养生，是根据生命发展的规律，进行的保养身体、减少疾病、增进健康、延年益寿的保健活动。养生是最积极的预防措施，对增进健康、延年益寿、提高生命质量，具有重大意义。除摄生防病外，还应注意防止病邪的侵害。既病防变系指未病之时，注重防患于未然。一旦发病，当注意早期诊断和早期治疗。早期诊断以防止疾病由轻浅转变为危笃，所谓"见微知著，弥（同"弭"，平息，消除）患于未萌，是为上工"（《医学心悟》）。早期治疗则可截断病邪传变途径，先安未受邪之地，以防止疾病传变。早期诊断、早期治疗，是既病防变的关键，一方面可控制病邪蔓延，另一方面又可以避免正气的过度损耗，从而使疾病易于治疗、身体易于恢复健康。

治则，是治疗疾病的法则或原则。它是在整体观念和辨证论治精神指导下制定的，对临床治疗立法、处方、用药，都具有普遍指导意义。治病求本、知常达变、因势利导和以平为期是中医治疗疾病的基本观念。而正治反治、治标治本、燮理阴阳、调和气血、调理脏腑、形神兼顾、病证相参、因异制宜等，则是中医治疗疾病的基本原则。治则与治法不同，治法是在治则指导下所确定的具体治疗措施，治则指导治法，而治法体现治则。

2. 中医学诊治方法　在诊断治疗疾病时，采取辨证论治的方法，即将望、闻、问、切四诊收集到的资料和症状、体征，通过分析、综合，辨清疾病的原因、性质、部位，以及邪正之间的关系，概括、判定为某种性质的"证"，以探求疾病的本质，从而得出结论，并在此基础上确定治疗原则与具体治法。这种方法既不同于简单的局部对症治疗，又有别于不分主次、不分阶段、不分性质、一方一药治一病的辨病治疗方法。

中医的治疗手段和方法丰富多彩，既有一般内服药物的内治法，又有药物外敷、热熨、熏洗等外治法，以及独特的针灸、拔罐、刮痧、推拿、气功等非药物疗法，还有以药膳为代表的日常食品疗法（简称食疗）。

（1）四诊：四诊，包含望、闻、问、切。诊断必须要做到四者俱全，才能见病知源。望诊，是对病人神、色、形、态、五官、舌象以及分泌物和排泄物等，进行有目的地观察、分析，以了解病情，测知机体病变。闻诊，是从病人的语言、呼吸等声音及由病人体内排出的气味，以辨别内在的病情。问诊，是通过询问病人及其家属，了解现有证象、发病原因及其病史，为辨证提供依据的一种方法。切诊，是诊察病人的脉候和身体其他部位的情况，以测知体内体外一切变化的情况。切脉又称诊脉或脉诊，是医者用手指按其腕后桡动脉搏动处（分为寸、关、尺三部），借以体察脉象变化，辨别脏腑功能盛衰，气血津精虚滞的一种方法。脉诊是中医诊断的特色方法，也是中医诊断学的精华之一。

（2）八纲：八纲，即阴阳、表里、寒热、虚实。四诊所获得的一切资料，须用八纲来加以归纳分析。寒热是疾病的属性，表里是分辨疾病病位与病势的浅深，虚实是分别邪正的盛衰，阴阳是区分疾病类别的总纲。它从总的方面，亦即最根本的方面分辨疾病属阴属阳，为治疗指明总的方向。

（3）辨证：辨证，是在望、闻、问、切四诊所得的基础上进行诊断的辨证思维。其思维的过程是在人体整体观念、人与天地相应观点和变动观点等理论指导下，把四诊所得的资料，在八纲初步分析的基础上，再作进一步的分析与综合，务期抓住疾病的本质，然后判断出其证候名称以及疾病名称，为论治提供可靠的依据。从四诊到八纲，再到辨证，是诊断疾病的一个逐步深化的过程。辨证，包括病因、气血津液、脏腑、经络、六经、卫气营血和三焦辨证。诸种辨证既各有其特点和适应范围，又有相互联系，并且它们均是在八纲辨证的基础上加以深化的。

第十二章 文 学

文学是指以语言文字为工具形象化地反映客观现实、表现作家心灵世界的艺术，包括诗歌、散文、小说、戏剧等。文学是文化的重要表现形式，以不同的形式（即体裁）表现内心情感和再现一定时期和一定地域的社会生活。作为学科门类理解的文学，包括中国文学、外国文学及新闻传播学。本章仅以中国文学作为讨论对象。

中国文学是中华民族的文学，它是以汉族文学为主干部分的各民族文学的共同体。中国文学有数千年的悠久历史，以特殊的内容、形式和风格构成了自己的特色，有自己的审美理想，有自己的起支配作用的思想文化传统和理论批判体系。它以优秀的历史、多样的形式、众多的中国作家、丰富的作品、独特的风格、鲜明的个性、诱人的魅力而成为世界文学宝库中光彩夺目的瑰宝。

第一节 中国文学的起源发展

一、中国文学的起源

文学是人文学科的学科分类之一，与哲学、宗教、法律、政治并驾于社会建筑上层。它起源于人类的思维活动。"文学"一词最早见于《论语·先进篇》，该节孔子按才能把学生分成四类：德行、言语、政事、文学，后世称为"孔门四科"。按北宋邢昺的疏注释为"文章博学"，意为通晓许多古今文献及学问。按此说法，广义来看文学可以解释为学问，或以此为基础发展出来的文化。如果按狭义的说法，文学可以被看成南朝刘宋文帝所定立的四学：儒学、玄学、史学、文学。在此之后，正史之中专载优秀文人行事的"文学传"也就是这个意思。但是，这种文学只是代表上流阶层的文学，并不包括像小说、戏曲等大众文学，或近代的主流文学。因此，当我们谈及"中国文学"的时候，我们要注意古人与近代学术上文学概念的差别。

最先出现的是口头文学，一般是与音乐联结为可以演唱的抒情诗歌。在我国最早形成书面文学的有《诗经》等。中国先秦时期将以文字写成的作品都统称为文学，魏晋以后才逐渐将文学作品单独列出。

另外，自古以来，中国文学包含了政治，许多的作品均以现实生活为主题，从政的人也写下不少文学作品。就像三国时代曹丕的名言："文章，经国之大业，不朽之盛事也。"所以，中国人都认为文学拥有左右国家发展的强大力量，文学与政治有着密切的关系。故此，自宋代以后，文学之所以多出自官僚之手也正是受到这个思想的影响，这也是中国文学的特别地方。

二、中国文学的发展

在很长一段时间，中国的文学与史学和神话并无明显的界限，最早的文学是对历史和神话的记录。但纯粹的文学早在周朝时就已出现，例如《诗经》《尚书》等。后来诗、赋、词、曲、小说等文学形式分别在汉、唐、宋、元、明、清达到高峰。中国文学分为古典文学、现代文学与当代文学。古典文学以唐宋诗词及四大名著为代表，现代文学以鲁迅小说为代表，当代文学则以具有独立思想的中国自由文学为标志。当然，由于文学分类的方法不同，其分类也非常繁多。在此，我们仅在古典文学、现代文学与当代文学的时代分期的框架下，简略叙述中国文学的发展历程。

（一）古典文学

1. 诗歌   诗歌是中国文学中产生最早的艺术形式之一，《诗经》是最早的一部诗歌总集，其中最早的诗篇产生于西周初年，最晚的产生于春秋中叶。随后，又兴起了一种新的诗体——楚辞，伟大的诗人屈原就是楚辞的杰出代表。《诗经》中的《国风》和以《离骚》为代表的楚辞，是中国古代诗歌的两个典范，以创作方法而言，《国风》和《离骚》分别开创了中国文学现实主义和浪漫主义的诗歌传统。汉魏六朝，出现了带有民间文学刚健清新风格的新诗体——乐府。强烈的现实感是乐府的重要标志。《陌上桑》《孔雀东南飞》《木兰诗》等，都是中国古代长篇叙事诗中的瑰宝。在乐府诗的发展过程中，五言、七言的句式日渐引人注目，到汉末出现了《古诗十九首》，五言诗这种诗体便基本成熟了。七言诗的产生要晚于五言诗，它的广泛流行，大约在晋宋之际。经过齐梁时期以沈约为代表的永明体诗歌在声律方面的充分准备，到唐代，近体诗进入鼎盛时期。在这个时期，古体诗和近体诗全面发展，出现了李白、杜甫、白居易等世界闻名的伟大诗人。

中国诗歌同音乐有非常密切的联系。两者关系的发展变化经历了以乐从诗、采诗入乐和倚声填词三个阶段。倚声填词是诗与乐各自经过长期的发展演变，在新的历史条件下重新形成的一种更为高级的形态组合。词，是一种音乐化的文学样式，起源于民间，盛唐以后，文人才士填词渐成风气。五代时，中国第一部文人词总集《花间集》问世。到宋代，词的现实内容和表现形式达到了完美统一的程度，成为可与唐诗并列的中国文学的另一座高峰，出现了苏轼、李清照等一大批杰出的词作家。南宋后期，词逐渐失去了和乐能力。而以胡乐结合北方民间的俚曲，配入通俗化语言而形成的新诗歌样式——散曲，又异军突起，风靡诗坛。散曲大量吸收民间方言俚语，具有浓厚的民间文学色彩，并且具有以往诗歌中少见的诙谐和幽默，给诗坛注入一股清新的空气。散曲在元代得到迅速发展，成为中国诗歌史上最兴盛的体裁之一。宋词、元曲兴起以后，传统诗歌仍在创作，宋、元、明、清各代都出现大量诗作，而且各具特色，但总的成就都没有超过唐代。

2. 散文   在中国传统的文学观念中，与诗词并列为文学正宗的是散文。中国文学史上第一部记叙文和议论文的集子是《尚书》。它是上古历史文件和部分追述古代事迹的著作的汇编，虽然文字佶屈聱牙，但已略能叙事，初具文学特质。战国时代，群雄争霸，战争频仍，士人纷纷献计献策，著书立说，形成百家争鸣的局面，散文得到迅速发展，其中主要是历史散文和诸子散文。历史散文以《左传》《国语》《战国策》为代表，诸子散文以《孟子》《庄子》《荀子》《韩非子》为代表。儒家和道家是中国思想史上的两大主要流派，所以《论语》《孟子》《老子》《庄子》在文学史上影响最大。这时期的散文，有感情激越、论辩性强、辞藻华美、结构严谨、多用寓言、善使比喻等特点。同时，这时期散文的基本形式也已经确定。汉代散文更讲究文采，对偶句增多，有辞赋化倾向。这时出现了司马迁的《史记》。这部巨著规模宏大又结构严谨，无论写景状物，还是刻画人物性格、抒情议论，都获得了极大成功。因此，《史记》不仅被视为史书杰作，而且纪传部分也是中国传记文学的典范。骈文兴盛之后，散文势微。直到唐代韩愈、柳宗元大力提倡古文，反对过于矫饰、渐趋空洞的骈文，散文才恢复了它的生机与地位。唐宋古文，直承秦汉传统，尤以游记散文清新隽逸，生动活泼。后世纯文学散文一直沿着这条轨道前进。明清小品文是纯文学散文的一种重要样式，它吸收唐代散文的精髓，融入魏晋南北朝笔记文的谐趣和隽永，具有独特的艺术魅力。

赋与骈文，是中国文学中介乎诗歌和散文之间的两种体裁。赋源于楚辞体，流行于两汉，有诗的韵脚，崇尚铺张扬厉。骈文则兴盛于魏晋南北朝时期，追求句式整齐，强调对仗工稳与音律和谐，但不要求押韵。

3. 小说和戏曲　在中国的传统文学观念中，小说常被当作街谈巷议之言；戏曲被认为是不能登大雅之堂的作品。因此，小说和戏曲起步较晚，直至元、明、清才发展起来，一些伟大的作家与作品相继出现，戏曲方面，如元代关汉卿的《窦娥冤》、王实甫的《西厢记》、明代汤显祖的《牡丹亭》、清代孔尚任的《桃花扇》等，都是不朽之作；小说《三国演义》《水浒传》《西游记》《聊斋志异》《儒林外史》等，也均为文学珍品。《红楼梦》更是纪念碑式作品，它把中国文学推向了新的高峰，并足以和世界许多知名的小说媲美。

中国古代文学虽然在不断发展着，但却表现出异常稳定和凝固化的特点，与西方文学相比，统一性和单一性相当明显。这种特点是和中国社会的历史进程紧密相关的。中国文学大部分在封建社会的小生产土壤中产生，几乎一直在中央集权的统一国家中，在重视文化思想、并对之严格控制的情况下发展。所以中国古代文学与外国文学的联系相对较少，大部分时间处于封闭的环境中，除了特殊的历史时期外，总的来说与宗教的关系相当疏淡。这就形成了中国古代文学凝重稳健的性格。19 世纪后半期至 20 世纪初，随着中国封建社会开始发生重大的变化，这种性格开始被打破。中国古代文学的正宗诗文，到清代中叶，大都由于因袭旧艺术形式、缺乏新思想内容而走向末路。鸦片战争以后，一部分知识分子开始认识到本民族经济文化上的弱点，文学上出现了龚自珍、黄遵宪等为代表的开明派；戊戌变法运动前后，资产阶级改良主义代表人物梁启超、黄遵宪等提出了诗界革命、文界革命、小说界革命的主张，要求"崇白话而废文言"，号召革命的政治小说也相继产生，例如李宝嘉的《官场现形记》、吴趼人的《二十年目睹之怪现状》、刘鹗的《老残游记》、曾朴的《孽海花》等，都是揭露当时社会黑暗的谴责小说。与此同时，出现了以柳亚子、秋瑾为代表的爱国诗人，他们救国图存的作品，形成了新的文学潮流。

（二）现代文学

我国古典文学和现代文学是以"五四"新文化运动作为分水岭的，现代文学是指从 1919~1949 年期间创作的文学作品。鲁迅是我国现代文学的奠基人，他和茅盾、郭沫若被称为我国现代文学三大巨匠。鲁迅创作的《狂人日记》《阿 Q 正传》《祝福》《药》等富有高度思想性、艺术性的小说及大量杂文，在中国文坛上产生了极其深远的影响。这时期的文学，已成为自觉、独立而又面向整个社会的艺术。它以改变文学语言为突破口（以白话代替文言），对文学的形式、表现手法、内容，进行了全面深刻的变革，产生了不同于传统文学的新诗歌、散文、小说和戏剧，还引进和创造了散文诗、报告文学、电影文学等新体裁，创作主体的个性、自我意识和描写对象社会化的深度和广度都得到了从未有过的强化。对于人的命运和人民、民族命运的关注，现代民主主义和社会主义思潮，成了新的文学主潮的思想基础。民族危机、知识分子的道路、农民的苦难、抗争与解放、武装斗争，是作品常见的题材。作家与读者有了更广泛而亲切的交流，而且也更广泛地吸取了世界文学新潮的营养。正是通过外来影响的民族化和文学传统的现代化，才创造出了新的民族文学，并成为现代世界文学的自觉成员。

（三）当代文学

中国当代文学是指从 1949 年至今这期间创作的文学作品。中华人民共和国建立后，中国文学一方面发扬了五四以后的新文学传统，一方面又表现出新的历史时期的时代特色。这期间的作品更广泛更深刻地与人民结合，积极表现中国人民在反帝反封建斗争中的革命精神，努力反映社会主义时期中国人民新的生活风貌，出现了一大批富有时代气息的优秀作品。但是，中国当代文学真正的辉煌是在经过"文化大革命"的文学停滞后，从 70 年代末期开始的中国文学新时期，大群新作家走上历史舞台，文学的现实主义传统得到恢复和发展，新的艺术形式和艺术方法获得多方面开拓，文学内容也获得很大程度的深化，中国文学进入了新的繁荣时期。在新中国建立之后，由于政治和历史的原因，台湾省文学及港、澳地区文学作为中国文学的一个重要组成部分，在另一轨道上相对独立地发展，也为丰富祖国的文学宝库做出了应有的贡献。

第二节　中国文学的多重含义

文学的含义颇多，为了能够更深入理解，下面做一简单论述。

一、泛指文章经籍

古今中外都曾把一切用文字书写的书籍文献统称为文学。《吕氏春秋·荡兵》云："今世之以偃兵疾说者，终身用兵而不自知悖，故说虽彊，谈虽辨，文学虽博，犹不见听。"唐·韩愈《上兵部李侍郎书》云："性本好文学，因困厄悲愁，无所告语，遂得究于经传史记百家之说。"这里"文学"均是泛指文章经籍。中国魏晋南北朝时期，曾将文学分为韵文和散文两大类，现代通常将其分为诗歌、散文、小说、戏剧、影视文学等体裁。在各种体裁中又有多种样式。

二、孔门四科（指德行、言语、政事、文学）之一

《论语·先进》曰："文学，子游、子夏。"邢昺疏："若文章博学，则有子游、子夏二人也。"文学亦指教贵族子弟的学科。《宋书·雷次宗传》曰："上留心艺术，使丹阳尹何尚之立玄学，太子率更令何承天立史学，司徒参军谢元立文学。"此处的文学，系指文章博学。

三、指辞章修养

元结《大唐中兴颂序》曰："非老于文学，其谁宜为？"

四、官名

汉代置于州郡及王国，或称"文学掾"，或称"文学史"，为后世教官的由来。汉武帝为选拔人才特设"贤良文学"科目，由各郡举荐人才上京考试，被举荐者便叫"贤良文学"。"贤良"是指品德端正、道德高尚的人；"文学"则指精通儒家经典的人。魏晋以后有"文学从事"之名。唐代于州县置"博士"，德宗时改称"文学"，太子及诸王以下亦置"文学"。明清废。

五、指儒家学说

《韩非子·六反》曰："学道立方，离法之民也，而世尊之曰文学之士。"《史记·李斯列传》曰："臣请诸有文学《诗》《书》百家语者，蠲除去之。"

六、特指有关狱讼的文书、文件

《史记·蒙恬列传》曰："恬尝书狱典文学。"司马贞索隐："谓恬尝学狱法，遂作狱官文学。"

七、文才、才学

《北史·魏收传》曰："收从叔季景有文学，历官著名，并在收前。"宋·王谠《唐语林·补遗三》曰："德裕虽丞相子，文学过人。"明·贾仲明《李素兰风月玉壶春》楔子曰："据此人文学，还在小官之上。"明·谢肇淛《五杂俎·事部四》曰："姚岘有文学，而好滑稽，遇机即发。"

八、儒生，亦泛指有学问的人

南朝梁刘勰《文心雕龙·时序》曰："自献帝播迁，文学蓬转。"《明史·隐逸传序》曰："明太祖兴礼儒士，聘文学，搜求岩穴。"鲁迅《汉文学史纲要》第五篇曰："始皇既壮，绌不韦；又渐并兼列国，虽亦召文学，置博士，而终则焚烧《诗》《书》，杀诸生甚众。"

九、以语言塑造形象来反映现实的艺术

鲁迅《二心集"硬译"与"文学的阶级性"》曰："文学不借人，也无以表示'性'，一用人，而且还在阶级社会里，即断不能免掉所属的阶级性。"郭沫若《谈文学翻译工作》曰："文学是现实生活的反映。"可见，文学是艺术的一个门类，属社会意识形态。我国在先秦时，含文学（文章经籍、文书和文件）与博学（孔门四科、辞章修养、官名、儒家学说、儒生、才学）二义，从上面的释义中也能看出。现代专指以语言塑造形象反映社会生活，并作用于社会生活的一种艺术形式。中国一般将其分为诗歌、散文、小说、戏剧文学等四类。

第三节 中国文学的基本特征

中国文学运动由于自己的语言特点以及受到中国哲学、伦理的影响，具有一些独有的特征。

一、独特的语言文字

汉语言文字是世界上历史最悠久、最古老的语言文字之一。汉语言文字对中国文学的形成和建设起着巨大的作用。其一，产生具体意象。由于汉字具有表意性特征，其自身排列有时就会引起某种具体的意象。例如赋和骈文，就大量运用同形旁的字。中国文字的象征表意特征造成了一种独特的审美效果。其二，汉字一般为单文独义、一字一音，这就使中国诗歌的音节变化有了一整套独特的、严谨的格律，并且在外观上构成整齐对称的形式美。其三，汉语有四个声调，诗人们利用汉语言的这种特性，写诗时注意字声安排，于是近体诗（律诗、绝句）、词、散曲等诗歌体应运而生，并统领诗坛达千年之久。诗歌充分利用四声变化，造成了节奏鲜明、抑扬顿挫的艺术效果。其四，文言文作为特殊的书面语言，可与日常用语长期分离而保持官方语言的地位，这就发生了文学在文言和白话两个不同的轨道上运行、内容与形式皆有巨大差异的现象。

二、文学自身的特点

中国文学，除了因为汉文字语言具有自己的特征以外，还具有它自己的独特文学观念体系。这种观念体系受中国传统的思想体系所支配，其思想渊源在于孔子创立的儒家学派。以孔、孟为代表的儒家思想主要在以下几个方面影响中国的民族性格和文化思想。其一，是以"修身、齐家、治国、平天下"（《礼记·大学》）为核心的入世思想；其二，是以"仁、义、礼、智、信"为标准的道德观念；其三，是以"天、地、君、亲、师"为次序的伦理观念；其四，是以"允执其中"（《论语》）为规范的中庸哲学。在这种思想的支配下，诗文以教化为功用的中国文学在内容上偏重于政治主题和伦理道德主题。将文学视为政治的附庸和说教的倾向一直被认为是无可非议。君臣的遇合、民生的苦乐、宦海的浮沉、战争的胜败、国家的兴亡、人生的聚散、纲常的序乱、伦理的向背等，一直是中国文学的主旋律，无论是诗歌、散文、小说还是戏曲，概莫能外。儒

家的入世哲学和教化观念，给中国文学带来了政治热情、进取精神和社会使命感，但同时也抑制了自我情欲的释放、自由个性的迸发和自我意识的开掘，尤其是"存天理、灭人欲"的宋明理学观念，使文学蒙上了理性主义的烟霭。中国文学讲求中和之美，"乐而不淫，哀而不伤"，一般不把情感表达得过分热烈。中国旧体诗大都感情节制，思想含蓄，言有尽而意无穷，同样表现出浓厚的理性主义色彩。其实，这也是对"中庸"美学的追求。

三、儒道释合流的思想特征

在中国思想史上，儒、道两家的思想体系是互为补充的，儒、道、释三家也常常合流。儒家、道家、佛教思想有相异和对立的一面，又分别给予中国文学不同侧面的影响。所谓"达则兼善天下，穷则独善其身"的思想，儒家继承的是兼善精神；道家则本着"无为"之旨，发展了独善思想。在中国文人身上，积极入世和消极避世思想往往交织在一起，彼此消长。在文学作品中，这种现象有着鲜明的表现。如果说"兼善天下"与"独善其身"是古代士大夫互补的人生趋向，那么，慷慨悲歌与愤世嫉俗，则成为古代知识分子常有的心理状态和艺术意念。虽然儒家思想对中国文学总体风格的影响占着主导方面，但老庄哲学对中国文学艺术的影响也是巨大的。其一，"大音希声，大象无形"的观点揭示了艺术中虚和实、无和有的辩证法，对于形成中国文学含蓄精练的艺术表现形态上的特点有异常重要的作用。中国文学极强调以虚写实、以静写动的表现方法。中国文人不喜欢纤毫毕现地直接描述，而把艺术感觉、艺术想象的空间留给读者自己去品味、揣摩和思寻，追求那些不可言传的大音、大象——美的极致，创造出无声胜有声的艺术境界。其二，"大制不割""道法自然"。"不割"即强调一种自然的完整性，强调自然的纯朴、素朴、浑朴。然而，至高无上的、形而上的道，要求"法"形而下的自然，这里强调的是一种自然的美。因而，中国文学艺术家向来把刻苦的技巧训练与不露刀斧凿痕的无技巧境界结合起来，"看似寻常最奇崛，成如容易却艰辛"，这是大多数中国作家毕生孜孜以求的艺术境界的写照，也是他们艺术道路的真实反映。由于上述两方面的影响，使中国文学形成了委婉曲折、含蓄深沉的思想特征。

第四节 中国文学的四大体裁

中国文学有数千年悠久的历史，以特殊的内容、形式和风格构成了自己的特色，有自己的审美理想，有自己起支配作用的思想文化传统和理论批判体系。它以优秀的历史、多样的形式、众多的作家、丰富的作品、独特的风格、鲜明的个性、诱人的魅力而成为世界文学宝库中光彩夺目的瑰宝。诗歌、散文、小说、戏剧被称为中国文学的四大体裁。

一、诗歌

中国最早出现的一种文学体裁，源于原始人的劳动呼声，是一种有声韵、有歌咏的文学。古诗多四言，如《诗经》，东汉魏晋以后多五言、七言。唐代有古体和近体之分，"五四"有了新诗。中国古代将合乐的诗歌称为歌，将不合乐的诗歌称为诗。无论合乐与否，都具有很强的音乐美。诗歌按时代分为古体诗、近体诗和新诗；按表达方式分为叙事诗和抒情诗；按内容分为田园诗、山水诗、科学诗和咏物诗四类。

1. 古体诗　古体诗又称"古诗""古风"，指唐以前（主要是汉魏）的诗歌和模仿唐以前的诗歌而创作的作品。它由民歌发展而来，不求对仗、平仄，用韵自由。中唐的白居易、元稹用乐府的形式创作的新乐府，属于古体诗的范围。

2. 近体诗　近体诗是与古体诗相对的一种诗歌样式，又称"今体诗""格律诗"，句数、字数、平仄、用韵都有严格的规定。近体诗分律诗和绝句两类。律诗，近体诗的一种体式，分五律和七律；它在音韵、平仄、句式、对仗上都有一定规格和要求；全诗八句，分为首联、颔联、颈联和尾联。绝句，近体诗的一种体式，分五绝和七绝，四句一首，一般认为是"截律诗之半"而成。

3. 新诗　又称"现代诗"，指中国五四运动以来产生的新体诗歌。它在形式上打破了旧体诗歌格律的限制，采用了较为自由的形式和接近口语的白话，便于反映社会生活和表达思想感情。新诗要求做到精练、押韵，大体整齐。

附：赋

《汉典》将赋解释为："中国古代文体，盛行于汉魏六朝，是韵文和散文的综合体，通常用来写景叙事，也有以较短篇幅抒情说理的。"可见，赋是一种文学的表现手法，它为《诗经》"六义"之一，在汉代形成一种特定的体制。赋是一种介于诗和散文之间的讲究铺陈，重视辞藻、对偶、押韵的文体。以铺叙事物为主的是"大赋"，以抒情为主的叫"小赋"，接近于散文的称"文赋"。它有别于今天的散文标题的"赋"，已不是铺陈的字眼，而是"赞""颂"意。古人"辞""赋"合称，是因两者都体裁灵活，篇幅长短不限，句子以四六言为主，且允许有错落参差；从风格上看，都讲究文采，多用铺张手法。两者的区别是："辞"在句中或结尾多用"兮"以调节音节，而"赋"则较多地甚至整篇使用散文句式。

词

古代适合合乐歌唱而产生的一种新诗体（即"倚声填词"），又叫"曲子词""长短句""乐府"等。每首词都有一个表示音乐的曲调名（曲牌），它规定了可供演唱的词的音乐，也规定了作为歌词的"词"的字数、句数、韵数、韵位等。大部分都分为片（段），"片"也叫"遍"或"阕"，是音乐唱完一遍的意思。按照词的长短，分为小令、中调、长调（慢词）。词远在南朝梁代时已有雏形，晚唐定型，盛于宋朝。词牌有1000余种。

二、散文

古代，凡不押韵，不重排偶的散体文章，包括经传史书在内，概称散文。现代散文是指与诗歌、小说、戏剧并称的文学体裁。散文的特点是取材广泛，"形散神聚"；形式自由，写法灵活；语言不受韵律限制，表达含蓄，意味深长。按内容的差异和表达方式的不同，可分为：记叙散文——以记人、叙事、状物、写景为主的散文；抒情散文——通过对人物、事件或景物的记叙描写，达到托物咏志、寓情于物的目的，常用象征手法表达作者含蓄的情感，引导人们去追思和联想；议论散文——说理往往借助于事例的简述、形象的描绘和感情的抒发来进行，不需要逻辑推理和严密的论证。

古文系指以文言所写的散体文，别于骈文而言。唐韩愈反对魏晋以来骈俪的文风，提倡先秦汉代所普遍使用的散体文，并称散体文为古文，后用为散文的专称。

附：骈文

骈文是以双句（即俪偶句、偶句）为主，讲究对仗和声律，与散文相对的一种韵文。骈文又称骈体文、骈俪文或骈偶文。骈文的最大特点是，全文由对偶句组成，构成字数相等的上下联，句法结构对称，词性、词义相互合对。而偶句通常用四字和六字组成，互相交替（四六文），如"腾蛟起凤，孟学士之词宗；紫电青霜，王将军之武库"。骈文起于汉末，形成于魏晋，盛行于南北朝。唐初仍沿袭骈文，到韩愈、柳宗元之时，这种文体开始衰落。和韩、柳倡导的古文相比，古文讲"气势"，骈文讲"气韵"；古文讲通畅，骈文讲含蓄；古文讲古朴，骈文讲典丽。

三、小说

小说是一种通过人物、情节和环境的具体描写来反映现实生活的文学体裁。"小说"一词最早记载于《庄子·外物》："饰小说以干县（通"悬"）令（美），其于大达亦远矣。"中国小说渊源于古代神话传说，经历了六朝志怪、唐代传奇、宋元话本、明清章回小说和"五四"现代小说的发展过程。到近、现代，小说作为文学的一大样式，在话本小说、章回小说的基础上，并借鉴外国小说，得到了长足地发展。它通过完整的故事情节和具体环境的描写，塑造多种多样的人物形象，广泛地反映社会生活。按其篇幅长短及内容广狭，分为长篇小说、中篇小说、短篇小说和小小说等。

志怪小说：指中国汉魏六朝的谈鬼神怪异的一种旧小说。起源于古代神话和传说，如《搜神记》。

轶事小说：用于记叙魏晋以来崇尚清谈的知识分子的狂放传闻和轶事的小说。

传奇小说：是一种情节多奇、神异的古典小说。一般指唐、宋人创作的文言短篇小说。

话本小说：指宋元说话（唐、宋时代民间艺人讲说故事的专称，相当于近世的说书）艺人所用的底本。用通俗的语言把小说、讲史的内容记录下来自己作为备忘或传授别人，后成为小说的一种样式。它标志着中国古典小说的成熟。

拟话本小说：是明代兴起的短篇小说的一种创作形式，它是由文人模拟宋元话本而创作的。它与话本的共同点是都是白话小说；其不同点是拟话本不再是说话艺人说唱的底本而是专供人们阅读欣赏的文学作品。它标志着宋元以来的讲唱文学，已逐渐脱离了口头创作阶段进而发展成为作家的书面文学。

章回小说：中国古代长篇小说的一种样式，是在讲史、话本的基础上发展起来的一种分章叙事的小说。特点是概括故事情节的发展和矛盾冲突的段落，划分为若干回，并多用对偶句式作回目，揭示本回内容。每回开头常有诗词；最先一段重提上回内容，以便衔接本回内容；每回结尾，多在情节高潮时戛然而止留下悬念。

谴责小说：以揭露社会弊病，并对封建官场和社会的种种病态进行鞭笞与谴责的一类小说的总称，产生于辛亥革命前后。

演义小说：旧体长篇小说的一种。概括史书、传说，用近代口语铺叙成文。由宋代的讲史话本发展而来，元末明初出现这个名称。"讲史"原是宋代说话四家之一，以说讲历史故事为其特点。其篇幅较长，或取材正史而做不同程度的虚构，或取材野史传说。故事内容侧重于朝代兴亡和政治军事斗争。

附：散曲

散曲，汉族文学体裁之一。元代兴起的一种新形式的韵文，称为"乐府"或"今乐府"。散曲是配合当时北方流行的音乐曲调撰写的合乐歌词，是一种起源于民间的汉族音乐文学，是当时一种雅俗共赏的新体诗。有小令和套数两种基本形式。散曲之名最早见之于文献，是明初朱有敦的《诚斋乐府》，不过该书所说的散曲专指小令，尚不包括套数。明代中叶以后，散曲的范围逐渐扩大，把套数也包括了进来。小令是一支单调的曲，简短精练，在格律上不像词那样严格，常用以抒情写景，如元·马致远的《天净沙·秋思》。套数是由两支以上的曲子按照一定的规则连缀起来的组曲，又叫"散套""套曲"。全套必须属于同一宫调。套数可用于叙述较完整的情节、事迹或夹议论，如元·睢景臣的《般涉调·哨遍·高祖还乡》。

四、戏剧

戏剧，指以语言、动作、舞蹈、音乐、木偶等形式达到叙事目的的舞台表演艺术的总称。旧时专指戏曲，后用为戏曲、话剧、歌剧、舞剧等的总称。戏剧的基本要素是矛盾冲突。戏剧的语言包括对白、独白和舞台说明。按情节可分为悲剧、喜剧、正剧等；按题材可分为历史剧、现代剧、童话剧等；按结构分为独幕剧、多幕剧。

中国戏剧（汉族传统戏剧），经过长期的发展演变，逐步形成了以"京剧、越剧、黄梅戏、评剧、豫剧"中国五大戏曲剧种为核心的中华戏曲百花苑。话剧、歌剧则是20世纪引进的西方戏剧形式。舞剧作为舞蹈、戏剧、音乐相结合的表演形式，在我国历史上源远流长。具有戏剧因素的乐舞却可以追溯到前11世纪左右的西周时期（前1066—前771）。著名的《大舞》（中国第一部大型情节性的歌舞）就是综合了舞、乐、诗等艺术形式，表现武王灭商这样一个历史事件情节的大型歌舞。此后，又出现了《九歌》（著名的爱国诗人屈原所作的祭神乐歌），具有更强烈的舞剧因素，但是，这些都不是我们今天所说的严格意义上的舞剧。中国舞剧是到20世纪30年代引用、借鉴西方歌剧后，才逐步发展起来的。因此，中国舞剧从某种意义上说也是"外来艺术"的引进。中国古典戏剧是汉族文化的一个重要组成部分，堪称国粹，她以富于艺术魅力的表演形式，为历代人民群众所喜闻乐见。而且，在世界剧坛上也占有独特的位置，与古希腊悲喜剧、印度梵剧并称为世界三大古剧。

我们在第十二章中专门论述戏曲，尽管戏曲在现在仅是戏剧的一个组成部分，但是在古代久远的历史长河中，戏剧就是专指戏曲的。可见，现在谈论的戏曲，也就是谈论历史上的戏剧。所以，本章对于戏剧也就不复赘言。

第十三章 戏 曲

戏曲（中国传统戏剧）即中国戏曲。中国戏曲主要是由民间歌舞、说唱和滑稽戏三种不同艺术形式综合而成。它起源于原始歌舞，是一种历史悠久的综合舞台艺术样式。经过汉、唐到宋、金才形成比较完整的戏曲艺术，它由文学、音乐、舞蹈、美术、武术、杂技以及表演艺术综合而成。它的特点是将众多艺术形式以一种标准聚合在一起，在共同具有的性质中体现其各自的个性。虽说它的渊源来自民间歌舞、说唱、滑稽戏三种不同艺术形式，但区别一个剧种所显示的最大的特色，首先仍表现在它来自不同声腔系统的音乐唱腔。这些音乐唱腔则是以所产生地区的语言、民歌、民间音乐为依据，并兼收其他地区音乐而产生的。各个剧种的剧中人物大部分由生、旦、净、末、丑等不同的角色行当充任。表演上着重运用以生活为基础提炼而成的程式性动作和虚拟性的空间处理。讲究唱、念、做、打等艺术，构成完整的而有区别其他戏剧的戏曲艺术体系。中国的戏曲与希腊悲剧和喜剧、印度梵剧并称为世界三大古老的戏剧文化，经过长期的发展演变，逐步形成了以"京剧、越剧、黄梅戏、评剧、豫剧"五大戏曲剧种为核心的中华戏曲百花苑。

中国戏曲剧种种类繁多，据不完全统计，中国各民族地区的戏曲剧种有360多种，传统剧目数以万计。除五大戏曲剧种外，其他比较著名的戏曲种类有昆曲、粤剧、淮剧、川剧、秦腔、晋剧、汉剧、河北梆子、河南坠子、湘剧、吕剧、湖南花鼓戏等。

第一节 戏曲的含义

中国古代戏剧因以"戏"和"曲"为主要因素，所以称作"戏曲"。历史上最先使用戏曲这个名词的是宋朝刘埙（1240—1319），他在《词人吴用章传》中提出"永嘉戏曲"，他所说的"永嘉戏曲"，就是后人所说的"南戏""戏文""永嘉杂剧"。中国戏曲主要包括宋元南戏、元明杂剧、传奇和明清传奇，也包括近代的京戏和其他地方戏的传统剧目。从近代王国维开始，才把"戏曲"用来作为中国传统戏剧文化的通称。

戏曲，是文学、音乐、舞蹈、美术、武术、杂技以及人物扮演等多种艺术的综合。戏剧，指以语言、动作、舞蹈、音乐、木偶等形式达到叙事目的的舞台表演艺术的总称。戏剧和戏曲都是我国传统的舞台表演艺术形式，从概念上二者没有什么明显区别。在我国历史上（20世纪30年代以前），戏剧和戏曲是互指统称。到了近代才把二者区分开来，戏曲成了戏剧之中的一个门类，也就是说戏剧概念范围扩大了，包含了戏曲、话剧、歌剧、舞剧、木偶剧（戏）等舞台艺术种类。

下面再对杂剧、南戏等名词的含义作一梳理，以期帮助大家加深对戏曲含义的理解。

杂剧，戏曲名词。中国戏曲史上有多种以杂剧为名的表演形式。晚唐已见"杂剧"之名，其特点不详。其后有宋杂剧、元杂剧、温州杂剧、南杂剧等。宋代的杂剧是一种以滑稽调笑为特点的表演。到元代发展成戏曲，所以杂剧通常指的是元杂剧。元杂剧每本以四折为主，有时另加楔子，每折用同宫调同韵的北曲套数和宾白（说白）组成。

南戏，即南曲戏文。宋元时用南曲演唱的戏曲形式。和北方的杂剧、院本相对称。由宋杂剧、唱赚、宋词以及里巷歌谣等综合发展而成。一般认为是中国戏曲最早的成熟形式。元代虽不如杂剧盛行，但在南方民间仍广泛流传。明成化、弘治以后，南戏进一步发展演变为传奇。南戏对明、清两代的戏曲影响颇大。

戏文，狭义系指南戏，南宋时流行在南方的戏曲。广义则泛指戏曲。

传奇，指明清以唱南曲为主的长篇戏曲，以别于北杂剧，是宋元南戏的进一步发展。盛行于明嘉靖到清乾隆年间。昆腔、弋阳腔、青阳腔等剧种，都以演唱传奇剧本为主。著名作品有《浣纱记》《牡丹亭》《清忠谱》《长生殿》《桃花扇》等。

院本，金元时，行院（妓院）演唱用的戏曲脚本。体制与宋杂剧相同，是北方的宋杂剧向元杂剧过渡的形式。演时仅用 5 人，又称"五花爨弄"。作品都已失传，仅《辍耕录》载有院本名目七百余种。明清时期，院本也泛指杂剧、传奇。

第二节　戏曲的起源

目前，关于戏剧起源的假说有多种，比较主流的有二：一为原始宗教的巫术仪式，比如上古文字中，"巫""舞""武"三字同源，可能是对一种乞求战斗胜利的巫术活动的合称，即戏剧的原始形态；另一为劳动或庆祝丰收时的即兴歌舞表演。

一、歌舞说

在原始社会，氏族聚居的村落产生原始歌舞，并随着氏族的逐渐壮大，歌舞也逐渐发展与提高。如在许多古老的农村，还保持着源远流长的歌舞传统，如"傩戏"。同时，一些新的歌舞如"社火""秧歌"等，为适应人们的精神需求而诞生。正是这些歌舞演出，造就出一批又一批技艺娴熟的民间艺人，并向着戏曲的方向一点点迈进。《诗经》里的"颂"，《楚辞》里的"九歌"，就是祭神时歌舞的唱词。

1. 宫廷乐舞说　清代纳兰性德《渌水亭杂识》云："梁时大云之乐，作一老翁演述西域神仙变化之事，优伶实始于此。"刘始培在《原戏》中根据古代乐舞多有装扮人物之事实，认为"戏曲者，导源于古代乐舞者也……则固与后世戏曲相近者也"。常任侠在《中国原始的音乐舞蹈与戏剧》中，较为系统地考察了原始音乐舞蹈的戏剧因素后认为"原始社会中的简单的音乐舞蹈，便是后来做成完美戏剧的前驱"。周贻白的《中国戏剧史长编》将中国戏剧的最早源头溯至"周秦的乐舞"。

2. 上古歌舞说　张庚、郭汉城主编《中国戏曲通史》认为："中国戏曲的起源可以上溯到原始时代的歌舞。"我们知道一切艺术起源于劳动，中国的歌舞也不例外。《书经·舜典》上说："予击石拊石，百兽率舞。"这种用石相击或用手击石来打出节奏，人披兽皮而"舞"的场景，可见是很原始的。到后来才有了鼓，所谓"鼓之舞之"，这就进一步了。这种舞可能是出去打猎以前的一种原始宗教仪式，也可能是打猎回来之后的一种庆祝仪式，《吕氏春秋·古乐》中说："帝尧立，乃命质为乐。质乃效山林溪谷之音以歌，乃以麋鞈置缶而鼓之，乃拊石击石，以像上帝玉磬之音，以致舞百兽。"这是战国时代关于古代乐舞的一种传说。

原始的舞蹈是一面跳一面欢呼歌唱。《吕氏春秋·古乐》中还说："昔葛天氏之乐，三人操牛尾，投足而歌八阕。"略可想见当时的情形。在原始社会，歌舞不止狩猎舞一种，还有战争舞，它的性质和狩猎舞差不多。进入农耕时代，又产生了一系列有关农事的祭典，如"蜡（年终时的祭祀）"如"雩"（天旱求雨的祭祀）。这种风气一直遗留到春秋时代。

3. 西域歌舞说 陈村、霍旭初《论西域歌舞戏》中指出：汉唐间，随东西方交通之开拓、经济文化交流之频繁，西域文化艺术的一支——歌舞戏，逐步传入中原，成为中国戏剧的重要源流之一。无论汉代的百戏，唐代的乐舞，西域成分都占相当比重，尤其在唐代，戏剧的因素渗入乐舞之中，西域歌舞戏与中原传统戏剧的融合，不仅出现了唐代兴盛的歌舞戏品种，并对后世的戏剧有十分深远的影响，中国学者任半塘先生指出：唐代歌舞戏"纵面承接汉晋南北朝之渊源，横面采纳西域歌舞戏之情调"。许地山先生也有六朝时候西域诸如龟兹、康居等及伊斯兰或印度乐舞的东来，有"杂戏"也进入中土的见解。

二、巫觋说

中国周代盛行的蜡祭，是祭祀仪式中颇具戏剧性的一种。此说较早见于宋人苏轼《东坡林志》卷二曰："八蜡，三代之戏礼也。岁终聚戏，此人情之所不免也。因附以礼仪，亦曰不徒戏而已。祭必有尸，无尸曰'奠'……今蜡谓之'祭'盖有尸也。猫、虎之尸，谁当为之？置鹿与女，谁当为之？非倡优而谁！葛带榛杖，以丧老物，黄冠草笠，以尊野服，皆戏之道也。"后来，杨慎、王国维、闻一多等也都持此观点。

"巫觋说"与"宗教仪式说"相类。较早系统论述中国戏剧起源于"宗教仪式"的是英国牛津大学教授龙彼得的《中国戏剧起源于宗教仪式考》一文，他认为："在中国，如同在世界任何地方，宗教仪式在任何时候，包括现代，都可能发展为戏剧，决定戏剧发展的各种因素，不必求诸遥远的过去，它们在今天还仍然还活跃着。"周育德在《中国戏曲与中国宗教》中认为：原始宗教开辟了戏曲的源头，先秦宗教孕育了戏曲的胚胎，秦汉宗教产生了戏曲的雏形，较为系统地论述了宗教在戏曲发生阶段的作用。

三、俳优说

张庚、郭汉城的《中国戏曲通史》指出，在西周末年，出现了有贵族豢养的专供他们声色之娱的职业艺人"优"。优，有时也称为"倡优"或"俳优"。"优"都是由男子充任的。据说，夏桀时代就有了倡优。刘向《古列女传·孽嬖传·夏桀末喜》中记载："桀……收倡优、侏儒、狎徒能为奇伟戏者，聚之于旁，造烂漫之乐。"关于优的记载，最初见于《国语·郑语》，史伯对郑桓公说周幽王"侏儒、戚施，实御在侧"。韦昭说："侏儒、戚施，皆优笑之人。"可见就是当时的俳优。春秋时代，优孟扮为孙叔敖，而与楚庄王相问答一事，向来被认为是中国戏剧的开端。宋人高承《事物纪原·俳优》引《列女传》说："夏桀既弃礼仪，求倡优侏儒，而为奇伟之戏。"清人焦循亦持此说："优之为伎也，善肖人之形容，动人之欢笑，与今无异耳。"王国维《宋元戏曲考》除认为"巫"为戏剧之源头之外，还认为"巫以乐神，优以乐人；巫以歌舞为主，优以调谑为主；巫以女为之，而优以男为之。至若优孟之为孙叔敖衣冠，而楚王欲以为相；优施一舞，而孔子谓其笑君，则于言语之外，其调戏亦以动作行之，与后世之优，颇复相类。"由此推出"后世之戏剧，当自巫、优二者出"的结论。"春秋战国之俳优，如晋之优施，楚之优孟，既为戏剧之滥觞。顾以歌舞及戏谑为事，尚未演历史故事。自汉以后，始间演之。降及南北朝，遂合歌舞以演一事，但以事实至简，仅具戏剧轮廓，谓之为戏，不如谓之为舞也。"（黄现璠《唐代社会概略》）

上面仅仅列举分析了中国戏曲起源的几种说法，至于哪是真正的源头，不好定论，但可以肯定的是，中国戏曲的起源应该是多种因素、长时间互相影响的结果。

第三节　戏曲的发展史

中国戏曲的形成过程相当漫长，到了宋元之际才得成形。成熟的戏曲要从元杂剧算起，经过历明清两代的不断发展而进入现代，历800多年繁盛不败。中国戏曲在其漫长的发展过程中，曾先后出现了宋元南戏、元代杂剧、明清传奇、清代地方戏及近、现代戏曲等几种基本形式。

一、先秦—戏曲的萌芽期

中国戏曲历史源远流长，可以追溯到先秦时期。如《诗经》里的"颂"，《楚辞》里的"九歌"，就是祭神时歌舞的唱词。从春秋战国到汉代，在祭神的歌舞中逐渐演变出娱人的歌舞。从汉魏到唐朝中期，又先后出现了以竞技为主的"角抵"（即百戏）、以问答方式表演的"参军戏"和扮演生活小故事的歌舞"踏摇娘"等，这些都是萌芽状态的戏剧。

二、唐代—戏曲的形成期

唐朝中期以后，我国戏剧得到了快速发展，戏剧艺术逐渐形成。唐代经济高度发展，促进了文学艺术的繁荣，也促成了戏曲艺术的自立门户；同时，文学艺术给予戏曲艺术丰富的营养，特别是诗歌的声律和叙事诗的成熟，更是给了戏曲决定性的影响；音乐舞蹈的昌盛，为戏曲提供了最雄厚的表演、唱腔的基础。当时，教坊梨园的专业性化、正规化训练，提高了艺人们的艺术水平，使歌舞戏剧化历程加快，产生了一批用歌舞演故事的戏曲剧目。

三、宋金—戏曲的发展期

南戏是南曲戏文的简称，它是在宋代杂剧的基础上，与南方地区曲调结合而发展起来的一种新兴的戏剧形式。宋元南戏大约产生在北宋末年和南宋初年，在浙江的温州以及福建的泉州、福州一带的中国南方地区兴起。南戏是中国较早成熟的戏曲形式，它融歌唱、舞蹈、念白、科范于一炉，表演一个完整的故事。由于故事情节比较曲折，剧本一般都是长篇，数倍于北曲杂剧。它用南方曲调，韵律、宫调均无严格规定，其唱法富于变化，有独唱、对唱、轮唱、合唱等，乐器以鼓板为主。由于南曲声腔与北曲不同，因而二者风格迥异。

宋代的"杂剧"，金代的"院本"和讲唱形式的"诸宫调"，从乐曲、结构到内容，都为元代杂剧打下了基础。

四、元代—戏曲的成熟期

元代杂剧也叫北曲杂剧，元杂剧最早产生于金朝末年河北真定、山西平阳一带，盛行于元代，成为一种新型的戏剧。它具备了戏剧的基本特点，标志着我国戏剧进入成熟的阶段。12 世纪中期到 13 世纪初，逐渐产生了职业艺术和商业性的演出团体及反映市民生活和观点的元杂剧和金院本，如关汉卿创作的《窦娥冤》、马致远的《汉宫秋》以及《赵氏孤儿大报仇》等作品。这个时期是戏曲舞台的繁荣时期。元杂剧不仅是一种成熟的高级戏剧形态，还因其富于时代特色，具有艺术独创性，而被视为一代文学的主流。元杂剧最初以大都（今北京）为中心，流行于北方，元灭南宋后，发展成为全国性的剧种。元杂剧的剧本体制，绝大多数是由"四折一楔"构成。四折，是四个情节的段落，像做文章讲究起承转合一样。楔子的篇幅短小，通常放在第一折之前，这有点类似于后来的"序幕"。元杂剧在艺术上是以歌唱为主、结合说白表演的方式，将音乐结构与戏剧结构统一起来，达到体制上的规整，这表明元杂剧的艺术成熟和完善。元杂剧是中国戏曲的第一个黄金时代。

五、明清—戏曲的繁荣期

戏曲到了明代，传奇发展起来。明代传奇的前身是宋元时代的南戏。南戏在体制上与北杂剧不同，它不受四折的限制，也不受一人唱到底的限制，有开场白的交代情节，多是大团圆的结局，风格上大都比较缠绵，不像北杂剧那样慷慨激昂，在形式上比较自由，更便于表现生活。可惜早期南戏的本子保留下来的极少，直到元末明初，南戏才开始兴盛，经过文人的加工和提高，这种本来不够严整的短小戏曲，终于变成相当完整的长篇剧作。例如高明的《琵琶记》就是一部由南戏向传奇过渡的作品，这部作品的题材，来源于民间传说，比较完整地表现了一个故事，并且有一定的戏剧性，曾被誉为"南戏中兴之祖"。

明代中叶，传奇作家和剧本大量涌现，其中成就最大的是汤显祖。他一生写了许多传奇剧本，《牡丹亭》是他的代表作。明后期的舞台，开始流行折子戏。折子戏，是指从全本的传奇剧目中摘选出来的一折或一出，但是在这些片断里，场面精彩，唱做俱佳。

明清传奇包括众多的地方声腔。其中流传最广、影响最深远的是昆山腔和弋阳腔。昆山腔经过嘉靖时期的魏良辅（生卒年不详）的改革，创立了委婉细腻、流利悠远的"水磨调"，讲究字清、板正、腔纯，将弦索、箫管、鼓板三类乐器合在一起，建立了规模完整的乐队伴奏。产生在江西的弋阳腔则主要流行于民间，由江湖戏班演出，每流传到一地，即结合当地的语言和民间音乐，衍变为地方化的声腔。弋阳腔不用管弦伴奏，仅以锣鼓为节奏，一唱众和，采用徒歌（即清唱）、帮腔的形式，通俗性、民间性和注重演出效果是它的特色。

由于明代的传奇这种戏剧样式一直延续至清代，故被人习惯地称作明清传奇。

明末清初的地方戏，主要有北方梆子和南方的皮黄。清康熙末年，各地的地方戏蓬勃兴起，被称为花部（指清乾隆年间流行的除昆曲以外的地方戏曲剧种），进入乾隆时期开始与称为雅部的昆剧争胜。至乾隆末年，花部压倒雅部，占据了舞台统治地位，直至道光末年。京剧是在清代地方戏高度繁荣的基础上产生的。在同治、光绪年间，出现了名列"同光十三绝"的第一代京剧表演艺术家及不同流派的宗师，标志着京剧艺术的成熟与兴盛。不久京剧向全国发展，特别是在上海、天津，京剧成为具有广泛影响的剧种，并将中国的戏曲艺术推进到一个新的高度。

六、近代—戏曲的革新期

辛亥革命前后，一批有造诣的戏曲艺术家从事戏曲艺术改良活动，著名的有汪笑侬、潘月樵、夏月珊等，他们为以后的戏曲改良积累了宝贵的经验。从1919年"五四运动"到中华人民共和国成立，这段时期内，一些有志之士对戏曲进行了改革：梅兰芳在"五四"前夕演出了《邓粗姑》《一缕麻》等宣传民主思想的时装新戏，周信芳、程砚秋等也创作了不少的作品，袁雪芬则高举越剧改革之大旗，主演鲁迅名著《祥林嫂》，在中国戏曲中率先形成了融合编、导、舞、音、美为一体的综合艺术机制。

七、现代—戏曲的争辉期

新中国成立后，涌现了一批优秀剧目，如京剧《将相和》《白蛇传》，评剧《秦香莲》，越剧《梁山伯与祝英台》，昆剧《十五贯》等，著名历史学家吴晗还撰写了历史京剧《海瑞罢官》。以后，又陆续推出一系列优秀作品，如京剧《白毛女》《红灯记》《奇袭白虎团》，越剧《西厢记》，评剧《刘巧儿》，沪剧《芦荡火种》，豫剧《朝阳沟》等。粉碎"四人帮"后，解放了戏曲艺术队伍，为群众喜爱但被停演或遭到批判的大量传统剧，如京剧《谢瑶环》、莆仙剧《春草闯堂》、吕剧《姊妹易嫁》等也得以重新上演。

戏曲艺术发展到今天，经过不同的时代，不断适应新时代、新观众的需要，保持和发扬民族传统的艺术特色，戏曲界提出的"现代化"与"戏曲化"的问题，已成为新的历史时期需积极探讨和积极实践的问题。

第四节　戏曲的艺术特色

综合性、虚拟性、程式性，是中国戏曲的主要艺术特色。这些特色，凝聚着中国传统文化的美学思想精髓，构成了独特的戏剧观，使中国戏曲在世界戏曲文化的大舞台上闪耀着它独特的艺术光辉。

一、综合性

中国戏曲是一种高度综合的汉民族艺术。这种综合性不仅表现在它融汇各个艺术门类（诸如舞蹈、杂技等）而出以新意方面，而且还体现在它精湛的表演艺术上。各种不同的艺术因素与表演艺术紧密结合，通过演员的表演实现戏曲的全部功能。其中，唱、念、做、打在演员身上的有机构成，便是戏曲的综合性最集中、最突出的体现。唱，指唱腔技法，讲究"字正腔圆"；念，即念白，是朗诵技法，要求严格，所谓"千斤话白四两唱"；做，指做功，是身段和表情技法；打，指表演中的武打动作，是在中国传统武术基础上形成的舞蹈化武术技巧组合。这四种表演技法有时相互衔接，有时相互交叉，构成方式视剧情需要而定，但都统一为综合整体，体现出和谐之美，充满着音乐精神（节奏感）。中国戏曲是以唱、念、做、打的综合表演为中心的富有形式美的戏剧形式。

二、程式性

程式是戏曲反映生活的表现形式。它是指对生活动作的规范化、舞蹈化表演并被重复使用。程式直接或间接来源于生活，但它又是按照一定的规范对生活经过提炼、概括、美化而形成的。此中凝聚着古往今来艺术家们的心血，它又成为新一代演员进行艺术再创造的起点，因而戏曲表演艺术才得以代代相传，如戏曲表演中的关门、推窗、上马、登舟、上楼等，皆有固定的格式。除了表演程式外，戏曲从剧本形式、角色行当、音乐唱腔、化妆服装等各个方面，都有一定的程式。程式是一种美的典范。脸谱、蟒袍、帽翅、翎子、水袖、长胡子、厚底靴、兰花手以及奇奇怪怪的兵器、道具，也都是程式范围内的东西。它们都以动人的装饰美、色彩美、造型美、韵律美，有效地增强了演出的艺术吸引力，赢得中国观众的认可与喜爱。

三、虚拟性

舞台艺术不是单纯模仿生活，而是对生活原形进行选择、提炼、夸张和美化，把观众直接带入艺术的殿堂。虚拟是戏曲反映生活的基本手法。它是指以演员的表演，用一种变形的方式来比拟现实环境或对象，借以表现生活。中国戏曲的虚拟性首先表现为对舞台时间和空间处理的灵活性方面，所谓"三五步行遍天下，六七人百万雄兵""顷刻间千秋事业，方丈地万里江山""眨眼间数年光阴，寸炷香千秋万代"，这就突破了西方歌剧的"三一律"与"第四堵墙"的局限。其次是在具体的舞台气氛调度和演员对某些生活动作的模拟方面，诸如刮风下雨、船行马步、穿针引线等，更集中、更鲜明地体现出戏曲虚拟性特色。戏曲脸谱也是一种虚拟方式。中国戏曲的虚拟性，既是戏曲舞台简陋、舞美技术落后的局限性带来的结果，也是而且主要是追求神似、以形写神的民族传统美学思想积淀的产物。这是一种美的创造。它极大地解放了作家、舞台艺术家的创造力和观众的艺术想象力，从而使戏曲的审美价值获得了极大的提高。中国戏曲超越时空的形态，靠虚拟性的表现方法和连续性的上下场结构形式来表现。一个戏曲演员在没有任何布景、道具的情况下，凭借着他（她）描摹客观景物形象的细致动作，来使观众了解他（她）扮演的这个角色当时所处的周围环境。

中国戏曲表现生活的手法，运用了一种"取其意而弃其形"的方式，如中国画之写意山水，用纵横的笔势去体现生活中一切美好的事物。所以，戏曲舞台上才有了红脸的关羽，白脸的曹操；有了长歌当哭，长袖善舞；有了无花木之春色，无波涛之江河。这不但是中国戏曲的特色，更是其生命力之所在。

第五节　戏曲的表演行当

扮演剧中人物分角色行当，是中国戏曲特有的表演体制。行当从内容上说，它是戏曲人物艺术化、规范化的形象类型。从形式上看，又是有着性格色彩的表演程式的分类系统。这种表演体制是戏曲的程式性在人物形象创造上的集中反映。每个行当，都是一个形象系统，同时也是一个相应的表演程式系统。行当既有性格的内涵，又含有相应程式化的表现方式，是形象类型和程式的统一体。

中国戏曲中人物角色的行当分类，按传统习惯，有"生、旦、净、丑"和"生、旦、净、末、丑"两种分行方法。近代以来，由于不少剧种的"末"行已逐渐归入"生"行，通常把"生、旦、净、丑"作为行当的四种基本类型。每个行当又有若干分支，各有其基本固定的扮演人物和表演特色。其中，"旦"是女角色的统称；"生""净"两行是男角色；"丑"行中除有时兼扮丑旦和老旦外，大都是男角色。生、旦、净、丑各个行当都有各自的形象内涵和一套不同的程式和规制，每个行当都具有鲜明的造型表现力和形式美。

生，戏曲表演行当的主要类型之一，扮演男性人物。生的名目初见于宋元南戏，泛指剧中男主角。历代戏曲都有这一行当，近代各地戏曲剧种根据所扮演人物年龄、身份的不同，又划分为老生、小生、武生等分支，表演上各有特点。老生因多挂髯口（胡须），又名须生，扮演中年或老年男子，多为性格正直刚毅的正面人物，重唱功，用真声，念韵白，动作造型庄重、端方。小生与老生相对应，小生扮演青年男性，不戴胡须，高腔和地方小戏系统剧种多用真声演唱，昆曲和皮黄系统剧种多以假声为主、真假声结合。武生扮演擅长武艺的青壮年男子，其中分长靠武生、短打武生两类：长靠武生装扮上"扎"靠，戴盔，穿厚底靴子而得名，扮演大将，一般使用长柄武器，表演要求功架优美、稳重、沉着，具有大将风度和英雄气魄，念白讲究吐字清晰，峭拔有力，重腰腿功和武打；短打武生常用短兵器，表演以动作轻捷矫健、跌扑翻打的勇猛炽烈见长，舞蹈身段要求漂、帅、脆，干净利索。武生也兼演部分武净戏。

旦，戏曲表演行当的主要类型之一，女角色之统称。早在宋杂剧时已有"装旦"

这一角色。宋元南戏和北杂剧形成后仍沿用旦的名称，运用上又略有不同。昆山腔成熟期，形成正旦、小旦、贴旦、老旦四个分支。其后各剧种又繁衍出众多分支。近代戏曲旦角根据所扮演人物年龄、性格、身份的不同，大致划分为正旦（青衣）、花旦、武旦、老旦、彩旦等专行，表演上各有特点。正旦原为北杂剧行当名，泛指旦行中主角，在近代戏曲中的正旦已成概括一定类型的独立行当，主要扮演娴静庄重的青年、中年妇女，重唱功，多用韵白，因常穿青素褶子，故又名"青衣"。花旦多扮演性格明快或活泼放荡的青年女性，表演常带喜剧色彩，重做功和念白。武旦扮演擅长武艺的女性，按扮演人物的身份和技术特点，又分刀马旦和武旦两种类型：刀马旦多扎靠，骑马，持长兵器，表演重身段、功架、念白；老旦扮演老年妇女，唱念用本嗓，唱腔虽与老生相近，但具有女性婉转迂回的韵味，多重唱功，兼重做功，有些剧种称老旦为夫旦或婆旦。彩旦又叫"丑旦""丑婆子"，扮演滑稽或奸刁的女性人物，表演富于喜剧、闹剧色彩，实属女丑，故常由丑行兼扮，有的剧种（川剧）称"摇旦"。

净，戏曲表演行当的主要类型之一，俗称花脸。以面部化妆运用各种色彩和图案勾勒脸谱为突出标志，扮演性格、气质、相貌上有特异之处的男性角色，或粗犷豪迈，或刚烈耿直，或阴险毒辣，或鲁莽诚朴。演唱声音洪亮宽阔，动作大开大阖、顿挫鲜明，为戏曲舞台上风格独特的性格造型。据说此行是从宋杂剧副净演变而来的。"花部"兴起后，净的扮演人物范围不断扩大。净行根据角色性格、身份的不同，划分为若干专行，表演上各有特点。大花脸也叫正净、大面，扮演剧中地位较高、举止稳重的人物，多为朝廷重臣，故造型上以气度恢宏取胜，表演上重唱功，唱念及做派要求雄浑、凝重。二花脸又称副净、架子花脸、二面，大都扮演勇猛豪爽的正面人物，以做功为主，重身段功架，唱念中有时夹用炸音，以点染特定人物的威势和性格上的刚烈，一些勾白脸的奸臣，也属二花脸范围。武二花也叫摔打花脸、武净，以跌扑摔打为主，不重唱、念。油花脸俗称毛净，多用垫胸、假臀等塑型扎扮，以形象奇特笨重、舞蹈身段粗犷而妩媚多姿为其特点，有时用喷火、耍牙等特技，如有名的鬼魂形象钟馗，在中国戏曲舞台上就是扎扮造型，非常独特。

丑，戏曲表演行当主要类型之一，喜剧角色。由于面部化妆用白粉在鼻梁眼窝间勾画小块脸谱，又叫小花脸或三花脸。宋元南戏至今各戏曲剧种都有此角色行当，扮演人物种类繁多，有的心地善良、幽默滑稽，有的奸诈刁恶、悭吝卑鄙。近代戏曲中，丑的表演艺术有了长足的发展，不同的剧种都有各自的风格特色。丑的表演一般不重唱工，而以念白的口齿清楚、清脆流利为主。相对地说，丑的表演程式不像其他行当那样严谨，但有自己的风格和规范，如屈膝、蹲裆、踮脚、耸肩等都是丑的基本动作。按扮演人物的身份、性格和技术特点，大致可分为文丑和武丑两大支系，表演上各有特点。文丑包括人物类型极广，除武夫外各种丑角均由文丑扮演。武丑俗称开口跳，扮演机警幽默、武艺高超的人物，念白口齿伶俐，吐字清晰真切，语调清脆，动作轻巧敏捷，矫健有力，擅长翻跳仆跌等武功。

末，戏曲表演行当主要类型之一，扮演中年以上男子。在北杂剧中，末称"末泥"或"末泥色"，泛指末本正角，与宋元杂剧所称的"生"同，而与"末"的含义不同。宋元南戏所称之"末"实即"副末"，除担任报台，介绍剧情梗概和剧目主题的开场外，还在戏中扮演社会地位低下的次要角色。昆剧"末"行是继宋元南戏角色制度发展而来，按照南昆的路子，包括老生、副末、老外三个家门，约在清代中叶初步定型。

第六节　戏曲的音乐特点

中国戏曲音乐具有民间性和程式性两大特点。

中国戏曲音乐在本质上属于民间音乐。戏曲音乐的创作，仍然具有民间创作的性质，在很大程度上保留着民间音乐的若干特征。第一，戏曲音乐植根于民间，有深厚的群众基础，它与各地的方语音、各地的民歌及说唱音乐有着极为密切的联系。第二，各个剧种的音乐，都不是由某一作曲家个人创作出来的，而是在民间长期发展的产物，是世世代代集体创作的成果，凝聚着多代人的艺术智慧。第三，历史上的戏曲音乐通过口头传唱而不断衍变，由于各人条件不同，方言语音不同，口头传唱的腔调就会发生若干变化。这种可变性，可以使得同一支腔调演变为风格或地域语音不同的腔调，同一剧种中的唱腔，又可形成不同特色的流派。传统的戏曲音乐，便是按照民间音乐的这种衍变方式，不断发展变化。第四，历史上的戏曲音乐创作，演唱（奏）家同时也就是作曲家，演唱（奏）的过程也即作曲过程。换句话说，即作曲的过程与演唱（奏）的过程，两者合而为一。因此，戏曲演唱或演奏中处理唱腔或乐曲的方法与技巧，往往包含着作曲法在内。以上民间性的特点，几乎存在于所有声腔、剧种之中，包括少数民族戏曲剧种。只有昆腔，这唯一的一个，是出自民间而后经过魏良辅先生等革新，以文人清曲唱加以规范化的，由文人、曲家定腔定谱的剧种，但它在艺人的演唱中，仍然有着一定的灵活性，有着地方化的衍变。

程式性是戏曲音乐的另一特点。戏曲音乐的程式，大到贯串戏剧演出的音乐结构、唱腔体制（唱南北曲的曲牌体或唱乱弹诸调的板腔体）的形式，小到曲牌、板式唱腔、锣鼓点等的结构、技术及其运用，无所不在，非常丰富。任何剧目的唱、念、做、打，都离不开音乐程式的组合与运用。这种创作方式，不是抛开传统，而是在传统表现形式与手段的基础上，实现新的综合、新的创造。程式的运用有一定的法则，不同的声腔、剧种，往往有各自不同的音乐程式。基于音乐的逻辑性，对程式的要求是严格的，但严格规范的程式在具体运用时又可以灵活自由地掌握。在长期的实践中证明了戏曲音乐程式的表现功能，是进行戏曲舞台形象创造的重要手段。中国戏曲音乐因其民间性与程式性而表现出自己独特的专业水平、民族特色与美学意义。这种特点，直至今日，仍然保留在戏曲音乐的创作之中。

戏曲音乐包括声乐和器乐两大部分，声乐部分主要是唱腔和念白，它是戏曲音乐的主体。中国传统美学思想认为人声歌唱比器乐伴奏更为亲切动人，更易唤起观众的理解与共鸣。其原因在于乐器所奏出的音乐，虽然也能传情，却不能表意。戏曲音乐刻画人物形象，主体依靠声乐，即优美的唱腔与动人的演唱。戏曲中无论演唱的是曲牌还是板腔，都可以分为抒情性唱腔、叙事性唱腔和戏剧性唱腔。抒情性唱腔的特点是字少声多，旋律性强，长于抒发内在的感情；叙事性唱腔的特点为字多声少，朗诵性强，适用于叙述、对答的场合；戏剧性唱腔多为节拍自由的散板，节奏的伸缩有极大灵活性，因而长于表现激昂强烈的感情。这三类曲调的交替运用，构成了戏曲音乐变化多端的戏剧性。中国戏曲有很多传统剧目，之所以能在舞台上久唱不衰，主要得力于其中脍炙人口的唱腔。

唱腔，戏曲演唱艺术，在长期发展中也形成了自己的独特风格与专业技巧。在演唱上注重字与声、声与情之间的关系，清晰准确地表达字音与词义，产生了一系列的演唱方法与技巧。唱出曲情，以情动人，表达出戏剧中人物的思想感情，才是演唱艺术最高的审美标准。戏曲中的唱腔大体可分为三种类型：第一种是抒情性唱腔，其特点为速度较缓慢，曲调婉转曲折，字疏腔繁，抒情性强，宜于表现人物深沉而细腻的内心感情，许多剧种的慢板、大慢板、原板、中板均属于这一类；第二种是叙事性唱腔，其特点为速度中等，曲调较平直简朴，字密腔简，朗诵性强，常用于交代情节和叙述人物的心情，许多剧种的二六、流水等均属于这一类；第三种是戏剧性唱腔，其特点为曲调的进行起伏较大，节奏与速度变化较为强烈，唱词的安排可疏可密，常用于感情变化强烈和戏剧矛盾冲突激化的场合，各戏剧中的散板、摇板等板式曲调都属于这一类。

念白，戏曲中人物的内心独白和对话，除了通过唱腔的形式唱出之外，就是念白，唱与念，是戏曲声乐的两大组成部分。历代有成就的演员，皆是唱念俱佳。唱念字音是表情达意的基础，汉语四声字调、抑扬顿挫，也是念白音乐美的基础。各种念白形式，如京剧的韵白、京白、方言白，就是语言与音乐不同程度的结合。

器乐部分包括不同乐器组合的管弦乐（俗称"文场"）和打击乐（俗称"武场"）。器乐用于声腔的伴奏和开场、过场音乐，配合舞蹈、武打、表演来烘托和渲染舞台气氛。值得一提的是，武场——打击乐，对于统一和增强控制舞台节奏起着重要的作用，它是中国戏曲中一种特有的艺术表现手段。

戏曲采用器乐作为表现手段，主要用于伴奏唱、做、念、打，即表演艺术，以及展开戏剧矛盾，塑造人物性格，抒发思想感情和渲染舞台气氛。器乐伴奏的任务由乐队担任。戏曲乐队由两部分组成，弦管乐部分称文场，打击乐部分称武场，合称文武场。文场的作用主要是为演唱伴奏，并演奏为配合表演而用的曲牌（属场景音乐）。武场的主要任务是用打击乐器打出锣鼓点，配合演员的身段动作、念白、演唱、舞蹈、开打，使其起止明确，节奏有序。并且，在鼓板师傅的领奏（指挥）下，调节和控制全剧的节奏。器乐在戏曲音乐中虽处于辅助地位，但它有声乐所不及的长处。各个剧种乐队的乐器组合尽管有所不同，但鼓师的作用和主奏乐器的作用却相同。

管弦乐器与打击乐器有多种，每一种乐器都有其不同的性能和色彩。中国戏曲音乐的主奏乐器有：昆剧的曲笛，秦腔、豫剧、河北梆子等梆子戏的板胡，京剧、汉剧等皮黄戏的胡琴，以及山东吕剧的坠子琴等。主奏乐器的不同音色和演奏方法，常常是形成这一剧种特有风格色彩的重要标志。人们听到主奏乐器即能判明是什么剧种或声腔在演出。

第七节　中国戏曲脸谱

中国戏曲脸谱是汉族传统戏曲独有的，不同于其他国家任何戏剧的化妆造型艺术。每个历史人物或某一种类型人物的脸谱都有一种大概的谱式，所以称为"脸谱"。戏曲脸谱在漫长的岁月里，伴随着戏曲的孕育成熟，并以谱式的方法相对固定下来。脸谱与人物角色相配当，也是一种化妆效果，有着独特的迷人魅力、较高的欣赏价值和审美意义。

一般来说，生、旦的化妆，是略施脂粉以达到美化的效果，这种化妆称为"俊扮"。生、旦行角色的面部化妆，无论多少人物，面部化妆都差不多，因为其人物个性，主要靠表演及服装等方面来表现。脸谱化妆，主要是用于净、丑行当的各种人物，以夸张强烈的色彩和变幻无穷的线条来改变演员的本来面目，与素面的生、旦化妆形成对比。净、丑角色的勾脸是因人设谱，一人一谱，不相雷同，尽管它是由程式化的各种谱式组成，但却是一种直接表现人物个性的性格妆。戏曲脸谱的变形大胆而夸张，但又不是随便涂抹而成的，而是有一定的规律和方法的。脸谱艺术非常讲究章法，将点、线、色、形有规律地组织成装饰性的图案造型，由此就产生了戏曲脸谱各种各样的格式与规则，即形成了一定的程式。

谱式分类是从脸谱的构图上来分类。一般可以分为以下一些基本类型：整脸、三块瓦脸（也称三块窝脸）、花三块瓦脸（也称花三块窝脸）、十字门脸、六分脸、碎脸、歪脸、元宝脸、僧道脸、太监脸、神怪脸、丑角脸等。

通常情况下，脸谱的脑门和两颊部位的颜色构成脸谱的主色，谱色分类就是按照脸谱的主色来分类。谱色有相对固定的象征意义和特殊寓意，以表现人物的性格特征。这是在长期的戏曲演出中，观演之间互动对话、约定俗成的结果。红脸：一般代表忠勇耿直，有血性的勇烈人物；有时也含有有讽刺意义，表示假好人。粉红脸：代表年迈气衰、德高望重的忠勇老将。紫脸：代表刚毅威武、稳重沉着的人物。黄脸：代表武将骁勇善战、残暴，文士内有心计。蓝脸：代表刚直勇猛、桀骜不驯的人物。绿脸：代表侠骨义肠、性格暴躁的人物。黑脸：代表忠耿正直，铁面无私，或粗率莽撞的人物。白脸：又分水白脸和油白脸，水白脸代表阴险奸诈、善用心计，油白脸多为刚愎自用的狂妄武夫，白脸多用于反面人物，但也有例外，有时用作和尚、太监的脸谱。瓦灰色脸：代表老年枭雄。金银脸：一般用于神、佛、鬼怪，象征虚幻，也用于一些英勇无敌的将帅或番邦将帅。

第八节　中国戏曲剧种

中国戏曲剧种种类繁多，据不完全统计，中国各民族地区地戏曲剧种有 360 多种。下面仅就我国五大戏曲剧种的京剧（有"国剧"之称）、越剧（有"中国第二大剧种""第二国剧"之称）、黄梅戏、评剧、豫剧及其他主要曲种，做一些简单介绍。

一、京剧

也称"皮黄"，由"西皮"和"二黄"两种基本腔调组成它的音乐素材，也兼唱一些地方小曲调（如柳子腔、吹腔等）和昆曲曲牌。它形成于北京，时间是在 1840 年前后，盛行于 20 世纪三四十年代，时有"国剧"之称。现在它仍是具有全国影响的大剧种。它的行当全面、表演成熟、气势宏美，是近代中国戏曲的代表。中国京剧是中国的

"国粹"，已有 200 年历史。京剧之名始见于清光绪二年（1876 年）的《申报》，历史上曾有皮黄、二黄、黄腔、京调、京戏、评剧、国剧等称谓，清朝乾隆五十五年（1790 年）安徽四大徽班进京后与北京剧坛的昆曲、汉剧、弋阳、乱弹等剧种经过五六十年的融汇，衍变成为京剧。京剧是综合性表演艺术，即唱（歌唱）、念（念白）、做（表演）、打（武打）、舞（舞蹈）为一体，通过程式的表演手段叙演故事，刻画人物，表达喜、怒、哀、乐、惊、恐、悲的思想感情。2006 年 5 月 20 日，经国务院批准，京剧被列入第一批国家级非物质文化遗产名录。

二、越剧

主要流行于上海、浙江、江苏、福建等地。越剧长于抒情，以唱为主，声腔清悠婉丽，优美动听，表演真切动人，极具江南地方色彩。越剧演员初由男班演出，后改男女混合班或全部女班。在 1852 年前后，嵊州市农民创立了落地唱书，这是越剧形成雏形前的最初形式，到了 1906 年，落地唱书第一次登上农村舞台，经过民间艺人的不断探索、创新，至 20 世纪 30 年代逐步发展成为"女子绍兴文戏"，并在上海站稳了脚跟。当时，这种年轻剧种的名称还不统一，有"女子文戏""绍兴文戏""的笃班"等称谓。1939 年，在越剧史上第一位专职编导樊迪民（樊篱）和当时"越剧皇后"姚水娟的倡议下，正式将名定为"越剧"。

三、黄梅戏

旧称黄梅调、采茶戏，源于湖北黄梅地区，因人们的社会交往逐渐向东流传到安徽怀宁为中心的地区，并以此为中心，发展成型。在其漫长的过程中，不断地吸收了青阳腔、徽剧和当地民歌及其他戏曲的音乐精华，逐渐形成了今天自己独特的风格。黄梅戏用安庆语言念唱，唱腔淳朴流畅，以明快抒情见长，具有丰富的表现力。黄梅戏的表演质朴细致，以真实活泼著称。黄梅戏来自于民间，雅俗共赏、怡情悦性，它以浓郁的生活气息和清新的乡土风味感染观众。

四、评剧

评剧习称蹦蹦戏或落子戏，又有平腔梆子戏、唐山落子、奉天落子、平戏、评戏等称谓，但最终以"评剧"之名闻名全国。评剧是我国北方地区的一种地方戏，在华北、东北及其他一些地区流行很广，1910 年前后形成于唐山。评剧是在民间说唱莲花落和民间歌舞蹦蹦的基础上发展而成，评剧的艺术特点是：以唱功见长，吐字清楚，唱词浅显易懂，演唱明白如诉，表演生活气息浓厚，有亲切的民间味道。它的形式活泼、自由，最善于表现当代人民生活，因此在城市和乡村都有大量观众。评剧唱腔是板腔体，有慢板、二六板、垛板和散板等多种板式。新中国成立后，评剧音乐、唱腔、表演的革新取得显著成就，特别是改变了男角唱腔过于贫乏的弊病，使男声唱腔有了创新和发展。

五、豫剧

也称河南梆子、河南高调。因早期演员用本嗓演唱，起腔与收腔时用假声翻高尾音带"讴"，又叫"河南讴"。在豫西山区演出多依山平土为台，当地称为"靠山吼"。因为河南省简称"豫"，新中国成立后定名为豫剧。豫剧起源于明朝中后期，是在中原地区（河南）盛行的时尚小令（民歌、小调）的基础上，吸收北曲弦索、秦腔、蒲州梆子等演唱艺术后发展而成的。随着研究的深入以及大量资料证实，豫剧最早的诞生地是在古都开封和周边各县。（《中国戏曲志·河南卷》）

六、川剧

川剧历史悠久，早在唐代就有"蜀戏冠天下"的说法，清代乾隆时在本地车灯戏基础上，吸收融汇苏、赣、皖、鄂、陕、甘各地声腔，形成含有高腔、胡琴、昆腔、灯戏、弹戏五种声腔的用四川话演唱的"川剧"。变脸是川剧表演艺术的特殊技巧之一，它是剧中人物内心思想感情的一种浪漫主义表现手法。变脸的方法大体分为三种——抹脸、吹脸、扯脸。面具变脸，是演员根据实际需要，事先将不同的脸谱绘制在以木、纸、布、绸、橡皮等不同的材料上，也就是脸壳施以变幻。

七、秦腔

秦腔，又称乱弹。中国汉族最古老的戏剧之一，起于西周，源于西府（核心地区是陕西省宝鸡市的岐山〔西岐〕与凤翔〔雍城〕），成熟于秦，流行于我国西北地区的陕西、甘肃、青海、宁夏、新疆等地，其中以宝鸡的西府秦腔口音最为古老，保留了较多古老发音。又因其以枣木梆子为击节乐器，所以又叫"梆子腔"，俗称"桄桄子"（因以梆击节时发出"桄桄"声）。明末无名氏《钵中莲》传奇中使用了"西秦腔二犯"的曲牌，故知其源于甘肃。清康熙时，陕西泾阳人张鼎望写《秦腔论》，可知秦腔此时已发展为成熟期。待到乾隆年间，魏长生进京演出秦腔，轰动京师，对各地梆子声腔的形成有着直接影响。秦腔的表演朴实、粗犷、细腻、深刻，以情动人，富有夸张性。角色行当分为四生、六旦、二净、一丑，计13门，又称"十三头网子"，表演唱做并佳。辛亥革命后，西安成立了易俗社，专演秦腔，锐意改革，吸收京剧等剧种的营养，唱腔从高亢激昂而趋于柔和清丽，既保存原有的风格，又融入新的格调。因周代以来，关中地区就被称为"秦"，秦腔由此而得名。

八、吕剧

吕剧，曾名"化装扬琴""琴戏""鲁剧"等，流行于山东、江苏、安徽和东北三省的部分地区。主要乐器是坠琴、扬琴、三弦、琵琶，称"吕剧四大件"。吕剧音乐脱胎于说唱艺术的山东琴书，旋律质朴清新，唱词通俗易懂，唱腔具有浓郁的乡土气息和地方特色。随着剧种的发展，唱腔音乐得以丰富，表现力不断加强，特别是在表现现代生活方面，有其很强的适应能力，具有通俗易懂和鲜明的时代性特征。

第十四章 书 画

书画是书法和绘画的统称，也称字画。书画之名，始于唐宋时期。唐代杜甫《观薛少保书画壁》诗曰："惜哉功名忤，但见书画传。"宋代洪适《隶释·汉张平子碑》："音乐书画之艺，方技博弈之巧。"都提到书画。画，是人们生活中创造的结晶。中国画的起源久远，有着丰富的思想内涵，"画中有诗，诗中有画"，中国古代，诗与画分不开。画的作品也体现了作者的情感和思想，画中常常包含着艺术家强烈的思想感情，因此艺术也深深地孕育在画中。中国的书法是一种富有民族特色的传统艺术，它伴随着汉字的产生和发展一直延续到今天，经过历代书法名家的熔炼和创新，形成了丰富多彩的宝贵遗产。

书法和国画是中国传统艺术中独特的视觉造型艺术，其独具特色的材料工具和东方文化背景都使得中国传统书画无论用笔、章法，还是构图，都与气韵紧密相连，因此又大大超越了一般意义上的视觉艺术。书画是极具抽象性、人文性和生命律动的视觉艺术，被誉为中华民族的艺术瑰宝，在中国传统文化中占据极其重要的地位，可以说，传统书画已经成为独具东方魅力的一种文化系统。中国传统书画尽管都通过视觉形式呈现，但却通过用笔的轻重缓急，用色的浓淡枯湿体现了书家或画家的心境与情感，让作品有了气息，有了生命。这种视觉呈现在审美过程中得到通感的审美体验，即在审美中，这些静态的、视觉的符号展现了它们的节奏气韵，再现了书家或画家创作作品时的思路思维。正如唐代书法家张怀瓘所说的那样，书法是"无声之音，无形之相"。

中国五千年璀璨的文明及无与伦比的丰富文字记载都已为世人所认可，在这一博大精深的历史长河中，中国的书画艺术以其独特的艺术形式和艺术语言再现了这一历史性的衍变过程。而具有姊妹性质的书画艺术在历史的衍变中又以其互补性和独立性阐释了中国的传统文化内涵。由于书、画创作所采用的工具与材料具有一致性，《历代名画记·叙画之源流》中谈论古文字、图画的起源时说："是时也，书、画同体而未分，象制肇创而犹略，无以传其意，故有书；无以见其形，故有画。"书画虽然具有同源的可比性，但以后是以其独立的、互补的状况发展变化的。因此，我们下面把书法和绘画各立为题，分而述之。

第一节 书 法

中国书法是一门古老的汉字的书写艺术，从甲骨文、石鼓文、金文（钟鼎文）演变而为大篆、小篆、隶书，至定型于东汉、魏、晋的草书、楷书、行书等，书法一直散发着艺术的魅力。中国书法是一种很独特的视觉艺术，汉字是中国书法中的重要因素，因为中国书法是在中国文化里产生、发展起来的，而汉字是中国文化的基本要素之一。以汉字为依托，是中国书法区别于其他种类书法的主要标志。

一、中国书法的基本含义

书法，有两层含义，一是文字的书写艺术，二是指书法作品。《南齐书·周颙传》："少从外氏车骑将军臧质家得卫恒（西晋书法家）散隶书法，学之甚工。"宋代钱愐《钱氏私志》："元章书法之妙，今日可谓第一。"前者系指书法作品，后者当为书写艺术。

狭义而言，书法是指用毛笔书写汉字的方法和规律。包括执笔、运笔、点画、结构、布局（分布、行次、章法）等内容。

书法的内涵主要有：①书法是指以文房四宝为工具抒发情感的一门艺术。工具的特殊性是书法艺术特殊性的一个重要方面。借助文房四宝为工具，充分体现工具的性能，是书法技法的重要组成部分，离开文房四宝，书法艺术便无从谈起。②书法艺术以汉字为载体。汉字的特殊性是书法特殊性的另一个重要方面。中国书法离不开汉字，汉字点画的形态、偏旁的搭配都是书写者较为关注的内容。与其他拼音文字不同，汉字是形、音、义的结合体，形式意味很强。③书法艺术的背景是中国传统文化。书法植根于中国传统文化土壤，传统文化是书法赖以生存、发展的背景。汉代以来的书法理论，具有自己的系统性、完整性与条理性。与其他文艺理论一样，书法理论既包括书法本身的技法理论，又包含美学理论，而在这些理论中又无不闪耀着中国古代文人的智慧光芒。如关于书法中如何表现"神、气、骨、肉、血"等范畴的理论，关于笔法、字法、章法等技法的理论以及创作论、品评论等，都有自身体系。④书法艺术本体包括笔法、字法、构法、章法、墨法、笔势等内容。书法笔法是其技法的核心内容。笔法也称"用笔"，指运笔用锋的方法。字法，也称"结字""结构"，指字内点画的搭配、穿插、呼应、避就等关系。章法，也称"布白"，指一幅字的整体布局，包括字间关系、行间关系的处理。墨法，是用墨之法，指墨的浓、淡、干、枯、湿的处理。

从广义上讲，书法是指语言符号的书写法则。换言之，书法是指按照文字特点及其含义，以其书体笔法、结构和章法写字，使之成为富有美感的艺术作品。

另外，书法与法书是两个不同的概念。法书，系指有高度艺术性的可以作为书法典范的字；换言之，法书是指有较高艺术价值，可供临摹取法的书法作品。

二、中国书法的起源和演变

中国书法开始于汉字的产生阶段，"声不能传于异地，留于异时，于是乎文字生。文字者，所以为意与声之迹。"（马宗霍《书林藻鉴》）因此，产生了文字——象形文字或图画文字。这时的文字还是一些刻画符号。汉字的刻画符号，首先出现在陶器上。最初的刻画符号只表示一个大概的混沌的概念，没有确切的含义。原始文字的起源，是一种模仿的本能，用于形容某个具体事物。它尽管简单而又混沌，但它已经具备了一定的审美情趣。因此，这种简单的文字可以称之为史前的书法。

1. 先秦书法　目前发现的原始汉字资料，主要是原始社会在陶器上遗留下来的刻画符号。许多文字学家认为，它们还不是文字，只是对原始文字的产生起了引发的作用；并认为"汉字的形成时代大概不会早于夏代"，并在"夏商之际（约在前17世纪）形成完整的文字体系"。

我国最早的古汉字资料，是商代中后期（约前14至前11世纪）的甲骨文和金文。从书法的角度审察，这些最早的汉字已经具有了书法形式美的众多因素，如线条美，单字造型的对称美，变化美以及章法美、风格美等。从商代后期到秦统一中国（前221年），汉字演变的总趋势是由繁到简。这种演变具体反映在字体和字形的变化之中。西周晚期金文趋向线条化，战国时代民间草篆向古隶的发展，都大大削弱了文字的象形性。然而书法的艺术性，却随着书体的演变而愈加丰富起来。

2. 秦代书法　春秋战国时期，各国文字差异很大，是发展经济文化的一大障碍。秦始皇兼并天下，丞相李斯主持统一全国文字，这在中国文化史上是一伟大功绩。秦统一后的文字称为秦篆，又叫小篆，是在金文和石鼓文的基础上删繁就简而来。著名书法家李斯的代表作为《泰山石刻》，历代都有极高的评价。秦代是继承与创新的变革时期。《说文解字序》说："秦书有八体，一曰大篆，二曰小篆，三曰刻符，四曰虫书，五曰摹印，六曰署书，七曰殳书，八曰隶书。"基本概括了此时字体的面貌。

隶书的出现是汉字书写的一大进步，是书法史上的一次革命，不但使汉字趋于方正楷模，而且在笔法上也突破了单一的中锋运笔，为以后各种书体流派奠定了基础。秦代除以上书法杰作外，尚有诏版、权量、瓦当、货币等文字，风格各异。秦代书法，在我国书法史上留下了辉煌灿烂的一页，与雄伟的万里长城和壮观的兵马俑一样，气魄宏大，堪称开创先河，是中华民族无穷智慧的结晶。

3. 汉代书法　汉代是汉字书法发展史上关键性的一代，书法由籀篆变隶书，由隶书变为章草、真书、行书；至汉末，我国汉字书体已基本齐备。因此，汉代是书法史上继往开来，由不断变革而趋于定型的关键时期。隶书是汉代普遍使用的书体。汉代隶书又称分书或八分，笔法不但日臻纯熟，而且书体风格多样。刘勰《文心雕龙·碑》说："自后汉以来，碑碣云起。"因此，东汉隶书进入了形体娴熟、流派纷呈的阶段，目前所留下的百余种汉碑中，表现出琳琅满目、辉煌竞秀的风貌。在摩崖石刻中（刻在山崖上的文字）尤以《石门颂》等为最著名，书法家视为"神品"。与此同时，蔡邕的《熹平石经》达到了恢复古隶、胎息楷则的要求。

在隶书成熟的同时，又出现了破体的隶变，发展而成为章草（早期草书）、行书（介于楷书、草书之间的一种字体）、真书（楷书）也已萌芽。书法艺术的不断变化发展，为以后晋代流畅的行草及笔势飞动的狂草开辟了道路。另外，金文、小篆因为使用面越来越小而渐趋衰微，但在两汉玺印、瓦当和嘉量（古代标准量器）上还使用。康有为曾说："秦汉瓦当文，皆廉劲方折，体亦稍扁，学者得其笔意，亦足成家。"

书法艺术的繁荣期，是从东汉开始的。东汉时期出现了专门的书法理论著作，最早的书法理论提出者是东西汉之交的扬雄。第一部书法理论专著是东汉时期崔瑗的《草书势》。

汉代书法家可分为两类：一类是汉隶书家，以蔡邕为代表。一类是草书家，以杜度、崔瑗、张芝为代表。

4. 魏晋书法 从汉字书法的发展上看，魏晋是完成书体演变的承上启下的重要历史阶段，也是篆隶真行草诸体咸备日臻完善的一代。汉隶定型化了迄今为止的方块汉字的基本形态。隶书产生、发展、成熟的过程就孕育着真书，而行草书几乎是在隶书产生的同时就已经萌芽了。真书、行书、草书的定型是在魏晋 200 年间，这无疑是汉字书法史上的又一巨大变革。

魏晋是书法史上了不起的时代，造就了钟繇、王羲之两位承前启后的大书法革新家。他们揭开了中国书法发展史新的一页，树立了真书、行书、草书美的典范。此后历朝历代，乃至东邻日本，学书者莫不宗法"钟王"。这期间，著名的书法大家尚有王羲之的儿子王献之、侄子王洵等。王羲之被尊为"书圣"，他的行书《兰亭序》被誉为"天下第一行书"，论者称其笔势飘若浮云，矫若惊龙；王羲之和王献之被称为"二王"，王献之的《洛神赋》字法端劲，所创"破体"与"一笔书"为书法史一大贡献；王洵善行书，其《伯远帖》行笔峭劲秀丽、自然流畅，是我国古代书法作品中的佼佼者。

5. 南北朝书法 南北朝时期的书法进入北碑南帖时代，此时书法以魏碑最胜。魏碑，是北魏以及与北魏书风相近的南北朝碑志石刻书法的泛称，是汉代隶书向唐代楷书发展的过渡时期书法。

北朝书法以碑刻为主，尤以北魏、东魏最精，风格亦多姿多彩。代表作有《郑文公碑》《张猛龙碑》《敬使君碑》。康有为说："凡魏碑，随取一家，皆足成体。尽合诸家，则为具美。"钟致帅《雪轩书品》称："魏碑书法，承汉隶之余韵，启唐楷之先声。"唐初几位楷书大家如欧阳询、虞世南、褚遂良等，都是取法魏碑的。

南北朝书法家灿若群星，无名书家为其主流。他们继承了前代书法的优良传统，创造了无愧于前人的优秀作品，也为形成唐代书法百花竞妍、群星争辉的鼎盛局面创造了必要的条件。

6. 隋唐五代书法 隋代结束南北朝的混乱局面，统一中国，和之后的唐代都是较为安定的时期，南帖北碑之发展至隋而混合同流，正式完成楷书之形式，居书史承先启后之地位。隋楷上承两晋南北朝沿革，下开唐代规范的新局。隋代留世的碑版，多为真书。

唐代文化博大精深、辉煌灿烂，达到了中国封建文化的最高峰，可谓"书至初唐而极盛"。唐代墨迹流传至今者也比前代为多，大量碑版留下了宝贵的书法作品。整个唐代书法，既有对前代的继承又有自己的革新。初唐书家有虞世南、欧阳询、褚遂良、薛稷、陆柬之等，此后有创造性的还有李邕、张旭、颜真卿、柳公权、释怀素、钟绍京、孙过庭。唐太宗李世民和诗人李白也是值得一提的大书家。楷书、行书、草书发展到唐代都跨入了一个新的境地，时代特点十分突出，对后代的影响远远超过了以前任何一个时代。至此，中国书法文体已全部确定了下来。

唐代最高学府有六种，即国子监、太学、四门学、律学、书学、算学。其中书学，专门培养书法家和书法理论家，是唐代的创举。

五代时期，由于国势衰弱和离乱，文化艺术亦呈下坡之势。书法艺术虽承唐末之余续，但因兵火战乱的影响，形成了凋落衰败的总趋势。这时期，杨凝式和李煜、彦修等是有成就的书法家。

7. 宋代书法　赵宋王朝建立，结束了半个世纪的五代十国分裂混乱局面。宋朝300多年间，书法发展比较缓慢。宋太宗赵光义留意翰墨，购募古先帝王名臣墨迹，命侍书王著摹刻禁中，厘为10卷，这就是《淳化阁帖》。"凡大臣登二府，皆以赐焉。"帖中有一半是"二王"的作品。所以宋初的书法，是宗"二王"的。此后北宋潘师旦摹刻的《绛帖》、北宋庆历间刘沆在潭州（今湖南省长沙市）时，命僧希白摹刻《潭帖》等，多从《淳化阁帖》翻刻。这种辗转传刻的帖，与原迹差别就会越来越大。所以同是宗"二王"的丛帖，宋人远逊唐人。后来一些评家以为帖学大行，书道就衰微了。这是宋代书法不景气的原因之一。其次如米芾《书史》所指出的"趋时贵书"也造成了宋代书法每况愈下。米芾分析说："李宗锷主文既久，士子皆学其书。肥扁朴拙，以投其好，用取科第，自此惟趋时贵书矣。"宋室南渡之后，如马宗霍在《书林藻鉴》指出："高宗（赵构）初学黄字，天下翕然学黄字；后作米字，天下翕然学米字；最后作孙过庭字，而孙字又盛……盖一艺之微，苟倡之自上，其风靡有如此者。"在这种风气笼罩之下，书法家能够按自己对书法艺术的理解去继承、革新的就不太多了。此为宋代书法不十分景气的原因之二。总之，帖学大行和以帝王的好恶、权臣的书体为转移的情势，影响和限制了宋代书法的发展。宋代为后世所推崇有苏轼、黄庭坚、米芾和蔡襄四大家。四家之外，宋徽宗赵佶独树一帜，亦堪称道。

8. 元代书法　元初经济文化发展不大，书法总的情况是崇尚复古，宗法晋、唐而少创新。文宗天历初建奎章阁，专掌秘玩古物。元文宗常幸奎章阁欣赏法书名画，书法一度出现兴盛局面。赵孟𫖯、鲜于枢等名家，是这一时期书法的代表。他们主张书画同法，注重结字的体态。赵孟𫖯是元朝书坛的核心人物，他所创立的楷书"赵体"与唐楷之欧体、颜体、柳体并称四体，成为后代规摹的主要书体。但元代书坛纯是继承晋唐，没有自己的时代风格，稍后于赵孟𫖯的书家康里夔夔还有些变化，奇崛独出于元代书坛。

纵观元代书法，其成就大者还在真行草书方面。至于篆隶，虽有几位名家，但并不怎么出色。这种以真、行、草书为主流的书法，发展到了清代才得到改变。有元一代书风，仍沿宋习盛于帖学，宗唐宗晋，虽各有其妙，亦不能以一家之法立于书坛，较之文学、绘画等艺术门类，尚显冷落无成得多。

9. 明代书法　明代诸皇帝都很喜欢书法。明成祖定都北京以后，即着手文治，诏求四方善书之士，充实宫廷，缮写诏令文书等；仁宗、宣宗也极爱书法，尤其喜摹《兰亭序》；神宗自幼工书，不离王献之的《鸭头丸帖》、虞世南临写的《乐毅传》和米芾的《文赋》。所以，朝野士大夫重视帖学，皆喜欢姿态雅丽的楷书、行书，并几乎完全继承了赵孟𫖯的格调。

明代像宋代一样，也是帖学大盛的一代，法帖传刻十分活跃。其中著名的有常姓翻刻《淳化阁帖》、于泉州的《泉州帖》、董其昌刻的《戏鸿堂帖》、文徵明刻的《停云馆帖》、华东沙刻的《真赏斋帖》、陈眉公刻苏东坡书的《晚香堂帖》等。其中《真赏斋帖》可谓明代法帖的代表。《停云馆帖》收有从晋至明历代名家的墨宝，可谓从帖之大成。

由于士大夫清玩风气和帖学的盛行，影响书法创作，所以，整个明代书体以行楷居多，未能上溯秦汉北朝，篆、隶及魏体作品几乎绝迹，而楷书皆以纤巧秀丽为美。至永乐、正统年间，杨士奇、杨荣和杨溥先后入直翰林院和文渊阁，写了大量的制诰碑版，以姿媚匀整为工，号称"博大昌明之体"，即"台阁体"。士子为求干禄也竞相摹习，横平竖直十分拘谨，缺乏生气，使书法失去了艺术情趣和个人风格。

明中期吴中四家崛起，书法开始朝尚态方向发展。祝允明、文徵明、唐寅、王宠四子依赵孟頫而上通晋唐，取法弥高，笔调亦绝代，这和当时思想观念的开拓解放有关，书法开始迈入倡导个性化的新境域。金学智先生《中国书法美学》所说"赵孟頫—文徵明—董其昌，这是元明尚态的一条历史线索，他们的书法都上追晋唐，力求雅韵，然而又都圆媚，姿质横生，带有不同程度的时俗特色"。

晚明书坛兴起一股批判思潮，书法上追求大尺幅，震荡的视觉效果，侧锋取势，横涂竖抹，满纸烟云，使书法原先的秩序开始瓦解。这些代表书家有张瑞图、黄道周、王铎、倪元璐等。

总之，明代虽然也出现了一些有造诣的大家，但纵观整朝没有重大的突破和创新。所以，近代丁文隽在《书法精论》中总结说："有明一代，操觚谈艺者，率皆剽窃摹拟，无何创制。"

10. 清代书法 清代在中国书法史上是书道中兴的一代。清代初年，统治阶级采取了一系列稳定政治，发展经济文化的措施，故书法得以弘扬。明末遗民有些出仕从清，有些遁迹山林创造出各有特色的书法作品。顺治皇帝喜临《黄庭》《遗教》二经；康熙推崇董其昌书，书风一时尽崇董书。这一时期，惟傅山和王铎能独标风格，另辟蹊径。乾隆时，尤重赵孟頫行楷书，空前宏伟的集帖《三希堂法帖》刻成，内府收藏的大量书迹珍品著录于《石渠宝笈》中，帖学至乾隆时期达到极盛，出现一批取法帖学的大家。

至清中期，古代的金石大量出土，兴起了金石学。嘉庆、道光时期，帖学已入穷途。当时的有名大家有刘墉、邓石如、阮元和包世臣等。咸丰后至清末，碑学尤为昌盛。前后有康有为、伊秉绶、吴熙载、何绍基、杨沂孙、张裕钊、赵之谦、吴昌硕等大师成功地完成了变革创新，至此碑学书派迅速发展，影响所及直至当代。

清代书法由继承、变革到创新，挽回了宋代以后江河日下的颓势，其成就可与汉唐并驾，各种字体都有一批造诣卓著的大家，可以说是书法的中兴时期。

11. 近现代书法 在书坛走向多元化的今天，书法艺术升华到观念变革的高层次，这无疑是迈了一大步。书法现代性并不是简单地取决于书法艺术的形式、结构、线条等外在面貌，而是取决于内在精神的现代化。书法现代性的精神是指当代书法艺术所体现、传导的现代社会的价值趋向。

很多书法大师如林散之、沙孟海、陆维钊等在 1949 年之前即已从事书法创作，但直至"文化大革命"之后他们已近耄耋之年才以书法闻名。

三、中国书法的载体类别

中国书法的载体类别，是根据书写文字的载体而区分的。

1. 甲骨文 甲骨文是古汉字一种书体的名称，也是现存中国最古的文字。它是（距今 3000 年）殷商时期，先民们预测凶吉祸福，记载占卜、祭祀等活动，用刀刻在龟骨、兽骨上的文字。甲骨文在历史上曾经失传过。直到 1899 年才在中药"龙骨"中被学者发现，以后在河南安阳古殷都废墟中陆续大量发掘出来，共有 10 多万片，在 4600 多个甲骨文单字中，已经辨识了 1700 多个。

甲骨文是中国书法史上的第一块瑰宝，其笔法已有粗细、轻重、疾徐的变化，下笔轻而疾，行笔粗而重，收笔快而捷，具有一定的节奏感。笔画转折处方圆皆有，方者动峭，圆者柔润。其线条比陶文更为和谐流畅，为中国书法特有的线的艺术奠定了基调和韵律。甲骨文结体长方，奠定汉字的字形。甲骨文的结体随体异形，任其自然。其章法大小不一，方圆多异，长扁随形，错落多姿而又和谐统一。后人所谓参差错落、穿插避让、朝揖呼应、天覆地载等汉字书写原则，在甲骨文上已经大体具备。

2. 金文 金文是指铸刻在殷周青铜器上的铭文，也叫钟鼎文、器文、古金文。商周是青铜器的时代，青铜器的礼器以鼎为代表，乐器以钟为代表，"钟鼎"是青铜器的代名词。金文较之甲骨文更为粗壮有力，文字的象形意味也更为浓重，是中国书法史上的又一丰碑。周代是金文的黄金时代，出土铭文最多。金文的字数，据容庚《金文编》记载，共计 3722 个，其中可以识别的字有 2420 个。存世主要作品有《利簋》《天亡簋》《大盂鼎》《墙盘》《散氏盘》《虢季子白盘》。尤以《后母戊鼎》《散氏盘》《毛公鼎》最为著名，艺术成就也最高。

3. 石刻文 碑刻，泛指刻石文字或图案。最早的碑刻文字，首推秦朝的"石鼓文"。石鼓文，秦刻石文字，因其刻石外形似鼓而得名。另外还有墓志铭，即存放于墓中载有死者传记的石刻。

石刻文产生于周代，兴盛于秦代。东周时期秦国刻石文字，在 10 块花岗岩质的鼓形石上，各刻四言诗一首，内容歌咏秦国君狩猎情况，故又称猎碣。传说中最早的石刻是夏朝时的《岣嵝碑》，刻诗文体格调与《诗经》大小雅相近。字体近于《说文解字》所载籀文，历来对其书法评价甚高。主要作品有《石鼓文》《峄山石刻》《泰山石刻》《琅玡石刻》《会稽石刻》等。

石鼓文对后世的书法与绘画艺术有着非常重大的影响，不少杰出的书画家如杨沂孙、吴大澂、吴昌硕、朱宣咸、王福庵等都长期研究石鼓文艺术，并将其作为自己书法艺术的重要养分，也融入进了自己的绘画艺术中。

4. 拓片、帖 拓片，从碑刻、铜器等文物上拓印下其形状、文字或图画的纸片。碑拓（拓印的碑帖）多拓自历代名碑，是如今书法临摹的主要参照。

帖，学习写字时模仿的样本，如碑帖、字帖、画帖。字帖是供学习书法的人临摹的范本，多为名家墨迹的石刻拓本、木刻印本或影印本。字帖按是否真迹划分，可以分为碑帖和墨迹。碑帖是根据刻在碑石上的字迹拓下来的字帖；墨迹是书写者直接写在纸张、绢帛等媒介物上的墨色痕迹。历代名帖，如《淳化阁帖》《三希堂法帖》等。

5. 简帛　简帛是竹简与帛书的统称，亦作竹帛。考古发现较早的简帛墨迹，如湖北云梦出土的秦简，山西侯马出土的战国盟书（写于石策或玉策上的文字），长沙马王堆出土的战国帛书等。

第二节　国　画

中国绘画一般指国画（中国传统绘画形式）。国画一词起源于汉代，汉朝人认为中国是居天地之中者，所以称为中国，将中国的绘画称为"中国画"，简称"国画"。国画主要指的是画在绢、帛、宣纸上，并加以装裱的卷轴画。国画是汉族的传统绘画形式，是用毛笔蘸水、墨、彩作画于绢或纸上。工具和材料有毛笔、墨、国画颜料、宣纸、绢等，题材可分人物、山水、花鸟等，技法可分具象和写意。中国画在内容和艺术创作上，体现了古人对自然、社会及与之相关联的政治、哲学、宗教、道德、文艺等方面的认识。

一、国画的起源和发展

中国的绘画艺术，最早可以上溯到原始社会的新石器时代，距今至少有 7000 余年的历史。最初的中国绘画，是画在陶器、地面和岩壁上的，渐而发展到画在墙壁、绢和纸上。使用的基本工具是毛笔和墨，以及天然矿物质颜料。在无数画家不断探索、创新的努力之下，逐渐形成了鲜明的民族风格和民族气派，并有着自己独立的绘画美学体系。

从我国原始社会新石器时代的彩陶纹饰和岩画来看，尽管这些原始绘画的技巧幼稚，但已掌握了初步的造型能力，对动物、植物等动静形态亦能抓住主要特征。再如在西安半坡村出土的彩陶上，就绘有互相追逐的鱼、奔跑跳跃的鹿，不仅形象生动，而且有一定的艺术意境。这说明我们中华民族的先人，远在原始社会就已具有相当高的审美意趣和高超的艺术创作才能。

先秦绘画已在一些古籍中有了记载，如周代宫殿、庙祠中的历史人物，以及战国漆器、青铜器纹饰，楚国出土帛画等，都已达到较高的水平。青铜器物上的装饰画，主题约可分为两类，一是描写贵族生活中的礼仪活动，如宴乐、射礼、祭祀等，如赵固出土的《刻纹铜鉴》，集中表现了贵族生活的礼仪活动；另一类是描绘战争场面，以山彪镇出土的《水陆攻战纹鉴》为代表。其他百花潭铜壶、故宫宴乐铜壶等，也都有表现战争景象的图画。这些画幅中，有水陆交战、坚壁防守、云梯攻城、冲锋击杀等情节，士兵有的执剑和戟，有的持戈和矛等，形象生动。这些艺术手法，给汉画石刻、砖刻以很大的启发和影响。春秋战国最为著名的有《御龙图》帛画，它是在丝织品上的绘画。这些早期绘画奠定了后世中国画以线为主要造型手段的基础。

秦汉王朝是中国早期建立的中央集权制大国，疆域辽阔，国势强盛，丝绸之路沟通着中外艺术交流，绘画艺术得到了空前发展与繁荣。尤其是汉代盛行厚葬之风，其墓室壁画、画像砖、画像石，以及随葬帛画，生动塑造了现实、历史、神话人物形象，具有动态性、情节性，在反映现实生活方面取得了重大成就。其画风往往气魄宏大，笔势流动，既有粗犷豪放，又有细密瑰丽，内容丰富博杂，形式多姿多彩。

魏晋南北朝时期，战争频仍，民生疾苦，但是绘画艺术仍取得了较大的发展。苦难给佛教提供了传播的土壤，佛教美术勃然兴起。如新疆克孜尔石窟、甘肃麦积山石窟、敦煌莫高窟都保存了大量的该时期壁画，这些壁画的艺术造诣都极高。由于上层社会对绘事的爱好和参与，除了工匠，还涌现出一批有文化教养的上流社会知名画家，如顾恺之等。这一时期玄学流行，文人崇尚飘逸通脱，画史画论等著作开始出现，山水画、花鸟画开始萌芽。这个时期的绘画注重精神状态的刻画及气质的表现，以文学为题材的绘画日趋流行。

隋唐时国家统一，社会稳定，经济繁荣，对外交流活跃，给绘画艺术带来了新的机运，在人物画方面虽然佛教壁画中西域画风仍在流行，但吴道子、周昉等人具有鲜明中原画风的作品占了绝对优势，民族风格日益成熟，展子虔、李思训、王维、张缣等人的山水画、花鸟画，工整富丽，取得了较高的成就。

宋朝时，绘画的真实性已发展到高峰，尤以郭熙的《早春图》为写实主义的巅峰。以后就开始转向主观情趣的抒发，自王维被盛赞"诗中有画，画中有诗"后，文人画悠久的传统便延续至今。人物画已转入描绘世俗生活，宗教画渐趋衰退，山水画、花鸟画跃居画坛主流。又自北宋后，中国绘画渐趋注重笔墨情趣的形式主义。如明代文徵明的画，即不在山水的描绘，而是借由山水来堆砌各种运笔的手法。到明末清初，画家已经开始向表现自我方向转化，不注重客观世界的描绘。如八大山人、扬州八怪、任伯年、吴昌硕等都有很强的自我风格，而不再计较再现自然的真实性。

五代两宋之后，中国绘画艺术进一步成熟完备，出现了一个鼎盛时期，朝廷设置画院，扩充机构编制，延揽人才，并授以职衔，宫廷绘画盛极一时。文人学士亦把绘画视作雅事，并提出了鲜明的审美标准。故画家辈出，佳作纷呈，而且在理论上和创作上亦形成了一套独立的体系，其内容、形式、技法都出现了丰富精彩、多头发展的繁荣局面。

元、明、清三代，水墨山水和写意花鸟都得到快速发展，文人画和风俗画成为中国画的主流。随着社会经济的逐渐稳定，文化艺术领域空前繁荣，涌现出很多热爱生活、崇尚艺术的伟大画家，这些画家们也创作出了名垂千古的传世名画。

明代绘画流派纷呈，各领风骚。明初君主通过一系列政治经济改革，为国家的统一、社会的安定和生产力的恢复发展提供了保证，至明嘉靖、万历年间，国家生产力水平已经达到封建社会的高峰，经济繁荣，文化昌盛，也促进了绘画艺术的快速发展。

明代画坛沿着元代已呈现的变化继续演变发展，文人画和风俗画成为当时画坛主流，并形成诸多流派；山水、花鸟题材流行，人物画衰微；水墨技法不断创新，进一步丰富了笔墨表现能力；创作宗旨更强调抒写主观情趣，追求笔情墨韵。明代绘画的前期，有继承元代水墨画法的文人画，宫廷"院体"绘画，由戴进、吴伟创立的"浙派"绘画。代表画家有刘俊、倪端、商喜、谢环、李在、边景昭、吕纪、林良、戴进、吴伟、张路。明代绘画的中期，苏州崛起"吴门四家"，沈周、文徵明形成声势煊赫的"吴门画派"，弘扬文人画传统，唐寅、仇英兼取"院体"、文人画之长，形成新的画风。代表画家有周臣、沈周、文徵明、唐寅、仇英、文嘉。明代绘画的后期，山水画成为主流，文人写意花鸟画也迅猛发展，画坛尊吴门画派为首。代表画家有张宏、徐渭、陈淳、蓝瑛、项圣谟、吴彬、丁云鹏、陈洪绶、崔子忠、曾鲸。

中国绘画是中国文化的重要组成部分，根植于民族文化土壤之中。它不单纯拘泥于外表形似，更强调神似。它以毛笔、水墨、宣纸为特殊材料，建构了独特的透视理论，大胆而自由地打破时空限制，具有高度的概括力与想象力，这种出色的技巧与手段，不仅使中国传统绘画独具艺术魄力，而且日益为世界现代艺术所借鉴吸收。

二、国画的分类

中国画从题材上，分为人物、花鸟、山水三大类。表面上，中国画是以题材分为这几类，其实是用艺术表现一种观念和思想。所谓"画分三科"，即概括了宇宙和人生的三个方面：人物画所表现的是人类社会，人与人的关系；山水画所表现的是人与自然的关系，将人与自然融为一体；花鸟画则是表现大自然的各种生命，与人和谐相处。中国画之所以分为人物、花鸟、山水这三大类，其实是由艺术升华的哲学思考，三者之合构成了宇宙的整体，相得益彰，是艺术之为艺术的真谛所在。

国画从表现形式上，分为工笔、写意两类。工笔：用细致的笔法制作，工笔画着重线条美，一丝不苟，是工笔画的特色。写意：心灵感受、笔随意走，视为意笔，写意画不重视线条，重视意象，与工笔的精细背道而驰，而生动往往胜于前者。

1. 人物画 以人物形象为主体的绘画之通称。我国的人物画，历史悠久。据记载，商、周时期，已经有壁画。东晋时的顾恺之专尚画人物，在我国绘画史上第一个明确提出"以形写神"的主张。唐代闫立本也擅长人物画，还有吴道子、韩斡（一说韩干）等，都为人物画做出了卓越的贡献。唐以后画人物画的名画家就更多了，历代都有。中国的人物画，是中国画中的一大画科，出现较山水画、花鸟画等为早；大体分为道释画、仕女画、肖像画、风俗画、历史故事画等。人物画力求人物个性刻画得逼真传神，气韵生动、形神兼备。其传神之法，常把对人物性格的表现，寓于环境、气氛、身段和动态的渲染之中。故中国画论上又称人物画为"传神"。历代著名人物画有东晋顾恺之的《洛神赋图》卷，唐代韩滉的《文苑图》，五代南唐顾闳中的《韩熙载夜宴图》，北宋李公麟的《维摩诘像》，南宋李唐的《采薇图》、梁楷的《李白行吟图》，元代王绎的《杨竹西小像》，明代仇英的《列女图》卷、张宏的《击缶图》和《布袋罗汉图》、曾鲸的《侯峒嶒像》等。

2. 山水画 指描写山川自然景色为主体的绘画。山水画（俗称风景画、风光画或彩墨画），是专门的艺术学科，历史悠久。山水画在魏晋、南北朝已产生，但仍附属于人物画，山水多作为背景。隋唐开始独立，如展子虔的设色山水，李思训的金碧山水，王维的水墨山水，王洽的泼墨山水等。五代、北宋山水画大兴，作者纷起，如荆浩、关仝、李成、董源、巨然、范宽、许道宁、燕文贵、宋迪、王诜、米芾、米友仁的水墨山水；王希孟、赵伯驹、赵伯骕的青绿山水，南北竞辉，形成南北两大派系，达到高峰。自唐代以来，每一时期，都有著名画家，专门从事山水画的创作。尽管他们的身世、素养、学派、方法等不同，但是都能够用笔墨、色彩、技巧，灵活经营，认真描绘，使自然风光之美欣然跃于纸上，其脉相同，雄伟壮观，气韵清逸。元代山水画趋向写意，以虚带实，侧重笔墨神韵，开创新风。明清及近代，又有发展，亦出新貌，表现上讲究经营位置和表达意境。传统分法有水墨、青绿、金碧、没骨、浅绛、淡彩等形式。到了明代，以张宏为代表的苏州画家在文人山水画方面另辟蹊径，创作出了富有生活气息的绘画作品。他们在继承吴门画派风格和特色的基础上，加以创新，师自然造化，悟出了绘画的真谛。在画中体现出超凡脱俗的精神境界，使山水画活了起来。

3. 花鸟画　在魏晋南北朝之前，花鸟作为中国艺术的表现对象，一直是以图案纹饰的方式出现在陶器、铜器之上。那时候的花草、禽鸟和一些动物具有神秘的意义，有着复杂的社会意蕴。人们图绘它并不是在艺术范围内的表现，而是通过它们传达社会的信仰和君主的意志，艺术的形式只是服从于内容的需要。

人类早期对花鸟的关注，是孕育花鸟画的温床。史书记载，魏晋南北朝时期已有不少独立的花鸟画作品，其中有顾恺之的《凫雁水鸟图》、史道硕的《鹅图》、陆探微的《半鹅图》、顾景秀的《蝉雀图》、袁倩的《苍梧图》、丁光的《蝉雀图》、萧绎的《鹿图》等，可以说明这一时期的花鸟画已经有了一定的规模。虽然如今看不到这些原作，但是通过其他人物画的背景可以了解到当时的花鸟画已具有相当高的水平，如顾恺之《洛神赋图》中的飞鸟等。这一时期的花鸟画较多的是画一些禽鸟和动物，因为它们往往和神话有一定的联系，有的甚至是神话中的主角。如为王母捣药的玉兔，太阳中的金乌，月宫中的蟾蜍，以及代表四个方位的青龙、白虎、朱雀、玄武等。

一般说花鸟画在唐代独立成科，属于花鸟范畴的鞍马（指人骑马）在这一时期已经有了较高的艺术成就，如今所能见到的韩干的《照夜白》、韩滉的《五牛图》以及传为戴嵩的《半牛图》等，都表明了这一题材所具有的较高的艺术水准。而记载中曹霸、陈闳的鞍马，冯绍正的画鹰，薛稷的画鹤，韦偃的画龙，边鸾、滕昌佑、刁光胤的花鸟，孙位的画松竹，不仅表现了强大的阵容，而且各自都有杰作。如薛稷画鹤，杜甫有诗赞曰："薛公十一鹤，皆写青田真。画色久欲尽，苍然犹出尘。低昂各有意，磊落似长人。"

三、国画的造型特点

国画在观察认识、形象塑造和表现手法上，体现了中华民族传统的哲学观念和审美观，在对客观事物的观察认识中，采取以大观小、小中见大的方法，并在活动中去观察和认识客观事物，甚至可以直接参与事物中去，而不是做局外观，或局限在某个固定点上。

国画在创作上重视构思，讲求意在笔先和形象思维，注重艺术形象的主客观统一。造型上不拘于表面的相似，而讲求"妙在似与不似之间"和"不似之似"。其形象的塑造以能传达出物象的神态情韵和画家的主观情感为要旨。于是，风晴雨雪、四时朝暮、古今人物可以出现在同一幅画中。因此，在透视上它也不拘于焦点透视，而是采用多点或散点透视法，以上下或左右、前后移动的方式，观物取景，经营构图，具有极大的自由度和灵活性。同时在一幅画的构图中注重虚实对比，讲求"疏可走马""密不透风"，要虚中有实，实中有虚。

中国画以其特有的笔墨技巧作为状物及传情达意的表现手段，以点、线、面的形式描绘对象的形貌、骨法、质地、光暗及情态神韵。这里的笔墨既是状物、传情的技巧，又是对象的载体，同时本身又是有意味的形式，其痕迹体现了中国书法的意趣，具有独立的审美价值。中国画，特别是其中的文人画，在创作中强调书画同源，注重画家本人的人品及素养。在具体作品中讲求诗、字、画、印的有机结合，并且通过在画面上题写诗文跋语，表达画家对社会、人生及艺术的认识，既起到了深化主题的作用，又是画面的有机组成部分。

四、国画的主要流派

国画流派，简称国画派，是指由独特的中国绘画艺术理念，通过绘画艺术家艺术实践，并逐步形成"独特美的符号"的中国绘画形式，包括传统的中国画流派、发展中的现代中国画派和当代中国画派等。

"流派"，一定诞生了"画派"；而"画派"，若是传播艺术与学术影响力不够深远，则较难形成一种"流派"。世界有影响力和号召力的一代画家"宗师"和一国官方文化认同的集团风格的主流画派，较易形成有美学影响力的一种"流派"。下面将常见的流派作一简介。

1. 黄派 黄派又称"黄筌画派""黄家富贵"，在中国花鸟画史上占有重要地位。它是五代花鸟画两大流派（黄派和徐派）之一，成熟于五代西蜀的黄筌，光大于宋初的黄居寀。黄筌才高技巧，善于取熔前人轻勾浓色的技法，独标高格，是深得统治阶层喜爱的御用画家。其子居寀、居宝秉承家风，成为两宋时占统治地位的花鸟派别。黄筌为宫廷画家，多写宫苑中的奇花怪石、珍禽瑞鸟，勾勒精细，设色浓丽，不露墨痕，所谓"诸黄画花，妙在赋色"（沈括语），画成逼肖其生，故有"黄家富贵"之称。黄派代表了晚唐、五代、宋初时西蜀和中原的画风，成为院体花鸟画的典型风格。入宋后，当时凡画花鸟无不以"黄家体制为准"。

2. 徐派 徐派又称"徐家野逸"，简称"徐派"，中国著名的画派之一，也是五代花鸟画两大流派之一。代表画家为南唐的徐熙。徐氏为金陵（今江苏南京）人，虽江南一布衣，但志节高尚，放达不羁，所绘的汀花野竹、小鸟渊鱼、草木虫兽，皆妙入造化。所作花木禽鸟，形骨轻秀，朴素自然，清新淡雅，独创"落墨法"。他的作品注重墨骨勾勒，淡施色彩，流露潇洒的风格，故后人以"徐熙野逸"称之。徐氏的笔墨技巧，对于后世影响很大，至徐熙之孙徐崇嗣出，徐熙画派名声渐振。后经张仲、王若水，到明代沈周、陈道复、文徵明、徐渭等人加以发展，成定型的水墨写意花鸟画，从而与黄筌的花鸟画派，两者互相竞争，影响了宋、元、明、清千余年的花鸟画坛。

3. 北方山水画派 北方山水画派中国画流派之一，至宋初始分为北方派系和江南派系。北方山水画派产生于五代至北宋间，宗师为关仝、李成、范宽。关仝是五代后梁画家，长安（今陕西西安）人，师荆浩，晚年有出蓝之誉。擅写关河之势，多涉秋山寒林、林居野渡、幽人逸士、渔市山驿等之作，笔简气壮，景少意长，时称"关家山水"。李成，五代宋初画家，营丘（今山东省淄博市临淄区，一说昌乐）人，初师荆浩、关仝，后隐居山林，师法自然，常画雪景寒林，多为北方景色，勾勒不多，皴擦甚少，惜墨如金，骨干自坚，画山水挺拔坚实，给人气象萧疏、烟林清旷之感。范宽，北宋画家，华原（今陕西耀州区）人，初学李成，继法荆浩，后感"与其师人，不若师诸造化"，终于"自立家法"，下笔雄强老硬，"皆写秦陇峻拔之势，大图阔幅山势逼人。"李、关、范之画风之盛，风靡齐、鲁，影响关、陕地区，为北方山水画派之宗师。

4. 南方山水画派　南方山水画派亦称"江南山水画派"，中国画流派之一，产生于五代至北宋间。宗师为董源、巨然。董源为五代南唐画家，钟陵（今江西进贤西北）人。善画人物、牛、虎、龙，尤工山水，写江南风景，画面不见高山叠嶂，陵峭怪石，而是峰峦晦明，林麓烟云，洲渚掩映一类的山光水色，表现了平淡天真的情趣，构图方法，笔墨技法为塑造江南景色也均有创新，与北方的山水画迥不相同。巨然为五代宋初画家，江宁（今江苏南京）人，山水画师承董源，也擅画烟岚气象和山川高旷的江南景色。此派以董源和巨然为一代宗师，世称"董巨"。米芾父子"米派云山"画派，画京口一带景色，显出此派新貌。南宋末僧人法常（牧溪）和画僧若芬（玉涧）等，皆属南画体系，至元代而大盛。

5. 湖州竹派　中国画流派之一。此派以竹为表现对象，以宋代文同、苏轼为代表，尤以文同画竹最著称。明代僧人莲儒曾作《湖州竹派》，述自北宋至明代画家共有 25 人之多。因文同曾于湖州（今浙江吴兴）任太守，故称。元代张退之认为墨竹始于唐玄宗李隆基，吴道子、王维、李昂、萧悦等也善画竹。而至文同竹艺大进，文氏毕生画竹。宋代郭若虚《图画见闻志》称："善画墨竹，富潇洒之姿。"苏轼称其画竹"得成竹于胸中"（《文与可画筼筜谷偃竹记》），身以竹化，以竹出自我之磊磊风神。苏轼也好为竹，自称"派出湖州"。元以后，李衎、吴镇、柯九思等复承其绪。元代画家吴镇搜集学文同画竹技法的宋元画家小传，编成《文湖州竹派》一书。

6. 常州画派　中国画流派之一。常州（今属江苏）古名毗陵、武进，故又称"毗陵画派""武进画派"。此派以花卉、草虫写生为胜。所绘花卉，不用墨线勾勒，直接用彩色描绘。祖述于北宋初年徐崇嗣、赵昌的没骨法。常州画派自宋以来画家云集。该派始于北宋毗陵僧人居宁，居宁草虫似属禅林墨戏一路。南宋元初于青言、于务道祖孙以画荷著称。明代孙龙擅画泼彩写意花鸟。清代唐于光以"唐荷花"和恽寿平的"恽牡丹"为著名。到了清初常州花卉已达高峰。恽、唐花卉写生，多空灵之感，是徐崇嗣没骨法的继承者。以上画者均为毗陵人，皆属此派。

7. 浙派　浙派亦称"浙江画派"，中国画流派之一。明代前期重要画家戴进开创。戴进钱塘（今浙江杭州）人，作画受李唐、马远影响很大，取法南宋画院体格。擅山水、人物、花果、翎毛，画艺很高，风行一时，从学者甚多，逐渐形成"浙派"。后来江夏（今湖北武昌）人吴伟，学戴进而更为豪放，也有不少人追踪他的画风，又形成浙江派的支流——"江夏派"。浙派、江夏派的著名画家有张路、蒋三松、谢树臣、蓝瑛等。明代中叶后，吴派兴起，主宰画坛，至明末"浙派"不再出现于画坛。

8. 六朝四家　六朝指三国的东吴、东晋、南朝的宋、齐、梁、陈。皆以建康（今江苏南京）为都。四家指东吴的曹不兴，东晋的顾恺之，南朝的陆探微、张僧繇。曹不兴擅画虎、马、龙、佛教人物，摹写佛像有"佛画之祖"之誉。顾恺之精妙于绘画、肖像、禽兽，山水无所不工，其画笔法细密精致，雄劲连续，如春蚕吐丝，富有韵律感。陆探微擅画肖像，亦能山水草木，人物造型"秀骨清象""令人懔懔若对神明"，笔势连绵不断，更为挺拔刚劲，号为"密体"。张僧繇极善画龙，民间有"画龙不点睛，点则飞去"的传说，创造了比较丰腴的典型，画"天女宫女，面短而艳"（米芾《画史》）。唐代张怀瓘评六朝画谓："张（僧繇）得其肉，陆（探微）得其骨，顾（恺之）得其神。"六朝之画开隋唐画风，对阎立本、吴道子影响较大。

9. 南宋四家　南宋院体山水画家李唐、刘松年、马远、夏圭四人的合称，亦有"李刘马夏"之称。四家画属豪纵简略一路画风，统治南宋山水画坛百余年。如李唐晚年创"大斧劈皴"法，代表作有《万壑松风图》等。刘松年人称"刘清波""暗门刘"，代表作有《四景山水》等。《画史》称马远为"马一角"，代表作有《踏歌图》《水图》等。夏圭画风与马远近似，并称"马夏"，《画史》称他为"夏半边"，代表作有《溪山清远图》等。他们还影响了明代浙派山水画。

10. 元四家　元代四位山水画家的合称。主要有两说：一是指赵孟頫、吴镇、黄公望、王蒙四人；二是指黄公望、王蒙、倪瓒、吴镇四人。第二种说法流行较广。元四家，以黄公望为冠。他们虽然各具特色，但主要都在五代董源、北宋巨然的基础上发展变化，重笔墨，尚意趣，并结合书法诗文，是元代山水画的主流，对明清两代影响很大。另外也有人将赵孟頫、高克恭、黄公望、吴镇、倪瓒、王蒙合称为"元六家"。

11. 明四家　明代中叶沈周、文徵明、唐寅、仇英四位画家的合称。沈周作画取法于董源、巨然，气势雄健，沉着浑厚。文徵明学画于沈周，又自成风格。而沈、文两位又为"吴门派"宗师。唐寅与文徵明同学于沈周之画法，均善书法，能诗文，绘画成就最高，人物、花鸟俱佳，尤以仕女画著名；工笔、写笔皆工。仇英青绿山水画以繁富、典雅著称，亦擅画人物，笔力刚健，造型准确，对人物精神刻画自然。四人中沈周与文徵明为文人画，唐寅与仇英为近院体画。他们之间或师或友，关系密切，艺术风格各异，对后世颇有影响。

12. 吴门画派　简称"吴派"，一般认为始于沈周，成于文徵明，加上唐寅和仇英，是为"吴门四家"或称"明四家"。它盛行于明代中期，从学者甚众。著名的有文伯仁（文徵明侄子）、文嘉（文徵明仲子）、陈道复、陆治、钱毅等。他们都是苏州府人，苏州别名"吴门"，故称"吴派"于明代中期以后，逐渐取代宫廷绘画和"浙派"的地位，在社会上尤其是在文人士大夫当中受到重视。

13. 清六家　清初山水画家王时敏、王鉴、王翚、王原祁、吴历、恽寿平六人的合称。亦称"四王、吴、恽"。王时敏、王鉴、王翚、王原祁又称"清四王"。四王之间有着师友和亲属关系，都受明末画家董其昌影响，画学宋元，法本黄公望，重临摹，仿古画，轻写生和创造。"四王"山水受到官方的推崇，被尊为"正宗"，从学者甚多，对清代300年画坛影响至深。吴历出于王时敏之门，曾随传教士去澳门，略带西洋技法，又是王翚的同乡。恽寿平初善山水画，后与王翚为友，舍山水而学画花竹禽虫，以北宋徐崇嗣没骨法为宗，有明丽秀润的特色，称为"恽派"。他们继明代董其昌之后享有盛名，领导画坛，左右时风，当时被视为"正统"。

14. 清四僧　即弘仁（浙江）、髡残（石溪）、八大山人（朱耷）、石涛（原济）。皆明末遗民，他们深通禅学，寄情书画，各有独特造诣。八大山人和石涛系明宗室，后出家为僧，髡残号石溪，与石涛并称"二石"。

15. 金陵八家　明末清初龚贤、樊圻、高岑、邹喆、吴宏、叶欣、胡慥、谢荪八人的合称。他们的绘画题材和风格不尽相同，由于都居金陵（今江苏南京），皆有一定时誉，故称八家。当代金陵画家有傅抱石、钱松喦、魏紫熙、宋文治、亚明等。

16. 扬州八家　清乾隆年间寓居江苏扬州的八位代表画家的总称，即"扬州画派"。他们是汪士慎、黄慎、金农、高翔、李少堂、郑燮、李方膺、罗聘。实际上不止八人，还有高凤翰、边寿民、闵贞等，说法不一。这一画派的共同特点，是不少人一生不得志、不当官，有的做过几年小官又弃官专门绘画为主。他们的文学及书法修养都很高，都愤世嫉俗，了解民间疾苦，不向权贵献媚；重视思想、人品、学问、才情对绘画创作的影响。画题以花卉为主，也画山水、人物，继承了徐渭、朱耷、石涛的创新精神，不拘前人的陈规，主张自立门户，抒发真情实感，反对当时崇尚摹拟、泥古作风，被时人目为"偏师""怪物"，遂有"扬州八怪"之称。他们能诗、擅书和篆刻，讲究诗书画结合。此画派对近代中国画写意花卉的意趣和技法有相当大的影响。

17. 岭南画派　民国初广东地区以高剑父为首，与陈树人、高奇峰等开创的新画风，简称"岭南画派"。这一画派注重革新，以传统绘画为主，吸收日本南画，即东洋水彩和西洋油画为辅，开创出一种既存传统风貌，又富新意新技法的画风。岭南派名家辈出，当代有关山月、黎雄才、赵少昂、杨善深等。

18. 巴蜀画派　又名川渝画派。民国时候所说的南张北溥，南即四川张大千，北即河北溥心畬。四川地区文化传统深厚，人文环境积淀又深，是书画家的摇篮，巴蜀画派典型风格即为意境含蓄典雅、传统功力深厚，尤其在颜色和线条上为其他画派所不及。秀润之风，温润之气，这在青绿金碧山水、工笔人物以及工笔花鸟上都有体现，即便是写意之山水人物花鸟，也透露出浓重的秀润之气，这在张大千张善子兄弟、陈子庄、赵蕴玉、朱宣咸、朱佩君、肖建初等一代画家身上体现明显。尤其是近代中国画受到西画的影响，纷纷变化，四川、重庆（巴蜀画派）的画家却很少受其影响，有着北派、海派、长安、岭南等地所稀少的传统气韵和功力。

19. 海上画派　简称"海派"。其特点是在传统的基础上，破格创新，个性鲜明，风格多样，重品学修养，和民间艺术有联系，趣味雅俗共赏，并善于借鉴吸收外来艺术。代表画家有赵之谦、虚谷、任伯年、吴昌硕、黄宾虹等。

第三节　中国字画的形式

中国字画的形式多姿多彩，有横、直、方、圆和扁形，也有大小长短等分别，除壁画，以下是常见的几种。

1. 中堂　挂在厅堂正中的大幅字画。中国旧式房屋，天花板高大，所以客厅中间墙壁适宜挂上一幅巨大字画，称为"中堂"。

2. 条幅　长条形的字画称为条幅，如对联亦由两张条幅配成。条幅可横可直，横者与匾额相类。无论书法或国画，可以设计为一个条幅或四个甚至多个条幅。常见的有春夏秋冬条幅，各绘四季花鸟或山水，四幅为一组。较长诗文，如不用中堂写成，亦可分裱为条幅，颇为美观。

3. 横批 即"横披",也称"横幅"。长条形,横着作画装裱而成,可独立悬挂房间。

4. 小品 所谓小品,就是指体积较细的字画。可横可直,装裱之后,适宜悬挂较小的墙壁或房间,显得十分精致。

5. 镜框 将字画用木框或金属框装框,上压玻璃或胶片而成。

6. 卷轴 卷轴是中国画的特色,将字画装裱成条幅,下加圆木作轴,把字画卷在轴外,以便收藏。

7. 扇面 将折扇或圆扇的扇面上题字作画取来装裱而成,是我国古代绘画特有的形式之一。由于圆形或扇形的形式美丽,所以有人将画面剪成扇形才作画,然后装裱,别具风格。

8. 册页 将字画装订成册,称为册页。册页可以折叠画面各成方形,而与长卷有不同之处。

9. 长卷 将画裱成长轴一卷,成为长卷,多是横看。画面连续不断,与册页逐张出现不同。

10. 斗方 将小品装裱成一方尺左右的字画,成为斗方。

11. 屏风 古时建筑物内部挡风用的一种传统装饰家具。屏风有单幅或摺幅,常在其上配以字画,以起装饰、美化作用。

第十五章 天文学

天文一词最早见于我国古老的《易经》,《易传·彖·贲》说:"刚柔交错,天文也。文明以止,人文也。"它是日月星辰等天体在宇宙间分布运行等现象。我国古代把风、云、雨、露、霜、雪等地文现象也列入天文范围,还要求君子"观乎天文,以察时变。观乎人文,以化成天下"(同上)。晋代葛洪《抱朴子·博喻》:"山鸠知晴雨于将来,不能明天文。"《隋书·经籍志三》:"天文者,所以察星辰之变,而参与政者也。"

天文学是观察和研究宇宙间天体的学科,它研究天体的分布、运动、位置、状态、结构、组成、性质及起源和演化,是自然科学中的一门基础学科。天文学与其他自然科学的一个显著不同之处在于,天文学的实验方法是观测,通过观测来收集天体的各种信息。因而对观测方法和观测手段的研究,是天文学家努力研究的一个方向。

中国是世界上天文学起步最早、发展最快的国家之一,天文学也是我国古代最发达的四门自然科学之一,其他为农学、医学和数学。天文学方面屡有革新的优良历法、令人惊羡的发明创造、卓有见识的宇宙观等,在世界天文学发展史上,无不占据重要的地位。

在古代,天文学还与历法的制定有着不可分割的关系,因为天文学是历法的基础,言古代天文学也必然涉及古代历法。为了弥补在天文学中对涉及历法内容介绍的不足,所以,在本章的后面附有对历法的专门介绍,以使人们对古代天文历法学有一个比较完整的认识。

第一节 中国古代天文学概况

历法与天文学的发展是紧密相连的。中国是世界上产生天文学最早的国家之一,也是最早有历法的国家之一。我国古代天文学从原始社会就开始萌芽了,到了尧帝时期,设立了专职的天文官,专门从事"观象授时"。早在仰韶文化时期(约 7000～5000 年前),人们就描绘了光芒四射的太阳形象,进而对太阳上的变化也屡有记载,描绘出太阳边缘有大小如同弹丸、成倾斜形状的太阳黑子。

中国的祖先还生活在茹毛饮血的时代时,就已经懂得遵循大自然安排的"作息时间表"——"日出而作,日落而息"。太阳周而复始的东升西落运动,使人类形成了最基本的时间概念——"日",产生了"天"这个最基本的时间单位。大约在商代,古人已经有了黎明、清晨、中午、午后、下午、黄昏和夜晚这种粗略划分一天的时间概念。计时仪器漏壶发明后,人们通常采用将一天的时间划分为 100 刻的做法,夏至前后,"昼长六十刻，夜短四十刻"；冬至前后，"昼短四十刻，夜长六十刻"；春分、秋分前后，则昼夜各 50 刻。尽管白天、黑夜的长短不一样，但昼夜的总长是不变的，都是每天 100 刻。

远在 5000 多年前，中国就有了"阴阳历"，每年 366 天。商代（前 1600—前 1066）时期，已有专门的官员负责天文历法，当时采用的是"阴阳合历"，将闰月放在岁末，称为"十三月"。西周（前 1066—前 771）时期，天文学家用圭表测量日影，确定冬至、夏至和 1 年的 24 个节气，还根据日月运行规律定出了计时的方法，把 1 天分为 12 个时辰，用来指导农牧业生产。

中国最早的天象观察，可以追溯到好几千年以前，无论是对太阳、月亮、行星、彗星、新星、恒星，还是对日食和月食、太阳黑子、日珥①、流星雨等罕见天象，都有着悠久而丰富的记载，其观察之仔细、记录之精确、描述之详尽、水平之高，达到使今人惊讶的程度，这些记载至今仍具有很高的科学价值。在中国河南安阳出土的殷墟甲骨文中，已有丰富的天文现象的记载，这表明远在前 14 世纪时，我们祖先的天文学已很发达了。早在 2000 多年前的先秦时期，我们的祖先就已经对各种形态的彗星进行了认真的观测，不仅画出了三尾彗、四尾彗，还似乎窥视到今天用大望远镜也很难见到的彗核，这足以说明中国古代的天象观测是何等的精细入微。举世公认，中国有世界上最早最完整的天象记载。

汉代（前 206—前 220），把 1 天 12 时辰命名为夜半、鸡鸣、平旦、日出、食时、隅中、日中、日昳、晡时、日入、黄昏、人定。汉武帝时，命令官员在古历的基础上重新制定了新的历法——《太初历》（前 104 年成书），沿用 200 余年。东汉（25—220）初年，国家又制定了《四分历》。魏晋南北朝（220—518）时期，祖冲之制定《大明历》，首次将岁差计算入内，每年 365.2428 天，与现在的精确测量值仅相差 52 秒。

中国古代在创制天文仪器方面，也做出了杰出的贡献，创造性地设计和制造了许多种精巧的观察和测量仪器。中国最古老、最简单的天文仪器是土圭，也叫圭表，它是用来度量日影长短的。它最初是从什么时候开始有的，已无从考证。此外，西汉的天文学家落下闳改制了浑仪，这种中国古代测量天体位置的主要仪器，几乎历代都有改进。东汉的张衡创制了世界上第一架利用水利作为动力的浑象。世界天文史学界公认，中国对哈雷彗星观测记录久远、详尽，无哪个国家可比。中国前 240 年的彗星记载，被认为是世界上最早的哈雷彗星记录。从那时起到 1986 年，哈雷彗星共回归了 30 次，中国都有记录。1973 年，中国考古工作者在湖南长沙马王堆的一座汉朝古墓内发现了一幅精致的彗星图，图上除彗星之外，还绘有云、气、月掩星②和恒星。天文史学家对这幅古图做了考释研究后，称之为《天文气象杂占》，认为这是迄今发现的世界上最古老的彗星图。

---

① 日珥：在日全食时，太阳的周围镶着一个红色的环圈，上面跳动着鲜红的火舌，这种火舌状物体就叫作日珥。日珥是在太阳的色球层上产生的一种非常强烈的太阳活动，是太阳活动的标志之一。

② 月掩星：一种天文现象，是指一个天体在另一个天体与观测者之间通过而产生的遮蔽现象。当月亮运行到地球和太阳之间，同时三者又恰好在一条视线上，从地球上看去，月亮遮住了太阳，于是发生了日食；同样的道理，当月亮遮住的天体是遥远的星星时，这种天象就叫月掩星。

　　唐代（618—907 年）著名天文学家僧一行经过数年的测量后制定了中国历史上最全面最详尽的历书——《大衍历》。该书共七部分，包括：计算朔月①、望月②的方法，计算二十四节气及昼夜长短的方法，计算太阳、月亮运动，计算五大行星的运动，七十二候③，六十四卦，以及预测日食、月食等。这个历法对中国历法史影响很大，在明末采用西欧方法编历之前，历次修订历法都是仿照它的结构进行的。

　　北宋时期（960—1127 年）沈括制订了依据时令气节而定的《十二气节历》，撤销闰月，与现行的公历主张一致。

　　元朝（1279—1368 年）郭守敬在实际观测的基础上，吸取了前人的经验，加上自己的创见，编订了中国最优秀的历法《授时历》。废除了上元积年的日法，创立了招差法④、孤矢割圆术⑤，精确而圆满地解决了古历中定朔、闰月安排，二十四节气安排，预推日月食日期、时刻等问题。《授时历》通过 3 年多的 200 次测量，经过计算，采用 365.2425 日作为一个回归年⑥的长度。这个数值与现今世界上通用的公历值相同，而在六七百年前，郭守敬能够测算得那么精密，实在是很了不起，比欧洲的格里高列历早了 300 年。郭守敬还先后创制和改进了 10 多种天文仪器，如简仪、高表、仰仪等。

　　从明朝（1368—1644 年）万历年间开始，中国历法引入西学。清代（1644—1911 年）初期顺治时，德国传教士汤若望等人编制《时宪历》。1912 年，中国开始使用公历，但同时使用农历，其实质上仍是《时宪历》。从 14 世纪到 16 世纪，这 200 年间，中国天文学又有了不少新进展，如翻译阿拉伯和欧洲的天文学事记。在 1405－1432 年的 20 多年间，郑和率领舰队几次出国，船只在远洋航行中利用"牵星术⑦"定向定位，为发展航海天文学做出了贡献，对一些特殊天象做了比较仔细地观察，如 1572 年的"阁道客星"和 1604 年的"尾分客星"，这是两颗难得的超新星。

　　出于农耕民族掌握四季变化的需要，古人观测天象是很勤的，殷商时代的甲骨文就有了某些星名和日食、月食的记载，《尚书》《诗经》《春秋》《左传》《国语》《尔雅》等书有许多关于星宿的叙述和丰富的天象记录，《史记》有《天官书》，《汉书》有《天文志》，《淮南子》等书中还记载了彗星、流星雨以及太阳黑子等天象活动。古人勤奋观察日月星辰的位置及其变化，主要目的是通过观察这类天象，掌握他们的规律性，用来确定四季，编制历法，为生产和生活服务。中国古代历法不仅包括节气的推算、每月的日数的分配、月和闰月的安排等，还包括许多天文学的内容，如日月食发生时刻和可见情况的计算和预报，五大行星位置的推算和预报等，说明中国古代对天文学和天文现象的重视，同时，这类天文现象也是用来验证历法准确性的重要手段之一。

---

　　① 朔月：参见本章中国历法中的术语解释。

　　② 望月：参见本章中国历法中的术语解释。

　　③ 七十二候：中国最早的结合天文、气象、物候知识指导农事活动的历法。源于黄河流域，完整记载见于公元前 2 世纪的《逸周书·时训解》。以五日为候，三候为气，六气为时，四时为岁，一年二十四节气共七十二候。

　　④ 招差法：中国古代的一种计算方法，相当于今二次内插公式。

　　⑤ 孤矢割圆术：中国古代数学名词，即球面直角三角形解法。

　　⑥ 回归年：即太阳年。地球由春分点出发回到原点所需时间。一回归年等于 365 日 5 小时 48 分 46 秒。

　　⑦ 牵星术：牵星术是我国古代劳动人民的航海发明之一。利用天上星宿的位置及其与海平面的角高度来确定航海中船舶所走位置及航行方向的方法，因此又称为天文航海术。

古人的天文知识不仅丰富，而且也很普及。明末顾炎武在《日知录》里说："三代以上，人人皆知天文。'七月流火'，农夫之辞也。'三星在户'，妇人之语也。'月离于毕'，戍卒之作也。'龙尾伏辰'，儿童之谣也。后世文人学士，有问之而茫然不知者矣。"

第二节　天文学的基本概念

以下介绍七政五纬、二十八宿四象、三垣、十二次、分野等天文学的基本概念。

一、七政、五纬

古人把日月和金木水火土称七政，也叫七曜。其中金木水火土五星合起来又称五纬。

金星古称明星，又名太白，这是因为它光色银白，亮度特强。《诗经》的"子兴视夜，明星有烂"（《郑风·女曰鸡鸣》），"昏以为期，明星煌煌"（《陈风·东门之杨》），都是指金星说的。金星黎明见于东方叫启明，黄昏见于西方叫长庚；木星常称为岁星，简称岁；水星又叫辰星；火星古名荧惑；土星又叫镇星或填星。

需要注意的是，先秦古籍中谈到天象时所说的水并不是指行星中的水星，而是指恒星中的定星（营室），即室宿，在西方则为飞马座的 αβ 两星。如《左传·庄公十九年》："水昏而正栽。"先秦古籍中谈到天象时所说的火也不是指行星中的火星，而是恒星中的"大火"，特指"心宿二"，在西方则为天蝎座的 α 星，如《诗经》中的"七月流火"。

二、二十八宿、四象

二十八宿，又名二十八舍或二十八星。最初是古人为比较日、月、五星的运动而选择黄道、赤道附近的二十八个星官①，作为观测时的标志。"宿"或"舍"，有停留的意思。《史记·律书》说："舍者，日、月所舍。"在《步天歌》中二十八宿也成为二十八个天区的主体，这些天区也仍以二十八宿的名称为名称。不过和三垣（上垣之太微垣、中垣之紫微垣及下垣之天市垣）的情况不同，作为天区，二十八宿主要是区划星官的归属。而在天象记录中，大量使用的"入×宿"的字样，这里的"宿"所包括的范围，同二十八宿所指的天区是有区别的。

二十八宿的名称：东方苍龙七宿（角、亢、氐、房、心、尾、箕），北方玄武七宿（斗、牛、女、虚、危、室、壁），西方白虎七宿（奎、娄、胃、昴、毕、觜、参），南方朱雀七宿（井、鬼、柳、星、张、翼、轸）。

把二十八宿按上面的次序分作四组，每组七宿，分别与四个地平方位、四种颜色、四种动物形象相匹配，叫作四象，也称四神、四灵。它们之间的对应关系如下：东方苍

---

① 星官：天文学术语。星官是古代汉族神话和天文学结合的产物。古代汉族天文学家为了便于认星和观测，把若干颗恒星组成一组，每组用地上的一种事物命名，这一组就称为一个星官，简称一官。

龙（或青龙），青色；北方玄武（即龟蛇），黑色；西方白虎，白色；南方朱雀（或朱鸟），红色。

二十八宿与四方相配，是以古代春分前后初昏时的天象为依据的，这时正是朱鸟七宿在南方，苍龙七宿在东方，玄武七宿在北方，白虎七宿在西方。四种颜色的相配，则与古代五行说有关。至于龙、龟蛇、虎、鸟匹配天象的由来，一种观点认为是与原始部落的图腾有关；另一种说法则认为可能与这些星座昏中时所代表的季节特征有联系，例如，南方七宿昏中是春季，而鸟可以被看作春天的象征等。

观测日月五星（五星指金木水火土）的运行是以恒星为背景的，因为恒星相互间的位置相对稳定不变，可以用它们来做日月五星运行所到的位置。

黄道是古人假想的太阳周年运行轨道。地球围绕太阳运行的轨道称为黄道，地球的自转和公转同时进行。从地球轨道不同的位置上看太阳，则太阳在天球（为研究天文而假想的，通常是以地球为中心，无限长为半径的球体）上的投影的位置也不尽相同。这种视位置的移动叫作太阳的视运动，大阳周年的视运动轨迹就是黄道。赤道不是指地球的赤道，而是指天球赤道，就是地球赤道在天球上的投影。

古人以二十八宿来观测日月和五个行星的运行，如《尚书》"月离于毕"指的是月亮附于毕宿（离通丽，附着的意思），《论衡》"荧惑守心"指的是火星位于心宿，《诗经》"太白食昴"指金星遮蔽了昴宿。

二十八宿不仅用于观测日月五星，有的还是古人测定岁时季节的观测对象。上古时代，人们认为初昏时参宿在南方就是春季正月，心宿在正南方就是夏季五月等。另外，古人还按上述二十八宿为主体，把黄道附近的一周天按照由西向东的方向分为 28 个不等份。所以在这个意义上说，二十八宿就意味着 28 个不等份的星空区域了。

三、三垣

古代对星空的分区，除了二十八宿以外，还有所谓三垣。即紫微垣、太微垣、天市垣。

古人在黄河流域的北天上空，以北极星为标准，集合周围其他各星，合为一区，名曰紫微垣。在紫微垣外，在星张翼轸以北的星区是太微垣，在房心箕斗以北的星区是天市垣。

北斗七星在古代天文中也占有重要地位。北斗是由天枢、天璇、天玑、天权、玉衡、开阳、摇光七星组成的。古人把这七星联系起来想象成舀酒的斗形：天枢、天璇、天玑、天权为斗身，古曰魁；玉衡、开阳、摇光为斗柄，古曰杓。北斗七星属于大熊座。

古人很重视北斗，因为可以利用它来辨方向，定季节，把天璇、天枢连成直线并延长五倍距离，就可以找到北极星，而北极星是北方的标志。北斗星在不同的季节和夜晚不同的时间，出现在于天空不同的方位。人们看起来它在围绕着北极星转动，所以古人又根据初昏时斗柄所指的方向来决定季节：斗柄指东，天下皆春；斗柄指西，天下皆秋；斗柄指南，天下皆夏；斗柄指北，天下皆冬。

四、十二次

古人为了说明日月五星的运行和节气的变换，黄道附近一周天按照由西向东的方向分为十二等份，称为十二次。每次中都有二十八宿中的某些星宿作为标志。由于十二次是等分的，而二十八宿广狭不一，所以十二次各次的起止界限中宿与宿之间的界限不能一致，有些宿是跨属于相邻的两个次（跨界者用括号表示）。列表如下：

序号	十二次	十二辰	二十八宿
1	星纪	丑	斗、牛、（女）
2	玄枵	子	女、虚、危
3	诹訾	亥	（危）、室、壁、（奎）
4	降娄	戌	奎、娄、（胃）
5	大梁	酉	胃、昴、毕
6	实沈	申	（毕）、觜、参
7	鹑首	未	井、鬼、（柳）
8	鹑火	午	柳、星、张
9	鹑尾	巳	（张）、翼、轸
10	寿星	辰	（轸）、角、亢、（氐）
11	大火	卯	氐、房、心、（尾）
12	析木	寅	尾、箕、（斗）

古人创立十二次主要有两个用途：第一，用来指示太阳所在的位置，以说明节气的变换，例如太阳在星纪中交冬至，在玄枵中交大寒。第二，用来说明岁星（木星）每年运行所到的位置，并据以纪年，例如说某年"岁在星纪"，次年在"岁在玄枵"等。

十二次的名称，多和各自所属的星宿有关。例如大火是次名，同时又是心宿的星名。鹑首、鹑火、鹑尾，其所以名鹑，显然又和南方朱雀有关，朱雀七宿也正属于这天宿内。

五、分野

分野，指与星次相对应的地域。古人依据星纪、玄枵、诹訾、降娄、大梁、实沈、鹑首、鹑火、鹑尾、寿星、大火、析木等十二星次的位置划分地面上州、国的位置与之相对应。就天文说，称作分星（与地上分野相对应的星次），就地面说，称作分野。我国古代占星家为了用天象变化来占卜人间的吉凶祸福，将天上星空区域与地上的国州互相对应，也称作分野。

古人是把天上的星宿和地上的州域联系起来看的。在春秋战国时代，人们根据地上的区域来划分天上的星宿，把天上的星宿分别指配于地上的州图，使它们相互对应。说某星是某国的分星，某某星宿是某某州国的分野，这种看法，即是"分野"的概念。

古人建立分野的目的在观察天象，以占卜地上所配州国的吉凶。《论衡》中谈到荧惑守心时就说："荧惑，天罚也；心，宋分野也。视当君。"对分野有了了解，就可以知道古代作家在写到某地区时会连写到这个地区相配的星宿，如庾信《哀江南赋》"以鹑首而赐秦，天何为而此醉"、王勃《滕王阁序》"星分翼轸"、李白《蜀道难》"扪参历井"，指的就是所描绘的地方的星宿分野。

古代是把天象的变化和人事的吉凶联系到一起的：日食是上帝对当政者的警告，彗星的出现预示着有兵灾战乱，岁星（木星）正常运行到某某星宿，则地上与之相配的州国就会五谷丰登，而荧惑（火星）运行到某一星配，这个地区就会有灾祸等。古人还认为，一些天象的变化还是水旱、饥馑、疾疫、盗贼等自然、社会现象的预兆，《周礼·春官·保章氏》："以星土辨九州之地所封，封域皆有分星，以观妖祥。"《汉书·地理志》："而保章氏掌天文，以星土辨九州之地，所封封域皆有分星，以视吉凶。"

附：中国历法

历法是推算日月星辰之运行以定岁时节候的方法，换言之推算年、月、日的长度和它们之间的关系，制定时间顺序的法则叫历法。中国历法，是中国历史上由我国先民自己创制出来的各种历法。中国在世界上是最早发明历法的国家之一，历法的出现对国家经济、文化的发展有深远的影响。

历书是排列年、月、节气等供人们查考的工具书。历书在中国古时称通书或时宪书，在封建王朝的时代，由于它是皇帝颁发的，所以又称皇历。

1. 历法简介　中国传统历法，除汉历外，还有藏历等少数民族历法，在此我们只介绍汉历。汉历，汉族的传统历法，也被称为阴历、农历、古历、黄历、皇历、夏历和旧历等。它是一种阴阳合历，以月相①定月份，以太阳定年周期，以因太阳和月亮同时升起，而在地球上看不到月亮的朔日为每月的开始。每月长短根据月相而不同，即一个月天数依照月亮围绕地球运行周期而定，可能为30日或29日。农历一年一般为12个月，闰年为13月，中国农历平年为353或354天，闰年为384或385天，平均每年约为365.2422天（即地球环绕太阳一周的时间）。将太阳年划分为24个节气，第1、3、……23等奇数为"节"，第2、4、……24为"气"，或"中气"。由于太阳年周期和以月相为周期的12个月不一致，约隔每4年增加1个月，增加到没有中气的月后面，如2004年2月只有一个节"惊蛰"，没有气，将闰月增加到2月后为闰2月。不同年份的闰月位置都不太一致。

农历可按如下方式推断：一年中日最长的一天为夏至，日最短为冬至，根据这两点将一年24等分，得到24节气。通常离立春最近的那个朔日（春节）所在的月，为正月。春节在公历1月20日至2月20日之间。

从古代起，每个朝代都要"立正朔"。据史书记载，夏朝时，以冬至月后2月的寅月为正月，按干支记月法是冬至之月为第一个月，即子月。商朝改正朔，推后一月，周朝又改正朔，又推后一月。汉朝订立太初历，以建寅月为正月，以后每朝虽然仍然立正

---

① 月相：天文学术语。是天文学中对于地球上看到的月球被太阳照明部分的称呼。随着月亮每天在星空中自西向东移动一大段距离，它的形状也在不断地变化着，这就是月亮位相变化，叫作月相。

朔，但均以建寅月为新年正月，子月始终维持在冬至之月。

每位皇帝即位时，要改年号纪年，有时兴之所至则随时改年号，但从明朝开始，皇帝在位时不再改年号，但新皇帝即位时仍然要改，这种纪年法的缺陷是上一位皇帝的末年和下一位皇帝的元年吻合，如"同治十四年"就是"光绪元年"，因为这一年是上一位皇帝去世，下一位皇帝即位的同一年。除了清代的康熙，没有一位皇帝在位超过60年，所以只要说某皇帝年号和干支，年代就相当清楚，如"光绪乙亥"就是同治十四年或光绪元年或1875年，同治在位期间没有过乙亥年。

汉族的传统节日如新年（春节）、元宵节、端午节、中元节、中秋节等都是以农历为依据的。

2. 历法简史　中国的历法与纪年采用阴阳干支三合历。上古时期，根据不同的农业、牧业生产情况需要，分别产生过太阳历法和太阴历法。农历作为中国传统历法，最早源自何时无从考究，据出土的甲骨文和古代中国典籍等记载，现时阴阳合一的历法规则一般认为源自殷商时期。从黄帝历法到清朝末期启用西历（公历）始，中国历史上一共产生过102部历法，这些历法中有的曾经对中国文化与文明产生过重大影响，比如夏历、商历、周历、西汉太初历、隋唐大衍历和皇极历等。有的历法虽然没有正式使用过，但对养生、医学、思想学术、天文、数学等起到过重大作用，如西汉末期的三统历和唐朝的皇极历法等。

汉朝以前的古代中国历法以366天为一岁，用"闰月"确定四时和确定岁的终始，已经有日、月、旬和时的时间单位，具备了阴阳历的技术，观察到了五大行星和日月的运动规律，用"闰月""减差法"来调整时差。历法实施成为重要大事，主要内容之一是"以闰月定四时成岁"和"正闰余"，即确定闰月位置和如何减去多余出来的天数（不是加上缺少的天数），由此来确定年岁的终结和开始。到了春秋战国时期，由于周朝王室衰落，诸侯各行其是，因此出现多轨制历法，亦即各诸侯和各地部落还有自己的地方历法。秦朝为中国历史上最后一个"以闰月定四时成岁"的历法。

汉朝初期开始，中国历法出现了大转折，全国统一历法，历法也成为一门较为独立的科学技术。汉武帝责成司马迁等人编写了《太初历》，之后刘歆作《三统历》，这两历的重要特点是年岁合一，一年的整数天数是365天，不再是之前历法的366天。以"加差法"替代之前的"减差法"来调整时差，年岁周期起始相当固定，用数学计算就能确定闰月，用不着"考定星历，建立五行"。至此，阴阳五行基本上退出了历法。之后中国历朝颁布的历法，均与《太初历》大同小异，如唐代的《大衍历》、元代的《授时历》、清代的《时宪历》等；"中华民国"成立后，纪年采用西历或民国纪年并用。传统农历在民间依然使用。

3. 历法原理　人们根据地球自转，产生昼夜交替的现象形成了"日"的概念；根据月亮绕地球公转，产生朔望，形成"月"的概念；根据地球绕太阳公转产生的四季交替现象而形成了"年"的概念。这三个概念所依据的物质运动是互相独立的。根据精确测定，地球绕太阳公转一周的时间约为365.2422平太阳日，这叫一个回归年。而从一次新月到接连发生的下一次新月的时间间隔为29.5306平太阳日，这叫一个朔望月。以回归年为单位，在一年中安排多少个整数月，在一个月中又安排多少个整数天的方法和怎样选取一年的起算点的方法就叫历法。历法问题的复杂性全在于回归年和朔望月这两个周期太零碎，它们同"日"之间的关系，不像公里同米之间的关系那样简单；而且，它们彼此之间也不能通约。所以，历法总是顾此失彼，不能同时协调两个周期。由于这两个原因，历法一般分为三类：太阴历、太阳历和阴阳历。以地球绕太阳公转的运动周期为基础而制定的历法，叫太阳历；按月亮的月相周期来制定的历法，叫太阴历；兼顾太阳、月亮与地球关系的一种历法，叫阴阳历。

无论哪一种历法，都有一个协调历日周期和天文周期的关系问题。在原则上，历月应力求等于朔望月，历年应力求等于回归年。但由于朔望月和回归年都不是整日数，所以，历月须有大月和小月之分，历年须有平年和闰年之别。通过大月和小月，平年和闰年的适当搭配和安排，使其平均历月等于朔望月，或平均历年等于回归年。

4. 术语解释

（1）斗建：北斗所指，叫作斗建。《史记·历书》记载："随斗杓所指建十二月。"前4000～前1000年间，北斗七星比现在更接近北天极，处于恒显圈内，每天晚上都可见到。在中国古代，发现不同季节的黄昏时，北斗斗柄的指向是不同的，因此，把斗柄的指向作为定季节的标准。《鹖冠子》说："斗柄东指，天下皆春；斗柄南指，天下皆夏；斗柄西指，天下皆秋；斗柄北指，天下皆冬。"这就是指当时不同季节里黄昏时看到的天象。春秋战国时期，天文学有了进一步的发展，为使斗柄指示的方向与月份更密切配合，人们将地面分成十二个方位，分别以十二地支表示，正北为子，东北为丑、寅，正东为卯等。夏正十一月黄昏时斗柄指北方子，十二月、正月指东北方丑、寅，二月指东方卯……十月指西北方亥，下一个十一月又回到北方子。这就是古代天文历法中经常提到的"十一月建子、十二月建丑、正月建寅"等十二月建。

（2）朔望：朔是指月球与太阳的地心黄经相同的时刻。这时月球处于太阳与地球之间，几乎和太阳同起同落，朝向地球的一面因为照不到太阳光，所以从地球上是看不见的。望是指月球与太阳的地心黄经相差180°的时刻，这时地球处于太阳与月球之间，月球朝向地球的一面照满太阳光，所以从地球上看来，月球呈光亮的圆形，叫作满月或望月。从朔到下一次朔或者从望到下一次望的时间间隔，称为一朔望月，约为29.53059日。这只是一个平均数，因为月球绕地球和地球绕太阳的轨道运动都是不均匀的，二者之间也没有简单的关系。因此，每两次朔之间的时间是不相等的，最长与最短之间约差13小时。在中国古代历法中，把包含朔时刻的那一天叫作朔日，把有望时刻的那一天叫作望日，并以朔日作为一个朔望月的开始。在历日的安排中，通常为大小月相间，经过15～17个月，接连有两个大月。

东汉以前的历法中，都是把月行的速度当作不变的常数，以朔望月的周期来算朔，算出的朔后来称作"平朔"。东汉前后发现了月亮运动的不均匀性，此后人们就设法对平朔进行修正，以求出真正的朔，称为"定朔"。首次载有这种修正算法的历法，是刘洪创制的《乾象历》。隋代刘焯的《皇极历》，才把日行也有迟疾（就是地球绕日运动不均匀性的反映）的因素考虑到"定朔"的计算中去。

（3）上元积年：古代历法中一般都设有历元，作为推算的起点。这个起点，习惯上是取一个理想时刻。通常取一个甲子日的夜半，而且它又是朔，又是冬至节气。从历元更往上推，求一个出现"日月合璧，五星连珠"天象的时刻，即日月的经纬度正好相同，五大行星又聚集在同一个方位的时刻，这个时刻称为上元。从上元到编历年份的年数叫作积年，通称上元积年。上元实际就是若干天文周期的共同起点。有了上元和上元积年，历法家计算日、月、五星的运动和位置时就比较方便。到元代郭守敬在创制《授时历》时，废除了上元积年。

（4）岁星纪年：中国古代很早就认识到木星约十二年运行一周天。人们把周天分为十二份，称为十二次，木星每年行经一次，就用木星所在星次来纪年。因此，木星被称为岁星，这种纪年法被称为岁星纪年法。此法的起源年代还不清楚，但在春秋、战国之交很盛行，因为当时诸侯割据，各国都用本国的年号纪年，岁星纪年可以避免混乱和便于人民交往。《左传》《国语》中"岁在星纪""岁在析木"等大量记录，就是用的岁星纪年法。

（5）干支纪年：干支纪年法是中国历法上自古以来就一直使用的纪年方法。干支是天干和地支的总称。甲、乙、丙、丁、戊、己、庚、辛、壬、癸等 10 个符号叫天干，子、丑、寅、卯、辰、巳、午、未、申、酉、戌、亥等 12 个符号叫地支。把干支顺序相配正好 60 为 1 周，周而复始，循环记录。干支纪年传说出自黄帝时代，实际是萌芽于西汉初，始行于汉成帝末年，通行于东汉以后。东汉章帝元和二年（85 年），朝廷下令在全国推行干支纪年。从此干支纪年固定下来，并一直延续至今。

（6）二十四节气：二十四节气为十二个中气和十二个节气的总称，约起源于春秋战国时期，是中国古代汉族劳动人民长期经验的积累和智慧的结晶。二十四节气是根据太阳在黄道（即地球绕太阳公转的轨道）上的位置来划分的。二十四节气是中国古代农业学的一大独特创造，几千年来对中国农牧业发展起了重要作用。在《淮南子·天文训》（前 140 年左右）中，有完整的二十四节气记载，其名称和顺序都同现今通行的基本一致。

节气、中气、平气、定气：古时把节气称为"气"，每月有两个气，前一个气叫"节气"，后一个气叫"中气"。节气的安排决定于太阳。西周和春秋时期以圭表测日影的方法定出冬至和夏至的时刻，后来，将一回归年的长度等分成 24 份，从冬至开始，等间隔地依次相间安排各个节气和中气。这种方法叫平气。按照平气办法，每月有一个节气，一个中气。例如：立春为正月节气，雨水为正月中气；惊蛰为二月节气，春分为二月中气。因为两个节气的时间大于一个朔望月的时间，所以可能出现一个月内只有一个节气或一个中气的情况。西汉《太初历》（落下闳著）因而规定节气可以在上月的下半月或本月的上半月出现，而中气一定要在本月出现，如果遇到没有中气的月份，可以定为上月的闰月。这种置闰原则沿用了 1000 多年。

北齐（550—577）张子信发现太阳视运动不均匀现象（因为地球公转轨道是椭圆的）。隋仁寿四年（604 年），刘焯在他的《皇极历》中根据这种不均匀现象对二十四节气提出改革，将周天等分成 24 份，太阳移行到每一个分点时就是某一节气的时刻。这样安排的节气间隔是不均匀的，此法称为定气，定气主要在历法计算中使用。在日用历谱上一直使用平气，直到清代才开始使用定气。

二十四节气反映了太阳周年视运动①，所以节气在现行公历中的日期基本固定，上半年在 6 日、21 日，下半年在 8 日、23 日，前后不差一两天。

（7）十二辰：中国古代对周天的一种划分法，大抵是沿天赤道从东向西将周天等分为十二个部分，用地平方位中的十二支名称来表示，即子、丑、寅、卯、辰、巳、午、未、申、酉、戌、亥。它与二十八宿星座有一定的对应关系。"辰"本意指日、月的交会点。"十二辰"则为夏历一年十二个月的月朔时，太阳所在的位置。

---

① 太阳周年视运动：简称为太阳周年运动，实质是地球公转运动的一种反映。

第十六章　音　律

　　音律指音乐的律吕、宫调等，也叫乐律。《庄子·徐无鬼》："鼓宫宫动，鼓角角动，音律同矣。"《汉书·武帝纪赞》："协音律，作诗乐。"音律，还泛指乐曲，音乐。宋·苏轼《朱寿昌梁武忏赞偈》叙："一切众生，有不能了。乃以韵语，谐诸音律。使一切人，歌咏赞叹。"另外，音律又有文字声韵的规律之含义。南朝·梁·沈约《答陆厥书》："以《洛神》比陈思他赋，有似异手之作，故知天机启，则律吕自调，六情滞，则音律顿舛也。"

　　律吕，古代校正乐律的器具。用竹管或金属管制成，共十二管，管径相等，以管的长短来确定音的不同高度。从低音管算起，成奇数的六个管叫作"律"；成偶数的六个管叫作"吕"，合称"律吕"。宫调，古代乐曲曲调的总称。中国古乐曲的调式，唐代规定二十八调，即琵琶的四根弦上每根七调。最低的一根弦（宫弦）上的调式叫宫，其余的叫调。以上我们简单地对音律的定义，以及关涉到的律吕、宫调等专业词语做了说明。

　　中国最早对五音律的记载是前《管子》的《地员篇》，书中记述了所谓的"三分损益律"，即将一根弦，分三份，减去一份或是加上一份，形成新的弦长，由新的弦定出新的音高。总之，我国音律源远流长，是中国传统文化的重要组成部分。

第一节　中国音律的起源

　　从艺术产生的发展历程来看，文学和音乐几乎是一块孕育的、一齐诞生的孪生姐妹，养育她们的母亲就是人类的劳动和生活，原始的文学和音乐，是相伴而生、相辅相成的。鲁迅说过劳动时的号子与呼喊吭吆吭吆发展为诗歌，而劳动时发出的各种声音和体现的节奏，则为原始人提供了音乐的灵感。古时，人们想把音律记载下来，相互传达、表达。但说的人和听的人都没有一个标准，声音和旋律过耳就不存在了。为了制定音律的标准，相传，古人在昆仑山之阴，用不同长度的竹子，把当中打空，在天气转冷时，埋在接天地之气的山凹，只留一孔以地面平齐，并用竹内薄膜将露出的孔封住。第二年，随着气候转暖，大地积聚的气流开始涌动，聚地气最多的大竹管首先被涌喷出的地气冲破竹膜，发出"嗡"的一声响，古人就把这定为"黄钟"之声。并用三分损益的方法定出其他十一声，从而制定出十二声律。黄钟生林钟，林钟生太簇，太簇生南吕，南吕生姑洗，姑洗生应钟，应钟生蕤宾，蕤宾生大吕，大吕生夷则，夷则生夹钟，夹钟生无射，无射生仲吕。

后因昆仑路途遥远，每年气候也有变化，改为在专门设置的房屋中进行音律的标准音律的校定。"是故天子常以冬夏至御前殿……陈八音，听乐均，度晷景，候钟律，权土灰，效阴阳。冬至，阳气应，则乐均清，景长极，黄钟通，土灰轻而衡仰。夏至，阴气应，则乐均浊，景极短，蕤宾通，土灰重而衡低……候气之法，为室三重，户闭，涂衅隙必周，密布缇缦。室中以木为案，每律各一，内庳外高，从其方位，加律其上，以葭莩灰抑其内端，案历而候之。气之者灰动。其为气动者其灰散；人及风动者其灰聚。殿中候，用玉律十二。惟二至候灵台，用竹律六十，候日如其历。"（《后汉书·律书上》）

《吕氏春秋·仲夏纪第五》载："皇帝令伶伦作为律，伶伦自大夏之西，乃之阮隃（昆仑）之阴，取竹于嶰溪之谷，以生空窍后钧者，断两节间，其长三寸九分而吹之，以为黄钟之宫，吹曰舍少，次制十二筒……以别十二律……黄帝又令伶伦与荣将，铸十二钟，以和五音。"这里明确了黄钟三寸九分的制度，为三分损益形成十二律做出了较早的文字记载。《后汉书·律历上》记："竹声不可以度调，故作准以定数，准之状如瑟，长丈而十三弦，隐间九尺，以应黄钟之律九寸；中央一弦，下有画分寸，以为六十率清浊之节。"在此明确了律准、弦律的关系，为研究我国音律提供了明确的文字依据。

第二节　古代音律简史

音乐，在中国文化史上，具有特殊的地位。在古代，礼乐并重，班固《汉书·艺文志》引孔子的话说："安上治民，莫善于礼；移风易俗，莫善于乐。二者相与并行。"音乐在古代社会中的地位，由此可见一斑。音乐要繁荣，必须有坚实的音律学知识的基础。由此，古人对音乐的重视，也就促进了相应音律知识的发展。

在先秦时期，古人已经积累了相当丰富的音律学知识，但这些知识大都分布在有关书籍之中，没有专论音律的著作。古代文献中关于音律的记载，《庄子·徐无鬼》："鼓宫宫动，鼓角角动，音律同矣。"《汉书·武帝纪赞》："协音律，作诗乐。"传统十二律的名称及其意义，最早是在《国语·周语》一书中得到阐发的；影响古代音律计算达2000年之久的三分损益法，具体内容则首见于《管子·地员》篇；而《吕氏春秋·季夏记·音律篇》则详细记载了运用三分损益法计算十二律的具体过程，其《古乐》篇还记述了古人关于十二律起源的认识。在《吕氏春秋》《礼记》等书中，对音律与节令、气候之关系，都有所论述。这些论述，构成了中国古代音律学说与天文密切相关的重要特点。在先秦古籍中，论述到音律知识的还有很多，以上引用的数种，仅是一些典型例子。

进入汉朝以后，音律知识广泛散布于各类书籍之中的情况，并未发生多大变化。实际上，在整个中国历史上，这种情况基本上都是存在的。例如《淮南子·天文训》是一篇天文学著作，但它却花相当大篇幅讨论音律理论，七声音阶就是在该书中首先被提及的。这一时期，也出现了一些音乐著作。班固在《汉书·艺文志》中记录了"乐六家百六十五篇"，从书名来看，这六家乐书的内容，主要是音乐艺术，并非从数学和物理角度专门讨论乐理的音律类著作。班固对当时的音乐状态有个评论，他说："汉兴，制氏以雅乐声律，世在乐官，颇能记其铿锵鼓舞，而不能言其义。"这一评论，反映了当时音律知识的一般状况。此外，班固在《汉书·艺文志》的"五行类"中，还记述了一些与音律有关的著作。把音律与灾异相联系的倾向，先秦时期亦有，到汉代表现得更严重了。司马迁的《史记》在音律类著作中，有其独特地位，它首开以专章讨论音律之先河。在《史记》的八书中，"乐""律"占其二，重视程度由此可见一斑。尤其是在"律书"部分，司马迁除了介绍有关音律计算的具体内容外，还以风和气为基础，对五声、十二律以及和历法相关的十干、十二支、十二月和二十八宿进行介绍，进一步加强了古人把历法和音律相对应的思想倾向。这套理论，为班固所继承，在《汉书》中得以发挥，变得更为系统化。班固将律、历合为一志，称为《律历志》，由此开始，奠定了音律学说在正史中不可动摇的坚固地位。至今我们要了解古人的音律知识，相当一部分内容都要到"二十五史"相应的《律历志》中去寻找。《汉书·律历志》的作用不但在于它开辟了在正史中"律""历"合一论述的先例，而且还在于它的内容的权威性。在这篇"志"中，班固记载了王莽时由刘歆主持的"征天下通知钟律者百余人"，所进行的考订音律和度量衡的工作。刘歆在这一工作完成之时，有一份"典领条奏"，详细论述了他们所认为的度量衡和音律的基本原理。班固认为这一"条奏"，"言之最详，故删其'伪辞'，取正义，著于篇。"刘歆的理论为后人所接受，这使得《汉书·律历志》成为中国历史上最权威的音律著作之一。

除了正史中的《律历志》以外，古籍中还有许多专门的音律类著作。例如《隋书·经籍志》载录乐类著述 42 部 142 卷，其中绝大部分属于音乐艺术类，但其中也有诸如《乐律义》《钟律义》《黄钟义》之类看上去似与音律有关的著作。类似情况，后世亦然，例如《旧唐书·经籍志》"乐类"部分的载录，即与之相仿。

我国现存规模最大的丛书《四库全书》在收录图书时，对音乐类和音律类图书做了严格区分，音乐类收录于"子部·艺术类"，而音律类则收入"经部·乐类"。收入《四库全书》的音律类著作共有 23 部，483 卷，这些著作基本反映了我国古代音律的发展水平。在《四库全书》收录的音律类著作中，南宋·蔡元定所著的《律吕新书》，是成书时间较早而又比较重要的一部。该书分为上下两卷，上卷为"律吕本源"，共 13 篇；下卷为"律吕辨证"，共 10 篇。蔡元定在此书中的贡献是：他在十二律的六个大半音之间各增加一个变律，使与次一律之间构成小半音关系，从而解决了古代十二律旋宫后的音程关系与黄钟宫调不尽相同的问题。这是宋代在律学上取得的一个重要成就，对后世有一定影响。不过，蔡氏此书定性讨论多，定量讨论少。明代著名的律学家朱载堉的《乐律全书》，在书的篇幅和内容上，都远远胜过了《律吕新书》。朱载堉毕生潜心钻研乐律、历算等，《乐律全书》汇集了他的 15 种著作。该书从万历二十四年（1596年）到三十四年（1606 年）雕版印刷完毕，费时 10 年。书的内容涉及音律学、数学、天文学、物理学、计量学、乐器制作、乐器考古、音乐、舞蹈、绘画、诗歌、哲学等，反映了朱载堉的多项科学成就，是我国科学史和艺术史上的一部光辉巨著。《乐律全书》其中的《律学新说》《律吕精义》二书，是专门研究音律的著作，在科学史上地位尤其重要。因为在音律学上极为重要的十二平均律，就是在这两本书中提出来并得到详尽阐发的。《律学新说》成书于 1584 年，朱载堉在书中提出了他称之为"新法密率"

的十二平均律。后来，他在《律吕精义》（成书于 1596 年）中又做了进一步阐释，通过精密计算和实验，说明了他的"新法密率"，这是音乐史上最早以等比级数平均划分音律、系统阐明十二平均律理论的声学论著。《四库全书简明目录》评价说：（《乐律全书》）"书凡十种，大旨括于《律吕精义》一书，与蔡元定说多所异同，而特有心得。所见较元定为深，盖空谈、实算之别也。"《乐律全书》的一些内容，代表了中国古代音律知识发展的最高水平，朱载堉也有"律圣"之称。

到了清代，音律学著作涌现更多。其中影响最大的当推康熙皇帝"御定"的《律历正义》一书，该书是康熙"御撰"《律历渊源》的第三部。嗣后，乾隆皇帝又步其祖之后尘，"御制"《律吕正义后编》120 卷。这两部皇帝"钦定"的音律学著作，为整个清代音律学知识的发展定下了基调。在清代音律学著作中，江永所撰 10 卷本《律吕阐微》比较有名。《四库全书简明目录》评价说，"其著书大旨，则以郑世子（指朱载堉）乐书为宗，惟方圆周径用密率起算，与之微异。"在康熙、乾隆两位皇帝竞相对朱载堉十二平均律横加指责情况下，《律吕阐微》一书居然以"郑世子乐书为宗"，而且还能补正朱载堉音律理论的个别不足，也是难能可贵的。

第三节　古典诗歌的音律

我国第一部诗歌总集《诗经》，实际上是古典文学与音乐结合的典范。首先，音乐对《诗经》的文体形成有一定的影响。《诗经》包括《风》《雅》《颂》三大部分。孔子曾说过"吾自卫反鲁，然后乐正，《雅》《颂》各得其所。"由此而知，《雅》《颂》之名原不是诗体名称，而是音乐名称。所以唐代孔颖指出："诗各有体，体各有声，大师听声得清，知其本义……然则《风》《雅》《颂》者，诗篇之异体。"强调了《风》《雅》《颂》的音乐性。音乐与《诗经》的关系还表现在文学语言的形成方面。从章法上来看，《周颂》里的诗，几乎都以单章的形式出现，而《雅》诗几乎都由章构成，每一章的句子都很完整，而且每一章的篇幅都比较长。《风》诗虽然也由章构成，但大多数《风》诗的章节数都少于《雅》诗，每一章的篇幅也较《雅》诗要短。这种分章或不分章，每章句子里有多有少的现象，显然都是《风》《雅》《颂》这三种不同的音乐演唱体系决定的。再从文辞的角度来看，《周颂》里的诗句有相当数量都不整齐，词语也不够文雅，但大多数却非常古奥，而《雅》诗的句子则非常整齐规范，词语也特别典雅，有一种雍容华贵的气象，《风》诗的句子参差错落，轻灵活泼，通俗又是其语言的基本风格。他们三者在语言形式上的这种曲别，音乐在里面起的作用是毋庸置疑的，有什么样的乐调，就会有什么样的语言，《礼记·乐论》云："大乐必易，大礼必简"，又曰："《清庙》之瑟，朱弦而疏越，一倡而三叹，有遗音者也。"孔颖达疏："《清庙》谓作乐歌《清庙》也。朱弦、练朱弦，练则声浊。越，瑟底孔也，画疏之，仗声达也。倡，发歌句也。三叹、三人从叹之也。"由此可知，像《周颂·清庙》这样的诗之所以单章而又简短，是因为宗庙音乐本身所追求的风格就是简单、迟缓、凝重、肃穆。简单，就不须长诗来配乐；迟缓，对语言本身的节奏要求不会很高；凝重，要求语言不能华丽；肃穆，则要求在缓缓迟重的演唱中再加入深沉的感叹式合唱；演唱时的乐器也正好与之相配，"朱弦而疏越"。

到了唐代，音乐和诗歌在各自历史上的这个鼎盛时期，唐代诗歌本身具有格律化、音乐性，以及从字词自身的特点，就足以表明唐代诗歌与音乐有相通之处。语言文字发展到了唐代，早已有汉字的四个声调，而音乐中有宫、商、角、徵、羽等音阶的不同。这就使得诗歌中具有"其遗言也贵妍，暨音声之迭代，若五色之相宣""一简之内，音韵尽殊；两句之中，轻重悉异"的特点。唐诗本身有格律化的特点，人的语音本来就符合五音，音律是根据人的语音产生的。对于构成文章关键的词语，要求应符合音律。在唐代，诗人们开始按照"宫羽相变，低昂间节，前有浮声，后须切响"等方法来创作作品。这就使得"泉声咽危石，日色冷青松""漠漠水田飞白鹭，阴阴夏木啭黄鹂"等诗句听起来和谐上口、悦耳动听。

第四节 古代音律常识

钟：古代乐器，属八音之一金类。青铜制，悬挂在架上，槌击而鸣。西周中期开始有用十几个大小不等的钟组成的编钟。也有单一的，称为"特钟"。有的口缘平，有悬纽，又叫"镈"，盛行于东周时代，是从钟发展来的。

磬：古代石制乐器，属八音之一石类。用美石或玉雕成，悬挂在架子上，以物击之而鸣。商代已有单一的特磬，周代常有以十几个大小不等的磬依次组成的编磬。另外，佛寺中状如云板的鸣器也叫"磬"，用来敲击集僧。又佛寺中钵形的铜乐器也叫"磬"。

管弦：管，管乐器，用铜、竹等制成的管状乐器，古属八音之一竹类。弦，弦乐器，乐器上用发音的丝线、铜丝或钢丝，古属八音之一丝类。管、弦并用常泛指音乐。

雅乐：古代帝王郊祭、朝贺大典所用的音乐，跟俗乐对称。周秦时的《韶》《武》即属雅乐。自汉代起均由太常和太常寺掌管。各代均曾因前代雅乐散失而吸收民间音乐重新制订。元、明以来，雅乐、俗乐的区别虽还存在，但这两个名称已日渐少用。

俗乐：古代各种民间音乐和外来音乐的泛称，跟雅乐相对。宫廷中宴会中有时也用俗乐，称为"燕乐"。一般也把散乐（百戏）包括在俗乐之内。历代俗乐都很流行。唐玄宗时设教坊管理俗乐，并在梨园教练俗乐乐工。

曲牌：俗称"牌子"。元、明以来南北曲、小曲、时调等各种曲调名的泛称。每种曲牌各有专名，都有一定的曲调、唱法，字数、句法、平仄等也都有基本定式。曲牌的文字部分须"倚声填词"，多作长短句，少用齐言。曲牌大都来自民间，一部分由词发展而来，故曲牌名也有与词牌名相同的。明代以前所形成的戏曲声腔，如昆山腔、弋阳腔，以及由明清俗曲发展成的戏曲剧种，大多以曲牌为唱腔的组成单位，通称作"曲牌体"唱腔。下面对古典诗词中常见的曲调进行简要说明。

关山月——乐府曲调，多写征戍离别之情。如："琵琶起舞换新声，总是关山旧别情。"（王昌龄《从军行七首》之二）

梅花落——曲调名。如："黄鹤楼上吹玉笛，江城五月落梅花。"（李白《与史郎中钦听黄鹤楼上吹笛》）由《梅花落》的笛声想象梅花满天飘落的景象，再由梅花的飘落产生凛然生寒的感觉，这正与诗人当时的心境切合。这样，诗人由笛声想到梅花，由听觉诉诸视觉，以通感的方式描绘出了冷落的感受。

霓裳羽衣曲——相传是唐玄宗李隆基改编的乐舞曲，主要表现歌舞升平的景象。如："渔阳鼙鼓动地来，惊破霓裳羽衣曲。"（白居易《长恨歌》）

后庭花——即玉树后庭花，相传是南朝后主陈叔宝所制的乐曲，为绮靡之音。如："商女不知亡国恨，隔江犹唱后庭花。"（杜牧《泊秦淮》）

杨柳曲——乐府曲调"杨柳枝"，有时也作"折杨柳"，主要写军旅生活，从梁、陈到唐代，多为伤别之词，以怀念征人为多。如："羌笛何须怨杨柳，春风不度玉门关。"（王之涣《凉州词》）"笛中闻折柳，春色未曾看。"（李白《塞下曲六首》其一）

行路难——古曲名，多言世路艰难及离别伤悲之情。如："天山雪后海风寒，横笛遍吹《行路难》。"（李益《从军北征》）

律管：古人用管、钟、弦定音，所以有管律、钟律、弦律之说。律管是用来定音的竹管（后世又用铜管），用 12 个长度不同的律管吹出 12 个高度不同的标准音，来确定乐音的高低。律管的长度是固定的，长管发音低，短管发音高。蔡邕《月令章句》："黄钟之管长九寸，孔径三分，围九分。其余皆稍短，唯大小无增减。"以黄钟为准，黄钟管长三分减一，为六寸，是林钟管长；林钟管长三分增一，为八寸，是太簇管长；太簇管长三分减一，为五又三分之一寸，是南吕管长；南吕管长三分增一，为七又九分之一寸，是姑洗管长。以下次序是应钟、蕤宾、大吕、夷则、夹钟、无射、中吕。除由应钟到蕤宾，由蕤宾到大吕都是三分增一外，其余都是先三分减一，后三分增一。这叫十二律相生的三分损益法。12 个律管长度有一定比例，12 个标准音也就有了一定的比例。

乐调：在宫、商、角、徵、羽五个音级中，古人通常以宫作为音阶的第一级音，五声音阶则为：徵（5）、羽（6）、宫（1）、商（2）、角（3）。音阶的第一级音不同，调式就不同。以宫为音阶起点的是宫调式，意思是以宫作为乐曲旋律中最重要的居于核心地位的主音；以商为音阶起点的是商调式，意思是以商作为乐曲旋律中最重要的居于核心地位的主音；其余由此类推。这样，五声音阶就可以有五种主音不同的调式；同样，七声音阶就可以有七种主音不同的调式。如《史记·刺客列传》："高渐离击筑，荆轲和而歌，为变徵之声，士皆垂泪涕泣。又前而为歌曰：'风萧萧兮易水寒，壮士一去兮不复还。'复为羽声慷慨，士皆瞋目，发尽上指冠。"这里说的是变徵调式和羽调式。不同的调式有不同的色彩，产生不同的音乐效果。

宫、商、角、徵、羽五声音阶没有绝对高度，只有相对高度。它们的音高要用律来确定。如把黄钟定为宫音，叫"黄钟宫"；把大吕定为宫音，叫"大吕宫"，其他以此类推。黄钟宫音就比大吕宫音低。宫音确定，其他各音用哪个律就确定了。

理论上十二律都可以用来确定宫的音高，这样就可能有十二种不同音高的宫调式。商、角、徵、羽各调式仿此，即各有十二种不同的调式。五声音阶的五种调式，用十二律定音，可各得 12 "调"，共 60 "调"。同样，七声音阶的七种调式，用十二律定音，可得 84 "调"。但这只是理论上的组合，实际上音乐中并不全用。古人把以宫为主音的调式称之为"宫"，以其他各声为主音的调式统称为"调"。隋唐燕乐只有二十八宫调，南宋词曲音乐只用七宫十二调，元代北曲只用六宫十一调，明清以来南曲只用五宫八调。常用的是五宫四调，通称为"九宫"。

工尺谱：我国传统的记谱法之一。约产生于隋唐时代，由一种管乐器的指法记号逐渐演变而成。常见的是用上、尺、工、凡、六、五、乙，依次记写七声。高八度各音加"亻"旁作标记，如"仕、伬、仜"等；低八度各音除六、五、乙分别改为合、四、一外，其余均在末画带撇表示，如"上、尺、工"等。节奏则用板眼记号"、""×""·""0"等表示。

八音：八音是我国历史上最早的乐器科学分类法，古代也作为乐器的统称。西周时将当时的乐器按制作材料，分为金（钟、镈、铙）、石（磬）、丝（琴、瑟）、竹（箫、篪）、匏（笙、竽）、土（埙、缶）、革（鼗、雷鼓）、木（柷、敔）八类。

第五节　古代音律的划分

六律：我国的古代律制。古称六律，实则十二律，即古乐的十二个调。律，本来指用来定音的竹管，旧说古人用十二个长度不同的律管，吹出十二个高度不同的标准音，以确定乐音的高低，因此，这十二个标准音也就叫作"十二律"。这是将一个八度分为十二个不完全相等的半音的一种律制。各律有固定的音高和特定的名称，大致相当于现代音乐中的十二个调。由低到高依次排列为：黄钟、大吕、太簇、夹钟、姑洗、中吕、蕤宾、林钟、夷则、南吕、无射、应钟。十二律又分为阴阳两类，奇数六律为阳律，称"六律"，偶数为阴律，称"六吕"，总称"六律六吕"，或简称"律吕"。但古书上说的六律，通常是指阴阳各六的十二律说的。

上古时代，又以律与历附会，把乐律和历法联系起来，把十二律和十二个月配合，按《礼记·月令》，即"孟春之月，律中太簇；仲春之月，律中夹钟；季春之月，律中姑洗；孟夏之月，律中中吕；仲夏之月，律中蕤宾；季夏之月，律中林钟；孟秋之月，律中夷则；仲秋之月，律中南吕；季秋之月，律中无射；孟冬之月，律中应钟；仲冬之月，律中黄钟；季冬之月，律中大吕"。"律中"就是"律应"，即音律的对应。其征验的方法则是凭"吹灰"。据说古人将十二根律管里塞入葭莩的灰，只要到了某个月份，相对应的那一只律管中的灰就会自动地飞扬出来，这便是"吹灰"。值得注意的一点，十二律中最基本的是黄钟，而中国历法最基本的则是含有冬至的月份。《月令》中所列出的，正是以黄钟对应冬至所在的仲冬月份——子月（十一月）。

五音：亦称五声，即中国五声音阶中的宫、商、角、徵、羽五个音级。五音中各相邻的两音间的音程（音与音之间的距离），除角与徵，羽与宫（高八度的宫）之间为小三度外，其余均为大二度。近似现代音乐简谱中的1、2、3、5、6。后来又加上二变，即变宫、变徵，变宫近似现代音乐简谱中的"7"，变徵近似现代音乐简谱中的"4"。我国传统的音乐中没有和"4"相当的音。五音加二变，合起来叫作"七音"或"七声"，这样就形成了一个七声音阶：宫（1）、商（2）、角（3）、变徵（4）、徵（5）、羽（6）、变宫（7）。

七音：古代有五音和七音，这个"音"大致相当于今天的音阶，五音宫、商、角、徵、羽五个音阶，再加上变宫、变徵，就构成了七音。七音中，以其中任何一音为主

（即作为乐曲主旋律中居于核心地位的主音），就构成了一个调式，不同的调式有不同的感官色彩和表达功能，因而也能产生不同的音乐效果。

三分损益法：亦称"五度相生法"或"隔八相生法"（指相隔八律），中国古代制定音律时所用的生律法。三分损益包含"三分损一""三分益一"两层含义。三分损一是指将原有长度作 3 等分而减去其 1 份，即：原有长度 × （3 − 1）/3 = 生得长度；而三分益一则是指将原有长度作 3 等分而增添其 1 份，即：原有长度 × （3 + 1）/3 = 生得长度。两种方法可以交替运用、连续运用，各音律就得以辗转相生。

第六节　音律的艺术价值

不同的音律，反映人的不同情绪。《礼记·乐记》："凡音之起，由人心生也。人心之动，物使之然也。感于物而动，故形于声。声相应，故生变，变成方，谓之音。比而乐之，及干戚羽旄。谓之乐。乐者，音之所由生也，其本在人心之感于物也。是故其哀心感者，其声焦以杀；其乐心感者，其声啴以缓；其喜心感者，其声发以散；其怒心感者，其声粗以厉；其敬心感者，其声直以廉；其爱心感者，其声和以柔。六者非性也，感于物而后动。是故先王慎所以感之者。故礼以道其志，乐以和其声，政以一其行，刑以防其奸。礼乐刑政，其极一也，所以同民心而出治道也。"意思是说：一切音乐的产生，都源于人的内心。人们的内心的活动，是受到外物影响的结果。人心受到外物的影响而激动起来，因而通过声音表现出来。各种声音相互应和，由此产生变化，由变化产生条理次序，就叫作音。将音组合起来进行演奏和歌唱，配上道具舞蹈，就叫作乐。乐是由声音生成的，它产生的本源在于人心受到外物的感动。所以心中产生悲哀的感情，则发出的声音就急促而低沉；心里产生快乐的感情，则发出的声音就振奋而奔放；心里产生愤怒的情感，则发出的声音就粗犷而激越；心里产生崇敬的情感，则发出的声音就庄重而正直；心里产生爱恋的情感，则发出的声音就和顺而温柔。这六种情感并非出自人的天性，而是受到外物的激发才产生。说明音乐（其实也包括其他艺术）的起源，指出了两个重要因素导致艺术的产生，即外在的事物和内在的心灵；音乐表现情感而不是形象。

在长期的民族实践中，不同的民族形成了自己与众不同的具有民族特色的音乐旋律。我国的音律，主要特征是五声音阶，少用半音，强调和谐，强调与自然与宇宙呼应。这与民族居住环境、民族传统文化、民族心理，是密切相关的。

再就是，音乐旋律从人的生理特征方面分析，人注重接受新的、有变化的、有起伏的作品样式；忌讳平直、单调、呆板的音乐旋律。单调会造成审美疲劳，摇篮曲的作用就是催眠。火车单调的节奏，结果是使人瞌睡。音乐与人的关系如此密切，不同音律对人产生不同影响的观点，早就为中国传统文化所认同。中国儒家、道家都有自己成系列的音乐。

孔子是我国古代伟大的政治家、思想家、教育家和儒家学说的创始人，同时，也称得上是一位杰出的音乐家。孔子多才多艺，好学不倦，掌握了多方面的音乐技巧，他学习音乐异常刻苦认真，跟师襄子学弹琴曲《文王操》，师襄子再三说"可以益矣"，孔子却一丝不苟，一再表示"未得其数也"，"未得其志矣"，"未得其为人也"；直到文王的形象在琴声之中跃然而出才肯罢休，连他的老师师襄子都佩服得"避席再拜"。（《史记·孔子世家》）孔子听到优美的音乐——韶乐，"余音绕梁"，"三日不知肉味"。孔子还常常用歌声抒发自己的感情。他的一生在许多方面都表现了敏锐的音乐洞察力和高度的艺术修养。孔子最大的功绩在于把《诗经》这些保存在史官乐师手中的曲籍解放出来，使它"飞入寻常百姓家"，成为广泛流传的教科书，为我国古代教育奠定了永恒的基础。在孔子的教育体系中，十分重视音乐教育，他所设的六门课程，礼、乐、射、御、书、数中，音乐居于第二位，即使对自己的儿子，进行音乐教育也非常严格，孔子曾教训伯鱼："人而不为《周南》《召南》，其犹正墙面而立也与。"（《论语·阳货》）把不学民间歌曲看作面壁而立，没有出路一样。在他的教育思想中，把音乐看成人生修养最后完成的阶段，所谓"兴于诗、立于礼、成于乐"。

三国初魏末著名的文学家、音乐家、思想家嵇康的《声无哀乐论》明确地说明音乐的本体与本质问题，即究竟什么是音乐。《声无哀乐论》说："夫天地合德，万物资生。寒暑代往，五行以成。故章为五色，发为五音。音声之作，其犹臭味在于天地之间，其善与不善，虽遭遇浊乱，其体自若而不变也。岂以爱憎易操，哀乐改度哉？"就是说，五音、五色、五行以及天地万物，都是客观的存在。五音有好听的，有不好听的，就好比各种气味，有好闻的，有不好闻的，就是说，有善有不善。无论善与不善，它本来就是那个样子，无论社会上的秩序是太平的还是混乱的，都不能叫它改变。人的主观上的爱好或憎恶，悲哀和欢乐，都不能改变它的规律。"吹万不同，而使其自己"，是引用《庄子·齐物论》中一句话，意思是说，音乐有它自己的规律。《琴赋》接着说："若论其体势，详其风声，器和故响逸，张急故声清，间辽故音庳，弦长故徽鸣。性洁静以端理，含至德之和平。诚可以感荡心志，而发泄幽情矣。是故怀戚者闻之，则莫不憯懔惨凄，愀怆伤心，含哀懊咿，不能自禁。其康乐者闻之，则欨愉欢释，抃舞踊溢，流连烂漫，嗢噱终日。若和平者听之，则怡养愉悦，淑穆玄真，恬虚乐古，弃事遗身。是以伯夷以之廉，颜回以之仁，比干以之忠，尾生以之信，惠施以之辩给，万石以之讷慎。其余触类而长，所致非一，同归殊途，或文或质，总中和以统物，咸日用而不失。其感人动物，盖亦弘矣。"琴所发出来的音乐能够感动人的心志，激发人的感情。嵇康也承认，音乐之中有各种不同的曲调，大致可以分为猛、静两类，这是曲调的不同，也是乐器的不同。他说，譬如琵琶、筝、笛声音高亢，节奏急促；琴、瑟声音低，节奏慢。这些猛、静的不同，也引起人的不同反应，称为躁、静。可是躁、静并不是哀乐。乐曲虽有猛、静的不同，但"猛、静各有一和"，也都要"大同于和"。

中国历代统治阶级将音乐与"礼"紧密联系在一起，《诗经》的"风""雅""颂"很多都是歌词，当时都是配乐的。中国封建社会还把音乐提高到反映施政民意、治国晴雨的高度，《吕氏春秋》《史记》《汉书》《后汉书》等都不厌其烦地竭力记下有关音乐与治国的同一条类似"政治格言"的话："故治世之音安以乐，其政平也；乱世之音怨以怒，其政乖也；亡国之音悲以哀，其政险也。凡音乐通乎政，而移风平俗者也。"今天中华崛起，古典音乐也面临继承与发展、借鉴与创新、包容与自主的课题。

古典音乐是人类文化的精华，流芳百世，具有极强的生命力。因为古典音乐能够陶冶情操，对维持社会的道德起到了不可估量的作用。古典音乐的特点是很和谐、很平稳、很有序，所表现的是充满热爱生命、热爱万物，以及表现光明。而音乐和人的行为是会互相影响的，这些纯正的古典音乐对人的生命起到积极向上的作用。

古典音乐能归正人的行为，有益身心。古典音乐蕴藏了一种平衡、和谐、规范、正统的人类价值观念，能令人心旷神怡，它对人的影响，有的已经被科学所解释，有的也不需要科学解释，人就能感受到。

第十七章 武 学

　　"武学"一词很早就被学术界使用。在武术界,诸如《孙禄堂武学录》《武术学概论》等书中也屡有所见,说明"武学"概念逐渐被大家所认同。但是,目前还没有形成一个公认的概念。所以,在武学概念问题上,我们对武学的原始内涵,以及与其有关的术语名词——武术、武艺等进行解释。这样会有助于对本章的阅读和理解。本章也融合了古代的武学、武术等内容。

第一节 武学的含义

　　武学:古代培养军事人才的学校。北宋庆历三年(1043年)正式设置,数月即废。熙宁五年(1072年)复置,南宋及明代因之。

　　武术:①军事技术。南朝宋颜延之《皇太子释奠会作》诗:"偃闭武术,阐扬文令。庶士倾风,万流仰镜。"②我国民族体育的主要内容之一。运动形式有套路和对抗等。几千年来为我国人民锻炼身体或自卫御敌的一种方法。其中有的已列入竞技运动项目。如长拳、太极拳、南拳、剑术、刀术、枪术、棍术等。

　　武艺:指武术上的技艺。指骑、射、击、刺等武术方面的技能。《三国志·蜀志·刘封传》:"(刘封)有武艺,气力过人。"

　　武:从止,从戈。据甲骨文,人持戈行进,表示要动武。所以其义与军事或搏击有关。

　　可见,古代所说的武学,只有军事学校一义。显然这与我们今天说的武学不同,但又有一定关联。我们现在所说的"武学",是指现代武术的学科体系,它是已经在使用的"武术学"的简称。其概念既不同于古代的兵学,又不同于古代武备学校的武学,而是一个既有深厚的历史渊源,又具有一定创新意义的学科概念。

　　清末民初蜚声海内外的著名武学大家孙禄堂,在撰写的《孙禄堂武学录》书中使用了有别于古义的"武学"一词。中国昆仑派无极门第52代掌门孙学孟认为,武学实为国学的一端,另一端为国文,传统文化凡文字记载,故而不动者,如古籍文献、诗词歌赋,皆属国文;而其余身口相授,运动继承者,如武术养生、琴棋书画,均为武学。传统武学包括武德、武论、武艺,是国学的精华与活化,是武术的最高层次与境界,是中华民族宝贵的文化遗产。给出了一个非常宽泛的定义。田克《武学十讲》中认为,武学是研究人在搏斗状态,身心力量(人体力)的产生、运动、变化规律及其表现形式的科学。强调的特点是在"动"上。

总之，武学与武有关，它离不开武术、武艺，离不开学习和练习武术的人，以及思想理论等。

第二节　武学的历史演变

一、武学的源流

武术的起源可以追溯到原始社会。那时候，人类即已开始用棍棒等原始的工具作武器同野兽进行斗争。一是为了自卫，一是为了猎取生活资料。后来人们为了互相争夺财富，进而制造了更具有杀伤力的武器。如《山海经·大荒北经》就有"蚩尤作兵伐黄帝"的记载。这样，人类通过战斗，不仅制造了兵器，而且逐渐积累了具有一定的攻防格斗意义的技能。我国最早文学甲骨文的"鬥"（甲骨文鬥，金文鬥）字刻成的形状，生动、形象地将当时两人徒手搏斗的情况描绘出来，斗也就有了搏斗之意。清代魏禧《兵迹》中说"民物相撄而有武矣"，这里的"武"是指军事战争。

从历史上看，有不少归属武术类的名称，春秋战国时称"技击"，汉代出现了"武艺"一词，并沿用至明末；"武术"一词，最早见于南朝，清初又借用南朝《文选》中"偃闭武术"（当时泛指军事）的"武术"一词，民国时称国术，新中国成立后仍沿用武术一词。

从渊源上讲，武学与"技击""武艺""武术"等概念似同，但又包含对其内在规律及形而上属性和特征的探讨，甚至包括传统哲学、医学、兵学对"武术"的思考。即不仅包括武"术"，同时包括武"道"的内容。"武学"应直接承袭战国的"技击之学"，以及后来长时期存在并发展演变的武艺、武术。战国时，齐国曾实行过一种以训练个人技勇为主要特征的军事制度，称之为"技击"，这就是大家十分熟悉的"齐人隆技击"。迄今我们对齐国"技击"的形式和内容都不太了解，但战国以降，"技击"成了一切击刺搏斗技术的代名词，即便是在"武艺"一词已广泛流行后也还是被人们使用着。从这一点看，齐之"技击"很可能是我国最早走向成熟的武术体系之一，其内容应该已经相当丰富和完备，包括有一定的指导性理论，有了某些著述。宋代学者刘敞曾经说："夫战国之时，天下竞于驰骛，于是乎有纵横之师、技击之学以相残也。"刘敞用了"技击之学"四个字，表明他把战国的"技击"看成一个学科体系，一门学问，这与我们今天所说的"武学"很相近。

"武艺"一词在东汉末年已有使用，以后便多有所见。"武艺"的"艺"字，应是源于西周所谓"六艺"。《周礼·地官司徒》载，西周时，大司徒以"三物"教民，其三曰"六艺"，即后来孔子用来教徒的礼、乐、射、御、书、数六门功课。顾颉刚先生说，"六艺"之中，除了书、数二艺，其他内容其实都与战争技能的训练有关。这无疑是正确的。其实周代的各级学校，如《孟子》所谓"设庠、序、学、校以教之"的"庠""序""学""校"，都是传授和训练射箭等军事技艺的地方。据此，周代所谓的学校，教学内容主要是军事实战技能，于是由"六艺"而衍生出"武艺"便是顺理成章的事。先秦古籍中，"艺"字既有"才艺"的意思，又有功课、学科的意思。儒家所谓"六经"也被称之为"六艺"。由此联想古人最初所谓"武艺"，其实是含有"武学"的寓意的，可证明古人原本就把武艺看成一个学科，一门具有特殊内涵和功用的学问，并不仅仅只是一种披坚执锐、拳勇秀出的技能而已。剑曾经是两汉以前武艺的核心，那时，出现了关于剑的学说，铸剑相剑皆成专学，击剑技术更是非常之发达，有《剑道》《剑论》一类著述问世，而且产生了一批"立名天下"的剑技家。于是，剑成为武学的制高点，成为武学象征，以至于具有了某种神圣感。这可以从司马迁关于"传兵论剑"的著名论说中有所领略。《史记·太史公自序》云："非信廉仁勇，不能传兵论剑，与道同符，内可以治身，外可以应变，君子比德焉。"这是古人第一次明确地把武艺同"道"联系在一起，指出武艺所具有的内、外两个方面的功用，而且君子以"传兵论剑"比之于个人的品德操守，说明剑的学问中含蕴着深刻的人文精神，担当着某种特殊的教化功能。显然，这说明剑的价值已经远不是一种技能所能承载的。正因为如此，汉以前，人们称剑的学问为"剑道"，这里明显含有崇拜和敬畏的情感。我国古代所谓"武艺"，本身就是一个内涵宽广的概念，它包含了军旅武艺和民间武艺两大领域，也是一切直接和间接的武艺活动的总称。进入近代，古代武艺的一部分内容丧失了继续存在的社会基础，逐渐走向消亡；但还有相当一部分内容，因为具有显著的健身、娱情和搏击功能，从而继续得到人们的喜爱。

在春秋战国前已经发展得相当成熟的"武学"，秦汉以降，每况愈下，日趋衰微。人们越来越倾向于把武艺看成具体的技能，甚至是末技，是一种"术"，是兵家附庸。很少有人再谈到它的学术内涵，也很少有人像太史公那样把它同"道"联系到一起。这样一个重要的武学概念竟被我们的祖先信手丢弃了。这与中国封建社会里，特别是宋以后越来越严重的重文轻武倾向有直接关系。尽管明朝中后期，在唐顺之、俞大猷、戚继光、程冲斗等人的积极推动下，这一倾向曾有所纠正，"武学"一度出现复兴迹象。但这只是一个短暂现象，正如同"回光返照"一样。明以后，火药武器的使用越来越广泛，越来越发展，与军阵实用价值有着依存关系的武艺只能黯然退出军旅。此后便只能以民间，特别是广大农村为主要转存空间，迈着滞重的步履缓慢走上自身性质的蜕变之路。

清末到民国初，武术经历了一个非常重要的转型期，完成了质的飞跃，出现了某种繁盛局面。内因是虽然武术的军阵实用价值大大衰落了，但体育功能依然存在，并且更加凸显出来。外因比较多，也比较复杂。民国初年，出于文化生活的需要，也因为西洋体育大量涌入所产生的诱导效应，人们对体育的需求日益增长起来，"强种强国"的呼声不绝于耳。这使得武术获得前所未有的发展机遇，一度出现了枯木逢春、生机勃勃的气象。太极拳的异军突起和蓬勃发展就是一个重要标志。正是在这个时期，人们差不多不约而同地废弃了"武艺"这个古老的词汇，接受了一个新的名称：武术。弃"武艺"而用"武术"，以"术"代"艺"，这是近代武术转型的标志，是武术体育化进程基本完成的重要象征。

武术又是一个具有创新意义的学科概念，是在现代科学和社会背景下对武学概念的阐释。武术的学科建设受到朝野许多有识之士的重视，取得了一定成果，有些成果至今仍在持续发展并被不断完善着。也就是说，我们在构建一门现代学科，从教育、体育、运动、技击、社会、哲学、医学、生理等多角度，对包含武"术"和武"道"在内的"武"这一多元文化现象，进行无限横向扩展和纵向深入的研究。武"术"仍是其核心和根本之一，但已不足以为主体。

二、武学的沿革

在殷商时期，青铜业发展，以车战为主，出现了一些铜制武器，如矛、戈、戟、斧、钺、刀、剑等。同时，也出现了这类武器的用法，如劈、扎、刺、砍等技术。为了提高战斗力，这时已有了比赛的形式。如《礼记·王制》所载"凡执技论力，适四方，裸股肱，决射御"，意即较量武艺高低。

春秋战国时期，铁器出现，步骑兵兴起，为了在步骑战中发挥作用，长柄武器变短，短柄武器（特别是剑身）变长。这样，武器的内容就更加丰富了，武术的技击性进一步突出；同时武术的健身作用也受到重视。这时比试武艺的形式已广泛出现，更加推动了武艺的发展。据《管子·七法》载，当时每年有"春秋角试"。据《庄子·人间世》和《荀子·议兵》所载，当时比试武艺已非常讲究技巧，拳术打法有进攻、防守、反攻、佯攻等。

秦代盛行角抵和手搏，比赛时有裁判，有赛场，有一定的服装。1975 年湖北省江陵县凤凰山秦墓出土的一件木篦背面上就彩绘了当时一场比赛的盛况：台前有帷幕飘带，台上 3 个上身赤裸的男子，只穿短裤，腰部系带，足穿翘头鞋，2 人在比赛，1 人双手前伸作裁判。

汉代，有了剑舞、刀舞、双戟舞、钺舞等。这都说明，汉时的武舞已有明显的技击性，有招法，又多以套路的形式出现。汉时是武术大发展的时期，已形成了多种技术风格的流派。如《汉书·艺文志》收入的"兵技巧"类就有 13 家、199 篇，都是论述"习手足，便器械，积机关，以立攻守之胜"的武术专著。

两晋南北朝时期，战乱频繁，官僚贵族或耽于宴乐或追求长生不老之术，其影响也渗透到社会各阶层的生活中，如视剑为具有神秘色彩的法器，甚至以木剑代刀剑，用荒诞无稽的邪说取代练武，致使武艺停滞不前。

隋唐五代时期，随着封建社会经济的发展和繁荣，武术重新兴起，唐初天罡拳开始流行。唐代开始实行武举制，并用考试办法授予武艺出众者以相应称号，如"猛殷之士""矫捷之士""技术之士""疾足之士"，获得每个称号都有具体标准。如"猛殷之士"要"有引五石之弓，矢贯五扎，戈矛剑戟便于利用……"（《武备志·太白阴经·选士篇第十六》）这一通过考试选拔人才的制度，促进了社会上的练武活动。这时的唐朝，阿拉伯人开始大量定居于中国大地，衍生出了回族，回族武术开始形成。

随着步骑战的发展，在战场上，戈、戟逐渐被淘汰，剑作为军事技术多被刀所代替，但作为套路的演练仍在发展。

宋代出现了民间练武组织，见于记载的有"锦标社（射弩）""英略社（使棒）""角抵社（相扑）"等。这些社团因陋就简，"自置裹头、无刃枪、竹标排、木弓刀、蒿矢等，习武技"（《宋史》卷一百九十一）。在城市中，据《栋亭十二种都城记胜》所载，在街头巷尾打场演武，十分热闹。表演的武艺有角抵、使拳、踢腿、使棒、弄棍、舞刀枪、舞剑以及打弹、射弩等，对练叫"打套子"，有"枪对牌""剑对牌"等。这时，集体项目也发展较快，例如，《东京梦华录》卷七载："两人出阵对舞如击刺之状……出场凡五七对，或以枪对牌、剑对牌之类。"但对抗性的攻防技术，由于受了宋理学家倡导"主静"的影响，都逐渐走向衰微。

武学，原指中国古代的军事学校，始于王安石变法，其提出学校教育要"求专门，兼文武"，在东京设立武学，教授军事知识，以唐前七种兵书为《武学七书》，作为主要教材。又设武学博士等官，"掌以弓马武艺训诱学者"。乾道七年（1171年）七月庚寅，诏武学该赴解试（解试，又称州试）人，以50人为额。淳熙五年（1178年）置武学国子员。其后庆元五年（1199年），诸州州学置武士斋舍，按其学生武艺而选任官员，闲时耕种，"籍在官荒田，以备饩廪"，但此制过了不久便废止了。明朝曾设置过武学，但并无定制，迅速被废。后清朝只设武举而无武学。

元代统治者对民间"……二十人之上不许聚众围猎"（《元典章·卷三·赈饥贫》），连民间私藏武器也属犯罪。武艺多以秘密家传的方式，冒着生命危险进行传授。这时的回族武术开始快速发展。

清代民间以"社""馆"的秘密结社形式传授武艺，其中著名的拳种，如太极拳、八卦掌、形意拳、劈挂拳等多在清代形成。回族武术广泛传播，影响力很高。清代人对回族的认识显得更深入了一层，乾隆皇帝曾有过"中土回人，性多拳勇，哈其大姓，每多将种"的评价。

民国期间，社会上存在着各种形式的拳社，对传播和发展武术起了积极作用。

中华人民共和国成立后，武术被作为优秀民族遗产加以继承、整理和提高，成立了各级武术协会，国家设有专门机构负责开展武术运动，将武术列为正式比赛项目。1953年，举行了第1届全国民族形式体育表演竞赛大会，接着又举行多次全国性武术比赛或表演大会。为了推动武术的普及和提高，国家组织创编了比赛规定套路，编制了群众武术活动所需要的初级套路和简化太极拳等，出版武术书籍和挂图，拍摄武术影片和录像。为探讨武术运动锻炼的价值，还组织有关生理的测定和研究，使其逐步科学化。此外，各体育学院、体育系相继设立武术课和武术专业班，大中小学也把武术列为体育课教学内容，青少年业余体校也建立武术班，各地武术协会设立各种形式的武术辅导站。

三、武学的种类流派

数千年来，经过武术先辈们久经磨炼，反复推敲，使武术活动不断演变，不断发展，不断创新。如今，可谓门派林立，拳种如云。

就当今武术界对武术的分门别类，总体可分为"拳术""器械""对练""散打"等。

拳术有长拳、南拳、太极拳、传统拳（如心意、八卦、八极、劈抹等）、象形拳（如醉拳、猴拳、鹰爪拳、螳螂拳、鸭形拳）。

器械则有长、短、双、软之分。长器械有枪、棍、大刀、朴刀、月牙铲、牛角等；短器械有刀、剑、峨眉刺、梭子、拐子棍等；双器械有双刀、双剑、双头双枪、双钩等；软兵器有三节棍、九节鞭、绳标、流星锤、双鞭等。其中牛角、梭子、双器械、软器械的绝大部分均为传统器械。"南棍"则是近年来由南拳发展而成的新套路。

"十八般武艺"是中国武术的一个传统术语,也称"十八般兵器""十八般武器"。"十八般武艺",始见于南宋华岳撰《翠微北征录》一书。十八般武艺说法不一,明朝万历年间为"一弓、二弩、三枪、四刀、五剑、六矛、七盾、八斧、九钺、十戟、十一鞭、十二锏、十三挝、十四殳、十五叉、十六爬头、十七绵绳、十八白打(即徒手搏击)"。

对练则分为"徒手对(二人拳对、三人拳对)""器械对(如单刀进枪、三节棍进棍、双刀进枪、对剑等)""徒手器械对(空手夺枪等)"。

早在远古时代的商周时期,就有了"拳勇"一词。《管子·小匡》载:"于子之乡,有拳勇股肱之力,筋骨秀出于众者,有则以告。""拳勇"系指孔武有力、徒手搏击的人。但到秦汉三国时尚无"拳术"这一专门的名称,意思与之相近的有"卞""手搏""手格"等。《史记》记载说,夏王、殷王和纣王都是拳技术能手,能徒手生擒猛兽。春秋战国时期的齐国,为训练军事作战人员,每年春秋两季,均要举行全国性的"角试",选拔武艺高强之士充实军队,当时齐人"隆技击"名扬天下;春秋末期出现了"擒拿""跌摔""暗器"。之后,越国女击技家越女在《手战之道》中从动静、虚实、攻守、快慢、内外、顺逆、呼吸等方面对其理论做了精辟论述。秦汉时期,角抵和手搏深受统治者重视,经常举行表演与比赛。被视为"习手足、勤肢体""防身杀敌""以立攻守之胜"的实用之术。汉代还出现了观赏性与健身性相结合的"沐猴舞""醉舞""五禽戏"等。同时已著有拳术专著《手搏六篇》。

隋唐时期,"拳男"者已屡见不鲜。少林寺武功始扬寺外。传说少林寺稠禅师(即僧稠禅师)能"引重千钧,横塌辟竹"。宋代时,已有比较成熟的套路,如宋太祖的"三十二势长拳""六步拳""猴拳"等;到明代拳种更多,著名拳套有温家七十二行拳、三十六合锁、二十四探马、八闪翻、十二短、吕红八下、绵张短打、山东李半天之腿、鹰爪王之拿、千跌张之跌、张伯敬之打等几十种拳系。戚继光是一位有成就的古代武术研究家,他反对花拳绣腿,讲究实战实用,他深入研究各家拳法,精选十六家拳法之长,编成"势势相承"的"拳经三十二势"。举世闻名的太极拳就是在"拳经三十二势"的基础上,由明末清初河南陈家沟人陈王延创编而成。

明代中后期出现了拳术的流派,如内家拳(内功拳)、外家拳(外功拳)、南拳、北拳等。

清代以后,拳术流派、门类之分更细。以地区分:长江流域派,又称"南派""南拳"等;黄河流域派,又称"北派""北腿"等。以宗教分:佛家宗:少林派,称外家拳派,起源河南嵩山少林寺。道家宗:武当派,称内家拳派,起源湖北均县武当山。以门类分:太极门、形意门、八卦门、少林门、迷踪门,还有长拳和短打类。

到明清时,各类拳法论著大都有势、有法,图文并茂,如《武编》《纪效新书》《武备志》《苌氏武技书》《太极拳法》《内家拳法》《六合拳谱》《拳术教范》等武术名著,流传至今。

四、武术器械

十八般兵器是对武术器械总称，下面对现在常用的几种武术器械做一简单介绍。

刀：武术短器械，现代刀为钢制，由刀身、护手盘、刀柄、刀首等构成；刀身由刀面、刀刃、刀尖和刀背组成。手握的部位称"刀柄"。刀柄与刀身之间的圆盘称"护手盘"，亦称"刀盘"。刀柄尾端称"刀首"，顶端设一小环，用于系刀彩。刀重（包括刀彩）：成年男子，不轻于0.7kg；成年女子，不轻于0.6kg；儿童、少年不受限制。刀彩不得超过刀的长度，且不许带有任何附加物品。刀尖触地、刀身垂直，不加外力自然弯曲时，刀尖以上20cm处至地面垂直距离不小于10cm。

朴刀：亦称"双子带""太平刀"。武术长器械、古代长兵器之一。形似单刀，刀身比单刀长，刀柄比大刀短。全长约1.3m，重3kg左右。刀身包括尖、背、刃、盘等。刀柄分为前、中、后三段，柄尾有铁环，称"响环"。

剑：武术短器械，古代短兵器之一。由剑身和剑柄组成。剑身包括剑尖、剑刃、剑脊等；剑柄包括格、柄身、剑首等。剑首系短穗，用于短穗剑术；剑首系长穗，用于长穗剑术。剑重（包括剑穗）：成年男子不轻于0.6kg，成年女子不轻于0.5kg，儿童、少年的剑重不受限制。剑尖触地、剑身垂直，不加外力自然弯曲时，剑尖以上20cm处至地面垂直距离不小于10cm。

棍：武术长器械，古代长兵器之一，用白蜡杆制成。大棍长约264cm，齐眉棍长度与练习者眉平齐。分为前段、中段、后段，棍根粗于棍梢。棍中点以下任何部分的直径不得小于如下规定：成年男子2.30cm，成年女子2.15cm，少年男子2.15cm，少年女子2.00cm，儿童不受限制。棍中点以上任何部分的直径不得小于如下规定：成年男子1.80cm，成年女子1.60cm，少年男子1.60cm，少年女子1.40cm，儿童不受限制。

双节棍：武术软器械。由梢子棍（亦称"盘龙棍"）演化而来，棍体全长不过70cm上下，使用起来运动如飞，有如狂风扫落叶，所向披靡，乃是突破重围的很好的兵器。同时双节棍也是一种精简实用的奇门兵器，它短小精悍，实而不华，熟练后有如两臂暴长，如虎添翼，是近代新兴起的一种武术器械。

鞭：武术器械之一。分软鞭和硬鞭两类。软鞭由镖头、握把、若干铁节，用圆环连接构成，有七节、九节、十三节之分，通常作"九节鞭"，使用时可长可短。运动方法有抡法、扫法、挂法、缠法、抛法、舞花及地趟鞭等，可以单鞭或双鞭演练。硬鞭分"竹节钢鞭"和十三节"水磨钢鞭"。鞭身上有十余个方形或圆形疙瘩，鞭长约100cm，鞭头稍细且尖，亦作握柄。击法有挡、摔、掉、点、截、盘、扫等。

流星锤：亦称"飞锤""走线锤"。武术软器械，古代外兵器之一。起源于远古，由绳索与弧形小锤通过几个小铁环相连构成，重约1kg。锤头与绳交接处缚有彩绸。分单流星与双流星两种。单流星绳索长约4.95m，双流星绳索长约1.65m。主要演练方法有缩、抛、抡等。练时巧妙地将绳索缠绕在练习者颈、胸背、肩肘、手腕、大腿、小腿、脚踝或腰上，抖身放锤，快如流星，软中见硬，因而得名。

铲：武术器械之一。最早见于石器时代。石铲呈长方形或梯形，两面磨光呈扁平状铲刃。商代后出现青铜铲，战国时出现铁铲，呈凸弧形，多用于作战。明代的铲呈弯月形，月牙朝上，凹部有刃，杆长 300cm，杆尾有锋。主要演练方法有推、压、拍、支、滚、铲、截、挑等，可单练和对练。

五、武术技法

武术技法，即武术技击法，是指两人或两人以上使用各种手法、腿法、摔法、拿法，或利用武术器械进行劈、刺、格、架等武术技击方法，制胜对方的攻防技术。它是我国历代劳动人民在长期的实践斗争中，不断积累和总结出来的宝贵文化遗产，是武术的精华和核心，也是武术运动的一种重要表现形式。

1. 四击　拳术中的踢、打、摔、拿四种击法。"踢"指腿法，包括蹬、端、弹、点、缠、摆、扫、挂等；"打"指拳法，包括冲、撞、挤、靠、崩、劈、挑、砸、撑、搂、拦、采、抄等；"摔"指摔法（旧称跌法），包括掤、巩、揣、滑、倒、爬、拿、招、勾等；"拿"指擒拿法，包括刁、拿、锁、扣、封、闭、错、截等。

2. 六合　武术应用有内三合和外三合之分。内三合指心与意合，意与气合，气与力合；外三合指手与足合，肘与膝合，肩与胯合。又有眼、心、意、气、功、力六个方面的配合。还有以手、眼、身相合为外三合，精、气、神相合为内三合。

3. 八法　八法，是指武术运动的八种主要技术方法，即手、眼、身法、步、精神、气、力、功。由于手、眼、身法、步是外显的，故称外四法；精神、气、力、功是内在的，故称内四法。外四法表现武术的"形"，内四法表现武术的"神"，内外合一，就体现出武术"形神兼备、以形显神、以神领形"的特点。

八法的拳诀是：拳如流星眼似电，腰如行蛇步赛粘；精（神）要充沛气宜沉，力要顺达功宜纯。拳诀将武术八种技术的规格和方法，用精练通俗的文字做了阐释。

4. 十二型　武术中 12 种运动方式的定型，即动、静、起、落、站、立（单腿）、转、折、快、缓、轻、重。

在武术运动的发展过程中，逐渐创造了一套富于形象化的格式：

动如涛：活动之势，要使运动气势像江海的浪涛那样激荡，滔滔不绝，在万马奔腾中仍有明朗感和稳定感，做到"动要有韵"，"动中有静"。

静如岳：静止之势，要像大山那样巍峨，任何强大的力量都推它不动。

起于猿：跳起之势，要像猿猴纵身时的那种机灵、矫健、敏捷。

落如鹊：落降之势，要像喜鹊落到树枝上时的那样轻稳。

立如鸡：单腿独立之势，特别是从活动性动作转入到静止性的独立动作时，要像鸡在奔走中突然听到了什么，立刻停步卷曲起一只脚来那样，显示出动作的安逸稳固。

站如松：两脚站立之势，要像苍松那样巍巍地刚健、挺拔，在静止中傲然富有生气，使静和动密切联系在一起，即所谓"静中有动"。

转如轮：旋转之势，要像车轮绕着轴心那样转动，善于创造和掌握运动的轴心，这样才能达到"圆"的要求。

折如弓：折叠之势，是指扭身拧腰等转折的动作，要像弓那样越折越有力，含有一股反弹劲，不是折得极柔软而没有劲力。只有在折叠之势中做出反弹劲，才能突出动作的变化。

轻如叶：轻飘之势，要像树叶那样轻，才能达到"飘"的要求。

重如铁：沉重之势，要像钢铁砸下那样沉重有力，但"重而忌狠"，不能咬牙切齿。

缓如鹰：缓慢之势，要像鹰在空中盘旋那样精神贯注，慢中有快，而无松懈之感。

快如风：快速之势，要像一阵疾风那样迅速，但"快而忌毛""快易生爆"，火爆可以藏拙，就会产生不准确的错误，所以要做到快而不毛。

六、武举制度

我国历史上的武举制度创始于唐代。武则天长安二年（700年）"诏天下诸州宣教武艺"，并确定在兵部主持下，每年为天下武士举行一次考试，考试合格者授予武职。一般认为，这就是我国科举制度中"武举"或"武科"的正式出台。自此以后，武举考试为大多数封建王朝所承袭，成为国家网罗武备人才的重要制度。

唐代武举偏重于技勇，重点是马上枪法，而整个制度还不够完备，只能说是武举的创制时期。宋代开始，武举被纳入整个科举体系之中，确定了三组考试的程序和外场考武艺、内场考策论兵书的考试办法，武举制度臻于规善。元代武举废止不行。武举的兴盛是明清两代，特别是在清代，达到了顶峰。

明朝武举创制甚早，但制度一直没有确定下来。直到成化十四年（1478年），才根据太监王直的建议，以文科为例，设武科乡、会试。弘治六年（1493年），定武科六年一试，先策略，后弓马，策不中者不准试弓马。后又改为三年一试。考试内容主要是马步弓箭和策试。万历末年曾有过一次实行改革的议论，有朝臣主张设"将材武科"，初场试武艺，内容包括马步箭及枪、刀、剑、戟、拳搏、击刺等法；二场试营阵、地雷、火药、战车等项；三场各就其兵法、天文、地理所熟悉者言之。显然易见，这一个具有远见卓识的提议，可惜并没有被朝廷重视和采纳。明代武举一直没有殿试，也没有设立一、二、三甲的区分和鼎甲名号。明代武职多半由世荫承袭，加上由行伍起家者，武举只是个补充形式，所以，明代武举出人不多。

清代从制度上看，基本沿袭明末的考试程序、办法等，但重视程度大大超过明代。清代武官虽然仍以行伍出身为"正途"，科举次之，但科举出身者数量不断增大，在军中占有很大比例。加上封建国家大力提倡，制度日益严密，录取相对公正，因此，民间习武者对武举考试趋之若鹜。清代武举为国家提供了大批人才，其中产生了不少杰出人物。

清代武举一依文榜程序，考试大致分四个等级进行。①童试：在县、府进行，考中者为武秀才。②乡试：在省城进行，考中者为武举人。③会试：在京城进行，考中者为武进士。④殿试：会试后已取得武进士资格者，再通过殿试（也称廷试）分出三个等次，称为"三甲"。一甲是前三名，头名是武状元，二名是武榜眼，三名是武探花。前三名世称为"鼎甲"，获"赐武进士及第"资格。二甲十多名，获"赐武进士出身"资格。二甲以下的都属三甲，获"赐同武进士出身"资格。殿试的规格很高，一般由皇帝亲自主考。考试揭晓后，在太和殿唱名，西长安门外挂榜，并赐给武状元盔甲。然后由巡捕营护送武状元归第，炫耀恩荣。第二天，在兵部举行盛大的"会试宴"，又赏给武状元盔甲、腰刀等，赏给众进士银两等。

殿试以后，通常立即由兵部授予官职。落第的武举人，雍正年间曾规定按路程远近发给回家路费，多则十两，少则四五两。而大部分武举人，按规定可到兵部注册，由兵部依据个人成绩分三等授予武职，也可以到本省军营中效力。总之，只要有一个武举人资格，就算有了进身之机，同样也有逐步升迁的机会。

清朝武举各级考试，通常每三年举行一次，每科录取人数也有定额。但常科以外，还时常增设所谓"恩科"，常额以外，也增加一点"恩额"。这类"恩科""恩额"都由皇帝直接掌握。考试办法差不多与明代一样，分一、二、三场进行。一、二场试弓马技勇，称为"外场"；三场试策论武经，称"内场"。上面所讲的是会试一级的考试，乡试、童试的考试方法与会试大致相同。

武举制度从唐时建立到清光绪二十七年（1901年）废止，实行了约1200年。从武举制度发展的趋势看，清代的武科与唐、宋以至明代相比，可以说是更加完备，更加制度化了。它为封建统治者提供了不少能征善战的将领。但是，应该看到，武举制度虽然是选拔臂力骁壮、才堪将略的人才的重要方式，但在中国封建社会里，将领的主要来源还不是武举，而是封建的荫袭制和带有奖惩性质的军功制。武举不过是两者的补充形式而已。

第十八章　小　学

　　小学是汉语文字学的古称，始于汉代。因儿童入小学先学文字，故名。隋唐以后为文字学、训诂学、音韵学的总称。《汉书·艺文志》曰："古者八岁入小学，故《周官》保氏掌养国子，教之六书，谓象形、象事、象意、象声、转注、假借，造字之本也。"《隋书·经籍志》始以有关研究文字、训诂、音韵著作备于小学。

　　到清朝末年，章太炎认为"小学"不确切，建议改为"语言文字之学"。后来人们就把汉字研究叫作"汉语文字学"或"文字学"。文字包括形、音、义，文字学也包括研究这三个方面，后来有了音韵学（研究字音）、训诂学（研究字义），文字学专门研究字形。文字学是研究文字的起源、发展、性质、体系及其形、音、义关系、正字法以及个别文字的演变情况等的学科，是语言学的一个部门。

　　我们在此讨论的主要是古代的文字学——小学，虽然以字形为主，但是也涉及字音和字义的一些基本知识。因为小学的文字、音韵、训诂这"三门"原本就是"浑然一体"的，不是孤立存在的。

第一节　小学的源流

　　"小学"初见于《大戴礼记·保傅》曰："及太子少长，知妃色，则入于小学，小者所学之宫也……古者八岁而出就外舍，学小艺焉，履小节焉。"可见，小学最初的含义，是指少年求学的场所，与今天的小学概念相近。《周礼·保氏》上说："保氏掌谏王恶而养国子之道，乃教六艺：一曰五礼（礼仪），二曰六乐（音乐舞蹈），三曰五射（射箭），四曰五驭（驾驭马车），五曰六书（语言文字），六曰九数（算术）。"又"乃教之六仪：一曰祀祭之容，二曰宾客之容，三曰朝廷之容，四曰丧纪之容，五曰军旅之容，六曰车马之容"。周朝满八岁贵族子弟就要入小学，习六艺和六仪等功课，六艺和六仪是贵族子弟必须具备的知识和技能，因与成年之后所学的修齐治平的"大学"相别，故称"小学"。可见在周代教育中，小学本指学习六艺和六仪，东汉·崔寔《四民月令》上记载："正月，农事未起，命成童以上入太学，学五经，不见冰释，命幼童入小学学篇章。"后来小学学习的内容逐渐减少，到西汉时，古"六艺"只剩"书"为主要课程，书指六书，即指事、象形、形声、会意、转注、假借六种造字方法。

　　唐宋以后，又称"小学"为字学。读书必先识字，掌握字形、字音、字义，学会使用。故古代把"文字学"称"小学"。小学，是指中国的传统语言文字学或古汉语文字学，而非现代的语言文字学。

每个汉字具有三个部分：字形，字义，字音。在汉代，这三者的分别不很显著。宋末王应麟的《玉海》开始把汉字分成体制、训诂、音韵三种。清代的《四库全书》，把小学书分为训诂、字书、韵书三类。小学附庸于经学，以经学为大学，故称语言文字之学为小学，分音韵、文字、训诂。

章太炎在《国故论衡·小学概说》中说："盖小学者，国故之本，王教之端，上以推校先典，下以宜民便俗，岂专引笔画篆、缴绕文字而已。苟失其原，巧伪斯甚。"小学在古代是十分重要的。在封建社会里，治理天下的重要思想理论依据是古代经典，特别是儒家经典。可是这些书的写作时代都是在周秦时代，后代人读起来，在语言文字上存在许多障碍。由于当时人识字的目的是读经，小学也因此成了经学的附庸，从汉至清，其地位一直如此。也因为如此，古代研究文字的专家如许慎、段玉裁、王念孙等人亦多被视为经学家。需要说明的是，经学虽被普遍视为正宗，小学被当作附庸，但小学的地位并没有因此被降低，相反，更加被重视。因为小学是阐释经学的基础，小学通透，经学才能读懂，这是古人的共识。张之洞在其《书目答问》中，就曾说："由小学入经学者，其经学可信；由经学入史学者，其史学可信；由经学、史学入理学者，其词章有用；由经学、史学兼经济者，其经济成就远大。"向初学读书之人指明了路径。所以，在古代一门研究古书中文字的字形、字音和字义的学问，就应运而生。清儒王鸣盛说过：读遍天下书，不读《说文》，犹未读书；读过《说文》，虽未读其他书，不可谓非通儒。对小学推崇至极。小学在被作为经学附庸之后，其传统意义上的范围被逐渐扩大，成为文字学、训诂学及音韵学的统称。此后，生生不息，直到入清，迎来其最为鼎盛辉煌的发展时期。在清代，文字学大家层出不穷，他们苦心孤诣，皓首穷经，破解了不少古文字学上的悬案，而其在音韵学方面的成就，更是让今人叹为观止。

古今汉语是一脉相承的，汉字对于维系和沟通古今汉语具有重大的作用，而古汉语文字学正是以字词的形音义研究为中心的，现代语言学实际上就是在古汉语文字学的基础上，借助西方的相关学科理论建立起来的。正本清源，了解和掌握古汉语文字学，对于加深现代汉字汉语现象的认识，解决现代汉字汉语中的一些问题是有积极意义的。

第二节　小学的发展史

我国春秋战国时期，已经有了教授童蒙识字的教科书。《史籀篇》（见于著录最早的一部字书，已失传）是其中著名的一种。秦统一六国后，实行统一文字。在《史籀篇》的基础上，对籀文进行改造，努力使偏旁划一，笔画减省，字形整齐方正，形成了小篆。这次对文字的整理，在汉字发展史上有重大影响。

到了汉代，汉字形体由小篆变成了隶书，这是汉字发展史上最关键的一步，使汉字进一步朝着符号化方向过渡。这时候着重于汉语文字学对汉字造字方法的研究，提出著名的六书理论。东汉许慎用六书分析篆书的形体结构，建立了研究文字的体系，著《说文解字》14 篇，另有《序》1 卷。全书收 9353 字，重文 1163 字，创造 540 个部首。对每个字的训释，兼顾到音、形、义三方面。这是中国最有创造性、最有影响的字典。晋代吕忱著《字林》7 卷，用隶书书写，体例与《说文解字》相同。南朝梁代顾野王著

《玉篇》30卷，是第一部楷书字典。魏晋南北朝的文字学主要表现在编纂字书上。

唐代文字学主要表现在刊正字体上。南北朝时期，行书、草书、楷书盛行，字的写法日趋混乱，这样的现实决定了刊正字体是唐代文化中的重要内容之一。唐末五代时期，徐铉、徐锴兄弟二人开始深入研究《说文解字》，徐锴著有《说文解字系传》，徐铉入宋后校订《说文解字》。二徐的著述对《说文解字》的流传起到重要作用。宋代开始注意对金石文字的研究。明代梅膺祚作《字汇》，把540个部首改造为214个部首，并创造同部首之中按笔画多少检字的方法。

清代是文字学大发展的时期，集中表现在对《说文解字》的研究上。这个时期研究《说文解字》的学者百家以上，卓有成就的有十几家，其中最受人称道的有说文四大家：段玉裁著《说文解字注》，桂馥著《说文解字义证》，王筠著《说文句读》和《说文释例》，朱骏声著《说文通训定声》。这些学者主要从订正讹误、探索《说文解字》体例、疏通字义、补充例证等方面研究《说文解字》，这对《说文解字》的广泛流传和普遍使用起到重要作用。

近代文字学的主要成就表现在对甲骨文、金文的研究上。特别是由于甲骨文的发现，使学者们看到殷商时代的文字。通过对甲骨文和金文的研究，可以进一步考证《说文解字》的得失和汉字的起源。当代汉字学的重要任务是对现有汉字加以进一步整理，以促进汉字的规范化，使它更好地为记录语言、为社会的发展服务。

1. 战国秦汉间的识字书　中国的文字学有着悠久的发展历史。远在春秋战国时期就有了学童识字的字书。班固《汉书·艺文志》小学类载《史籀》15篇，指出："《史籀篇》者，周时史官教学童书也。"《史籀篇》早已亡佚，许慎《说文解字》还保存了200多字，字形繁复，与春秋到战国初期的铜器文字很接近，据王国维推测，《史籀篇》应是秦国早期教学童的识字书。籀文又称为大篆，是战国时秦国使用的文字。

后来，秦始皇兼并天下，实行统一文字，李斯等又改《史籀》大篆为小篆，字形既求其整齐方正，笔画又要求简化，偏旁写法也要求一致。这是一次极为重要的文字整理工作，对后代汉字的发展有很大影响。李斯又作《仓颉》，赵高作《爱历》，胡毋敬作《博学》。这些书都是教学童的字书，对推行小篆、统一文字也起了重要的作用。汉代初年把三部书合在一起，总称为《仓颉篇》。这种书本为学童识字而设，所以编为韵语，以便记诵。《仓颉篇》是四字一句，两句一韵。《汉书·艺文志》说："《仓颉》多古字，俗师失其读。宣帝时征齐人能正读者，张敞从受之。"所谓正读，就是能认识是什么字，能知道它的音义。《仓颉篇》本用小篆书写，汉代隶书盛行，于是改用隶书来写。到汉武帝时，司马相如作《凡将篇》，《凡将篇》是七言韵语，据说没有重复的字；元帝时史游作《急就篇》，《急就篇》则有三言、四言、七言，而以七言为主。三言、四言隔句一韵，七言每句押韵；成帝时李长作《元尚篇》，"《仓颉》中正字也"（《汉书·艺文志》）；平帝时扬雄又作《训纂篇》，去《仓颉篇》中的重复字，凡89章，5340字。这些书只有《急就篇》流传下来，使我们可以看到汉代通行字书的样式。《仓颉篇》既多古字，到东汉光武帝时杜林作《仓颉故》，以解释其中的字义，这是字书有注解之始。《汉书·杜邺传》说："世言小学者由杜公"，杜公指杜邺之子杜林。这即是说文字之学创始于杜林。

2. 汉朝的六书说与文字学　古文经是齐、楚、燕、韩、赵、魏六国晚期的写本古书，如《毛诗》《春秋左氏传》《古文尚书》《古文论语》等都是用六国时期的古文字写的，跟篆书不同。汉代古文经家在朝廷秘阁校书，看到许多古书，他们从篆书和古文、籀文中分析出造字的条例，创为六书说。六书的名称曾见于《周礼·保氏》，汉人所称的六书细目始见于《汉书·艺文志》："古者八岁入小学，故'周官保氏'掌养国子，教之六书，谓：象形、象事、象意、象声、转注、假借，造字之本也。"班固《汉书·艺文志》大都本于刘歆《七略》，所以很明显，六书说是古文经家创造出来的。这种造字条例的分析成为早期文字学理论的一部分。到汉和帝时，侍中贾逵的弟子许慎根据六书进一步分析篆书的形体结构，建立研究文字体系的方法，作《说文解字》14篇，按照偏旁分为540部，始"一"终"亥"，凡同从一个偏旁的都列在一起，同条共贯，杂而不越；每个字的解说都兼顾到形音义三方面，这是极大的特点。全书以小篆为主，兼收古文、籀文，是中国也是世界最早的一部最有创造性的字典，在中国也是最有影响的一部字典。书中保存了大量的古文字和古音古义，对研究文字的功用极大。中国文字学在这时已经建立起来了。后代许多字书都仿照《说文解字》的体例，按部首编排文字，这种方法一直到现在还在应用。

3. 魏晋南北朝的字书　汉代篆书不通行，通行的是隶书和草书。《说文》的正文是篆书，在社会上不易通行，所以晋代任城人吕忱作《字林》7卷，用隶书书写，全书沿袭《说文》的编排方法，仍分为540部，而收字有12 824字，比《说文》多3 471字。在唐代《字林》跟《说文》同为士林所重，但到宋代以后反而亡逸，清人任大椿始有辑本。南朝梁代，吴郡人顾野王又编纂一部《玉篇》，共分30卷，仍沿袭《说文》的编法，分为524部，但是部次有变动。书中每字下详举字义，并引证经传文句和注解，这是前所未有的。字有异体，则分列在两部或数部，也跟《说文》列于一字之下不同。全书收字达16 917字，又比《字林》多4000多字，正反映了文字在随着语言不断发展。这部书在唐代跟《说文》一样流行，一直流传至今。不过，今本《玉篇》是唐代孙强的增字本，注文已大加删减；宋代重修，名为《大广益会玉篇》，已与顾野王原书有异。

　　魏晋南北朝的文字学主要表现在编纂字书上，一是多收罗古今异体，二是多列举训释例证。这两方面对后世字书的编纂都有很大的影响。如宋代的《类篇》，明代的《字汇》《正字通》，至清代的《康熙字典》，都合于《玉篇》的格局，广采众书编纂而成。其次，魏晋时代有关文字的杂书也不少，如魏张揖的《古今字诂》《杂字》《埤苍》，晋·王义的《小学篇》，晋·葛洪的《要用字苑》，宋·何承天的《纂文》，齐·王劭的《俗语难字》，梁·阮孝绪的《文字集略》等都见于前代史志，唐人书中引用的很多，他们对文字跟语言的实际配合以及俗语、今义之类都极为重视，这是一大特点，可惜这些书今已亡佚无存。在魏晋时代"仓雅之学"盛行，"仓"即《仓颉篇》，"雅"即《尔雅》。《尔雅》是秦汉间小学家所编的解释词义的书。张揖、郭璞学识都极为渊博，郭璞尤精于训诂，著述亦多。

4. 唐代刊正字体与《说文》研究　南北朝时期不再使用隶体字，行书、草书、楷书盛行，字的写法日趋于混乱。如"恶"写为"恶"，"鼓"写为"皷"，"席"写为

"廗"之类，都是一些别字讹体，所以到隋唐时代开始刊正文字。隋代曹宪曾著《文字指归》4卷。到唐代贞观年间秘书监颜师古作《字样》1卷，以刊订经籍文字。其基本精神是折中于篆隶正俗之间，取其适中，以为楷法。后来他的侄孙颜元孙又作《干禄字书》，分字为正、通、俗三体，提倡高文典策应当用正体。其后唐玄宗李隆基有《开元文字音义》一书，以隶书居首，而以篆文附下，以确定楷体的写法。到唐代宗大历中张参又作《五经文字》一书，根据《说文》《字林》《经典释文》等书审定字体；文宗开成二年（837年）唐代玄度又作《新加九经字样》，补充《五经文字》所不备，由此楷书有了一定的规范。这是文字学史上取得的重要成果。

唐代本是韵书盛行的时期，虽然也有人编制了很大的字书，如武则天的《字海》就有100卷之多，但是没有传布。反之，在社会上却有不少记载日常用语的书，如敦煌古书中的《时用要字》《字宝》《碎金》《俗务要名林》等，自成一类，很切合实用。

《说文》在唐代虽为应"书学"（培养书法人才的学校）考试的人所必学，可是因为有《玉篇》《切韵》可以检字，就很少有人真正理解《说文》的价值而不去从事整理工作。大历中李阳冰精于篆书，曾刊定《说文》，但多荒谬无稽之说，徒知篆法，不足以言学。直到唐末五代时期南唐徐铉、徐锴兄弟二人，才精究许书，而徐锴尤为精通。徐铉入宋后曾与句中正等校订《说文》，使《说文》流传至今。徐锴著有《说文解字系传》40卷，这是《说文》最早的注本。徐锴认为"文字之义，无出说文"，所以把许书比之于经，而称自己的解释为传。《说文解字系传》的主要工作是疏证许说，引书以证古义，并且从文字的谐声、偏旁和字音上推寻语义的本源，创见很多。在文字方面特别说明古书中字有假借，由于时移世易，字又有古今之异。辨析精审，在文字学史和训诂学史上都占有很重要的地位。徐锴又有《说文解字韵谱》10卷，把《说文》的字按韵书的韵部来排，颇便于检索。

5. 宋代的金石文字之学　五代末和宋代初年好古之士注意搜集古文奇字，编纂成书，如郭忠恕的《汗简》，夏竦的《古文四声韵》都是。他们所根据的材料主要出自书本和一部分的石刻。可是后来商周钟鼎彝器出土日渐增多，有些学者如刘敞、杨南仲、欧阳修等开始从事古器物文字的著录和研究。一方面摹绘器形，一方面试着认识铭文。宋哲宗元祐七年（1092年）吕大临作《考古图》，并做了释文，这是属于古文字学的第一本书。他虽然只认识了几百字，但是为古文字学的建立开创了道路。后来类似《考古图》的书有王楚的《宣和博古图》；专录铭文的有南宋绍兴年间薛尚功的《历代钟鼎彝器款识法帖》，王俅的《啸堂集古录》；专门集录文字的有王楚的《钟鼎篆韵》。再后薛尚功又作《广钟鼎篆韵》，集录的文字稍稍加多。这是研究钟鼎文字的先驱。

宋代不单是对钟鼎彝器文字开始进行研究，而且对石刻文字也很注意。欧阳修《集古录》和赵明诚《金石录》都有关于石刻的记载。在南宋孝宗乾道二年（1166年）洪适作《隶释》一书，凡26卷，收碑碣258通，专门研究汉碑的隶书，考证了不少文字的假借，提供了很多重要的材料，代表了一种新的研究方向。

6. 宋元间的六书之学　自东汉以后，应用六书来研究文字构造的不多。宋代王安石作《字说》，过分强调形声字的声旁有其含义，把形声字都解释为会意字，六书就缺其一。南宋时郑樵首创六书分类学，专用六书作文字形体的分析，以独体为文，合体为字；把《说文》的540部归并为330部，开后人归并部首之先河；他的学说保存在《通志·六书略》里。宋末元初戴侗作《六书故》，则不用《说文》部目，而另分为九部，一曰数，二曰天文，三曰地理，四曰人，五曰动物，六曰植物，七曰人事，八曰杂，九曰疑，共分为33卷。其文字以钟鼎文为主，注用隶书，以六书说明字义，颇有创见，可惜不为人所重视。元世祖时杨桓又作《六书统》20卷，用六书来统摄文字，先列古文大篆，次列钟鼎文字，再列小篆，他想利用古文字来推寻造字本意，但为六书所囿，类例庞杂，反不足取。

7. 明代的《字汇》和《正字通》　　自许慎作《说文解字》创以形旁编排文字的方法以后，《字林》《玉篇》和宋代的《类篇》都仿效《说文》而作，唯《玉篇》稍变许慎部次，而把字义相近的序列在一起，《类篇》则一如《说文》原来的部序不改。明代万历四十三年（1605年），梅膺祚作《字汇》12卷，另外创制新的排列法，颇有革新精神。他按照楷书笔画多少排列部目，自1画至17画列为214部，而一部之内的字也按笔画多少排列次第，这是很便于检索的一种新方法。因为从篆书变为隶书，部首之间已经很难据字形联系，为便于查索，不得不以笔画多寡为序。所以后来的字书，如崇祯末年张自烈、廖文英所编的《正字通》，清康熙年间所编的《康熙字典》都沿袭承用。至今还是编排检字常用的方法。《字汇》收字以见于《洪武正韵》的为主，兼采经史中常见的字，怪僻的字一律不收。注释比较简要，在明代极为流行。《正字通》就是根据《字汇》编写的，全书也分为214部。不过收字多于《字汇》，注解也增繁，并援引前代书籍为证，兼及一般俗语意义，虽稍嫌芜乱，然比宋代的《类篇》切于实用。清代的《康熙字典》，也是以《正字通》为蓝本修辑而成。收字加多，例证更加充实，惟成于众手，不无错误。道光年间王引之奉命作《字典考证》12卷，刊正其误。

8. 清代的《说文》之学　　中国文字学到清代有了很大的发展，这跟考证经史、推重汉学有很大的关系。因为要通五经就不能不通小学，而小学里最重要的一部书就是《说文》，所以《说文》之学在清代最为盛行，以治说文学成为名家的人很多。段玉裁有《汲古阁说文订》和《说文解字注》30卷，桂馥有《说文义证》50卷，王筠有《说文释例》20卷和《说文句读》30卷，钱坫有《说文斠诠》14卷，朱骏声有《说文通训定声》18卷。其他有关《说文》的论述极多，不胜枚举。

他们对《说文》的研究，主要贡献如下。

（1）校勘《说文》：《说文》经过历代传写到宋代刻板，讹夺已多。明代毛晋、毛扆用宋本开雕，又出现一些错误，所以段玉裁首先根据不同的宋刻本和徐锴《说文解字系传》、熊忠《古今韵会举要》以及其他古籍，校订汲古阁本的讹误。段氏以后又有几家刊正《说文》，进一步改正宋以后传本的疏失。

（2）解释《说文》的体例：为读通《说文》，首先要了解《说文》的体例。钱大昕在《十驾斋养新录》里最先指出《说文》中有注文连篆文读例。如"参"字下注文是"商星也"，应读为"参商星也"。段玉裁作《说文解字注》更随注阐发许书通例，王筠极为推重。王氏又作《说文释例》一书，多所发明。后来又有人对《说文》中的"一曰""读若""引经"等作考证。

（3）疏证《说文》的训解：《说文》中保存了很多的古字古义。在清代最先注解

《说文》的是段玉裁。他引证经传子史来解释许说，并且从形体和声音两方面说明字义，最有创见。同时注《说文》的还有桂馥、钱坫。桂馥的《说文义证》搜集的古书训解最为完备，对研究许书的训解很有帮助。后来王筠又参照段、桂两家书作《说文句读》，简当易读。

（4）说明古今字和假借字：文字在使用上因时代的不同而有古有今。段玉裁说："古今者，不定之名也。三代为古，则汉为今；汉魏晋为古，则唐宋以下为今。"（《广雅疏证序》）许慎书中有些是古字跟后代通用的字形不同。清人研究《说文》，根据许书的训释而说明古某字与今某字相当，以见文字的孳乳和演变。古人写字，往往同音或音近的文字假借，致使古书所以难读。清代研究《说文》的人，如段玉裁、王念孙、桂馥、朱骏声对古书的假借字都有所发现，解释了不少经传中文字训诂的问题。

（5）根据《说文》的谐声字研究古音：古音的研究自宋代就已经开始。郑庠有《古音辨》，吴棫有《韵补》。到明代陈第又作《毛诗古音考》和《屈宋古音义》。主要都是根据《诗经》和《楚辞》等韵文考察古韵。到清代又开始注意到文字的谐声。段玉裁据《诗经》押韵分古韵为 17 部，又按照《说文》的文字谐声系统把声旁按 17 部列为谐声表，以与《诗经》押韵情况相印证，在考证古音方面创出另一种方法，其识见超卓，引起很多学者重视。后来就出现不少《说文谐声谱》之类的著作。

（6）根据《说文》的文字谐声系统因声以求义：形声字的声符相同的字，其意义有时相近或相通。在清人的小学著作中，段玉裁阐发得最清楚："学者之考字，因形以得其音，因音以得其义"（《广雅疏证序》）。段氏又说："声与义同源，故谐声之偏旁多与字义相近，此会意形声两兼之字致多也"（《说文解字注》示部禛字注）。他在《说文注》里举出很多谐声字声中见义的例子。如凡"于"声字多训大，凡从"皮"之字皆有分析之意，凡"圣"声之字皆训直而长者，如此之类很多。这样把形音义贯串在一起来研究，执简驭繁，掌握规律，使知识条理化，成为新的语言文字之学，这是前所未有的。

9. 近代的古文字学 清代学者除了研究《说文》篆书以外，也还注意到隶书和草书。如顾霭吉有《隶辨》，翟云升有《隶篇》《隶篇续》，石蕴玉有《草字汇》，都是属于字典的性质。可是自乾隆、嘉庆时期起，金石学特盛。清朝官修的《西清古鉴》和《宁寿鉴古》是宫内所藏钟鼎彝器的大型谱录，而在民间又不断有古器物出土，收藏家不仅摹为图录，而且研究器物上的铭文，古文字学也就有了很大的发展。研究的主要对象是金文、石鼓文、古玺和古陶文字。光绪间，吴大澂著《字说》，对一些文字提出了新的解释，他又作《说文古籀补》，搜集了各种古文字材料以增补《说文》，为用古文字与《说文》籀篆相对照进行研究提供了方便。

从 18 世纪中叶到 19 世纪中叶，100 年之间，集录铜器铭文的，在阮元的《积古斋钟鼎彝器款识》之后，有吴式芬的《捃古录金文》，吴荣光的《筠清馆金文》，方濬益的《缀遗斋彝器款识考释》等；著为图录的，有吴大澂的《恒轩吉金录》，刘喜海的《长安获古编》。品类繁多，盛极一时。关于文字的研究，如刘心源的《古文审》，孙诒让的《古籀拾遗》《籀廎述林》《古籀余论》等书对研究金文都有所发明，而孙诒让尤倡偏旁分析法。

到了近代，古器物收藏家更注意摹拓传印。罗振玉对影印铜器铭文不遗余力，有《殷文存》《三代吉金文存》，为研究铜器铭文提供了极大的便利。王国维又作有《金文著录表》，把前人书中已著录的钟鼎彝器都注明出处。学者也就可以按图索骥，检视原书了。

引起古文字学家有更大兴趣的是商代甲骨卜辞的发现。自清光绪二十五年（1899年）在安阳殷墟发现甲骨文以后，古文字学转入了一个新的时代。王懿荣、刘鹗首先搜罗甲骨。刘鹗又印出《铁云藏龟》一书，学者大为惊喜。孙诒让开始认识甲骨文，写出《契文举例》，后又作《名原》，对汉字的发展有了更多的理解。

后来甲骨文出土的数量越来越多。罗振玉把他历年收藏的文字汇编为《殷墟书契前编》《殷墟书契后编》印出，并作《殷商贞卜文字考》和《殷墟书契考释》；王国维作《戬寿堂殷虚文字考释》，又根据卜辞考证商代的先公先王，成就独多。在罗、王之后，已故著名的古文字学家有董作宾、容庚、郭沫若、唐兰、于省吾、陈梦家、孙海波等人。他们的研究著述，容庚有《金文编》，孙海波有《甲骨文编》，都按《说文》部次编排，等于是金文字典、甲骨文字典。董作宾曾从事安阳殷墟的发掘工作，最先提出卜辞要做断代的研究，并作有《殷历谱》。陈梦家有《殷墟卜辞综述》一书，对甲骨卜辞做了全面的说明。郭沫若、唐兰、于省吾三家著述极多，他们在考释甲骨文、金文两方面都各有发明，成绩卓著。在文字学理论和研究方法上建树较多的是唐兰。唐兰论文字的构成破除六书说，而倡象形、象意、形声三书说，认为三书"足以范围一切中国文字，不归于形，必归于意，不归于意，必归于声。形、意、声是文字的三方面，我们用三书来分类，就不容许再有混淆不清的地方"。（《中国文字学》）这是一种新的见解。

现在古文字的研究正在蒸蒸日上，甲骨文、金文都有集录在一起的书，如《甲骨文合集》《殷周金文集成》，为研究者提供了方便。近年来，出土文物日多，春秋战国时期的铜器、陶器、货币以及秦汉的竹简、木简，汉代的帛书都是研究的材料，古文字学定将有更大的发展。

第三节　训诂学知识

训诂学，即汉文古籍释读术，是一门综合性的应用型学科。释读汉文古籍均从词句入手，最终目的是弄懂文本的旨意。训诂学是汉语语言学、语文学的一个部门，是综合性学科，主要根据文字的形体与声音，以解释文字意义的学问。偏重于研究古代的词义，尤其着重于研究汉魏以前古书中的词义、语法、修辞等语文现象。

一、训诂与训诂学

训诂，解释古代汉语典籍中的字句。训诂，也叫"训故""诂训""故训""古训"。一般认为，用通俗的语言解释词义叫"训"，用当代的话解释古代的语言叫"诂"。《尔雅》前三篇叫《释诂》《释言》《释训》，"训诂"一词就是从这里来的。"训""诂"二字连用在一起，发端于周末鲁国人毛亨注释《诗经》写的《诗故训传》一书。

狭义的训诂是用通行的话解释古代语言文字或方言的字义（或词义）；广义的训诂是指"训诂学"，即中国传统"语文学"的一个部门，是主要从"语义"的角度研究古代文献的一门学科。训诂学的研究对象是：古代书面语中的训诂。训诂学的研究内容是：语义，即古代书面语言中字（词）的含义，其中以汉魏以前古书中的词义为主。重点是研究词义的思想内容和感情色彩、词的意义系统和词语之间分化派生的关系、词的产生和发展。训诂学的任务是：分析古代书面语言的矛盾障碍，总结前人的注疏经验，阐明训诂的体制、义例、方法和运用情况，以便更好地指导训诂以及与此相关的古文教学、古籍整理、词典编纂等工作。

二、训诂学发展史

训诂学始于先秦，战国末期的《尔雅》被认为是最早的训诂学著作。《尔雅》第一篇与第三篇分别以"释诂""释训"命名。在这里，"诂"与"训"分立，这表明，在作者心目中，"诂"与"训"是"释"的对象，是作为两个实在对象出现的，并非构成一个术语。这从《尔雅》十九篇均以"释×"为命名方式也可以得到证明。

西汉《诗诂训传》中，"诂""训"和"传"三字并立，这是汉代毛亨在继承前人及《尔雅》的基础上所创立的三种训释方式。"诂"大致为训解古词古义及其他基本词，"训"大致是训释联绵词及重言词，"传"是在"诂"与"训"的基础上阐释诗的内在含义等。毛亨的"诂""训""传"有两个特点，一是"诂""训""传"的含义及使用，仍具有词源的特征；二是《周南·关雎诂训传第一》之类的名称表明毛亨并未将"诂""训"及"传"作为一个术语来使用，因此，毛诗中"诂训"并非连用，而是分用。

东晋，郭璞在《尔雅·序》中说："夫《尔雅》者，所以通诂训之指归。"郭璞又在《尔雅·释诂第一》中第一条下说："此所以释古今之异言，通方俗之殊语。"

唐代，孔颖达在《毛诗正义》中说："诂训传者，注解之别名。毛以《尔雅》之作，多为释诗，而篇有《释诂》《释训》，故依《尔雅》训而为《诗》立传。传者，传通其义也。《尔雅》所释，十有九篇，犹云诂训者。诂者，古也，古今异言，通之使人知也。训者，道也，道物之貌，以告人也。《释言》则《释诂》之别。故《尔雅·序》云：'《释诂》《释言》，通古今之字，古与今异言也。《释训》，言形貌也。'然则诂训学，通古今之异辞，辨物之形貌，则解释之义，尽归于此。《释亲》已下，皆指体而释其别，亦是诂训之义，故唯言诂训，足总众篇之目。"在这段话中，孔颖达展示了他的概括历程：由"诂训传"概括为别名"注解"构成了一个术语，这是一次对学科认识的质的飞跃。又由"诂训"总括其对象："通古今之异辞，辨物之形貌。"最后又加以补充道："故唯言诂训，足总众篇之目。"孔颖达在训诂领域中已初步进入了术语的确定及对象的划分层次中，已由具体的对象初步上升为抽象的概括。至此，传统的训诂学观念已形成。

宋代，训诂学得到了很多的革新。元明时期，训诂学出现了衰退，清朝则是训诂学发展最盛的时候，出现了段玉裁、王念孙和王引之父子等考据大家，并形成了乾嘉学派。

清朝末年，章太炎与黄季刚受到了西方语言理论的影响。章太炎在《论语言文字之学》一文中说："合此三者（按：指文字、训诂、声韵），乃成语言文字之学。此固非童占毕（占毕，诵读，吟诵）所能尽者。然犹名小学，则以袭用古称，便于指示。其实当名语言文字之学，方为确切。此种学问，仅艺文志附入六艺。今日言小学者，皆似以此为经学之附属品。实则小学之用，非专以通经而已。"章太炎将"小学"易名为"语言文字之学"，不是简单的更名，而是标志着语言文字学学科观念的产生。在学科观念的支配下，章太炎撰著了《文始》，这是具有现代科学意义的中国的第一部语源学专著。

近代，黄侃先生在章太炎"语言文字之学"的基础上，进一步发展了学科观念。黄先生云："诂者，故也，即本来之谓。训者，顺也，即引申之谓。训诂者，即以语言解释语言之谓。若以此地之语释彼地之语，或以今时之语释昔时之语，虽属训诂之所有事，而非构成之原理。真正之训诂学，初无时地之限域，且论其法式，明其义例，以求语言文字之系统与根源是也。"黄的界说中，包含三方面的内容：第一是研究对象，即"解释语言"，而且没有"时地之限域"，这较之于古人的训释古语显然是扩大了范围；第二是理论和方法，即"法式"和"义例"；第三是研究目的，即"求语言文字之系统与根源"。

黄侃的训诂学界说问世后，有关训诂学的观念有了很大的发展。主要有"分工派"与"综合派"两家。前者以陆宗达、王宁的"古代文献词义学派"影响最大，后者以殷孟伦、许嘉璐等的"综合派"为代表。

陆宗达先生说："训诂学（狭义的），语言所含的思想内容是它的核心。传统的训诂学着重研究词语的思想内容和感情色彩、词的产生和发展变化。"陆宗达、王宁先生又对训诂学解释说："对象：古代文献语言及用语言解释语言的注释书、训诂专书；任务：研究古代汉语词的形式（形、音）与内容（义）结合的规律以及词义本身的内在规律；目的：准确地探求和诠释古代文献的词义。所以，它实际上就是古汉语词义学。如果把它的研究对象范围扩大到各个时期的汉语，包括现代方言口语的词义，就产生汉语词义学。可见，训诂学就是科学的汉语词义学的前身。"这可以称之为"古汉语词义学派"或"古代文献词义学派"。

殷孟伦先生说："训诂学是汉语语言学的一个部门，它是以语义为核心，用语言解释语言而正确地理解语言、运用语言的科学，因此它是兼有解释、翻译（对应）和关涉到各方面知识的综合性学科。""应该注意的是，训诂学虽然以语义为核心，但不限于语义的范围。因此，训诂学并不等同于西方的语义学。"许嘉璐先生说："传统训诂学以训释实践为其主要形式，以文献语言的内容形式为其对象，因此它具有综合性的特点，语言以及用语言形式表现的名物、典章、文化、风习等都在诠解范围之内。现代的训诂学就应该在更高的层次上把训诂学与社会学、文化学等结合起来，这就是所谓训诂学的延伸。"许先生对训诂学的解说在本质上与殷先生一致，只是解说得更加明确了。持这一主张的还有洪诚等先生，称之为"全面解释派"。

三、训诂内容和方法

训诂内容有四个方面，即解释词义、解释文意、注音和校勘。训诂方法：有三个方面。

（1）形训：又称以形索义，就是通过分析汉字的形体结构来解释字义。形训的作用在于探求文字的本义，但不能说明语源。①恰当地运用形训的方法，可以把有些字的意义解释得更清楚。②在揭示词的本义的基础上，形训还可以探明词的引申义，从而整理出各词的词义系统。③通过字形结构了解字的本义和引申义，还可以进一步识别假借字。

（2）声训：又称音训，或因声求义，就是用音同或者音近的字来解释字（词）义。声训的方式有：①利用形声字。②利用音同或者音近字。③利用同形字。

（3）义训：又称直陈词义，是不借助字形和字音而用一个词或者一串词来直接说明某词的含义的方法。①同义相训：是用同义词解释词义，是义训中常见的方式。包括同训、互训、递训。②反义相训：用某词的反义词来解释该词的意义。词义的分化可能是构成反训的一个重要原因。词义的发展由一个方面向它的对立面演变，是构成反训的又一原因。③歧训：为避免训释词产生歧义而再加一个训释，使词义更加明确。

第四节　音韵学知识

音韵是汉字字音中声母、韵母、声调三要素的总称。音韵学是语言学的一个部门，研究语音结构和语音演变。也称声韵学，它是研究古代汉语各个历史时期声、韵、调系统及其发展规律的一门传统学问，是古代汉语的一个重要组成部分。

一、音韵学概述

音韵学与语音学：音韵学是研究古代汉语各个历史时期声、韵、调系统及其发展规律的一门传统学问，是古代汉语的一个重要组成部分，就像现代汉语语音是现代汉语的重要组成部分一样。所谓声、韵、调系统，简单地说，就是指某个历史时期汉语声、韵、调的种类及声母、韵母的配合规律。

在研究方法上，传统音韵学主要使用的是联系法、类推法、统计法和比较法。在标音问题上，由于古代没有现代化的标音工具，古人表示汉字声、韵的工具还是汉字，所以传统音韵学研究古音时还得借助某些习用的汉字作为标音工具，只是对古音进行构拟时才使用国际音标或其他注音符号，但这已是清代以后的事。

音韵学与文字学：文字学有狭义、广义之分。狭义的文字学专门研究文字的形体；广义则研究字形、字音和字义。从广义上看，音韵学又包括在文字学之中。文字学的旧名是"小学"，是古时一种识字的功课。古代的学者认为读书必先识字，因为有些古书的时代距离现代很远了，书中的文字，无论从字形方面看，从字音方面看，从字义方面看，都有许多是后人所不认识的了。而且汉字的形、音、又是有机地联系在一起的，假如不懂古音，则古代的字形和字义也会不懂，或者是懂得不透彻。古人把文字（字形）、音韵（字音）、训诂（字义）看成是继承祖国文化遗产所必备的基础知识，那是很有道理的。

二、研究的内容

声韵学，顾名思义，就是研究声和韵的学问。当然，汉语情况特殊，除了声和韵之外，还有调。不过，古人并不了解调是一个独立的要素，而是把它放在韵里，所以没有把这门学问叫作声韵调学。

1. 声 声，或者叫声母，也叫子音。在汉语中，声母特指一个音节开头的音素。不过这个解释也并不是很全面，因为有零声母的说法。一种经常性的误解是把声母理解成为辅音，其实，辅音未必是声母（比如"音"这个字最后的一个辅音 n），当然反过来，声母也未必是辅音，比如"音"这个字，"in"，它开头并没有辅音音素，一般就称之为零声母（没有声母）。不过古人认为零声母也是一种声母，在后面要提到的三十六声母中，影母就是零声母。

2. 韵 韵的概念就更复杂了，音韵学中的韵和韵母也不是一个概念。在语言学中韵母和元音是有区别的，韵母未必由元音组成。如"男"nan，韵母是 an，n 这个音素是辅音，然而仍然是属于韵母的范畴。有时候韵母甚至可以完全是辅音，比如广州话"五"读 ng，这个 ng 就是韵母。韵母在汉语中就是指一个音节除了开头的声母之外的所有音素的总和。但中国古代所说的韵和韵母却又不是一个概念。韵的来源是格律诗的需要，可以在一起押韵的字就称为同韵的字。同韵的字未必同韵母，这是因为押韵的时候是只要韵腹和韵尾相同就可以押韵，韵头纵有差异，也可以不论，比如家 jia 就可以和瓜 gua 押韵，而两者的韵母自然不同（一个是 ia，一个是 ua）。反过来，同韵母的字又未必同韵。这是因为原来中国格律诗的押韵，仅仅韵腹和韵尾相同尚且不够，关键的一条是声调还必须相同，这样不同声调的字就不可能同韵了。所以，我们在提到韵这个概念的时候，一般认为它是指包括韵腹和韵尾以及声调加在一起的一个概念。

3. 三十六字母 现代汉语有 24 个声母，相比而言，唐朝时汉语的声母要多很多。宋朝时有人提出"三十六字母"的说法，字母这里就是声母的意思，至于为什么叫字母，这个和梵语有关。

对于拼音文字，表示声母是比较方便的，比如我们现在用汉语拼音就可以说："家"是 j 母，"他"是 t 母等。古人就没有这样的便利条件，因为汉语是没有单纯表示一个音素的字的（拟声字不算）。不过，他们想出了一个办法来表示声母，就是用一个这个声母开头的字来表示。好比我们可以这样说，"特叹同天"都是"特"母，"得东定地"都是"带"母。当然，这个字是可以随便选取的，只要声母确定就可以了。不过，"三十六字母"由于影响很大，后代学者在讲到声类时一般还是尽量按照"三十六字母"给出的声类代表字来描述。

"三十六字母"相传为唐朝僧人守温所创，故又称为"守温三十六字母"。不过根据现在的研究，"三十六字母"并不合于唐朝的声类，另外，守温的著述残卷也已经被发现，上面只记述了三十个字母，而且和"三十六字母"有很多的不同。因此"守温三十六字母"当出于后人的伪托。至于"三十六字母"究竟何人所创，至今未有定论。"三十六字母"如下：①帮滂并明，非敷奉微；②端透定泥，知彻澄娘；③精清从心邪，照穿床审禅；④见溪群疑；⑤晓匣影喻；⑥日来。

中国古代的音韵学者在提及声类时，一般将其分为五类，即唇、舌、齿、牙、喉。这大体说的是发音部位，不过，也有一些其他音素在里面。古代音韵学家之所以将其分成五类，是与五行、五音有关系，即受到五行学说的影响。

"帮滂并明，非敷奉微"被称为是唇音，更细一些的划分是，"帮滂并明"是重唇音，"非敷奉微"是轻唇音。从现代语言学的说法来看，重唇音就是双唇音，轻唇音就是唇齿音。人类嘴唇结构是上唇较下唇突出，发唇齿音远较双唇音放松，因此，唇齿音"轻"，双唇音"重"。

"端透定泥，知彻澄娘"称为舌音，和唇音一样，舌音也分为两类，"端透定泥"称为舌头音，"知彻澄娘"称为舌上音。实际上两者都是舌尖或舌面的塞音，不同之处是，前者是舌尖音，后者是舌面前音。

"精清从心邪，照穿床审禅"称为齿音。齿音亦分为两类。"精清从心邪"称为齿头音，"照穿床审禅"称为正齿音。它们彼此间的关系类似于舌头音和舌上音，发音部位一个靠前，一个靠后。在现代语言学上，实际上舌音和齿音的发音部位没有什么不同，都是硬腭或齿龈和舌尖或舌面所发出的，不同的是，舌音都是塞音，而齿音都是塞擦音或擦音，将同一位置的塞音和塞擦音或擦音归为不同类也是古人的一贯做法。

"见溪群疑"称为牙音。牙音和齿音的区别在于，这里的牙指的是舌根处的臼齿。古人审音不细，将舌根音的发音部位误认为是臼齿了。

"影晓匣喻"称为喉音。但它们还需要具体分析。"晓匣"的发音位置其实与舌根音相同，但由于它们是擦音，故没有和是塞音的牙音放在一起。"喻"基本上是一个半元音，类似今天汉语的 y 声母。而"影"是声门擦音。这些发音位置歧义的声母，古人未加细审，皆归为一类。

"日来"。分别被称作半齿音和半舌音。这两个称呼多少有些误会的成分。原本两者分别被放在齿音（日）和舌音（来）里，音韵学家将它们从各自的位置取出来，合成了一个新的音种，称为舌音齿。

4. 清浊音 "三十六字母"各组内部声母的排列不是随意的。除齿音外，每种音都由四母组成。这四母的排列正好是按照全清、次清、全浊、次浊来排列的。齿音略有不同，因为齿音没有次浊，排列方式为全清、次清、全浊、全清、全浊。

清浊也是汉语音韵学的一个重要概念，通常是指带音或者不带音（声带振动与否），不带音者为清，带音者为浊。汉语的声母按照前所述，分为全清、次清、全浊、次浊四类。从现代语言学的角度来讲，全清声母不带音，不送气；次清声母不带音，送气。全浊声母带音，送气与否无所谓；次浊声母也不带音，但次浊声母为响音（包括鼻音、边音、闪音）和半元音，而与全浊声母为塞音、塞擦音，以及擦音不同。

三十六字母表

		全清	次清	全浊	次浊	清	浊
唇音	重唇音	帮	滂	并	明		
	轻唇音	非	敷	奉	微		
舌音	舌头音	端	透	定	泥		
	舌上音	知	彻	澄	娘		
齿音	齿头音	精	清	从		心	邪
	正齿音	照	穿	床		审	禅
牙音		见	溪	群	疑		
喉音		晓			匣	影	喻
半舌音					日		
半齿音					来		

第十九章 饮食学

饮食作为人类生存的首要条件，一直伴随着社会的发展而发展。人类的温饱问题得到解决，人们才能够有更多的时间、精力去从事各项工作。明代高濂就曾说过："食者生民之天，活人之本也。"从蒙昧遥远的远古社会到高度发达的现代社会，人类通过对大自然的不断征服和改造，在政治、经济、科技、文化、军事等领域取得了丰硕的成果。随着社会的进步和发展，人类的饮食业也在经历着不间断的发展和进步。经过人类社会长期的发展，随着经济的进步和社会文化的不断优化，更基于人们对生活质量要求的不断提高，不同区域的饮食也受到了各种风俗习惯和思维方式的影响，这些因素共同作用的结果形成了所谓的"饮食文化"。因此，饮食是一种文化，不同的民族有不同的民族饮食文化。

与人类生存密切相关的中国饮食及其文化源远流长，它经历了几千年的发展演变，已成为中国传统文化不可或缺的一个重要组成部分。在长期的发展、演变和积累的过程中，中国人在饮食结构、食物制作、食物器具、营养保健和饮食审美等方面，逐渐形成了具有自己民族特色的饮食民俗，最终创造了别具一格的中国饮食文化，成为世界饮食文化中重要的组成部分。也正因如此，中华美食才誉满天下。

"民以食为天。"古人治国安邦，主张足食足兵，将"食"视为头等大事。民间更有开门七件事：柴米油盐酱醋茶。可见，饮食文化在中国文化中的重要性。我国先民从茹毛饮血的蒙昧时代，到对色香味形器等全面追求的文明时代，几千年积淀形成的饮食文化，不仅在中国文化范围内，而且在世界文化宝库中，越来越放射出灿烂夺目的光彩。

中国饮食文化涉及食源的开发与利用、食具的运用与创新、食品的生产与消费、餐饮的服务与接待、餐饮业与食品业的经营与管理，以及饮食与国泰民安、饮食与文学艺术、饮食与人生境界的关系等，深厚广博。从外延看，中国饮食文化可以从时代与技法、地域与经济、民族与宗教、食品与食具、消费与层次、民俗与功能等多种角度进行分类，展示出不同的文化品位，体现出不同的使用价值。

把饮食和饮食文化上升到一门研究学科的高度——饮食学，是一项非常有意义的事情，但是，现在还没有形成饮食学的概念。在此，我们提出这一问题，不妨做一尝试，把饮食学定义为是研究饮食和饮食文化的一门学问。下面将按照这个思路介绍我国的饮食及其文化。

第一节　饮食的基本含义

在我国古代使用的主要是单音节词，双音节词较少见。作为双音词的饮食，在先秦时期已经出现了。

饮，甲骨文 像一个人 向酒坛 伸出舌头 ，表示喝酒。造字本义：喝酒。金文 简化字形，省去舌头形象 。有的金文 误将金文 的"人" 写成"今" （含），表示含酒在口，慢慢品味。篆文 承续金文字形。隶书 以"食" 代"酉" ，以"欠" 代"今" 。"饮"，本义是喝酒，动词。《易经·需》："君子以饮食宴乐。"《说文》释为："饮，饮也。"后来，词义扩大，饮，指供食用的液体，名词。《周礼·酒正》："辨四饮之物。"

食，甲骨文 （朝下的"口"，表示低头吃东西） （有脚的盛器），中间一横指事符号 表示装在盛器里可以吃的东西，两点指事符号 表示唾星。有的甲骨文 省去两点唾星 。金文 承续甲骨文字形 。篆文 将盛器的脚部写成 （匕），表示持"匙"进食。隶书 又将篆文的"匕" 写成 ，变形较大。造字本义：津津有味地进餐，动词。《诗经·小雅·十月之交》："彼月而食，则维其常。"后来词义扩大为"可吃的东西"，名词。《论语·卫灵公》："君子谋道而不谋食。"《说文》："食，米也。"

饮食，吃喝，动词。《尚书·酒诰》："尔乃饮食醉饱。"指饮料和食品，名词。《诗经·小雅·楚茨》："苾芬孝祀，神嗜饮食。"郑玄笺："苾苾芬芬有馨香矣，女之以孝敬享祀也，神乃歆尝女之饮食。"

在古代，用手直接抓吃粗食为"饭"，有吃有喝的正餐为"食"，山珍海味的高级享用为"餐"，神氏受用祭奉的贡品为"享"。

今天，我们讨论的饮食，狭义上系指饮料和食品，广义上是既指饮料和食品，又包括吃喝在内。

第二节　饮食的发展史

一、有巢氏——茹毛饮血时期

人类在原始时期，主要是以吃植物性食物为主，食物来源包括天然浆果、壳果、块茎、块根、嫩叶、幼芽和菌类。此外，还捕食一些小动物，如昆虫、龟、蜥蜴、兔等。约从旧石器时代起，原始人的食物结构中，动物的比例显著升高。由于早期的原始人尚未开始用火，当时人类还是处于蒙昧时期，过着茹毛饮血的生活，《礼记·礼运》中讲道："古者未有火化，食草木之食，鸟兽之肉，饮其血，茹其毛。"制造石器是人类文化的源头，它不仅划开了人与动物间的界限，而且成为征服自然的最初武器。尖状器是切割兽肉及挖掘植物根茎的工具，刮削器用来刮削木棒和剥取兽皮，砍砸器用于砍砸食物。这一时期的石器虽然还十分粗糙，但已可以对食物进行初步的加工处理，为原始烹饪奠定了最初的基石。

旧石器时代，当时人们不懂人工取火和熟食。饮食状况是茹毛饮血，尚不属于饮食文化。

二、燧人氏——石烹熟食时期

《周礼·含文嘉》载："燧人始钻木取火。炮生为熟，令人无腹疾，有异于兽。"宋朝吴自牧《梦粱录·清明节》："寒食第三日，即清明节，每岁禁中命小内侍于阁门前，用榆木钻火，先进者赐金碗，绢三匹。宣赐臣僚巨烛，正所谓钻燧改火。"魏晋之际史学家谯周撰的《古史考》："古者茹毛饮血，燧人氏钻火，始裹肉而燔之，曰炮。"自从我国古代人民掌握了用火技术后，食物的熟化即可认为是原始烹饪的开始，也标志着人类饮食第一次革命的开始。

燧人氏发明了钻木取火，从此进入石烹熟食时代。主要烹调方法：①炮，即钻火使果肉燔；②煲：用泥裹后烧；③用石臼盛水、食，用烧红的石子烫熟食物；④焙炒：把石片烧热，再把植物种子放在上面炒。

三、伏羲氏——渔猎养畜时期

伏羲氏在饮食上，结网罟以教佃渔，养牺牲以充庖厨。伏羲是古代传说中中华民族人文始祖，是中国古籍中记载的最早的王，也是中国医药鼻祖之一。他结绳为网，用来捕鸟打猎，并教会了人们渔猎的方法，提高了人类的生产能力，同时教民驯养野兽，这就是家畜的由来。

四、神农氏——"耕而陶"时期

神农氏是中国农业的开创者，尝百草，开创古医药学；发明耒耜，教民稼穑。陶具使人们第一次拥有了炊具和容器，为制作发酵性食品提供了可能，如酒、醴、醯（醋）、酪、酢、醴等。鼎是最早的炊具之一，一般是三足两耳；还有鬲，其形状一般为侈口（口沿外倾），有三个中空的足，便于炊煮加热；鬶，有三只空心的足，形制与鬲相似，常用来煮酒。

五、黄帝——作灶蒸烹时期

黄帝时期，中华民族的饮食状况又有了改善，黄帝作灶，始为灶神，集中火力节省燃料，使食物速熟。被广泛使用在秦汉时期，当时是釜，高脚灶具逐步退出历史舞台。"蒸谷为饭，烹谷为粥"，首次因烹调方法区别食品，这时期，还发明了叫甑的蒸锅。蒸盐业是黄帝臣子宿沙氏发明的。从此，不仅懂得了烹还懂得调，使得饮食越来越有益于人的健康。

六、夏商周秦——饮食文化成形时期

夏、商、周三代，是中国饮食文化的成形时期，以谷物蔬菜为主食。首先，农业、养殖业及渔业进一步发展。早在六七千年前的河姆渡文化时期和仰韶文化时期，我国已经开始种植蔬菜，有白菜、芥菜。入三代后，品种剧增，可归为陆生蔬菜、采集蔬菜（大多为野生菌类）、调味蔬菜等。到周秦时期，谷物的种植主要是：稷，是小米，又称谷子，长时期占主导地位，为五谷之长，好的稷叫粱，粱之精品又叫黄粱；黍，是大黄黏米，仅次于稷，又称粟，是脱粒的黍；麦，大麦；菽，是豆类，当时主要是黄豆、黑豆；麻，即麻子，又叫苴，菽和麻都是百姓穷人吃的粮食；南方还有稻，古代稻是糯米，普通稻叫粳秫，周以后中原才开始引种稻子，属细粮，较珍贵；菰米，是一种水生植物茭白的种子，黑色，叫雕胡饭，特别香滑，和碎瓷片一起放在皮袋里揉来脱粒。其次，炊具的改进。火的使用产生了陶器，制陶业的兴盛促进了最早的金属铸造——铜铸业的出现。青铜铸造业所推出的大量产品中，饮食器占多数，尤其是炊具的改进。其中一个是鼎，为我国最早出现的烹饪器型之一，原始社会早已有陶鼎，进入三代（青铜时代）后，多以青铜铸就，而且是一种常用的烹饪器具。《录异传》载："周时，尹氏贵盛，五世不别，会食者数千人，遭饥荒，罗鼎作粥，啜之声闹数十里"（陶文台：《中国烹饪史略》，江苏科学技术出版社，1983年，第16页）。第三是调味品种类的增加和烹调技艺的提高。

七、汉晋南北朝——饮食文化丰富时期

汉代是中国饮食文化的丰富时期。汉政府实行的国土开发政策，促进了农、牧业的发展，因而，饮食资源得到进一步开发。汉墓出土的粮食，除夏至秦代已有品种外，还有糜子、高粱、荞麦、青稞、豆类等，表明粮食生产之发达。汉代出土的大量畜禽陶塑，反映了畜牧业的兴旺。汉墓出土的蔬菜和水果有菱角、小豆、葫芦、橘、梨、橙、椰子、香蕉、龙眼等，调味品有姜、花椒、大蒜等。

汉代饮食文化的发展，除自身的发展外与当时的中西（西域）饮食文化交流密切相关，如引进石榴、芝麻、葡萄、胡桃（即核桃）、西瓜、甜瓜、黄瓜、菠菜、胡萝卜、茴香、芹菜、胡豆、扁豆、苜蓿（主要用于马粮）、莴笋、大葱、大蒜。还传入一些烹调方法，如炸油饼、胡饼（即芝麻烧饼，也叫炉饼）。淮南王刘安发明豆腐，使豆类的营养得到消化，物美价廉，可做出许多种菜肴。1960年，河南密县发现的汉墓中的大画像石上就有豆腐作坊的石刻。东汉还发明了植物油。在此以前都用动物油，叫脂膏：带角的动物油叫脂，无角的动物油如犬，叫膏。脂较硬，膏较稀软。植物油有杏仁油、麻油等，但很稀少，南北朝以后植物油的品种增加，价格也便宜。

八、唐宋——饮食文化高峰时期

隋唐时期，我国由长期分裂走向统一。政治的统一与稳定带来了经济的繁荣，而经济的繁荣必然促进饮食业的昌盛。唐代在主要的驿道上"夹路列店肆，待客酒馔丰溢，以供商旅"（《通典·食货典》）。唐代已经出现了进行食品加工的简单机械，从而对饮食业的发展也起到了促进作用。《封氏见闻录》记载"素蒸声音部、罔川图小样"，来形容当时饮食文化讲究。唐代有十部乐，唱歌伴奏的人叫"声音人"，"素蒸声音部"，是指宴席上的一种供来观赏的工艺菜——"看菜"，用素菜和蒸面做成一群歌女舞女的造型，共有70件左右；"罔川图小样"，罔川是唐代诗人王维的"罔川别墅"，据宋代

笔记记载，有位厨师做了 20 个凉菜拼盘，每盘各制成一景，将其集中在一起组成一幅"阆川图"——风景拼盘。从中可以看到，当时菜肴的精细制作工艺和饮食文化的博大精深。盛行于唐代的烧尾宴，专指士子登科或官位升迁而举行的宴会，是中国欢庆宴的典型代表，足堪与"满汉全席"相媲美。

宋代的饮食市场颇为繁荣，在京城，小食担走街串巷，夜市灯红酒绿，十分繁荣。

九、元明清——饮食文化又一高峰

元明清的烹饪，是唐宋食俗的继续和发展，同时又混入满蒙饮食的特点，烹饪方法更加多样化，冷饮与冰食业已出现。同时，饮食结构也有了很大变化，主食：菰米已被彻底淘汰，麻子退出主食行列改用榨油，豆料也不再作主食，成为菜肴，北方黄河流域小麦的种植面积大幅度增加，面粉成为宋以后北方的主食。蔬菜：明代继汉代之后又一次大规模引进国外的蔬菜，如马铃薯、甘薯等，而且蔬菜的种植也达到了较高水平，并成为人们餐桌上的主要菜肴。肉类：人工畜养的畜禽成为肉食主要来源。满汉全席代表了清代饮食文化的最高水平。

十、近现代——饮食结构发展趋势

人类饮食结构伴随着人类的发展不断完善，从原始的摘食野果，猎杀野物充饥，到使用火种烧烤食物，五谷逐渐成为人类的主食。现代社会随着人民生活水平的逐年提高，五谷的比例日渐减少，而鱼、肉、蛋、奶、蔬菜及水果所占比例日益提高。随着现代文化的跨区域、跨国界交流，人类社会的饮食结构也在不断发生着变化，另外随着科技、文化的发展，人们在满足生理需要的同时，更加注重膳食的合理性。

第三节 饮食文化的特点

中国饮食文化的诸多特征，直接影响着中国饮食文化的发展。从先秦开始，我国人民的传统饮食习俗就是以植物性食料为主，主食是五谷，肉少粮多，辅食是蔬菜，这就是我国人民典型的饭菜结构。其中饭是主粮，而蔬菜和肉类是辅食。这种饮食方式使得中国的烹饪技术成为装点饮食，使不可口的食物变得可口，达到色香味俱佳的目的。所谓装点饮食就是追求饮食文化的完美，不仅要获得良好的感官享受，还要获得人生哲理等方面的理性享受。

热食、熟食为主是国人饮食习俗的又一大特点。这与中国文明开化较早和烹调技术的发达有关，在西方人看来许多不可食的物品，经过中国厨师的加工、烹调，就变成美味佳肴。古人认为："水居者腥，肉臊，草食即膻。"热食、熟食可以"灭腥去臊除膻"（《吕氏春秋·本味》）。中国人的饮食历来以食谱广泛，举凡能够食者皆食，毫无禁忌，以烹调技术的精致而闻名于世。史书载，南北朝时，梁武帝萧衍的厨师，一个瓜能变出十种式样，一个菜能做出几十种味道，唐代的烧尾宴，清代的满汉全席等，高超的烹调技术，于此可见一斑。

在饮食方式上，中国人也有自己的特点，这就是聚食制。聚食制的起源很早，从许多地下文化遗存的发掘中可见，古代炊间和聚食的地方是统一的，炊间在住宅的中央，上有天窗出烟，下有篝火，在火上做炊，就食者围火聚食。这种聚食古俗，一直至后世。聚食制的长期流传，是中国重视血缘亲属关系和家族家庭观念在饮食方式上的反映。

饮食习惯在殷商时代，社会普遍是一日两餐制，上午一餐叫作"大食"，下午一餐叫"小食"。商周以后，在中上层社会出现了一日三餐，战国时候三餐制已为社会广泛认可，一直流行至今。《吕氏春秋》说："食能以时，身必无灾。"进食能定时，是饮食文明的标志，对人体养生保健也有积极的意义。在根据劳动作息安排餐制的同时，受天人相应思想的影响，人们很早就懂得了根据四季气候的变化来安排饮食的种类。据《周礼·天官》记载："凡食齐（通"剂"）视春时，羹齐视夏时，酱齐视秋时，饮齐视冬时。凡和，春多酸，夏多苦，秋多辛，冬多咸，调以滑甘。凡会膳食之宜，牛宜稌（粳米），羊宜黍，豕宜稷，犬宜粱，雁宜麦，鱼宜菰。凡君子之食恒放焉。"这段话的意思是说：调剂食物要看四季的气候，饭食宜温，羹宜热，酱宜凉，饮宜冷。味道的配制也要遵行节律：春季多用酸味，夏季多用苦味，秋季多用辛味，冬季多用咸味，而且要用滑润甘甜的调料来调和。凡调配牲肉和饭食，牛肉宜配合稻饭，羊肉宜配合黍饭，猪肉宜配合稷饭，狗肉宜配合粱饭，鹅肉宜配合麦饭，鱼肉宜配合菰米饭。大凡君子的膳食都依照这种调配原则。

人们居住的区域不同，饮食嗜好也会有所不同。《素问·异法方宜论》记载："故东方之域，鱼盐之地，海滨傍水，其民食鱼而嗜咸；西方者，金玉之域，沙石之处，其民陵居而多风，水土刚强，其民华食而脂肥；北方，其地高陵居，风寒冰冽，其民乐野处而乳食；南方，其地下，水土弱，雾露之所聚也，其民嗜酸而食胕；中央地区，其地平湿，其民食杂而不劳。"这种地域性的饮食偏嗜，今天仍然存在，如南方人口味清淡，而北方人的口味咸重，江浙一带口味偏甜，西南各地喜欢吃辣。

在食具方面，中国人的饮食习俗的一大特点是使用筷子。筷子，古代叫箸，在中国有悠久的历史。《礼记》中曾说："饭黍无以箸"，可见至少在殷商时代，已经使用筷子进食。筷子一般以竹制成，一双在手，运用自如，既简单经济，又很方便。实际上，亚洲一些国使用的筷子其源出自中国。中国人的祖先发明筷子，确实是对人类文明的一大贡献。

第四节　古代食雕艺术

食品雕刻艺术是中国烹饪艺术中的一枝奇葩，它融绘画、雕刻和造型为一体而自成一格，别具意韵。早期的食品雕刻仅局限于花卉一类的题材，随着技术的日臻成熟，到明代已出现了人物、花卉、鱼鸟、虫草等不同题材的食雕作品，闻名中外的扬州瓜雕艺术就是在那时出现的。因此，把中国的食品雕刻艺术称作是一门古老的艺术，那是完全恰如其分，一点也不夸张的。

中国厨师以自制的精巧小刻刀，将各色萝卜和嫩笋等雕刻成千姿百态的花鸟虫鱼和楼台亭阁。这一高超的技艺，被誉为"东方饮食艺术的明珠""中国厨师的绝技"。历史文献记载下来的古代食雕艺术作品，如唐代"素蒸声音部、罔川图小样"（前面已有文字介绍），就是食雕艺术的精品；北宋花瓜与清代瓜灯，也是这方面的佼佼者。

北宋京都汴梁，是 11 世纪前后世界著名的东方一大都会，这里的食雕艺术，同相国寺里的"万姓交易"（孟元老《东京梦华录》）一样，对人同样充满了吸引力，也就是说食雕艺术品，在当时已成为集市上交易的一个重要组成部分。"花瓜"，据记载每年一到七夕，即相传牛郎和织女于鹊桥相会的日子，人们就要将"以瓜雕刻成花样，谓之花瓜。又以油面糖蜜造为笑靥儿，谓之果食。花样奇巧百端"（《东京梦华录·八·七夕》）。

清代乾隆年间，在风景秀丽的扬州，又出现了"瓜灯"之作。李斗《扬州画舫录》中说：扬州人"取西瓜皮镂刻人物、花卉、虫、鱼之戏，谓之西瓜灯"。这比起北宋汴京的"花瓜"，又多了人物和虫鱼之美，又了进一步的发展。现代瓜雕，当首推淮扬的"瓜灯"和南粤的"冬瓜盅"。广东菜的冬瓜盅，皮上雕花纹，瓤内装珍食，眼观纹图，舀食瓠馔，另有一番风味。

经过历代厨师的积极探索和努力，食品雕刻艺术发展到现代，无论在雕刻技法还是在形式和题材上都有了长足的进步，使得这门古老的艺术必能以其独特的风姿，在餐桌上大放异彩。

第五节　菜系的形成与发展

中国菜肴在烹饪中有许多流派。当然，一个菜系的形成和它的悠久历史与独到的烹饪特色是分不开的，同时也受到这个地区的自然地理、气候条件、资源特产、饮食习惯等诸多方面的影响。

中国菜系的萌芽期可上溯到先秦时期，最初的分野主要表现为南食与北食的风味差异。八珍为北食之代表，是黄河流域的周朝宫廷食馔。周八珍用料多为陆产，如牛、羊、猪、鹿、麇、黍、稻、枣等，制法多依殷商。《吕氏春秋·本味》《楚辞·招魂》所举菜肴属长江流域地方风味，用料多为水产禽类，如龟、鳖、各种鱼、天鹅、野鸭等。南北朝之前，人们将长江中下游和岭南统称为"扬州"，相应的饮食风格谓之"扬州味"。到唐代，南味一分为三：西南，长江中上游川味占优势；东南，长江中下游以淮扬味为主；岭南，珠江流域及闽江流域，则粤闽味占主导。到宋代，川食、鲁食、南烹之名已正式进入典籍。至此，中国的四大菜系，川系、鲁系、粤系和苏系基本形成。元明清时期，我国的四大菜系有很大的发展。各大菜系在各自形成的过程中，一方面扩展自己的市场，另一方面兼容并蓄，相互影响，相互促进，形成了既有影响而各有特色的饮食格局。

现在，人们经过不断的总结已形成了中华美食的八大菜系，即鲁、川、粤、闽、苏、浙、湘、皖流派。中国"八大菜系"的烹调技艺各具风韵，其菜肴之特色也各有千秋。中原文化历史悠久，文化底蕴丰厚。中原菜是八大菜系的根源。宋以后鲁菜就成为"北食"的代表，其特点是以清香、鲜嫩、味纯而著名，十分讲究清汤和奶汤的调制，清汤色清而鲜，奶汤色白而醇。川菜在秦末汉初就初具规模，唐宋时发展迅速，明清已富有名气，现今川菜馆遍布世界，其特点是酸、甜、麻、辣、香、油重、味浓，注重调味，离不开三椒（即辣椒、胡椒、花椒）和鲜姜，以辣、酸、麻脍炙人口，为其他地方菜所少有，形成川菜的独特风味，享有"一菜一味，百菜百味"的美誉。闽菜起源于福建省福州，其特点是色调美观，滋味清鲜。苏菜起始于南北朝时期，唐宋以后，与浙菜竞秀，成为"南食"两大台柱之一，其特点是浓中带淡，鲜香酥烂，原汁原汤浓而不腻，口味平和，咸中带甜。浙菜是以杭州、宁波、绍兴、温州等地的菜肴为代表发展而成的，其特点是清、香、脆、嫩、爽、鲜。湘菜以湘江流域、洞庭湖区和湘西山区的菜肴为代表发展而成的，其特点是用料广泛，油重色浓，多以辣椒、熏腊为原料，口味注重香鲜、酸辣、软嫩。徽菜以沿江、沿淮、徽州三地区的地方菜为代表构成的，其特点是选料朴实，讲究火功，重油重色，味道醇厚，保持原汁原味。徽菜以烹制山野海味而闻名，早在南宋时，"沙地马蹄鳖，雪中牛尾狐"，就是那时的著名菜肴了，如"沙地马蹄鳖"，这道黄山汉族传统名菜，是采用火腿佐味，冰糖提鲜，炭火风炉小火细炖，熟后香气扑鼻，汤醇胶浓，原汁原味，肉质酥烂，甲鱼裙边（背甲边缘很软的一周软肉）滑润。相传明初，户部尚书连心荣将皖南山区的马蹄鳖进贡给朱元璋，嗣后即成为贡品。

第六节 饮食与健康

饮食养生在上古时代开始萌芽，商周已初具雏形，经汉晋的发展，到隋唐逐成体系，至宋元时期内容更加丰富，到明清得以更好地普及与传播。在中国古代，食药同源，食物如同药物一样，皆有其"性味"之分，诸如人人皆知的西瓜、绿豆均为凉性，柿子、螃蟹都属寒性，羊肉、生姜同是温性，辣椒、桂皮皆为热性，粳米、猪肉均是平性，大枣、甘蔗味甘，石榴、梅子味酸，葱蒜、茴香味辛，干贝、蛤蜊味咸，慈姑、茶叶味苦等。

《论语·乡党》中关于饮食养生的专门论述："食不厌精，脍不厌细。食饐（腐败变臭）而餲（变味），鱼馁而肉败不食，色恶不食，臭恶不食，失饪不食，不时不食，割不正不食，不得其酱不食。肉虽多，不使胜食气。唯酒无量，不及乱。沽酒市脯不时，不撤姜食，不多食。祭于公，不宿肉，祭肉不出三日，出三日不食之矣。"以及《吕氏春秋·尽数》中"凡食无强厚味，无以烈味重酒，是以谓之疾首。食能以食，身必无疾。凡食之道，无饥无饱，是之谓五脏之葆（葆通"宝"）。口必甘味，和精端容，将之以神气，百节虞欢，咸进受气，饮必小咽，端直无决"。凡是饮食，不要用肥浓的厚味，不要用性猛的烈酒，因为这类饮食可说是致病之祸首。饮食能有节度，身体必没有损害。饮食的原则，不要过饥过饱，这就可称之为五脏的至宝。口必以所食之味为甘美，使精神谐和仪容端正，用神气将助，使周身百节愉快舒适，都能受纳水谷之精气。饮食时必须小口吞咽，坐的姿态要端正，不能暴饮暴食。孔子主要从饮食卫生角度来论养生，吕氏则从饮食有节角度阐明养生之道。还有一些重要典籍亦体现了早期饮食养生，《山海经》是一部集大成的百科全书，其记述内容囊括天文、历法、气象、动物、植物等。据统计，其记载有明确医疗效能的药物100多种，其中明确记载了具有食疗功能的动物，可谓有关食物治病的最早记载，如"青耕鸟，食后可以御疾"等。

民以食为天，饮食宜忌关系到人的健康长寿。历代医家，尤其是食医，以及养生学家和民间大众，都对饮食宜忌极为重视。养生一词出自《灵枢·本神》，即保养生命、防病抗衰、延年益寿。《素问·宝命全形论》里说："人以天地之气生，四时之法成。"人和自然界是有机整体，要顺应四时的寒热温凉变化以调摄人体，达到阴阳平衡、脏腑协调、气血充盛、经络通达、情志舒畅的养生保健目的。"安身之本，必资于食。不知食宜者，不足以存生"，饮食作为养生的重要组成部分，也必须顺应四时阴阳变化。《素问·四气调神大论》提出："春夏养阳，秋冬养阴"的四时顺养原则，饮食调理方面也应遵守这一规律。《素问·脏气法时论》："肝主春……肝苦急，急食甘以缓之。心主夏……心苦缓，急食酸以收之……肾主冬……肾苦燥，急食辛以润之。"介绍了季节与五脏及五味的关系。

马王堆出土的《五十二病方》，是现今发现的最早的医方书，书中载药品200多种，其中谷、果、禽、兽、鱼等当时的一些日常食物，占全书的四分之一。书中所载50余种病，半数左右可"以食治之"，或"以食养之"，强调了饮食在防病治病中的重要性。

汉代著名医家张仲景在《金匮要略》中指出："春不食肝，夏不食心，秋不食肺，冬不食肾，四季不食脾。"其道理在于，春季肝气旺盛，食肝则肝气更旺，过则为害，故春季不宜食动物的肝；夏季心气旺，秋季肺气旺，冬季肾气旺，故夏、秋、冬季分别不宜食动物的心、肺、肾；脾旺四季，故四季不可食动物的脾。隋唐医药学家孙思邈在《千金方》里说："春省酸增甘养脾气，夏省苦增辛养肺气，长夏省甘增咸以养肾气，秋省辛增酸养肝气，冬省咸增苦以养心气。"根据季节的变化来调节五味。金代著名医家刘完素提出了以五味平调五脏之气的见解："是以圣人春木旺以膏香助脾；夏火旺以膏腥助肺；金用事，膳膏臊以助肝；水用事，膳膏膻以助心；所谓因其不胜而助之也"（《素问病机气宜保命集·摄生论》）。这是根据季节的不同，以臊、焦、香、腥、腐五气来助其所克之气。元代忽思慧在《饮膳正要》说："春气温宜多食麦以凉之；夏气热，宜食菽以寒之；秋气燥，宜食麻以润之；冬气寒，宜食黍，以热性治其寒。"根据春温夏热，秋凉冬寒的季节特点，选择不同的食物适应四时寒热温凉的变化。脾胃作为"后天之本""气血生化之源"，在四季饮食养生中，一定要注意养护脾胃，脾胃功能正常，四季所食食物才能化为人体所需精微物质，四季饮食养生才能奏效。元代贾铭在《饮食须知》中亦云："饮食藉以养生，而不知物性有相宜相忌，杂然丛进，轻则五内不和，重则立兴祸患。"清代医家王孟英也说过："国以民为本，人以食为养，而饮食失宜，或以害身命。"人一旦生起病来，饮食宜忌更显得至关重要，正如医圣张仲景所言："饮食之味，有与病相宜，有与病相害，若得宜则益体，害则成疾。"

千百年来，中国的医家、养生学家、儒家、道家、佛家以及广大民众，都有着十分宝贵的饮食宜忌的实践经验。特别是病人饮食宜忌的重要性，也备受关注，如病人忌暴饮暴食，不偏嗜五味，过食肥腻、煎炸及吸烟、酗酒等；体质虚弱如大手术后、贫血、产后等忌不易消化食物，如油炸、油煎的肉类及腊肉、黏糕，并忌一切生冷特别是冷饮、凉菜、生菜等；发热病人，忌辛辣、油腻，如驴、马、猪肉及蒜、葱、酒类等；气虚病人忌辛辣、香燥食品，如油炸及辣椒油、萝卜；胃病忌食之品如醋、鱼类、辣椒等食物；腹泻忌生冷、蔬菜、水果；失眠忌饮浓茶及晚饭过饱；水肿，肾病不食过多盐，糖尿病忌食含糖高的食物；疮痈病人，忌羊肉、虾蟹、鸡蛋及辛辣刺激性食物；痢疾者忌过饱食及滑利、生冷、瓜果、动物血等；产后及经期忌寒凉食品等。

鉴于饮食在我们日常生活中的重要地位，我们不仅要吃饱，更要吃好，吃出健康，谨守饮食养生理论，发扬和传播中国的饮食文化。

第二十章　风雅学

　　风雅，是一个多义词。谓文雅；端庄的或高雅的，尤指外貌或举止端庄的或高雅的。另《诗经》有《国风》《大雅》《小雅》等部分，后世用风雅泛指诗文方面的事。汉朝班固《东都赋》曰："临之以《王制》，考之以《风》《雅》。"

　　在古代，琴、棋、书、画四方面的才能是古人的文化修养所必备的。换句话说，古代文人雅士都要精通或擅长抚琴、弈棋、书法、作画等文雅的技艺，因为这是古人文化修养要求必备的功课，也是文人雅士博学和高雅的体现。从这一点上来看，"风雅学"也可以说是古代文人雅士的时尚之学，包括琴、棋、书、画、品茶、饮酒及收藏之类。尽管现在尚未有"风雅学"一说，我们不妨姑且把古代文人雅士在琴、棋、书、画诸方面的文化修养看作"风雅学"。在我们界定的风雅学范畴内，对琴、棋、书、画、茶、香等，做一简单的梳理（其中书、画已有专题论述），来窥看古代文人雅士的风雅概貌。

第一节　琴

　　琴，主要是指古琴、琵琶、古筝或是其他的拨弦乐器。

　　古琴，又称瑶琴、玉琴、丝桐和七弦琴，是中国汉民族最早的传统拨弦乐器，属于八音中的丝。古琴音域宽广，音色深沉，余音悠远，是汉文化中的瑰宝，是人类口头和非物质遗产代表作。

　　自古"琴"为其特指，19 世纪 20 年代起为了与钢琴区别而改称古琴。初为 5 弦，汉朝起定制为 7 弦，且有标志音律的 13 个徽，亦为礼器和乐律法器。琴是汉文化中地位最崇高的乐器，有"士无故不撤琴瑟"和"左琴右书"之说。琴位列中国传统文化四艺"琴棋书画"之首，被文人视为高雅的代表，亦为文人吟唱时的伴奏乐器，自古以来一直是许多文人必备的知识和必修的科目。伯牙、钟子期以"高山流水"而成知音的故事流传至今；琴台被视为友谊的象征；大量诗词文赋中也都留下了琴的身影。

一、琴的起源和历史

　　古琴，为中国最古老的弹拨乐器之一，称为"国乐之父"。相传前 2400 年左右由伏羲发明，地点则是伏羲故乡河南淮阳。古人发明琴瑟，是顺阴阳之气，用以纯洁人心。"琴者，禁也。禁止于邪，以正人心。"在古代，琴担负了禁止淫邪、端正人心的道德责任。古琴，是在春秋时期就已盛行的乐器，据《史记》载，琴的出现不晚于尧舜时期，距今已有3000多年的历史。

甲骨文中有琴字，琴可能从箜篌这种中东竖琴发展而来，而箜篌最早出土样本是在新疆维吾尔自治区且末县，可追溯到前400年至前200年。琴的最早文字记载见于《诗经》，与琴相似的最古实物是汉代曾侯乙墓中的筑和十弦琴。

西周时的钟仪是现存记载中最早的一位专业琴人。据史料记载春秋时诸侯宫廷中都有琴家，且大多以"师"为氏，如师旷、师文、师襄和师涓等。史载他们都有高超的琴艺。而在先秦时期琴被用于伴奏和演唱，称为"弦歌"。在《诗经》等文学作品中也有大量关于琴的记载，可见当时琴已有较丰富的表现力。战国时期随着音乐的不断进步，琴乐也得到了很大地发展和普及，从而涌现了大量的琴人。而琴作为主要的乐器，被士人赋予礼制修身养性和审美的功能，所谓"君子之近琴瑟，此仪节也，非以慆心也"（《左传·昭年》）和"士无故不撤琴瑟"（《礼记·曲礼下》）。君子亲近于琴、瑟，是为了遵照礼仪的本意对身心进行调节，并非凭着琴、瑟之声的动听而使自己心情喜悦。古人常将琴、瑟这两种拨弦乐器并称，相传瑟也由伏羲发明，两者均由梧桐木制成，带有空腔，丝绳为弦。琴初为5弦，后改为7弦，瑟古50弦，后25弦。琴主要用于正规的场合，当面为贵宾演奏，而瑟则是用于社交场合，需要屏风作遮挡。可见，弹琴已经成了士人必须具备的一种修养。儒学创始人孔子对琴十分推崇，能弹着琴唱《诗经》300首，还曾向师襄学琴，成为后世士人典范。后人附会作有《孔子读易》和《泣颜回》两琴曲。此期间著名的琴人还有伯牙（又作伯雅）、雍门周等。

琴的型制于东汉晚期确定。马王堆3号汉墓出土的汉初七弦琴结构简单，音箱较小，共鸣声小，尾部为实木，面板无徽位。东汉至魏晋时期，琴在士人中非常流行。蔡邕所著《琴操》是现存介绍早期琴曲最为丰富而详尽的专著，原书已佚，经后人辑录成书，还作有琴曲5首，合称"蔡氏五弄"；又传他曾用灶余焦木制成著名的"焦尾琴"。《胡笳十八拍》相传为他的女儿蔡琰所作，实则《大胡笳》和《小胡笳》皆为唐人借题所作。此外，还有刘向所著的《说苑·琴录》，扬雄所著的《琴清英》。琴曲《广陵散》也在此时广为流传。此期间著名的琴人还有司马相如和恒谭等。而已知最古老的成文琴指法乐谱可追溯到汉朝。

战乱纷争的魏晋时期，士族阶层出现大量不依附于朝廷的文人琴人，如"建安七子"和"竹林七贤"等，琴风盛行，他们不仅弹奏，而且创作大量琴曲。嵇康的《长清》《短清》《长侧》和《短侧》4首，合称"嵇氏四弄"，现存同名琴谱载于明代琴谱，可能并非原作；还著有《琴赋》《声无哀乐论》等。此期间著名的琴人还有阮瑀、嵇康、阮籍、阮咸和阮瞻等。

南北朝时期，君主和士人都爱好音乐和文学，文人爱琴解音，风气极盛；由于士族门阀制度对文人的限制，使得很多文人愤世嫉俗以琴书自娱。这期间出现了最早的文字谱，南朝隐士丘明有文字谱《碣石调·幽兰》。这一时期著名的琴人还有戴颙、宗炳和柳恽等。

隋唐时期流行燕乐歌舞，而琴风稍落。董庭兰擅弹《胡笳》等曲，流传作品有《颐真》；此期间新作琴曲有《风雷引》《昭君怨》《离骚》《阳关三叠》和《渔歌调》等。斫琴在唐朝也有巨大的发展，如四川雷氏家族所斫的"九霄环佩"为传世名琴，唐琴在历代都被视为稀世之宝。唐代减字谱逐渐成熟，成为记录琴音乐的主要谱式。初唐时琴也传到朝鲜和日本。这一期间著名琴人还有李白、白居易、韩愈、赵耶利、薛易简、陈康士和陈拙等。

由于宋朝行使抑武扬文的政策，自宋太宗起，两宋期间自帝王至朝野上下都十分好琴，无不以能琴为荣，达到历代好琴的顶峰。宋元时期，琴开始出现明确的流派传承。第一个古琴流派"浙派"出现于南宋晚期，代表琴家有郭沔等。南宋姜夔作琴歌《古怨》，是现存最早的琴歌。这一期间著名琴人有范仲淹、欧阳修、苏轼、夷中、知白、义海、则全、倪云林、耶律楚材和苗实等。宋金元时期，琴已在契丹族、女真族、蒙古贵族的文人间广为流传。

明清时期，流派纷呈，大量刊印琴谱，现存第一部减字谱《神奇秘谱》保存了众多古曲。清朝后期，琴艺术相对衰落。这一期间著名的琴人还有汪芝、蒋克谦、杨抡、严澄、徐常遇和乾隆等。明代造琴之多，盛况空前，不论皇帝亲王还是官宦之家，好琴者甚多。其宗室制琴就有宁王、衡王、益王、潞王四大名家。四王之中唯潞王造琴最多，制作始于崇祯年间，据传达四五百张之多，且式样尺寸一致，均按年份次序编号刻款于腹内；琴背刻有琴名"中和"，敬一主人题"仰长江水"诗文以及"潞国世传"大印一方，皆用八宝漆灰。

明代屠隆论琴曰："琴为书室中雅乐，不可一日不对清音。"就是说琴是一种不可闲置的乐器，琴越弹才越好。琴的体内也仿佛蕴藏着一股"能量"，需要琴主不断弹奏来释放它的灵性，去掉它的"火"气，使琴体慢慢松透，得到"呼吸"，这样，琴音也就更加雅正幽远了。琴派是具有共同艺术风格的琴人所形成的流派。"琴派"产生了明末的虞山派和清代的广陵派。后世的琴派多以地区划分、命名，虞山派以江苏常熟为中心，广陵派以江苏扬州为中心。

二、古琴的一般知识

古琴一般分为琴体（即共鸣箱，由琴面、琴底和琴轸、雁足等部分组成）和琴弦系统（包括琴弦和岳山、龙龈、琴徽等部分）。古琴的制作历史悠久，许多名琴都有文字可考，而且具有美妙的琴名与神奇的传说。其中最著名的是齐桓公的"号钟"、楚庄王的"绕梁"、司马相如的"绿绮"和蔡邕的"焦尾"。这四张琴被人们誉为"四大名琴"。如今，名扬四海的"四大名琴"虽已成为历史的陈迹，但它们对后世的影响并没有消失。

1. 号钟 号钟是周代的名琴。此琴音之洪亮，犹如钟声激荡，号角长鸣，令人震耳欲聋。传说古代杰出的琴家伯牙曾弹奏过"号钟"琴。后来"号钟"传到齐桓公的手中。齐桓公是齐国的贤明君主，通晓音律。当时，他收藏了许多名琴，但尤其珍爱这个"号钟"琴。他曾令部下敲起牛角，唱歌助乐，自己则奏"号钟"与之呼应。牛角声声，歌声凄切，"号钟"则奏出悲凉的旋律，使两旁的侍者每个人都感动得泪流满面。

2. 绕梁 据说"绕梁"是一位叫华元的人献给楚庄王华侣的礼物，其制作年代不详。楚庄王自从得到"绕梁"以后，整天弹琴作乐，陶醉在琴乐之中。有一次，他竟然连续七天不上朝，置国家大事而不顾。王妃樊姬异常焦虑，规劝楚庄王说："君王，您过于沉沦在音乐中了！过去，夏桀酷爱'妹喜'之瑟，而招致了杀身之祸；纣王误听靡靡之音，而失去了江山社稷。现在，君王如此喜爱'绕梁'之琴，七日不临朝，难道也愿意丧失国家和性命吗？"楚庄王闻言陷入了沉思。他无法抗拒"绕梁"的诱惑，只得忍痛割爱，命人用铁如意捶琴，琴身碎为数段。琴以"绕梁"命名，足见此琴音色之特点，必然是余音嘹亮，经久不绝。

3. 绿绮　绿绮是汉代著名文人司马相如弹奏的一张琴。司马相如原本家境贫寒，但他的诗赋极有名气。梁王慕名请他作赋，相如写了一篇《如玉赋》相赠。此赋辞藻瑰丽，气韵非凡。梁王极为高兴，就以自己收藏的"绿绮"琴回赠。"绿绮"是一张传世名琴，琴内有铭文曰："桐梓合精"，即桐木、梓木结合的精华。相如得"绿绮"，如获珍宝。他精湛的琴艺配上"绿绮"绝妙的音色，使"绿绮"琴名噪一时。后来，"绿绮"就成了古琴的别称。一次，司马相如访友，豪富卓王孙慕名设宴款待。酒兴正浓时，众人说："听说您'绿绮'弹得极好，请操一曲，让我辈一饱耳福。"相如早就听说卓王孙的女儿文君，才华出众，精通琴艺，而且对他极为仰慕。司马相如就弹起琴歌《凤求凰》向她求爱。文君听琴后，理解了琴曲的含意，不由脸红耳热，心驰神往。她倾心相如的文才，为酬"知音之遇"，便夜奔相如住所，缔结良缘。从此，司马相如以琴追求文君，被传为千古佳话。

4. 焦尾　焦尾是东汉著名文学家、音乐家蔡邕亲手制作的一张琴。蔡邕在"亡命江海、远迹吴会（今浙江省绍兴市）"（《后汉书·蔡邕传》）时，曾于烈火中抢救出一段尚未烧完、声音异常的梧桐木。他依据木头的长短、形状，制成一张七弦琴，果然声音不凡。因琴尾尚留有焦痕，就取名为"焦尾"。"焦尾"以它悦耳的音色和特有的制法闻名于世。汉末，蔡邕惨遭杀害后，"焦尾"琴仍完好地保存在皇家内库之中。300多年后，齐明帝在位时，为了欣赏古琴高手王促雄的超人琴艺，特命人取出存放多年的"焦尾"琴，让王仲雄演奏。王仲雄连续弹奏了五日，并即兴创作了《懊恼曲》献给明帝。到了明朝，昆山人王逢年还收藏着蔡邕制造的"焦尾"琴。

古琴技法很多，古时曾超过1000种，今常用指法仅几十种，例如右手的抹、挑、勾、剔、打、摘、擘、托（即"右手八法"）。其他指法如轮、拨、刺、撮、锁、如一、滚、拂、双弹等，左手的上、下、进复、退复、吟、猱、罨、跪指、掏起、带起、爪起、撞等。一些古指法如牵、全扶、半扶、龊、间勾、转指、索铃等。

现存琴曲3 360多首，琴谱130多部，琴歌300首。我国十大古琴名曲有《广陵散》《高山流水》《平沙落雁》《酒狂》《关山月》《潇湘水云》《阳关三叠》《梅花三弄》《胡笳十八拍》《阳春白雪》。还有大量关于琴家、琴论、琴制、琴艺的文献，遗存之丰硕堪为中国乐器之最。

唐代职业琴家薛易简在《琴诀》中讲："琴为之乐，可以观风教，可以摄心魄，可以辨喜怒，可以悦情思，可以静神虑，可以壮胆勇，可以绝尘俗，可以格鬼神，此琴之善者也。"数千年来，琴已毫无疑问地成为传承文化精神、修身养性的道器。《红楼梦》第八十六回，贾宝玉让林黛玉抚琴时，林黛玉的一番议论，说明抚琴是有讲究的："若要抚琴，必择静室高斋，或在层楼的上头，在林石的里面，或是山巅上，或是水涯上。

再遇着那天地清和的时候，风清月朗，焚香静坐，心不外想。"又说："若必要抚琴，先须衣冠整齐，或鹤氅，或深衣，要如古人的像表，那才能称圣人之器，然后盥了手，焚上香。"古琴，在古时文人心中被视为高雅的代表，是中国古代地位最崇高的乐器，被列为"琴棋书画"四艺之首，是古代每个文人必修之艺。同时，古琴也是古代学校重要的教学内容——六艺之一。

第二节　棋

在中国文明发展的历史长河中，"琴、棋、书、画"可以说是一串璀璨的明珠，悦耳明目，修身养性，是我们中华文化的宝贵财富。古代先贤参哲悟理，治国理政，亦从中获取裨益。"琴、棋、书、画"已有几千年的历史，它们是中华民族传统文化中陶冶情操的四种艺术形式，深刻体现着我国传统文化的现实化和民俗化。作为"四艺"之一的"棋"，主要是指围棋。它所需要的巧妙构思和灵活战术所体现出来的奥妙、精深，实在令人叹为观止。

一、围棋

围棋，是一种策略性两人棋类游戏。围棋使用方形格状棋盘及黑白二色圆形棋子进行对弈，棋盘上有纵横各 19 条直线将棋盘分成 361 个交叉点，棋子走在交叉点上，双方交替行棋，落子后不能移动，以围地多者为胜。中国古代围棋是黑白双方在对角星位处各摆放两子（对角星布局），由白棋先行。现代围棋由日本发展而来，取消了座子规则，黑先白后，使围棋的变化更加复杂多变。围棋也被认为是世界上最复杂的棋盘游戏之一。

1. 起源　围棋，起源于中国，中国古代称为弈，可以说是棋之鼻祖，围棋至今已有 4000 多年的历史。据先秦典籍《世本》记载："尧造围棋，丹朱善之。"晋代张华在《博物志》中继承并发展了这种说法："尧造围棋，以教子丹朱。或云：舜以子商均愚，故作围棋以教之。"传说尧的儿子丹朱顽劣，尧发明围棋以教育丹朱，陶冶其性情。1964 年版的《大英百科全书》就采纳这种说法，甚至将其确切年代定在前 2356 年。唐代诗人皮日休所作的《原弈》认为："弈之始作，必起自战国，有害诈争伪之道，当纵横者流之作矣。岂曰尧哉！"围棋始于战国，是纵横家们创造的。

围棋蕴含着古代哲学中一元生两仪、两仪生四象、四象生八卦、天圆地方、二十四节气、三百六十周天之数等含义，其变化丰富，意蕴深远，魅力无穷。围棋的规则十分简单，却拥有十分广大的空间可以落子，使围棋的变化多得数不清，比中国象棋复杂得多，这就是围棋的魅力所在。下围棋对人脑有帮助，可增强一个人的计算能力、记忆能力、思想能力、判断能力，使精神集中。围棋为九品制，其最早始于三国时期，魏人邯郸淳根据曹操实行的九品中正制，将围棋棋手的等级划分为九品：一品入神，二品坐照，三品具体，四品通幽，五品用智，六品小巧，七品斗力，八品若愚，九品守拙，其中一品等级最高。

2. 发展　春秋战国时期，围棋时已在社会广泛流传。《左传·襄公二十五年》载：

"卫献公自夷仪使与宁喜言，宁喜许之。大叔文子闻之，曰：'呜呼……今宁子视君不如弈棋，其何以免乎？弈者举棋不定，不胜其耦，而况置君而弗定乎？必不免矣！'"这是历史上第一次可靠的涉及围棋的记载，时间是前548年。孔子《论语·阳货》载："子曰：'饱食终日，无所用心，难矣哉。不有博弈者乎？为之犹贤乎已。'"孟子《孟子·告子上》载："今夫弈之为数，小数也。不专心致志则不得也。弈秋，通国之善弈者也。使弈秋诲二人弈，其一人专心致志，惟弈秋之为听；一人以为有鸿鹄将至，思援弓缴而射之，虽与之俱学，弗若之矣。为是其智弗若与？非然也。"这是史料中第一位有名字的专业棋手——弈秋。

秦灭六国一统天下，有关围棋的活动鲜有记载。到东汉初年，社会上还是"博行于世而弈独绝"（班固《弈诣》）的状况。直至东汉中晚期，围棋活动才又逐渐盛行。

南北朝时期玄学的兴起，导致文人学士以尚清谈为荣，因而弈风更盛，下围棋被称为"手谈"。上层统治者也无不雅好弈棋，他们以棋设官，建立"棋品"制度，对有一定水平的"棋士"，授予与棋艺相当的"品格"（等级）。当时的棋艺分为九品，《南史·柳恽传》载："梁武帝好弈，使恽品定棋谱，登格者二百七十八人。"可见棋类活动之普遍。日本围棋分为"九段"即源于此。

中国围棋之制在历史上曾发生过两次重要变化，主要在于局道的增多。魏晋前后，第一次发生重要变化。魏邯郸淳的《艺经》说，魏晋及其以前的"棋局纵横十七道，合二百八十九道，白、黑棋子各一百五十枚"。这与河北望都发现的东汉围棋局的局制完全相同。但是，在甘肃敦煌莫高窟石室发现的南北朝时期的《棋经》，却载明当时的围棋棋局是"三百六十一道，仿周天之度数"。表明当时已流行19道的围棋了，反映出当时的围棋已初步具备现行围棋定制。

隋代围棋盘，由19道棋盘代替了过去的17道棋盘，从此19道棋盘成为主流。

唐宋时期，可以视为围棋游艺在历史上发生的第二次重大变化时期。由于帝王们的喜爱以及其他种种原因，围棋得到长足的发展，对弈之风遍及全国。这时的围棋，已不仅在于它的军事价值，而主要在于陶冶情操、愉悦身心、增长智慧。弈棋与弹琴、写诗、绘画被人们引为风雅之事，成为男女老少皆宜的游艺娱乐项目。

明清两代，棋艺水平得到了迅速的提高。其表现之一，就是流派纷起。明代正德、嘉靖年间，形成了三个著名的围棋流派：一是以鲍一中（永嘉人）为冠，李冲、周源、徐希圣附之的永嘉派；一是以程汝亮（新安人）为冠，汪曙、方子谦附之的新安派；一是以颜伦、李釜（北京人）为冠的京师派。这三派风格各异，布局攻守侧重不同，但皆为当时名手。在他们的带动下，长期为士大夫垄断的围棋，开始在市民阶层中发展起来，并涌现出了一批"里巷小人"的棋手。他们通过频繁的民间比赛活动，使得围棋游艺进一步得到了普及。随着围棋游艺活动的兴盛，一些民间棋艺家编撰的围棋谱也大量涌现，如《适情录》《石室仙机》《三才图会棋谱》《仙机武库》及《弈史》《弈问》等20余种明版本围棋谱，都是现存的颇有价值的著述，从中可以窥见当时围棋技艺及理论高度发展的情况。

3. 棋具　棋子：棋子分黑白两色。多为扁圆形（也有双面突起的应氏棋子）。棋子的数量以黑子181、白子180个为宜（参见《中国围棋规则（2001版）》）。棋子呈圆形。中国一般使用一面平、一面凸的棋子，日本则常用两面凸的棋子。中国云南所产的"云子"为历来的弈者所青睐，已有 500 余年的历史。较为珍贵的棋子材料有蛤碁石、玛瑙、贝壳等。

棋盘：盘面有纵横各 19 条等距离、垂直交叉的平行线，共构成 19×19 = 361 个交叉点（以下简称为"点"）。盘面上标有九个小圆点，称为星位，中央的星位又称"天元"。下让子棋时所让之子要放在星上。棋盘可分为"角""边"以及"中腹"。启蒙学习中，有 13×13、9×9 的棋盘。另外，现代出土文物中还有一些是较罕见的 15×15、17×17 路棋盘。

棋钟：正式的比赛中可以使用计时器对选手的时间进行限制。非正式的对局中一般不使用计时器。

围棋博大精深、玄妙无穷，千古以来，多少帝王将相、文人雅士、市井布衣乐此不疲，也演绎出多少传奇佳话、美文诗赋乃至兵书演算法、治国方略，成为中华文明史上一朵绚丽的奇葩。

二、象棋

象棋，亦作"象碁"，汉族棋类益智游戏。中国象棋有着 3 000 多年的历史，属于二人对抗性游戏的一种。在中国古代，象棋被列为士大夫们的修身之艺。由于用具简单，趣味性强，成为流行极为广泛的棋艺活动。

中国象棋是由两人轮流走子，以"将死"或"困毙"对方将（帅）为胜的一种棋类运动。对局时，由执红棋的一方先走，双方轮流各走一招，直至分出胜、负、和，对局即终了。在棋战中，人们可以从攻与防、虚与实、整体与局部等复杂关系的变化中提升思维能力。

1. 起源　象棋一词最早出现于战国时期。《楚辞·招魂》中就对其形制以及玩乐方法做过专门记载："蔽象棋，有六簿些；分营并进，道相迫些；成枭而牟，呼五白些。"意思是说，用玉石（即蔽）做成的相当于骰子（即蔽）大小的象棋，每方共有 6 颗；比赛的方法是分曹并进（指必须两人或两组对局联赛），相互进攻，逼迫对方于死路；最后是赢者"牟"（指成倍）取胜利。击败了敌兵（春秋时兵制，以 5 人为伍），而发出胜利的欢呼。

象棋的起源有多种说法，包括：①神农氏；②黄帝；③周武王伐纣时；④战国之时；⑤尧，传说尧的同父异母的弟弟叫象，象为人懒惰，好玩耍，尧发明了象棋来教育象，因为他弟弟名字叫象，故称为象棋。一般认为象棋产生于春秋时期，并且是模仿当时兵制而产生的。

据古籍中的可靠记载，象棋在战国时期已经流行。汉代刘向《说苑·善说》载：（雍门周谓孟尝君）"燕则斗象棋而舞郑女"。明代陈仁锡《潜确居类书》也记载了战国孟尝君下象棋的事："雍门周谓孟尝君：'足下燕居，则斗象棋，亦战国之事也。'盖战国用兵，故时人用战争之象为棋势也。"战国时的作品《楚辞·招魂》中也有记载。这说明在战国时代"象棋"已经成为一项经常性的活动了。

早期的象棋，棋制由棋、箸、局等三种器具组成。两方行棋，每方六子，分别为：

枭、卢、雉、犊、塞（二枚）。棋子用象牙雕刻而成。箸，相当于骰子，在棋之前先要投箸。局，是一种方形的棋盘。比赛时，"投六箸，行六棋"，斗巧斗智，相互进攻逼迫，而制对方于死地。春秋战国时的兵制，以五人为伍，设伍长一人，共六人。由此可见，早期的象棋，是象征当时战斗的一种游戏。在这种棋制的基础上，后来又出现一种叫"塞"的棋戏，只行棋不投箸，摆脱了早期象棋中侥幸取胜的成分。

2. 发展　秦汉时期，塞戏颇为盛行，当时又称塞戏为"格五"。从湖北云梦西汉墓出土的塞戏棋盘和甘肃武威磨嘴子汉墓出土的彩绘木俑塞戏，可以印证汉代边韶《塞赋》中对塞戏形制的描写。

三国时期，象棋的形制不断变化，并已与印度有了传播关系。至南北朝时期的北周，武帝宇文邕（561—578 年在位）制《象经》，王褒写《象戏·序》，庾信写《象戏经赋》，标志着象棋形制改革的完成。

隋唐时期，象棋活动稳步开展，史籍上屡见记载。唐代的象棋形制，和早期的国际象棋颇多相似之处。当时象棋的流行情况，从诗文传奇的诸多记载中，都可略见一斑。而象棋谱《梼薄象戏格》3 卷则可能是唐代的著作。唐代，象棋在中国发生了很大的变化，已有"将、马、车、卒"4 个兵种，由黑白相间的 64 个方格组成。后来又参照我国的围棋，把 64 个方格变为 90 个点。

宋代，中国象棋基本定型，除了因火药的发明增加了"炮"之外，还增加了"士""象"。即在使用带有九宫的棋盘基础上，吸收和借鉴其他棋类的棋子种类并将其中三个兵升级成一个士及两个炮，以符合当时人的趣味。另外，宋代晁无咎的"广象棋"有棋子 32 个，与现代象棋棋子总数相同，但是不知道棋盘上有无河界。宋元期间的《事林广记》刊载了两局象棋的全盘着法。宋代是象棋广泛流行，形制大变革的时代。北宋时期，先后有司马光的《七国象戏》，尹洙的《象戏格》《棋势》，晁无咎的《广象戏图》等著术问世，民间还流行"大象戏"。

经过近百年的实践，象棋于北宋末定型成近代模式：32 枚棋子，有河界的棋盘，将在九宫之中等。南宋时期，象棋"家喻户晓"，成为流行极为广泛的棋艺活动。李清照、刘克庄等文学家，洪遵、文天祥等政治家，都嗜好下象棋。宫廷设的"棋待诏"中，象棋手占一半以上。

明代，可能为了下棋和记忆的方便，才将一方面的"将"改为"帅"。另外，明、清时期，棋书出版较多，尤以明代徐芝的《适情雅趣》、明末清初朱晋桢的《橘中秘》、清代王再越的《梅花泉》和张乔栋的《竹香斋象戏谱》著名。

3. 棋具　棋盘：棋子活动的场所，叫作"棋盘"。在方形的平面上，由 9 条平行的竖线和 10 条平行的横线相交组成，共有 90 个交叉点，棋子就摆在交叉点上。中间部分，也就是棋盘的第五、第六两横线之间未画竖线的空白地带称为"河界"。两端的中间，也就是两端第四条到第六条竖线之间的正方形部位，以斜交叉线构成"米"字方格的地方，叫作"九宫"（它恰好有九个交叉点）。

整个棋盘以"河界"分为相等的两部分。为了比赛记录和学习棋谱方便起见，现行规则规定：按九条竖线从右至左用中文数字一至九来表示红方的每条竖线，用阿拉伯数字"1"至"9"来表示黑方的每条竖线。对弈开始之前，红黑双方应该把棋子摆放在规定的位置。任何棋子每走一步，进就写"进"，退就写"退"，如果像车一样横着走，就写"平"。

"楚汉界河"指的是河南省荥阳市黄河南岸广武山上的鸿沟。沟口宽约 800 米，深达 200 米，是古代的一处军事要地。西汉初年楚汉相争时，汉高祖刘邦和西楚霸王项羽仅在荥阳一带就爆发了"大战七十，小战四十"，因种种原因项羽"乃与汉约，中分天下，割鸿沟以西为汉，以东为楚"，鸿沟便成了楚汉的边界。

棋子：棋子共有 32 个，分为红、黑两组，每组共 16 个，各分 7 种，其名称和数目如下：

红棋子：帅一个，车、马、炮、相、仕各两个，兵五个。

黑棋子：将一个，车、马、炮、象、士各两个，卒五个。

下棋是我国广大人民喜爱的一种娱乐活动。它可以寄托精神，调畅情志，养心益智，是一种集娱乐性、体育性、智力性兼备的文体活动。然而，下棋不单只是一种活动，它还是一种艺术，一种起源于中国，在中国发展最广的艺术，是我们的国粹。

第三节　茶

茶是广泛流行于世界的保健饮品，起源于中国。中华茶文化博大精深，汉人饮茶已有几千年的历史。三皇五帝时代便有神农以茶解毒的故事。茶作为一种饮品，发端于神农，发展于周公旦，发扬于宋唐，推广于明清，它的地位由一种生活实用食物，进入到被人们品尝、体会的意境。

一、茶的名称

在中国古代的史料中，茶的名称很多。最早记载"荼"字的是《诗经》。《诗经·豳风·鸱鸮》曰："予手拮据，予所捋荼。""荼"即茶。西汉司马相如的《凡将篇》中提到的"荈诧"就是茶；《茶经》"七之事"对《凡将篇》中的"荈诧"做了引用。荈、槚、荼等字是借指茶，只有茶一种含义，所以，《凡将篇》中的"荈"指茶是可能的。荈为茶的可靠记载见于《三国志·吴书·韦曜传》曰："曜饮酒不过二升，皓初礼异，密赐茶荈以代酒。"茶荈，就是茶。西汉末年，扬雄的《方言》"蜀西南人谓茶曰蔎"，称茶为"蔎"。在《神农本草经》（约成于汉朝）中，称之为"荼草"或"选"；东汉的《桐君录》（撰人不详）中谓之"瓜芦木"；南朝宋山谦之的《吴兴记》中称为"荈"；东晋裴渊的《广州记》中称之为"皋芦"；唐·陆羽在《茶经》中，也提到"其名，一曰茶，二曰槚，三曰蔎，四曰茗，五曰荈"。在茶、槚、茗、荈、蔎五种茶的称谓中，以茶为最普遍，流传最广。也就是说，直到陆羽著《茶经》之后，"茶"字才逐渐流传开来。

二、茶的发源

中国饮茶起源众说纷纭：有的认为起源于上古神农氏，有的认为起于周，起于秦汉、三国的说法也都有，造成众说纷纭的主要原因是唐代以前"茶"字的正体字为

"茶"。唐代《茶经》的作者陆羽，在文中将茶字减一画而写成"茶"，因此，有人说茶起源于唐代。但实际上这只是文字的简化，而且在汉代就已经有人用茶字了。陆羽只是把先人饮茶的历史和文化进行总结，茶的历史肯定要早于唐代很多年。

蒙顶山（位于四川省雅安市名山县）是中国历史上有文字记载人工种植茶叶最早的地方。从现存世界上关于茶叶最早记载的王褒（前90—前51）《童约》和吴理真（吴理真是西汉甘露年间人）在蒙山种植茶树的传说，可以证明四川蒙顶山是茶树种植和茶叶制造的发源地。

三、茶的使用

茶最初是作药用、食用和祭祀用，然后才作饮品。在神农时代（约前2737年），即已经发现了茶树的鲜叶可以解毒。《神农本草经》曾有记载："神农尝百草，日遇七十二毒，得茶解之。"晋代张华《博物志》也同样有"饮真茶，令人少眠"的说法。反映的就是古代发现茶治病的起源，这说明中国利用茶叶最少已有4000多年的历史。西晋到隋朝，茶逐渐成为普通饮料。关于饮茶的记载也日益增多。《广陵吾老传》中载有"晋元帝时，有老姥每旦独提一器茗，往市鬻之，市人竞买"之句，说明茶已逐渐成为普通饮料。至唐、宋时代，茶已成为"人家一日不可无"的普遍饮用之品。

现代科学大量研究证实，茶叶确实含有与人体健康密切相关的生化成分，茶叶不仅具有提神清心、清热解暑、消食化痰、去腻减肥、清心除烦、解毒醒酒、生津止渴、降火明目、止痢除湿等药理作用，还对现代疾病，如辐射病、心脑血管病、癌症等疾病，有一定的药理功效。可见，茶叶药理功效之多，作用之广，是其他饮料无可替代的。茶叶具有药理作用的主要成分是茶多酚、咖啡因、脂多糖等。

四、中国茶文化

茶文化意为饮茶活动过程中形成的文化特征，包括茶道、茶德、茶精神、茶联、茶书、茶具、茶画、茶学、茶故事、茶艺等。"茶道"这一词最初见于唐代《封氏闻见记》："……茶道大兴。王公朝士无不饮者。"而"茶道"的创始者，正是《茶经》著书之人——被尊为茶圣的陆羽。

煎茶：把茶末投入壶中和水一块煎煮。唐代的煎茶，是茶最早的艺术品尝形式。

点茶、斗茶：较之于唐代煎茶，宋人更喜爱典雅精致的点茶艺术。由于宋代饮茶之风炽热，所以还风行评比调茶技术和茶质优劣的"斗茶"，亦称"茗战"。中国斗茶始于唐而盛于宋，随着贡茶的兴起应运而生。

泡茶：元代人已开始普遍使用茶叶或茶末煎煮饮茶，不加或少加调料。这种简便、纯粹的"清饮"方式被越来越多的人接受，加上后来的沸水冲泡法，到了明代，就形成了"泡茶"这种饮茶方式，一直沿用至今。

茶文化的内涵实际上是中国文化内涵的一种具体表现，谈茶文化必须结合中国汉文化而论之。中国素有礼仪之邦之称谓，茶文化的精神内涵即是通过沏茶、赏茶、闻茶、饮茶、品茶等习惯与中华的文化内涵和礼仪相结合，形成的具有鲜明中国文化特征的一种文化现象，也可以说是一种礼节现象。

茶文化在汉族的生活中，非常重要。武王伐纣，茶叶已作为贡品。原始公社后期，茶叶成为货物交换的物品。战国时，茶叶发展已有一定规模。先秦《诗经》有茶的记载。又如在汉朝，茶叶成为佛教"坐禅"的专用滋补品。魏晋南北朝，已有饮茶之风。隋朝，全民普遍饮茶。唐朝，茶业昌盛，茶叶成为"人家不可一日无茶"，出现茶馆、茶宴、茶会，提倡客来敬茶。宋朝，流行斗茶、贡茶和赐茶等。

茶文化从广义上可定义为茶的自然科学和人文科学两方面，是人类社会历史实践过程中所创造的与茶相关的物质财富和精神文明的总和。从狭义上讲，我们研究茶的人文科学，主要是茶的精神和对社会的功能。

第四节　香

香，有狭义和广义之分。狭义的香主要是针对人们的嗅觉而言，指气味芬芳、沁人心脾、清香怡人的嗅觉感受和各种形态的芳香制品。《说文》释为："香，芳也。从黍，从甘。《春秋传》曰：'黍稷馨香。'凡香之属皆从香。"香的本意，为五谷热食的怡人气味。而广义的香，除了嗅觉之外，还有味觉和心里的感受，在佛经中就有心香和法香的说法。佛教除了将鼻根所嗅的一切都统称为香的同时，还用香来象征修行者持戒清净的戒德之香，乃至圣者具足解脱、智慧的五分法身，可以说是解脱者心灵的芬芳。

从形容词的视角来讲，闻得正，吃得好，睡得实，受欢迎。从名词的视角来讲，指在特定的条件下能够散发出香味的动物、植物、矿物产品及其他们的混合与提取物制品。从中医学的视角来讲，香药本草是中华本草的重要门类，广泛应用于美容化妆、养生保健、疾病治疗和食品制作等许多领域。因此，有"无香不成药，无药不成香"的说法。

一、产生和发展

人类使用天然香料的历史极其久远，在我国殷商时期的甲骨文中就有熏燎、艾热和酿制香酒的记载。从现有的史料可知，中国对香料植物的利用在春秋战国时期就已开始。由于地域所限，中土气候温凉，不太适宜香料植物的生长，所以春秋时期所使用的香木香草种类还不多，主要有兰（泽兰）、蕙（蕙兰）、椒（椒树）、桂（桂树）、萧（艾蒿）、郁（郁金）、芷（白芷）、茅（香茅）等。对香木香草的使用方法，不仅有焚烧（艾蒿）、佩带（兰），还有煮汤（兰、蕙）、熬膏（兰膏），并以香料（郁金）入酒。《诗经》《尚书》《左传》《周礼》《山海经》等都有很多这方面的记述。如《周礼》所记："剪氏掌除蠹物，以攻攻之，以莽草熏之，凡庶虫之事。"

秦汉时期，随着香料品种的增多，人们开始研究各种香料的作用和特点，并利用多种香料的配伍调和制造出特有的香气，出现了"香方"的概念。"香"的含义也随之发生了衍变，不再像过去那样仅指"单一香料"，而主要是指"由多种香料依香方调和而成的香品"，也就是后来所称的"合香"。

在唐代，大批文人、药师、医师及佛家、道家人士的参与，使人们对香的研究和利用进入了一个精细化、系统化的阶段。对各种香料的产地、性能、炮制、作用、配伍等都有了专门的研究，制作合香的配方更是层出不穷。对香品的分类也有了细致的分类。熏球、香斗等香具开始广泛使用。在敦煌壁画里就常能见到香斗、博山炉等丰富多彩的唐代香具。

及至宋代，中国封建社会的政治经济都进入了一个高峰时期，香文化也从皇宫内院、文人士大夫阶层扩展到普通百姓，遍及社会生活的方方面面，并且出现了《洪氏香谱》等一批关于香的专著，步入了中国香文化的鼎盛时期。这一时期，合香的配方种类不断增加，制作工艺更加精良，而且在香品造型上也更加丰富多彩，出现了香印、香饼、香丸等繁多的样式，既利于香的使用，又增添了很多情趣。

到明朝时，线香开始广泛使用，并且形成了成熟的制作技术。关于香的书籍种类更多，尤其是周嘉胄所撰的《香乘》，书中内容十分丰富。李时珍《本草纲目》中关于香的记载，不仅有香的使用，而且记载了许多制香的方法。如书中所记：使用白芷、甘松、独活、丁香、藿香、角茴香、大黄、黄芩、柏木等为香末，加入榆皮面作糊和剂，可以做香"成条如线"。这一制香方法的记载是现存最早的关于线香的文字记录。

香具是使用香品时所需要的一些器皿用具，也称为香器（严格说来，制香时使用的工具称为"香器"，用香时的工具称为"香具"）。除了最常见的香炉之外，还有手炉、香斗、香筒（即香笼）、卧炉、熏球（即香球）、香插、香盘、香盒、香夹、香箸、香铲、香匙、香囊等。造型丰富的香具，既是为了便于使用不同类型的香品，同时也是一些美观的饰物。

二、香药本草

香药本草就是指药用部分气味芳香，或经燃烧、煎煮、研粉、加热能产生香气，以及虽无特殊芳香气味，但习惯上被当作香药使用的药物。香药产品的配方非常重要，有些香药加入臣药、佐药和使药后功效大增、气味更加芬芳浓郁。自古以来，香药本草广泛应用于美容、化妆、养生、辟秽、治疗和食用等许多领域，成为人们日常生活和临床医疗必不可少的重要本草门类。

香药本草有4种分类方法。按照种类分，有矿物类（滑石、丹砂、石硫黄等）、植物类（辛夷花、茉莉花、艾叶、桂叶、茴香、樟脑、兰香草、白芷、川芎、肉桂、阴香皮、丁香枝、檀香油、肉桂油等）、动物类（麝香、甲香等）与合成类（苏合香、香曲等）。按照剂型分，有散剂、膏剂、水剂、油剂和喷雾剂。按照用途分，有服食、佩带、涂抹、薰香和蒸洗。按照气味分，有清香型、浓郁型、异味型、混合型。配制方法主要有研粉、煎煮、水磨、制香、提取和混合赋型6种。

香药本草在日常生活中的应用十分广泛。可以说，我们吃的、穿的、住的、用的都与香药本草有着密切的关系。吃的——可作各种食品的添加剂和调味剂等，穿的——可用作各种佩带物及衣物着香等，住的——可在庭院种植芳香花草、在室内喷洒芳香剂或熏燃香气，用的——可作美容化妆用品等。

三、香与文人

中国文人大多爱香，不知是时刻不可离的香使中国文人创造了迥异于西方的文化模式和文艺作品，还是因为文人爱香而促进了香文化的发展，总之，香在中国文化中的地位和作用十分独特。它既是文人生活中不可缺少的一个部分，又作为创作的题材融入了文人的大量作品之中。中国的哲学思想与文化艺术中，有一种"博山虽冷香尤存"的使人参之不尽、悟之更深的内涵，或许其中也有香的一部分作用。可以说，文人与香有着不解之缘，中国文化与香之间也有着千丝万缕的、密切而微妙的关系。

大约魏晋以后，文人的生活中开始有了"香"这样一位雅士相伴。而文人与香的关系在唐宋之际更是达到了无以复加的地步。读书以香为友，独处以香为伴；衣需香熏，被需香暖；公堂之上以香烘托其庄严，松阁之下以香装点其儒雅。调弦抚琴，清香一炷可佐其心而导其韵；幽窗破寂，绣阁组欢，香云一炉可畅其神而助其兴；品茗论道，书画会友，无香何以为聚……确乎是书香难分了。难怪明朝的周嘉胄慨叹："香之为用大矣！"所以香不单单是芳香之物，也是怡情的、审美的、启迪性灵的妙物。

既然案头燃香，自然笔下也要写香。芳香花草为文人墨客写诗作赋提供了美好的情感空间，古往今来历代文人写香的诗词歌赋不计其数，名家也比比皆是：屈原、刘向、李煜、李商隐、王维、白居易、苏轼、黄庭坚、李清照、朱熹、文徵明、丁渭、曹雪芹……其中的许多作品都极为精彩。如李清照的很多诗词写到香，其中千古名作《醉花阴》："薄雾浓云愁永昼，瑞脑销金兽（"瑞脑"即龙脑香；"金兽"即兽形铜香炉）。佳节又重阳，玉枕纱厨，半夜凉初透。东篱把酒黄昏后，有暗香盈袖。莫道不消魂，帘卷西风，人比黄花瘦。"

香对文人的意义，明朝屠隆做了精辟的概括："香之为用，其利最溥。物外高隐，坐语道德，焚之可以清心悦神。四更残月，兴味萧骚，焚之可以畅怀舒啸。晴窗搨帖，挥麈闲吟，篝灯夜读，焚以远避睡魔，谓古伴月可也。红袖在侧，秘语谈私，执手拥炉，焚以薰心热意。谓古助情可也。坐雨闭窗，午睡初足，就案学书，啜茗味淡，一炉初热，香霭馥馥撩人。更宜醉筵醒客，皓月清宵，冰弦戛指，长啸空楼，苍山极目，未残炉热，香雾隐隐绕帘。又可祛邪辟秽，随其所适，无施不可。"

几千年来的缕缕馨香，始终像无声的春雨一样滋润熏蒸着历代文人的心灵。而研究中国文化，如果不研究香，是不完整和不全面的，也难以揭示中国文化的精髓与真谛。

中国用香的历史久远，香陪伴着中华民族走过了数千年的兴衰历程。香邀天集灵，祀先供圣，是敬天畏人的体现，又是礼的表述；香是颐养性情、启迪才思的妙物，又是祛疫辟秽、安神正魄的良药。历代的帝王将相、文人墨客、平民百姓、僧道医巫，无不以香为伴，对香推崇有加。

第二十一章 风水学

　　风水学，即堪舆学，传统五术（山〔仙〕、医、命、卜、相）之一相术中的相地之术，即临场校察地理的方法，是用来选择宫殿、村落选址、墓地建设等的方法及原则。原意是选择合适的地方的一门学问。风水的历史相当久远，在古代，风水盛行于中华文化圈，是衣食住行的一个很重要的因素。有许多与风水相关的文献被保留下来。由文献中可知，古代的风水多用作城镇及村落选址还有宫殿建设，后来发展至寻找丧葬地形。

　　风水学起源于古老的相地术，是中国古代一种选择居住环境的学问。所以风水学是一门研究人类与环境关系的综合学问，是人类生存的方法论和世界观。风水其中固然有巫术、君权神授等一些迷信内容需要我们甄别，但也有科学、美学、建筑学的成分可供借鉴，并且与政治、民俗都有关系。总之，风水学有深刻的文化内涵。而研究有关风水的文化，可去其糟粕，取其精华，用科学合理的方法来解释风水现象。

第一节　风水的基本含义

　　"风水"只是名称，而非风和水。明代乔项《风水辩》对风水的解释："所谓风者，取其山势之藏纳，土色之坚厚，不冲冒四面之风与无所谓地风者也；所谓水者，取其地势之高燥，无使水近夫亲肤。"风水一词，最早见于晋代郭璞的《葬书》。风水又称堪舆，或称卜宅、相宅、图宅、图墓、葬术、青乌、青囊、形法、地理、阴阳、山水之术等。在中国古代的文义里，"堪"是天道、高处，"舆"是地道、低处。"堪舆"是指研究天道、地道之间，特别是地形高下之间的学问。它是以古代有机论自然观为基础，把古代天文、气候、大地、水文、生态环境等内容引进选择地址、营建环境的艺术之中。青乌，原指传说中黄帝时期的相地术大师。黄帝当初划分中华州界之时，曾求教于他。青乌，又名青乌子或青乌公。后世有人说他就是古代寿星彭祖的弟子，历经百岁后，在殷代成仙而去。青囊，本来是黑袋子，因为风水师常以之装书，故民间以青囊代称风水学。《晋书·郭璞传》记载隐士郭公把"青囊中书"传授给郭璞，说明至迟在晋代就有了"青囊"一词，并成为风水学的俗称。

　　《玄灵修真辞典》中说："堪舆，属传统文化方术之一，堪舆风水之术，在我国民间流传较广，①天地的代称，《淮南子》许慎注：'堪，天道也。舆，地道也。'②即风水，指住宅基地或坟地形势，也指相宅、相墓之法。还可理解为：堪者仰观天象，舆者俯察地气。"《辞源》说："风水，指宅地或坟地的地势、方向等。"《辞海》说："风水。也叫堪舆……也指相宅、相墓之法。"

其实，风水就是指宅基地或坟地周围的风向、水流、山脉等形势。就生者之屋宅而言，谓之阳宅；就死者之坟地而言，谓之阴宅。晋·郭璞《葬书》："经曰：'气乘风则散，界水则止。'……古人聚之使不散，行之使有止，故谓之风水。"风水之法，"得水为上，藏风次之"。又曰："浅深得乘，风水自成。夫阴阳之气，噫而为风，升而为云，降而为雨，行乎地中，而为生气。夫土者之体，有土斯有气，气者水之母，有气斯有水。"书中认为，充满生气的地方更适合安葬死者，当然也更适合活着的人生存居住。所以风水包含着先人在进行营建活动时所形成的朴素宇宙观、自然观、环境观。讲究自然界的风、水和我国传统哲学的"气""阴阳"等学说相结合。其中"气"在风水中最为重要。风水学认为，自然界中有一种能让万物生长发育的强大力量，它拥有能够焕发生命力的要素，这就是"生气"。风水的核心要求就是在人所停留之处要有"生气"。"生气"不是空气、阳光、土壤和水等具体的生命要素，而是环境中一切有利于生命成长的要素的总和。用无形中的气分析有形的环境，同时也体现有形的环境范围。中国古代的几乎每一部风水著作都以"生气"为主旨。"生气"预示着生机，代表着昌盛，而"大地生气"说本身就是"大地有机"自然观的反映。能藏住气的地方才能进行建筑活动，才能是内气、外气两旺，而且还要互相平和，才能使"宅吉人安"。这个观点如同中医学上所讲的"阴阳调和"，"阴平阳秘"，身体才能保持健康的观念。但是，"生气"遇到风就会散，遇到水就会停止。所以为了得到大地的"生气"，古人就发明出一系列让生气汇聚而不扩散，运行并适时而止的方法，同时也千方百计地寻找最具生气的处所，从而诞生了风水学。风水观念中贯穿的极为强烈的避凶趋吉的环境意识，包含着古人心理对环境的极强烈的要求。

由上可知，天文学、地理学和人体科学是中国风水学的三大科学支柱。天、地、人合一是中国风水学的最高原则。中国古代科学家仰观天文，俯察地理，近取诸身，远取诸物，经上下五千年的实践、研究、归纳和感悟，形成了著称于世的东方科学——中国风水学。

第二节　风水学的起源与发展

传说风水的创始人是九天玄女。比较完善的风水学起源于战国时代，风水的核心思想是人与大自然的和谐，早期的风水主要关乎宫殿、住宅、村落、墓地的选址、朝向、建设等的方法及原则，是选择合适的建筑地点的一门学问。中国传统风水学的发展，大体经历了远古先秦时期、两汉时期、魏晋南北朝时期、隋唐两宋时期、元明清时期与近现代时期等重要的几个重要阶段。

远古先秦时期，自从人类诞生那天起，最迟在旧石器时代后期到新石器时代初期（距今6000~7000年），为了生存，先民们就在学习怎样与大自然相处，所以对地理风水的意识产生很早，"上古之时，人民少而禽兽众，人民不胜禽兽虫蛇"。在那种危机四伏的自然条件下，人们先以树木为巢舍，后来在逐步了解自然和改造自然的实践中，首先对居住环境进行了改造。据考古资料的观察分析，当时的聚居地或是坐落在江河两岸台地和坡地上，或是坐落在江河弯曲和两河交汇处。可见，远古时代人们已有依据环境条件选择聚居地，选择有利于氏族安居乐业的聚居地。相地意识的存在促使了风水的萌芽。后来，先民们又认识到居住的地方和墓地以及遗弃动物残骸的地方是要区分开的，这种划分应该是后世风水学阳宅和阴宅的意识雏形。这就表明朦胧的风水意识已经开始形成。从仰韶文化遗址考古发现，那时的聚落选址已有考察地理环境的风水意识。如西安半坡村遗址坐落在背山向水的坡地上，将居住地与墓地分开，以及"人面鱼纹"彩盆盖的出土等都表明仰韶人已有风水意识。同是仰韶文化遗址的河南濮阳西水坡墓地出土一幅用蚌壳砌成的"青龙"和"白虎"图案。青龙、白虎是后世风水学用来指方位和占卜吉凶的"天象"。所谓"青龙蜿蜒，白虎蹲踞"的说法应追寻到仰韶文化时期。

殷商时期，盛行卜筮，事无巨细，皆要卜定。人们通过卜问，从巫师那里得知房宅修建的合理性，实际就是通过察看风水以了解是否适合择地。殷王想在鹿之东北修建城邑，曾多次卜问：何时为吉，何地为吉。在《诗经·大雅·公刘》中记载周首领不辞劳苦，长途跋涉为本氏族寻找居住地，且按"陟、观、度"的次序"相宅"。龟卜不但用于卜宅，还用于国事。可以说殷周是风水的孕育时期。并且到了周代，还出现了专门掌握相地学问的术士。

先秦时期的先民很早就懂得察水相地的风水知识了。《墨子》里所说的古之民"陵阜而居"的现象，其实就是指古人对居住地近水沿坡的一种选择。所谓陵阜，一般指河流的台阶地带。近年来的许多新石器时代考古遗址，大都是在土质干燥，地基坚实，水源充足，水质纯净，交通方便，四周有林，环境优雅，靠近水边的向阳土坡上发现的。它证明在这一近水地带生活的先民生活取水和下水捕鱼十分方便，并且不易受到洪水的冲袭。这与《易经》风水所倡导的"近水向阳"的相地察水原则完全符合。

秦代以"阴阳""五行"为基础的世界观的形成，使风水学趋于成熟。阴阳学说几乎是解释世界万物的普遍原理，对处在萌芽阶段的风水思想无疑起到方法论的作用，后世的风水学中也无不以阴阳理论来解天地，论形势。除阴阳学说外，还有五行、八卦、天干地支及它们相生相克理论的出现对风水思想形成有着重要作用。在秦代已有"地脉"的观念并为民众认可。地脉，即指地形的好坏。秦始皇在世时令蒙恬修长城，驾崩后，蒙恬被赵高矫诏逼迫自杀，其罪名之一是绝了"地脉"。地脉是风水思想的重要支柱之一，后世的风水学得到充分发挥。秦代的民间百姓也很讲究墓葬吉凶。传说家贫如洗的韩信，年轻时没钱在村墓中葬母，就选择一块"高敞地"葬母，结果反而得风水保佑，后来被汉高祖封为楚王。至于秦人头朝西而葬，主墓道在墓坑东端的习俗，则可能与秦国以西为尊、企图向东进兵、一统天下有关。

两汉时期，人们已将阴阳、五行、太极、八卦等互相配合，形成了中国独有的对宇宙总体框架认识的理论体系。这个框架是风水学的理论基石，对风水的应用与发展具有特别重要的意义，它使风水由以前人们只是用于卜宅、相宅的机械活动，升华到理论阶段。汉代堪舆所用的六壬式盘中就采用八卦、天干地支记方位。后经董仲舒等人用"天人感应"思想授予方位不同属性，以德赋之，变得有人文含义。这对风水思想形成发生深刻的影响，并一直为风水所遵从。这也使得原本朴素的"相地术"开始两极分化，其中以"图宅"为代表的风水流派，因迷信成分的加重走向歧路。这时的风水理论不但包括了择地，而且包括了择日，王充《论衡》中对择日的论述甚为精辟，已有了"太岁头上不敢动土"的理念。

　　魏晋南北朝时期，风水理论已经逐渐完善，如郭璞的《葬书》一直被推崇为风水理论的"经典"。同时他的著作还有《葬书锦囊经》。当时的风水师也颇受人民大众的推崇，如管辂以占筮、相术、相墓著称于世，据说他经过魏将毋丘俭的墓，曾"依树哀吟"。人问其故，曰："树木虽茂，无形可久。碑诔虽美，无后可守。玄武藏头，苍龙失足，白虎衔尸，朱雀悲哭。四危已备，法当灭族。"后来果然应验。郭璞之母死后，他选于暨阳（今江苏省江阴市）的一块地安葬，四周全为水，有人认为地方不好，水一涨就会淹没墓地，郭璞预言以后此地大水干涸。果然过了不久，大水退去，墓四周几十里都成了上等良田，从此郭璞名声大震，后来人们因郭璞著《葬书》，故将其推崇为风水祖师。古代风水学基于"天人合一"的世界观，追求人与自然的和谐融洽。这种观念长期影响着人们的意识形态和生活方式，造成了中华民族崇尚自然的风尚。古代风水师在择地时，常以"山环水抱""藏风聚气"的地方最佳。这些地方直接受到山水灵秀之气的润泽，无论从磁场学、美学还是心理学的角度来看，都是非常理想的选择。魏晋南北朝时期，政治黑暗，战乱频繁，人民普遍感到自己难于把握自己的命运，故将命运的把握依托于一些外来事物，于是风水观念乘虚而入，并得到了迅速发展。而这一时期山水美学的发展，则把风水理论向前大大推进了一步，并催生了大量风水名著，如管辂的《管氏地理指蒙》、王征的《黄帝宅经》等。

　　唐宋时期，文化繁荣，思想活跃，风水学大盛，出现了袁天罡、李淳风、杨筠松等风水大师，以及《宅经》《元和郡县图志》等地理专著。唐代官方还专设司天监，命人专门管天文、气象和地理风水事宜，并收藏了许多风水秘籍。这些风水将山川描写得十分具体形象，使风水观念逐渐与儒释道的思想兼容合拍。宋代科学技术比较发达，风水地学知识相应有所提高，更加丰富。如沈括在《梦溪笔谈》中，就揭示了因地势高下、地区不同，气温也有所不同。此外，该书还提出随历史推移、海陆变迁而来的流水侵蚀地貌等问题，更新了地理学知识。程朱理学兴起后，有关堪舆学、风水学的理论更显复杂，不仅着眼于山川形势、藏风得气，而且还与占卜、命相、黄道吉日和星辰、方位、理气等穿凿附会，以致发展出许多荒诞不经的风水骗术，因此风水学被人戴上了迷信的帽子，走上了背离科学的歧途。风水理论的研究到唐宋时期达到了高潮，在魏晋时期风水流变的基础上，相继建立起"形法"派和"理气"派的风水。其中形法派的代表人物是唐代风水大师杨筠松，他的风水理论是强调"山龙落脉形势"，主要用于阴宅风水上，阳宅相地也用之。形法派风水理论主要流行于江西，故又称江西派风水。理气派的代表人物是宋代风水大师赖文俊，他的风水理论是强调"方位八卦和阴阳气脉"，主要用于阳宅风水上，阴宅相地也用之。理气派风水理论主要流行于福建和东南沿海地区，故又称福建派风水。风水典籍在此时期的大量涌现，同样说明风水学在此时期的盛行与发展。在《旧唐书·经籍志》和《新唐书·艺文志》就列出 15 部风水著作，既有相阴宅的，如《葬经》；也有相阳宅的，如《阴阳书》。还有用五音五姓相宅相墓的，如《五姓宅经》《图宅术》等；也有讲地脉和六甲相墓地的，如《撼龙经》《疑龙经》等。在《宋史·艺文志》列出的风水典籍达 51 种之多。如《葬书》《黄帝宅经》等，这些典籍很大部分流传后世，使唐宋时期的风水理论能传承下来，为后世所遵从。

明清时期，两代皇室对风水的宠信，助长了民间风水活动的兴盛，促进了在唐宋已基本定型的风水理论，在明清时期通过实践中得到大力发展，风水流派也更加发达。《四库全书总目提要》对当时流行的《葬书》《宅经》《天津素书》《地理玉函纂要》《天王经外传》《玉尺经》《九星穴法》《披肝露胆经》《地理大全》《地理总括》《山法全书》等书的作者、成书年代、大体内容等，进行了详细的考证和论述。清代风水学理论更显完备，令入关主政的清室坚信不疑。清朝君王大都十分讲究皇家阳宅风水，常常精心布局。如颐和园的排云殿，背靠苍翠万寿山，面朝碧绿昆明湖，依山傍水，正处于从佛香阁至"云辉玉宇"牌楼中轴线之间，含居中正气、吉祥意。其殿名也是从风水祖师郭璞的"神仙排云出，但见金银台"一诗中来，而有仙境之意。但是明清两代风水论著十分繁杂，伪书泛滥严重，使初学者无所适从，常因真伪理论的矛盾而被困惑。

民国以后，近代科学对风水学的冲击很大，尤其新文化运动以后，人们开始从文化角度批判古老的风水学，认为它是一种怪异的神秘文化，甚至将其斥之为封建迷信，骗人巫术。然后又从科学观上对风水理论和技术予以否定，唯有"地脉"和"三龙说"为近代地理学有所批判地接受。但是风水作为一种民俗文化，在民间流传上千年，没有那么容易被摒弃。所以即使在反封建迷信最盛行的20世纪中期，风水在民间流传也未完全停止。而且在民国期间也曾出版过《风水讲义》《地理辩证补正》等相地书籍。20世纪70年代以来，正当"风水"被国人淡忘时刻，美国、加拿大、澳大利亚、韩国、日本、新加坡和港澳地区的学者们相继对风水做了专题研究，发表了大量关于中国风水文化的研究论文和专著，使国人为之一震。于是风水学又出现了明显的"回归效应"。80年代以来在国内也有不少学者开始理直气壮地研究风水学，探索风水学的实质。

总之，风水文化由古代巫式的"卜居"和经验型的"相宅"一路发展而来，融合了秦汉时期占方定位的"堪舆"之术，到魏晋南北朝时又吸收了阴宅墓地的"择穴"思想和方法而基本发育成"风水"，并经历了唐宋时期"形法"和"理气"的分化、争鸣、交流和融合，最后于明清时期才发展成具有完整的择地观念、系统的选穴技术和丰富的堪舆理论的成熟的风水文化。

第三节　风水和《周易》的关系

《周易》是我国最古老的经典之一，历来被尊为六经之首，也是中华民族的文化之根，有"宇宙代数学""科学皇冠上的明珠"的美誉。其易道博大精深，源远流长，对于中华民族的各个领域，其中包括建筑文化在内，都有深远影响。其阴阳理论和八卦学说，也是中国传统风水学的重要理论基础。因此，研究风水学必须精研《周易》，明了其变易、不易、简易的"三易"原则，线象思维（是兼具抽象思维与形象思维优势，根据线象概念进行判断、推理的人类第三种思维方式）、八卦学说与风水的密切关系。

《周易》与易文化是中华文化的思想宝库，其形成时间跨度至少有五千年。风水学的形成和发展，无论是形势派，还是理气派，都与《周易》密切相关。可以说，正是《周易》乾、坤、震、巽、坎、离、艮、兑八卦及其丰富的含义和引申意义，成为中国传统风水学的总纲，构成了风水书的基本理念与体系。

《周易》乾卦九五爻辞云："飞龙在天，利见大人。"这是象征帝王大吉大利之爻辞，所以中国古代帝王被称为"九五之尊"。在中国古代建筑艺术中有关于"九五之尊"艺术主体的表现：北京天坛圜丘共三层，其中第一层径为九丈，以全一九之数；第二层径为十五丈，以全三五之数；第三层径为二十一丈，以全三七之数。一、三、五、七、九都是《周易》所推崇的奇数、阳数。天坛圜丘第三层之和，为 $9+15+21=45$，$45=9\times5$。九乘以五，成为"九五之尊"，是中国古建筑文化艺术的象征。北京颐和园有一座造型优美的十七孔桥，在这十七孔的造型中，也包含着对"九"的崇信，因为你无论从桥的哪一端数起，其中最大的一孔都是第"九"孔。

《周易》是古代风水学的基石。在由易卦、卦象、卦辞、卦德、易传构筑的易学系统中，"乾、坤"，"震、巽"，"坎、离"，"艮、兑"等四对纯卦具有极其独特的旨义、性质和作用，也无疑包含了风水学最基本的概念。正是由于八卦的强健顺从，动出静附，阴阳互动，刚柔相济，产生出错综复杂的重叠演变，才形成了六十四卦从乾健、坤顺、屯始、小畜、大壮、既济到未济，再由乾坤交合、否极泰来、阳复阴姤所触发的新一轮的革故鼎新的大运动、大变革，形成了因势利导、趋吉避凶、日益合理的中国传统风水学。

风水学是关系人类选址盖房、建村安营、筑城立国、开山饮水、围湖兴业、福泽后世的家国大事，古人从旧石器采集狩猎经济向农耕畜牧经济转化开始，就已在群体定居生活中注意到居住环境的选择。这也是古人持《易经》的"天人合一"之说，视山清水秀、风和湖美、人畜安乐的良好建筑用地与生活环境为"风水宝地"，在附近安家立业、建城扎寨的由来。

第四节　风水学相关用语

八卦：八卦是古代汉民族的基本哲学概念，是古代的阴阳学说。《周易》中的八种具有象征意义的基本图形，每个图形用三个分别代表阳的"－"（阳爻）和代表阴的"－－"（阴爻）组成。名称是乾、坤、震、巽、坎、离、艮、兑。相传是伏羲所作。《易传》作者认为八卦主要象征天、地、雷、风、水、火、山、泽八种自然现象，并认为"乾""坤"两卦在八卦中占特别重要的地位，是自然界和人类社会一切现象的最初根源。八卦中，乾与坤、震与巽、坎与离、艮与兑是四个矛盾对立的形态。传说周文王将八卦互相组合，又得六十四卦，用来象征自然现象和社会现象的发展变化。八卦本是反映古代人们对现实世界的认识，具有朴素的辩证法因素，自被用为卜筮的符号，逐渐带上神秘的色彩。

地理五诀：①龙：山脉走向，大环境地理形势。②穴：选择的地方。③砂：土质。④水：河流与水源，不积水。⑤向：气流、阳光、阴影。

方向：左（青龙）、右（白虎）、前（朱雀）、后（玄武）、北（子）、南（午）；如子山午向、背山望水。

式盘：我国古代推算历数或用于式占的工具。六壬式盘，取法天圆地方而造。天盘列十二躔次（日月星辰在运行轨道上的位置）布于二十八宿之间，象天道运转。地盘布十二方位于下，与躔次相应，亦列二十八宿，以象星宿之精气于地下分野之关联。

龙脉：指山峦连绵起伏的好风水。古代"风水术"首推"地理五诀"，就是龙、穴、砂、水、向。相应的活动是"觅龙、察砂、观水、点穴、立向"。龙就是地理脉络，土是龙的肉、石是龙的骨、草木是龙的毛发。寻龙首先应该先寻祖宗父母山脉，审气脉，别生气，分阴阳。祖宗山，指山脉的出处，群山起源之处；父母山，就是山脉的入首处。

寻龙点穴：风水名词，古代人发现地上与地下水在不同的地域有不同的成分，含有特定成分的水长期滋养当地的土壤。土壤的矿物成分达到一个特殊比例，会形成非常适合动植物生活的环境。这个特殊土壤，称作龙砂。古代人通过实践发现这种特殊土壤极其滋养动植物生长，因此认为可以为人带来财富等好运，由此引发了古代人根据一些地势地形及动植物特征去寻找有龙砂的地区。龙，在风水学中为山脉的统称。

煞气：指邪气，关于风水煞气，名称繁多。

第五节　风水学的流派

中国的风水学源远流长，自从河图洛书问世，数千年来历代地理大师不断涌现，其典籍著作浩如烟海，汗牛充栋。在发展过程中，风水学逐渐形成了两大宗派，即峦头派和理气派。前者注重峦头方位组合上的信息，后者坚持时运生克方面的原理，两者各有所长。

一、理气派

以数理为基础的流派。理气派的起源可以追溯到周公，后来春秋时期阴阳学派盛行，到了晋代，学者郭璞就已经提出了理气派的内容。入宋之后，理气派正式创立，主要活动于福建一带，也叫"福建派"。

风水学中最神秘、最核心的是"气"。这里的气指的是一种生气，是创造宇宙万物的孕育之气，是万物根源。这种"气"不是能被感官感觉出来的。为了发现它，必须借助物质性的东西寻找，为了寻找它，风水师发现了很多规律。研究这种规律的风水流派就是理气派。该派又细分为八宅派、命理派、三合派等多个门派。

理气派的核心内容是九宫飞星理论，它是以九星的运转来决定生气状态的理论。这里的九星有两种说法。第一种说法九星指太阳系中太阳、月亮和7大行星。第二种说法是北斗七星（天枢、天璇、天玑、天权、玉衡、开阳、摇光）和北斗七星旁边的左辅星和右弼星。在风水学中又称紫白飞星。即一白水星，二黑土星，三碧木星，四绿木星，五黄土星，六白金星，七赤金星，八白土星，九紫火星。

二、峦头派

偏重地理形势，主要是以龙、穴、砂、水、向来论吉凶。峦头派为唐代杨筠松所传，所以也有人称之为杨派。是以杨筠松、曾文遄、廖禹、赖文俊四位风水大师的理论经验为基础，历经各代发扬光大流传而成的风水门派。它的核心理论是讲"龙、砂、水、向、穴"五字，所谓"觅龙、察砂、观水、点穴、立向"。峦头派中又分为形势、形象、形法三个门派，由于其过去主要活动分布在江西一带，故又称为江西派或赣派。

形象，把勘察时所见到的地势形状，比喻成形象相似的动物或物品；形法，看比喻出的形象对穴的场所引起或带来的吉凶；形势，以地理形式，主要是以龙、穴、砂、水配合坐山朝向论其吉凶。峦头派虽然分形势派、形象派、形法派这三个小门派，但实际上这三个小门派是互相关联的，并没有完全分离。

第六节　风水学的原则

一、整体系统

作为一门完整的科学，它是在 20 世纪中叶产生的；作为一种朴素的方法，我国的先哲很早就开始运用了。风水理论思想把环境作为一个整体系统，这个系统以人为中心，包括天地万物。环境中的每一个整体系统都是相互联系、相互制约、相互依存、相互对立、相互转化的要素。风水学的功能就是要宏观地把握各子系统之间的关系，优化结构，寻求最佳组合。《黄帝宅经》主张："以形势为身体，以泉水为血脉，以土地为皮肤，以草木为毛发，以舍屋为衣服，以门户为冠带，若得如斯，是事严雅，乃为上吉。"可见，风水学就是要充分注意到环境的整体性。

整体原则是风水学的总原则，其他原则都从属于整体原则，以整体原则处理人与环境的关系，是现代风水学的基本特点。

二、因地制宜

因地制宜，即根据环境的客观性，采取适宜于自然的生活方式。《周易·大壮卦》提出："适形而止。"先秦时的姜太公倡导因地制宜，《史记·货殖列传》记载："太公望封于营丘，地泻卤，人民寡，于是太公劝其女功，极技巧，通渔盐。"

我国幅员辽阔，气候差异很大，土质也不一样，建筑形式各不同相。根据实际情况，采取切实有效的方法，使人与建筑适宜于自然，到达回归自然、天人合一的目标，这正是风水学的真谛所在。

三、依山傍水

依山傍水是风水学最基本的原则之一，山体是大地的骨架，水域是万物生机之源泉。考古发现的原始部落几乎都在河边台地，这与当时的狩猎、捕捞、采摘果实相适应。依山的形势有两类，一类是"土包屋"，即三面群山环绕，奥中有旷，南面敞开，房屋隐于万树丛中。依山的另一种形式是"屋包山"，即成片的房屋覆盖着山坡，从山脚一起到山腰。

四、观形察势

清代的《阳宅十书》指出："人之居处宜以大地山河为主，其来脉气势最大，关系人祸福最为切要。"风水学重视山形地势，把小环境放入大环境考察。从大环境观察小环境，便可知道小环境受到的外界制约和影响，诸如水源、气候、物产、地质等。

五、地质检验

风水学思想对地质很讲究，认为地质决定人的体质，这一点已被证明是科学的。地质对人的影响至少有以下四个方面：第一，土壤中含有元素锌、钼、硒、氟等。在光合作用下放射到空气中，直接影响人的健康。明代王同轨在《耳谈》云："衡之常宁来阳立锡，其地人语予云：'凡锡产处不宜生殖，故人必贫而迁徙。'"比《耳谈》早1000多年的《山海经》也有不少地质与身体关系方面的记载，特别是特定地质，对人体的体形、体质、生育都有影响。第二，潮湿腐败之地是细菌的天然培养基地，是产生各种疾病的根源，因此，不宜建宅。第三，是地球磁场的影响。地球是一个被磁场包围的星球，人感觉不到它的存在，但它时刻对人发生着作用。强烈的磁场可以治病，也可以伤人，引起头晕、嗜睡或神经衰弱等病症。中国先民很早就认识了地磁，《管子·地数》云："上有磁石者，下有铜金。"第四，是有害波的影响，如果在住宅地面3米以下有地下河流，或者有双层交叉的河流，或者有坑洞，或者有复杂的地质结构，都可能放射出长振波或污染辐射线或粒子流，导致人出现头痛、眩晕等内分泌失调的症状。

六、水质分析

不同地域的水分中含有不同的微量元素及化合物质，有些可以致病，有些可以治病。《管子·地贞》认为："土质决定水质，从水的颜色判断水的质量，水白而甘，水黄而糗，水黑而苦。"风水经典《博山篇》主张："寻龙认气，认气尝水。其色碧，其味甘，其气香，主上贵。其色白，其味清，其气温，主中贵，不足论。"《堪舆漫兴》论水之善恶云："清涟甘美味非常，此谓嘉泉龙脉长。春不盈兮秋不涸，于此最好觅佳藏。""浆之气味唯怕腥，有如热汤又沸腾，混浊赤红皆不吉。"风水学理论主张考察水的来龙去脉，辨析水质，掌握水的流量，优化水环境，是有科学道理的。

七、坐北朝南

我国位于地球北半球，欧亚大陆东部，大部分陆地位于北回归线（北纬23°26′）以北，一年四季的阳光都由南方射入。朝南的房屋便于采取阳光。坐北朝南，不仅是为了采光，还为了避北风。中国的地势决定了其气候为季风型。冬天有西伯利亚的寒流，夏天有太平洋的凉风，一年四季风向变幻不定。概言之，坐北朝南原则是对自然现象的认识，顺应天道，得山川之灵气，受日月之光华，有益于身体健康。

八、适中居中

适中，就是恰到好处，不偏不倚，不大不小，不高不低，尽可能优化，接近至善至美。《吕氏春秋·重已》指出："室大则多阴，台高则多阳，多阴则蹶，多阳则接，此阴阳不适之患也。"可见，阴阳平衡就是适中。

九、顺乘生气

风水理论认为，气是万物的本源，太极即气，一气积而生两仪，一生三而五行具，土得之于气，水得之于气，人得之于气，气感而应，万物莫不得于气。

十、改造风水

人们认识世界的目的在于改造世界为自己服务，《周易·革卦》曰："已日乃孚，革而信之。文明以说，大亨以正，革而当，其悔乃亡。天地革而四时成，汤武革命，顺乎天面应乎人。革之时义大矣。"革就是改造，人们只有改造环境，才能创造优化的生存条件。

第七节　风水学的科学性

风水理论及其实践之所以能流传千载，关键在于它具有一定的科学性，而不全是大家所认为的迷信。我国古人历来认为，天地气交，化生万物，人类作为自然界中的一员，也是天地之子。因此，人的生存，一刻也不能离开孕育他的自然环境，一切都要以与自然的和谐为最高标准。而自然环境本身，又有着明显的区域差异，有的地方对人十分有利，有的地方则会带来伤害。因此，作为容纳人类安身的住宅建设，是不应当，也是不可以任意选址的，而要通过实地考察（即相地），找到最吉祥的地点，即风水穴或者是风水宝地。

相形取胜，就是通过对山川地貌、地形地势等自然景观方面的考察比较，而选取其优胜之地。按照这一原则，风水学说关于建筑选址的最佳格局，可用六个字来表达，即："背山、面水、向阳。"这是对长期生活经验的一种概括和总结。例如，《阳宅十书》曰："凡宅不居当冲口处，不居寺庙，不居草木不生处。不居故军营战地，不居正当流水处，不居大城门口处，不居对狱门处，不居百川口处。""凡宅居滋润光泽阳气者，吉；干燥无润泽者，凶。"等。

在风水学说中，建造于某些自然环境禁忌之地的住宅，被称作"凶宅"，民间又称作"鬼屋""癌屋"等。这是一种无论什么人住进去，都会生病的房屋。根据科学的测量和分析，这是由于其地下含有对人体有害的氡气或强电磁辐射或者是由于其建筑材料中含有对人体有害的类似辐射的缘故。所以从科学的角度来看，住宅建筑的吉、凶之别，关键在于自然环境因素。

相土尝水，这是风水学说在建筑选址方面，有关水土质量的一个基本原则。在我国民间，流传有"水土不服"的说法。所谓"水土不服"，又称作"水土不符"，指的是当地水土中的化学元素成分及其含量，与人体的需要不相符合。中国古代，人们从长期的实践经验中就认识到地方病的发生，同当地的水体质量之间，有着密切的关系。据《吕氏春秋·尽数》记载："水轻的地方，多出秃头和患粗脖子病的人；水重的地方，多出肿腿和不能走路的人；水甜的地方，多出端庄、美丽的人；水辣的地方，多出长恶疮的人；水苦的地方，多出鸡胸、驼背的人。"据《吴越春秋》记载：春秋时期，吴王阖闾的都城（今江苏省苏州市），就是伍子胥受王命而营建的。他首先勘察了当地的土质和水质，即所谓"相土尝水"，而后才选定其地理位置的。据《浙江通志》《温州府志》记载，郭璞相建温州城，"初谋城于江北，郭璞取土称之，土轻，乃过江"。后经权衡，则江南吉，始筑城。此事已在温州民间传为佳话，并立祠纪念。经今日地质勘探证实，温州城的地质情况也确实优于江北。由此可见，古人从实践经验中所总结出来的风水相土之法，是有其科学道理的。

藏风聚气，建筑选址，除了水、土之外，最重要的因素是气。前面也提到了"气"在风水学中的重要性，古人也有所谓"风水以气为主"的说法。风水中所说的"藏风聚气"，应为避开有害之风与有害之气，而藏聚有利之风与有利之气。按照这一原则，我国古老的风水学说，在宏观上，非常注意住宅外部空间的干湿气流和当地季风的方位走向（现在还有一个空气污染的问题）；在微观上，非常重视住宅内部空间的空气质量。在建筑空间方面，我国建筑格外讲究"气"的通畅。实际上，住宅与服装一样，都是为人建造的人工自然环境，两种都应遵守养生之道，使人类健康生存。

风水学凝聚着我国古人的智慧，融汇了我国古代优秀的科学文化。风水理论是对我国古代天人合一、阴阳学说及儒、道、佛诸家学说的综合运用。风水文化的民俗文化性质决定了它包含有丰富的文化学、宗教学、建筑学、生态学、园林学、规划学、景观学、地理学、美学、哲学等各方面、各类型的学科内容，是一个跨学科的综合性的文化系统。风水讲究顺乎天意，其实也就是顺乎自然。所以说风水理论的产生和形成是有一定科学道理的，它的天人合一、顺乎自然的观点更是具有时代色彩。

第二十二章　金石学

　　金石学在中国古代传统文化中是以古代铜器和碑石为主要研究对象的学问，出现于汉代，至宋与清时最发达。其所涉及的内容包括文字学、历史、书法、文学、图书学等多方面，十分丰富。广义的金石学所研究的对象还包括甲骨、砖瓦、竹简、玉器、封泥、明器等有文字画像铭刻的文物。

第一节　金石的基本含义

　　金石，有多项释义，但作为金和美石之属，乃其原意。如《大戴礼记·劝学》："故天子藏珠玉，诸侯藏金石，大夫畜犬马，百姓藏布帛。"即是用其原意。根据金石的坚硬等性质，又有了用以比喻事物的坚固、刚强，心志的坚定、忠贞；用以比喻不朽；比喻诗文音调铿锵，文辞优美等含义。古代还指用金属、石头制成的兵器。《周礼·秋官·职金》曰："凡国有大故而用金石，则掌其令。"郑玄注："用金石者，作枪雷椎棍之属。"其实，这也是利用金石坚硬之性，来制作锐利的武器。又因为金属制钟，玉石制磬，故金石用来代指钟磬一类乐器；也借用来指钟磬发出的乐声。至于金石指古代镌刻文字、颂功纪事的钟鼎碑碣之属，也是在其原意上发展来的。《墨子·兼爱下》："以其所书于竹帛，镂于金石，琢于盘盂，传遗后世子孙者知之。"孙诒让间诂（训诂术语，即"夹注"）："《吕氏春秋·求人》云：'功绩铭乎金石，著于槃盂。'高注云：'金，钟鼎也；石，丰碑也。'"唐·韩愈《平淮西碑》曰："既还奏，群臣请纪圣功，被之金石。"清·戴名世《〈傅天集〉序》曰："扬厉无前之伟绩，可以勒之金石，垂于无穷。"

　　后来的金石学就是研究钟鼎碑碣上面文字的一门学科，偏重于著录和考证文字资料，以达到佐证经典、补充史料的目的。实际上金石学是中国古代传统文化中的一类考古学，也是考古学的前身。金石学所涉及的内容包括古文字学（即小学），在第十八章小学中也有关于金石学方面的内容。

第二节　金石学的发展源流

　　中国古代的金石学是以古代青铜器和石刻碑碣为主要研究对象的一门学科。金石学肇始于先秦，形成于北宋时期，繁荣于清代。清代王鸣盛等人，正式提出金石之学这一名称。

中国的多数学者将金石学从萌芽到衰落分为四个时期，即春秋末叶到隋唐五代的金石学萌芽期，宋代的金石学进入演进期，清代的金石学兴盛期，清末到 1959 年前的近代考古学期。根据相关文献综合考察，元明时期应为金石学的中衰期。

一、萌芽时期

中国金石学的萌芽时期大约可以上溯到东周时代。据《荀子》及《论语》记述，孔子曾到太庙研究过当时的计时器——欹器。例如"孔子观于鲁桓公之庙，有欹器焉。孔子问于守庙者曰：'此为何器?'守庙者曰：'此盖宥坐之器，虚则欹，中则正，满则覆。'"（《荀子·宥坐》）司马迁在《史记·自序》中说："年十岁则诵古文，二十而南游：上会稽、探禹穴；窥九嶷，浮于沅、湘；北涉汶、泗，讲业齐鲁之都，观孔子之遗风，乡射邹、峄、薛彭城，过楚、梁以归。"司马迁在旅途中注意采访文物古迹。北魏·郦道元的《水经注》一书，对古代城址、陵墓、寺庙、碑碣及其他遗迹都有过记载，至今对考古研究都有重要的参考价值。隋唐五代时期的学者注意力多集中于诗文方面，研究金石学者少，无专著问世，没有形成一门学科。

二、发展时期

北宋统治者奖励经学，提倡恢复礼制，对古物的收集、整理和研究出现热潮；墨拓术及印刷术的发展，为金石文字流传提供了条件。

金石学和考古学成为独立研究的部门，是宋代学术的一大成就。宋代金石学、考古学发端于北宋真宗时期对古铜器的研究，咸平三年（1000 年），乾州（陕西省咸阳市乾县）获得古铜鼎一件，方形四足，上有古文 21 字，真宗命儒臣考证，验其款识，认为是"史信父甗"。到仁宗时，刘敞和欧阳修大力搜集古代器物，进行著录和考订。1061 年，刘敞出任永兴军路安抚使，长安的古墓荒基很多，经常出土上古物。刘敞搜集到先秦鼎彝 11 件，考订文字，请工匠摹勒刻石、绘象，在 1063 年，撰成《先秦古器记》一卷；他还在《先秦古器图碑》一书自序中总结说："礼家，明其制度；小学，正其文字；谱牒，次其世谥，乃为能尽之。"寥寥数语，对研究古器的方法做了精辟的概括。刘敞对研究金石有开创之功，惜书已失传，仅能从欧阳修《集古录》所收先秦古器一见大概。欧阳修《集古录》，凡 1000 卷，1063 年成书。此书收录了上千件金石器物，是学术史上第一部金石考古学专著。所收集器物，上自周穆王，下至隋唐五代，内容极为广泛。随得随录，不依时代编次。1069 年，欧阳修"撮其大要，别为录目"，成《集古录跋尾》10 卷传世。曾巩收集篆刻 500 卷，纂成《金石录》（与赵明诚的金石著作同名）一书。

之后，吕大临撰《考古图》，在编古器物书的体例方面多有建树，该书是流传至今最早的古器物图录。书中既有青铜器的线图，青铜器上的纹饰清晰可见，又有青铜器铭文的拓片。该书不仅对铭文进行识读和考证，同时对于青铜器的尺寸和出土地点也加以注明，具有相当高的价值。李公麟《考古图》（又称《古器图》），对收集到夏、商以后钟、鼎、尊、彝，都能考订世次，辨认款识。有的学者认为，宋代"士大夫知留意三代鼎彝之学，实始于伯时（即李公麟）"（翟耆年《籀史》）。宋徽宗时，士大夫以至宫廷贵族竞相访求和收藏古物，徽宗所得器物，由王黼考订编纂成《宣和博古图录》（又称《博古图》）30 卷，分成 20 类，共 800 多件，是北宋金石文物的精品。

南宋时期，赵明诚的《金石录》，记述古代金石器物、碑刻、书画近 2000 件的目录，后 20 卷收录这些器物的跋文，叙述器物出土的时间、地点、收藏者，以及器物的内容，是当时所见金石文字的总录。其实，《金石录》凝聚着赵明诚和妻子李清照两人的心血，他们穷年累月，苦心搜访，摹拓传写，考订年月，辨伪纠谬，至赵明诚去世时，该书已初具规模。后来李清照历尽艰辛将该稿整理成书，并写了一篇后序，名为《金石录后序》。薛尚功《历代钟鼎彝器款识》，在宋代集录彝器款识的专著中，此书最为丰富，编次也较为条理。洪适的《隶释》著录汉魏隶书石刻文字 183 种，是现存年代最早的一部集录和考释汉魏晋石刻文字的专著，也是同类著作中的佼佼者。《四库全书总目》评说："自有碑刻以来，推是本为最精博。"

沈括《梦溪笔谈》、郑樵《通志》等书，也包括金石考古方面的内容。洪遵《泉志》15 卷、龙大渊等《古玉图谱》100 卷、郑文宝《玉玺记》和王厚之《汉、晋印章图谱》各 1 卷、岳河《程史·古冢桴盂记》等书，专门研究古代某些器物，这些都是宋以前学者不曾注意的学问。

宋代学者在金石考古学方面的主要成绩是：第一，收录古代文物，使原来的奇器珍玩成为学术研究的对象，为清代的汉学研究开拓了先路。第二，创造了传拓文字和绘制图形的方法。依据拓本刻本上石，以求长久保存。用画图描写每一器物的形状体制，并说明尺寸、轻重，以及出土地点、收藏者，款识则摹写文字。第三，肯定了古代器物的名称。如钟、鼎、鬲、甗、敦、尊、壶等，都是古器自载其名称，宋人因此定名的。

元明时期金石学成就较少，葛逻禄乃贤《河朔访古记》和朱德润《古玉图》为代表性著作。明代曹昭《格古要论》，是中国早期的文物鉴赏书。总之，元明两代金石学少有成就。

三、成熟时期

清代，受到乾嘉学派的影响，金石学进入鼎盛时期。乾隆十四年（1749 年），梁诗正等 11 人奉敕编撰的《西清古鉴》40 卷，各卷所记古器物皆为当时清王朝内府所藏，共 1529 件，均按器绘图，因图系说，比较详细地说明各种器物上的方圆围径、高广轻重等，对古器物上的铭文，各为释文，其体例效仿《考古图》《宣和博古图》二书，且绘图精确，不失毫厘，为以上二书之图所不及。乾隆间另一官撰著述为《宁寿鉴古》16 卷，著录之器，以汉唐以前为断，共 701 种，据宁寿宫写本影印。此外，清代私家金石图谱著述也很多，其中有成就的金石学著作，有《考工创物小记》《积古斋钟鼎彝器款识》《捃古录金文》《斋集古录》《缀遗斋彝器款识考识》《寰宇访碑录》《金石萃编》《古泉汇》《金石索》等。这期间，研究的人多，著录也多；研究范围较广，玉器、镜鉴、兵符和砖瓦、封泥等也都开始专门研究，鉴别和考释水平也显著提高，有力推动了金石研究的复兴。此外，还有对墓志、造像、题名和画像石研究，也有专著问世。

清代王鸣盛、王昶等人，正式提出"金石之学"的名称，是金石学史上的一件大事。梁启超在总结清代学术发展脉络时，指出"金石学"在光绪年间甚为流行。震钧

《天咫偶闻》记载："光绪初年，京师士夫以文史书画金石古器相尚，竞扬榷翁大兴、阮仪征（阮元）之余绪。当时以潘文勤翁常熟为一代龙门，而以盛王（指盛昱、王懿荣）二君为之厨顾。四方豪俊，上计春明，无不首诣之。即京师人士谈艺，下逮贾竖平准，亦无不以诸君归宿。厂肆所售金石书画古铜瓷玉古铁古铜器，下至零星砖甓，无不腾价藠声。而士夫学业亦不出考据赏鉴二家外。未几盛司成有太学重刻石鼓之举，未几王司成有重开四库之请，盖骎骎乎承平盛事矣。"

清末民初，金石学研究范围又包括新发现的甲骨和简牍，并扩及明器（即冥器）和各种杂器。罗振玉和王国维是此时集大成的学者。朱剑心的《金石学》、马衡的《中国金石学概要》，对金石学做了较全面的总结。

金石学的著作中，保存了许多有价值的古代铭刻资料，甚至有的书籍还辑录了一些器物的图像及其名称和用途，这些使得金石学的著作具有了一定的史料价值。但其未对器物的形制、划纹等进行深入的研究，也没能进行断代研究，故而未能形成完整的学科体系。后来随着近代考古学的传入，虽然还有部分学者在进行着金石学的研究，但真正的金石学几乎已不复存在，金石学变成了考古学的组成部分。

总之，金石学自宋代创建，到清代鼎盛，入民国后，虽余韵犹存，出了一些成果，但还是逐步走向衰落。金石学著作区别于其他学术著作的一个重要特点就在于图文并茂，其中的图录包含有大量的古代文物的信息。既有器物造型又有纹饰及文字，这些图录多直接描摹器物，而且描摹十分准确精当，文字的著录也多用拓片。这种图文并茂的编著方式有着单纯文字所不能表达的作用，对于我们的研究有十分重要的意义。

第三节　金石学著作的分类

关于金石学著作的分类，各家观点颇有不同。陆和九在其《中国金石学》中将金石学著作分为四类：目录之学、图谱之学、考据之学、校勘之学。朱剑心在《金石学》中则依"吉金之著录""石刻之著录"而分述之。王国维在《宋代金文著录表·序》一文中也做了分类："与叔《考古》之图、宣和《博古》之录，既写其形，复摹其款，此一类也。啸堂《集录》、薛氏《法帖》，但以录文为主，不以图谱为名，此二类也。欧、赵金石之目，才甫《古器》之评，长睿《东观》之论，彦远《广川》之跋，虽无关图谱，而颇存名目，此三类也。"

然而，金石学著作中有不少兼及金与石者，很难按朱剑心的金石分类；至于校勘之学，陆和九仅举民国方若《校碑随笔》为例，此著不属于宋、清金石学；王国维第三类将目录与考据混为一谈，且仅限于吉金之类。金石学著作内容庞杂，或专录一地，或仅释一碑，或文集散见，或札记偶及，使之分类更加困难。今人分成目录之类、图谱之类、录文之类、考证之类四大类，也存有诸如个别著述不能强归入某类，不能显示某一著作的完整性等不足之处。

上面这些分类方法，尽管有着这样那样的不足，但是对于研究金石著作进行分门别类的整理，仍能起到纲举目张的作用。所以，这些对金石著作的分类方法不妨并存。

第四节　金石学的现状

由于西方新学科的引入与中国教育制度的变革，"金石学"的学问不断被分解到现代新学科的各个分支内容中去，成为许多新学科成立的原点与支撑点，所以"金石学"自身作为一个完整的学问却慢慢远离了中心。在民国初、中期，金石学虽然离开了学术，但在一些饱读诗书的文人士大夫圈子中却仍然大行其道。而在新中国成立以后，随着文人士大夫阶层退出社会舞台，更随着革命文艺的崛起，金石学则逐渐走向消寂，成为一种过时的"古董"。

明清时期的金石学是一门综合性非常强的学科，并且研究金石的学者同时是文人，这种特点是现在的学科所不具有的。其后"新史学"的发展，取代了古代文史不分的历史，代之以"学科分类"。在这种"学科分类"中，原来综合的金石学遇到了前所未有的冲击，逐渐被归入了其他现代学科中。如今金石学已被分解在以下学科中：考古学、历史学、文献学、考据学、书画艺术学、古文字学、碑帖学、古器物学、鉴定学等。

近来，随着文物市场的开放及经济的快速发展，大量的金石文物很快得以进入拍卖市场。此外，各种文物与非物质文化遗产的保护，使得金石文物更多地被大众所了解。这对于如今逐渐淡出学术的金石学具有巨大的促进作用，并使得金石学的复兴有了更多的可能。

第五节　金石学与考古学

考古学是根据古代人类通过各种活动遗留下来的实物，以研究人类古代社会历史的一门科学。作为一门近代的科学，考古学有一套完整、严密的方法论。金石学是中国古代传统文化中的一类考古学，是近代考古学传入中国前，以古代铜器和石刻为主要研究对象的学问。北宋以来的金石学是中国考古学的前身，是中国现代考古学的组成部分，但直到 20 世纪 20 年代，以田野调查发掘工作为基础的近代考古学才在中国出现。

由于金石学没有形成完整的体系，导致金石学最终的衰落，19 世纪末，欧洲的考古学已经日渐兴盛，趋于成熟，中国的学者重视他们的业绩，从而使得中国考古学一步步发展起来。今天金石学仍具有现实意义，可以帮助学者更好地做好历史研究。考古学通过研究古代人类活动遗留下来的实物以研究人类古代社会的历史，实物资料包括各种遗迹和遗物。而金石学以古代铜器和石刻为主要研究对象，以证经补史为研究目的。中国考古学自建立伊始就与金石学有着千丝万缕的联系，在很多领域我们无法从方法、目的层面上将两者加以区分。

金石学首先涉及古器物、古文字。在这两者的统领下，所产生的内部结构相当复杂，把许多细小的学科联系在了一起。比如石刻文字一项就包括刻石、碑、造像、画像、经典诸刻、纪事诸刻、建筑附刻等内容。其中涉及典章文献、文字进化、文字规范、书法雕刻、图案艺术、雕琢工艺等。在金石学中，对石刻文字的研究并不是孤立的，而又是与其他项目相互联系的。因此，可以说金石学是一门综合学科，把许多学科从中心到边缘联系在了一起。现举一例：马衡先生研究认为《石鼓文》是周时秦刻文，平息了千百年来对石鼓文的争议；对中国青铜器的研究，校正了清人程瑶田的旧说；对度量衡研究解决了古尺的制度，至今还是研究古尺的依据。郭沫若曾说："马衡先生是中国近代考古学的前驱。他继承了清代乾嘉学派的朴学传统，而又锐意采用科学的方法，使中国金石博古之学趋于近代化。他在这一方面的成就是有目共睹的。"

以上所说，也证明了金石学在今天是充满活力的，具有现实意义。考古工作者能粗通金石学，那么对具体工作会有很大的帮助。

第六节　保存金石的西泠印社

西泠印社是百年名社，1904 年创建于浙江杭州西湖。社址坐落于浙江省杭州市西湖景区孤山南麓，东至白堤，西近西泠桥，北邻里西湖，南接外西湖。占地面积 7090 平方米，建筑面积 1750 平方米。内建中国印学博物馆，收藏历代字画、印章多达六千余件。该社由浙派篆刻家丁仁、王禔、吴隐、叶铭发起创建，吴昌硕为第一任社长。以"保存金石，研究印学，兼及书画"为宗旨，是海内外研究金石篆刻历史最悠久、成就最高、影响最广的学术团体，有"天下第一名社"之誉。现已发展为一个国际性的研究印学、书画的民间艺术团体。

西泠印社不单关注篆刻而更关心综合的印文化内容，它不单考虑印学而更在意于诗、书、画、印四位一体的综合框架，它不单只求刻印而且更重视实践（创作）与理论（学术）之间的综合发展。这表明西泠印社应该是一个比较合适的"主体"，由它来承担重振"金石学"历史重任，应该是有希望的。更何况西泠印社的创社宗旨，即"保存金石，研究印学"。西泠印社能把"金石"与"印学"这个印社的立身之本并列，表明西泠印社从一开始就视"金石"为己任。"保存金石"，在过去有 20 世纪 20 年代西泠印社抢救《汉三老讳字忌日碑》的壮举，足可在近现代金石学史上存一段佳话。此外，30 年代西泠印社举办"金石家书画展"，出版多卷本的《金石家书画集》，乃至40 年代末延请金石学家马衡出任社长，这些都可以表明"保存金石"在西泠印社是一个不可缺少的专业要素。

西泠印社社藏大量金石拓片与原钤印谱，其中如王福庵、韩登安、陈伯衡等题的《汉三老碑》、王襄题《毛公鼎》，翁方纲、阮元等题的《散氏盘》拓片，又比如吴昌硕《西泠印社记》拓片，王福庵《西泠印社记》拓片等，都是一流的金石名品。

第二十三章 姓氏学

姓氏学，又称人名学，是专门研究人类姓氏和名字的起源、意义及其历史发展、地理分布和民俗特点的科学。当代中国姓氏学是以研究汉族姓氏为主的姓氏学。中国姓氏，早在 5000 多年前就已出现，逐渐发展扩大，形成如今十分庞大的队伍。据统计全国姓氏逾万，其中单姓 5000 余，双姓 4000 多，异译、异体字姓氏 3000 有余。

对姓氏的研究是一门科学。姓氏学研究的对象是人的姓氏现象，而中国人的姓氏是姓氏学最好的研究对象。中国人的姓氏反映了中国社会几千年进化的痕迹与传递的过程。世界上没有其他任何一个国家、一个民族能像中华民族这样历史悠久，拥有上下五千年的历史。这种一脉相传的文明，是最为符合遗传学规律的。此外，由于中国人宗族观念历来比较强，所以同一个姓、有着同样血缘关系的人往往会聚住在一起。

第一节 姓氏的含义

姓，从甲骨文看，表示生母。在母系氏族时代，人们不在乎生父，而崇拜并纪念生母。《说文解字》解释："姓，人所生也。古之神圣母，感天而生子，故称天子。从女，从生，生亦声。《春秋传》曰：'天子因生以赐姓。'"姓的本义，母系时代纪念家族起始妇女的符号；后来，才成为父系时代纪念家族起始男子的符号。

氏，甲骨文加长了"人"的下垂手臂。金文在下垂的手臂上加一圆点指事符号，表示手垂至地。造字本义：低头垂手抵地。篆文将圆点写成短横，字形略有变化。"氏"被假借为"宗族根底"后，再加一横表示"地面"的指事符号，另造"氐"，表示"低头垂手至地"的本义。"氏"的本义消失，只有引申义"宗族根底，宗族世系"，并沿用至今。姓、氏，都显示一个人的生命背景信息：在母系时代，"姓"显示生身母亲的近景信息；"氏"则显示宗族历史渊源的远景信息。"氏，姓氏。"（《玉篇》）

"女生曰姓"，"姓"产生于人类原始公社制的一个女祖先的血缘集团，"氏"出现较晚。上古时，先民先有姓，后有氏；女子称姓，男子称氏；姓为氏之本，氏乃姓所生；姓可称氏，氏不可称姓；姓分化出氏，氏乃姓之支，从而构成古代的姓氏。证明我们伟大民族 5000 年的文明史，除了猿人化石、甲骨文字、千古长城、秦砖汉瓦、敦煌壁藏、典籍文献等无以计数的实体文物与载体外，在我们每个人身上还有具体生动的体现，那就是人人皆有的姓。

第二节 姓氏的源流

中国的姓氏，产生于原始社会后期，雏形出现于奴隶社会，真正成为一种社会观念形态还是在封建社会。

"参天之木，必有其根；怀山之水，必有其源。"（《姓氏寻源》）清人张澍在《姓氏寻源》自序中写道："草木祖根，山祖昆仑，江海祖源，不此之求，是谓昧。"姓氏，本是姓与氏的合称，是标志家族系统、表明血缘关系的符号，是一个重要的文化传承符号，也是人的根。它是人类社会发展进化的产物和进入文明时代的重要标志之一，在历代人们的社会交往中都有着重要的作用。中华姓氏有着十分悠久的历史，且经历了一个漫长的发展演变过程，源远流长，数以万计，丰富多彩。

"姓者，统其祖考之所自出；氏者，别其子孙之所自分。"《通志·氏族略》说："三代（夏商周）以前，姓氏分而为二，男子称氏，妇人（女子）称姓。氏所以别贵贱，贵者有氏，贱者有名无氏。姓所以别婚姻，故有同姓异姓庶姓之别。氏同姓不同者，婚姻可通；姓同氏不同者，婚姻不可通（天下同姓是一家，故而同姓不婚）。三代之后，姓氏合而为一，皆所以别婚姻而以地望明贵贱。注'贵者有氏'：天子建德，因生以赐姓，胙之土而命之氏（裂土封侯），若夫保姓受氏，以守宗祊（宗庙，家庙），世不绝祀，无国无之。"

姓起源于部落（或部落首领）的名字。在夏商周时期，姓与氏分而为二，姓为族号，氏为姓的分支。周代时，姓氏制度和宗法制度密切相关，贵族有姓氏，一般贫民没有姓氏。贵族中女子称姓，男子称氏。这是因为氏是用来"明贵贱"的，姓是用来"别婚姻"的（当时同姓不婚，贵族女子以姓表示与大家的区别）。秦汉以后，姓氏混而为一。现代国人的姓，大部分是从几千年前代代相传下来的。据其来历，大致有十二种类别：一是以姓为氏。二是以国名为氏。三是以邑为氏，邑即采邑，是统治者或诸侯国国君分赐同姓或异姓卿大夫的封地。四是以乡、亭之名为氏。五是以居住地为姓。六是以先人的字或名为姓。七是以次第排列为姓。八是以官职为姓。九是以技艺为姓。十是古少数民族融合到汉族中带来的姓。十一是以谥号为姓。十二是因赐姓，避讳而改成的姓。

《左传·隐公八年》有这样一段话："天子建德，因生以赐姓，胙之土而命之氏。"这是说，帝王立有德之人为诸侯，根据他的出生血统赐给姓，分封给他土地，并且根据封地命名氏。这段话对中华姓氏的起源及形成原因虽然论述比较片面，但却为我们提供了一个重要信息，即先秦时的姓与氏，既有着十分密切的关系，又是两个不同的概念。

中国是世界上最早使用姓氏的国家。在距今约 3400 年的商代甲骨文中，就已经有明确的姓氏文字。如果从古史传说算起，华夏先民开始使用姓氏时间可往前推到原始社会后期，历史至少在 5000 年以上。所以姓氏的起源可以追溯到人类母系氏族，即原始社会末期，在中华远古的传说时代，有个"五氏时代"，这里的氏原意是神祇，和后期的皇相近，其实应是部落的别称。这五氏分别为：第一，有巢氏。教导人们不要住在地面上，而住到树上，这就是最原始的房屋了，因为至少可以躲避野兽和洪水。第二，燧人氏。钻木取火，人类有了火，从此人与动物有了区别。第三，伏羲氏，被奉为中华文明的人文始祖，称为羲皇。伏羲根据天地万物变化，发明创造了八卦，是中国最早的计数文字，成了中国古文字的开端，也结束了"结绳记事"的历史，后来被星象家用来占卜。伏羲教人用火烹饪食物，这是艺术的萌芽。其中最重要的贡献是："正姓氏，通媒妁，制嫁娶"，标志着中华文明的开始。第四，女娲氏。女娲补天，抟土造人，定婚嫁生育。第五，神农氏。神农鞭药尝百草，定五谷，养禽畜。姓起源于原始社会的母系氏族制时期，与先民们的图腾崇拜有关。图腾不等于姓，但却是姓的最早来源。母权制早期，妇女从事采集，男子渔猎，实行族外群婚，子女只知母而不知父，世系从母系计，所以，凡在一个氏族名下（即同一图腾）的全体成员，都出自一个母系祖先，有着密切的亲族关系。以狩猎、采集为生的原始人认为，每个氏族都与某种动物、植物有血缘关系或其他特殊关系，往往尊奉此物为本氏族的名称，即氏族的徽号，这就是图腾。"图腾"一词，来源于印第安语，原义为"超自然保护神及其亲族"。如马家窑文化的彩陶器上绘有鸟、蛙的图像；仰韶文化的彩陶器上，除鱼、鸟、鹿、蛙等图像外，还有人面兽身、人首虫身等图像。这些均可能是当时氏族的图腾，即原始的"姓"的标志。在已发现的殷商甲骨卜辞中，也可以辨认出200多个有"图腾"意义的民族。

随着社会的演变与进步，氏族图腾逐步转化为族姓，而这姓，正是代表有共同血缘关系的氏族称号。由于最初的氏族社会是母系氏族社会，因此正如汉代许慎《说文解字》所说，"姓，人所生也……从女从生"，中国最古老的姓大都带有"女"字，如姬、姜、姒、妫、姞、妘、嫘、始、嫪等。

最古老的神话传说中的"女娲氏""西王母"，就意味着女性不仅被视为人类的祖先，而且还是当时社会的主事者。女登感神龙而生炎帝，附宝感北斗而生黄帝，女节梦接星虹而生帝挚，庆都与赤龙合婚而生伊者（尧），握登感枢星而生重华（舜），女嬉吞薏苡而生禹，简狄吞玄鸟之卵而生契，弃母履巨人迹而生弃，这都是"圣人皆无父，感天而生"的说法。它虽然是战国以后的人补叙的历史，只要撇开其中神秘的成分，还是可以作为母系社会存在的有力旁证。

氏出现较晚，起源于父系氏族社会，是姓衍生的分支，用以区别子孙之所自出，是古代贵族标志宗族系统的称号。随着原始社会的瓦解，氏族、部落中的少数家族（族长、酋长等），通过侵占公产和剥削奴隶以及一般氏族、部落成员，而成为有财有势的集团，即所谓"氏族贵族"。每一支"氏族贵族"，都出自一个男性祖先，各有一个表明宗族的称号，这就是氏。

约前21世纪，夏王朝建立，中国开始进入奴隶社会。夏商周三代是中华文明日臻繁盛并形成独特风格的历史时期，也是中国姓氏快速发展和逐渐成熟的历史时期。

前221年，秦王朝结束战国分裂局面，建立起中国历史上第一个统一的中央集权封建国家。随着奴隶主贵族宗法统治的解体，与之相应的那套姓氏制度也被废除。姓氏不再作为标榜贵族身份的标志，一般平民也开始有了自己的姓氏。姓与氏之间的区别逐步消失，合而为一。到了汉代，中国姓氏制度基本趋于稳定和普及，每个家族有了自己固定的姓氏，子孙后辈代代相传。

东晋南北朝时，以贾、王两家世传谱学，成为一种专门家学。如东晋太元中，贾弼撰有《姓氏簿状》，凡72篇，传子匪之及孙渊，"三世传学，凡十八州士族谱，合百帙七百余卷，该究精悉，当世莫比。"这部洋洋大观的700多卷的"姓氏学"专著，可说是旷古所无的"姓氏学"大总结。以后他的孙子贾渊又撰《姓氏要状》15篇。贾氏的"姓氏学"，又由贾渊传子执，执传孙冠，一直传了六代人，"故贾氏谱学最擅名"。

唐代贞观、开元盛世，"言谱学者，以路敬淳为宗，柳冲、违述次之，李守素亦明其学。后有李公淹、萧颖士、殷寅、孔至，为世所称"。北宋时，邵恩撰有《姓解》3卷，共2568姓，还有官修的《百官公卿家谱》，钱明逸的《熙宁姓纂》6卷，黄邦俊的《群史姓纂韵》6卷，孔平仲的《姓系氏族》1卷、《姓略》6卷，崔日用的《姓苑略》1卷，魏子野的《春秋氏族谱》1卷，采真子的《千姓编》1卷。此外，还有《宰相甲族》《十四家贵族谱》《绍兴臣僚类姓》《本朝宗室图谱》等。

到了明朝初年，明太祖命吴沈、刘仲质、吴伯宗撰《千家姓》1卷，凡1968姓，此书今已失传。凌迪知又"仿章定《氏族言行类稿》，而蒐罗较广"，完成了《万姓统谱》140卷，附《氏族博考》14卷，《历代帝王姓系统谱》6卷，尽管《万姓统谱》这部书被说是"庞杂抵牾"，但为世俗所通行，保存了古代姓氏学的丰富资料，是一部现存大部头的姓氏学书籍。

据明清之际思想家、学者顾炎武的《日知录》考证，是西汉史学家司马迁在写《史记》时将姓与氏混在一起使用的。该书"氏族"篇云："姓氏之称，自太史公始混而为一。《本纪》于秦始皇则曰'姓赵氏'，于汉高祖则曰'姓刘氏'。"此后，或言姓，或言氏，或兼言姓氏，都是一个意思，即实际是专指姓。

第三节　姓氏的创建

伏羲氏是我国上古时期著名的部族首领，不仅被列为三皇之首，还是中华民族的"人文始祖"。伏羲生于陇西成纪（今甘肃省天水市），建都于陈，死后亦葬于陈。经过数千年的分衍发展，至今中国历史上使用过的姓氏已有2.2万多种，这些姓氏有的已经退出了历史舞台，但是绝大部分代代相传，延绵不断，成为中华民族生生不息的血缘纽带。

炎帝部落和黄帝部落之间曾结成联盟，世代相互通婚。因此，我国人民自称"炎黄子孙"。少典氏娶有娇氏之女，生下黄帝和炎帝。炎帝神农氏是姜姓部落的始祖，生息繁衍在姜水（在今陕西省宝鸡市境内）附近。姜水在岐山东面，是渭水支流。姜姓是古代羌人的一种，其后裔有烈山氏、共工氏等。四岳是姜姓发展下来的胞族，其后代有齐、吕、申、许四个分支。黄帝在姬水边长成，因而姓姬。又据《史记》说法，黄帝姓公孙。《史记》还说他名轩辕，但是没有说明因何而得名。南宋罗泌《路史》讲得更具体，说黄帝在空桑山北创造车子，"横木为轩，直木为辕，故号曰轩辕氏"。《国语·晋语》说："黄帝之子二十五人，其同姓者二人而已；唯青阳与夷鼓皆为己姓。青阳，方雷氏之甥也。夷鼓，彤鱼氏之甥也。其同生而异姓者，四母之子别为十二姓。凡黄帝之子，二十五宗，其得姓者十四人为十二姓。姬、酉、祁、己、滕、箴、任、荀、僖、姞、儇、依是也。唯青阳与苍林氏同于黄帝，故皆为姬姓。同德之难也如是。"韦昭注曰："得姓，以德居官而初赐之姓。谓十四人而内二人为姬，二人为己，故十二姓。"黄帝有四位妃子，她们所生的 25 个孩子没有都随母姓，而是分别衍生出了 12 个新姓。根据出土文献，"唯青阳与夷鼓皆为己姓"中的"己姓"就是"纪姓"，方雷氏生的青阳与彤鱼氏生的夷鼓，兄弟两都姓"己姓"；与黄帝同为姬姓也有 2 人——西陵氏嫘祖所生的青阳（即玄嚣）和嫫母所生的苍林，余下 10 人分别得 10 个姓，合计为 14 人得 12 姓，没有立新姓的 11 人按照"从母姓"的原始社会习俗随从母姓。

第四节　帝王赐姓

封建帝王权利至高无上，可因一时喜怒改变别人的姓氏，或者为笼络奖励收买有功之臣和属僚，或招抚少数民族等，往往把自己的皇姓、贵姓或其他姓氏进行赐予；或者对臣下赐予恶姓。赐姓无论其褒或贬，皆由于政治原因。《国语·周语下》谓，尧嘉禹德，赐姓为姬；作四岳，赐姓为姜。这可能是中国姓氏史上最早的赐姓。赐姓有三种情况。

第一是赐国姓。这是帝王对受赐者的最高级别恩宠和嘉奖。汉高祖五年（前 202 年），娄敬以戍卒的身份求见刘邦，建议入都关中。刘邦采纳了这个建议。后来就把娄敬封为关内侯并赐姓刘。项羽的叔父项伯因曾阻止过项羽进攻刘邦，又在鸿门宴上救过刘邦，所以汉建立以后也被封侯并赐姓刘。

第二是赐他姓。西汉飞将军李广的孙子李陵率兵出击匈奴，兵败而降，在北地娶妻生子。曹魏时，李陵的后裔中有人自匈奴归魏，因在丙殿（汉时称太子宫为丙殿）受到接见而被赐姓为丙。汉武帝时，出于开拓疆土和羁縻番邦的政治需要，赐匈奴休屠王的太子日磾姓金，因其时休屠王正以金人祭天。金日磾后来成了西汉著名的大臣，其子孙七代高官厚禄。

第三是赐恶姓。这类赐姓如同赐死，是一种严厉的惩罚。被赐者大部分是政治舞台上的失败者，所赐之姓一般都含有凶恶和不祥的意思，都是贬义的。据《三国志·吴书·孙匡传》记载，三国时的吴主孙皓十分暴戾，他害怕握重兵在外的孙秀和他争夺政权，就派人伪装围猎去抓捕孙秀，谁知走漏了风声，孙秀携带了妻子连夜就投奔了西晋。孙皓大怒，但又没有地方可以撒气，就把孙秀的姓改为厉，以此来发泄心中的怒气。

第五节　姓氏分布

中国人到底有多少姓？宋代成书的《百家姓》收集了 442 个单姓、61 个复姓，共 503 姓。明代陈士元编的《姓镌》共收单姓、复姓总计 3625 个。根据 1996 年教育科学出版社出版的《中华姓氏大辞典》，我国古今各民族用汉字记录的姓氏一共有 11969 个，其中单字姓氏 5327 个，双字姓 4329 个，三字姓 1615 个，四字姓 569 个，五字姓 96，六字姓 22 个，七字姓 7 个，八字姓 3 个，九字姓 5 个，此外还有异译、异体字姓氏 3136 个。2002 年华东师范大学出版社出版的《中国姓氏：群体遗传和人口分布》认为，"至今为止收录到的中国古今姓氏已经超过了22 000个"。

但有一点可以肯定的是，现存的姓氏没有古代的姓氏多，特别是许多复姓（包括汉民族与少数民族的复姓）、一些怪姓早已湮没无闻。例如英布因受秦律被黥，又称黥布，其后就定为黥氏。杨元感被枭首，其后就为枭氏。齐武帝恶巴东王萧响为同姓，改萧子响为蛸姓。现查后世并无姓黥、枭、蛸的。封建时代讲究避讳，有的姓就因避讳而更改。例如汉安帝刘祜之父叫刘庆，嗣后姓庆的就改为姓贺。汉明帝叫刘庄，以后姓庄的就改为姓严。有的姓是因为怕株连而更改的，因为封建制度的律令是一人犯罪，不仅要株连家属，而且还株连亲、友。因此，有牵连的人，就易姓远逃避祸。有的是为了依附某一大姓以求生存而改姓的。有的少数民族全族采用汉姓，几代之后，就完全汉化。例如后魏的孝文帝，改拓跋氏为元姓；北宋时的辽国，耶律氏就改姓萧；辛亥革命后东北的原满族贵族就改为赵、金、关三姓。也有的因为几代人没有文化，以讹传讹，错用同音字为姓的，例如姓依的就改为姓衣。通常的情况是，某个封建王朝国祚长久些，某些世族豪门的统治多几代，姓的人就要多一些。所以，中国姓刘、李、王、谢、陈、张、赵、周的就比姓其他的人要多。

据袁义达（中国科学院姓氏研究专家）研究分析，当代中国100个最常见的大姓中，有32个大姓分布的重心在华北地区，华北是中国姓氏起源的中心地带。自秦汉以来，东北地区一直是我国北方民族的基地。在当代中国100个常见大姓中，有两个大姓（杜和姜）的分布重心在东北地区。几千年来，华东地区一直是中原民众南下移民的重要迁入之地。在当代中国100个常见大姓当中，有19个姓的分布重心在华东地区。西北是中华民族的发祥地之一，在当代中国100个最常见的大姓中，有6个大姓的分布重心在西北的东部，它们的起源与西北土著或外来的中亚地区民族有着密切的关系。

第六节　姓氏著作

我国历代专门研究姓氏的书籍很多，部分主要的著作：先秦有《世本》；汉代有《邓氏官谱》、王符《潜夫论·氏姓志》、应劭《风俗通·姓氏篇》、班固《白虎通义》中的姓氏篇；曹魏有《魏书·官氏志》；晋代专设宗谱局，并为高门大族编有《百家谱》《百官谱》；唐代有高士廉《氏族志》、林宝《元和姓纂》、路敬淳《姓略衣冠系录》；五代有《姓苑》《官氏志》；宋代有启蒙课本《百家姓》、郑樵《通志·氏族略》、王应麟《姓氏急就篇》、邓名世《古今姓氏书辩证》；明代陈士元《姓汇》和《姓觽》、吴沈《千家姓》；清代有顾炎武《日知录·姓氏篇》、崔冕《千家姓》、张澍《姓氏寻源》、黄本骥《姓氏解纷》、陈廷炜《姓氏考略》、万光泰《魏氏补证》；1936年袁业裕《中国姓氏制度研究》；等等。下面，对几部影响较大姓氏著作做一简介。

一、《世本》

为我国第一部，也是世界第一部系统性的姓氏著作。相传为战国时赵国史官所作。《汉书·艺文志·六艺略》著录有《世本》15篇，内容有帝系、传谱、氏姓等，记录了黄帝以来至战国时期帝王诸侯及卿大夫的世系、谱号等。可惜《世本》原书在宋代散佚，清代有八种辑本，其中以雷学琪、茆泮林两种辑本较佳。关于《世本》的作者有两种说法：一说为战国时期史官所作，托名为左丘明所撰；另一说成书于汉代初年。唐代刘知几在其《史通·正史篇》中称："楚汉之际有好事者，录自古帝王公卿大夫之世系，终乎秦末，号曰《世本》。"因当时《世本》原书尚存，刘知几又为著名史学家，可能得见全书原貌。而该书中所记姓氏"终于秦末"，其成书年代当在汉初。

二、《急就篇》

为西汉元帝时黄门令史游所撰。原本为 32 章，后两章《齐国》《山阳》为后汉人所加，故今本为 34 章。汉代为我国姓氏体系基本确定的重要时期，姓氏学研究已初具规模，如《史记》一书就曾记有大量关于姓氏的资料。史游作为汉元帝时黄门令，为适应朝野姓氏文化的需求，撰写了该书。书中所列姓氏 130 姓，共 2016 字，除开头六句开场白外，以下就是以"三言诗"的形式编排的汉代百家姓。

三、《元和姓纂》

唐代林宝撰。林宝为唐宪宗时济南人，官居朝议郎、太常博士。该书因成于宪宗元和七年，故名《元和姓纂》。其内容先列皇族李氏，余者依唐韵 206 部，分别排列，每韵之内以大姓为首，记载姓氏来历及各家谱系，对唐人姓氏所录尤为详尽，共计收录姓氏 1232 个。

《四库全书·总目提要》认为，书中论得姓受氏之初，多原于《世本》《风俗通》，并引证《世本族姓记》《三辅决录》《百家谱》《英贤传》《姓源韵谱》《姓苑》诸书，旁征博引，宏富翔实。宋代郑樵所作《通志·氏族略》，多取材于该书，足见此书对后世姓氏学研究影响甚大。但林宝编写该书时，历时仅 200 余天，其考辨、援引尚有谬误、缺漏之处。且当时矜尚门第之风盛行，取材多据各家谱牒所陈，附会攀缘，均所不免，故宋代洪迈《容斋随笔》称："元和姓纂，诞妄最多。"

《元和姓纂》原书在宋代已佚，今存本系清代孙星衍和洪莹从《永乐大典》中辑出，并以《古今姓氏书辩证》所引各条补其缺失，分为 18 卷。今人岑仲勉撰有《元和姓纂四校记》，对该书大有纠谬、补缺之功效。

四、《百家姓》

家喻户晓的《百家姓》，是自北宋以来就在民间广为流传并有深刻影响的启蒙读物，距今已有近千年的历史。《百家姓》为何人所作、成书于何时，未有定论。学术界较为一致的看法是：该书在宋代以前就有底本，北宋初年由吴越地区的某位老儒生编辑加工而成。同时分析该书开篇首句"赵钱孙李"，是因为"赵"为宋朝国姓，"钱"则是吴越王钱镠姓氏，"孙"为吴越王钱妃的姓氏，"李"则是取自南唐李氏的姓氏。

该书收录姓氏 486 个，编为四言韵文，但无文理可循，旧时作为启蒙读物。一千年来，《百家姓》翻印多次，版本众多，并有各种《续百家姓》《增广百家姓》等先后问世。明、清两代学者都曾对《百家姓》进行讨论考证，其中以康熙初年山东琅琊人王相所著《百家姓考略》影响较大。《考略》对《百家姓》所列姓氏先注五音、郡望，而后考其姓源所自出，并列举各姓著名人物，有一定的学术价值。

现存最早的《百家姓》版本有元代至元刊本和泰定刊本。而现代较为通行的则是清代的《增广百家姓》，其中共收录姓氏 504 个，其中单姓 444 个，复姓 60 个，大体上包括了日常通用的姓氏，有很大实用价值。

五、《古今姓氏书辩证》

宋代邓名世撰，其子邓椿哀补成。本书共 40 卷。作者对《元和姓纂》一书采录、考辨尤为详博，同时又以《熙宁姓纂》《宋百官公卿家谱》二书互为参校，足以补史传之不足，对有关姓氏著作，取其长而辨其误，故名《古今姓氏书辩证》。

该书从北宋政和年间即开始着手编撰，成书于南宋绍兴四年（1134 年），父子相继，历时 20 余年，所以比其他姓氏著作更为详细、精确。原书久已散失，今存本系乾隆年间从《永乐大典》中辑出，仍为 40 卷，保留了原书的内容、风貌，是研究姓氏文化不可缺少的重要著作。

六、《通志·氏族略》

南宋著名史学家郑樵撰，宋高宗绍兴三十一年（1161 年）成书。《通志》为通史性的志书，共 200 卷，其中《氏族略》为考辨、论述姓氏的专著，共收录姓氏 2255 个。该书参阅《元和姓纂》，将姓氏按其起源分为 32 类，缀以总论，附以四声，并列举姓氏混淆实例 13 种，旁征博引，考释甚详。尤其是总论 13 篇，对姓氏做了系统的学术探讨，对中国姓氏源流、氏族分合及世系衍派，均有较详尽的论述，在中国姓氏学研究中有很高的学术价值，凡研讨姓氏文化者均以其为发凡起例之蓝本。

七、《古今万姓统谱》

本书简称《万姓统谱》，俗称《万家姓》，明代万历年间凌迪知撰，共计 140 卷，共收录姓氏 3700 多个，另附《历代帝王姓系统谱》6 卷、《氏族博考》14 卷。该书将古今姓氏分韵编排，以姓氏为目次，每姓下先注郡望和五音（阴平、阳平、上声、去声、入声），并考姓氏所出，而后依时代先后，分列各姓著名人物，从古代至万历年止，记述人物生平事迹，实则合谱牒传记共成一书。因其收罗广博，既可为姓氏学专著，又可作为查阅历史人名的工具书，所以有较高的学术价值和实用价值。

八、《千家姓文》

俗称《千家姓》，是流传民间较为广泛的姓氏学通俗著作之一，清代崔冕撰。崔冕，字贡收，巢县（今安徽省巢湖市）人，因鉴于民间流传之《百家姓》文义不详，搜罗不广，所以博采史书、谱传，收录单姓 972 个，复姓 34 个，共计 1 006 姓，撰成此书。该书依照汉代史游《急就篇》及宋代王应麟《姓氏急就篇》二书体例，以姓氏诸字编排成章，以便记诵，文辞也较为典雅，此书后由冒国柱加以注释，并于姓氏下注明某代有某人，但未注明出处。

九、《史姓韵编》

清代鲍廷博、汪辉祖等撰，共64卷。该书是把二十四史中的人物列传、附传中的人物，标姓汇录，依韵分编，并叙述其生平梗概，以便翻检查阅，因而是阅读二十四史人物传记的辅助性工具书。该书客观上起到了"兼详世系"的作用。其性质与明代凌迪知所编《古今万姓统谱》相似，但搜罗内容不如《万姓统谱》广博。

第七节　姓名与阴阳五行

阴阳五行（在第十一章中医学中有所介绍）是我国传统文化中的哲学命题，似乎它与人的姓名之间毫无关系。但是，命理学家把两者联系在一起，形成了推算个人未来命运的命理学。对人生命运规律的探索，以人的各式各样的数字（出生年月日、姓名笔画等）来推测人的性格与命运，并占卜推测未来会发生的事情，也就成了命理学研究的目的。

人的姓名根据所用汉字的实际意义和笔画多少区分，也可以确定其阴阳。其中，姓名所用汉字的含义又称为"理"，笔画多少又称为"数"。根据命理学家的观点，姓名中的"理"和"数"像万事万物的阴阳一样都要有一个合理的搭配和平衡，如果缺乏这种搭配和平衡，就要设法加以平衡，以适应阴阳相辅相成的基本规律。如一个叫"王芳"的人，从名字的字义上分析，"王"一般指男性，在"理"上属阳，但因是4画，在"数"上又属阴，因此"王"字是理阳数阴；"芳"字指花草，在"理"上属阴，但因笔画是7，在数上又属阳，因此"芳"字是理阴数阳。总体来看"王芳"这个名字，以理阳数阴之"王"配理阴数阳之"芳"，两字互为平衡，是命理学家眼中最为理想的名字。或者也可以阳盛取阴名，阴盛取阳名以互补。如一位姓王的男子胆小怕事，可取一个阳性的名字，如龙、清等。

命理学家亦认为人的姓名也可以由五行划分。如钟、钱等姓属金，杨、李等姓属木，江、黎等姓属水，耿、炎等姓属火，垣、墨等姓属土；同样，名字中刚、利等字属金，艺、营等字属木，鲜、云等字属水，明、昌等字属火，山、珍等字属土。如果一生中五行偏缺，就要想法通过姓名来进行补足。补足的方法一般是在姓名中直接加上表示五行的字，或者加上含有五行字义的字，或者通过计算姓名用字的笔画"数"来与五行相属。从这些可以看出，命理学家把人的姓名与阴阳五行联系起来，基本上是牵强附会，并没有什么科学依据。但作为一种影响至今的文化现象，却有着一定的社会基础。

第八节　家族中的字辈

字辈命名是我国一种重要的取名方式，也是我国姓名文化中重要的内容之一。字辈，是名字表示家族辈分的字（多为名字中间的字），俗称派。

东晋南北朝时，一些文化优越的大族子弟就竞相以字辈命名。当时的命名方式，有些是兄弟共用某些汉字作为名字的偏旁，有些是同辈人中分别使用某些相近的字作为辈分的标志。我国较为严格和系统的字辈取名习俗大概完善于宗族制度高度发达的两宋时期，当年宋太祖赵匡胤，为其后代规定了 13 个字辈，同自己的匡字一共 14 个字，构成一副对联"匡德惟从世令子，伯师希与孟由宜"。这是人们见到的最早的正式的字辈。一般情况下，字辈的形式、内容等都比较单一，其含义不是修身、治国、平天下，就是后世子孙对祖宗前辈的尊敬、赞美与歌颂，或者是祖宗前辈对后世子孙的鼓励、期望与祝福等。

由于宗教制度高度发达，各地同姓人之间的联系也逐渐密切。宋、元、明、清等王朝中，上至皇室，下至黎民百姓，甚至僧尼道士都以字辈命名。这种命名的基本方法是采用"姓 + 字辈 + 名"（或姓 + 名 + 字辈）格式，不同姓氏和不同支派的人各从本家族所使用的字辈谱中依次选用一字，作为自己的名字。

近现代以来，由于新文化运动的兴起，采用字辈取名的人除在部分农村以外，大部分姓氏和家族都不再使用了。只是近年来，随着旅居世界各地的华人归国寻根热的兴起，一些家族也编修了新家谱，修或续了新的字辈谱。姓氏、家谱对于海外中华儿女寻根归宗、认同中国文化，有着重要的意义。海外华人还保存着中国姓氏文化的一些传统习俗，如姓氏堂号、堂联的使用，以字辈为后裔取名等。

对于字辈的形式，通常情况有诗体和对联体两种。诗体字辈虽然以诗的形式出现，但并不是像诗那样严格讲究对仗平仄，只是其形式像诗体而已。诗体字辈一般是以四言、五言居多，也有七言和八言者。除了诗体字辈，还有不太常见的以对联形式出现的字辈。如最早的就是赵匡胤为其后代拟定的字辈加上自己的匡字组成一副对联的字辈谱。

几千年来，中国人的姓氏一直起着别婚姻、分贵贱、辨亲疏、团结同姓、巩固宗法制大家族的作用。它是传统的"四世同堂，五代其昌"宗法家族的血缘关系、精神纽带和文化传承的标志。但是，随着历史的发展和社会的进步，姓氏文化制度也在不断发生变化，许多旧有的姓氏已不复存在，而许多新的姓氏也悄然问世。尤其到了今天，姓氏已没有什么特别的社会意义，只是一种个体的符号而已。姓氏观念开始淡化，子承父姓的习俗也发生改变。子女可从父姓，也可以从母姓，或以父母合姓作为名字，甚至另取一个新姓。现代社会也不再论姓氏、门第、家族来决定人的社会地位高低。所以，现在姓氏的社会功能已逐渐缩小，演变为单纯的个人符号。

中国姓氏文化内蕴极为丰富，是中华民族文化的重要组成部分，我们应当继续将姓氏文化传承下去。

第二十四章 农 学

农学，即农业科学，以解决人类的"吃饭穿衣"为首要己任。农学是研究与农作物生产相关领域的科学，包括作物生长发育规律及其与外界环境条件的关系、病虫害防治、土壤与营养、种植制度、遗传育种等领域。广义的农学是研究农业生产理论和实践的一门科学，包括了农业基础科学、农业工程科学、农业经济科学、农业生产科学和农业管理科学等。狭义的农学即研究农作物生产的一门科学，它所涉及的学科包括作物学、园艺学、土壤学、植物营养学和植物保护学等，研究作物形态、生理、遗传与育种、栽培技术、病虫害防治、生产经济等。随着农业科技创新速度的不断加快，生物技术和信息技术的飞速发展及其在农业中的广泛应用，农学在保持传统特色的基础上，正焕发着勃勃生机。

中国传统农学主要是今天的狭义农学，这也是本章论述的重点。

第一节 农学的含义

农，古作"辳"，是会意字。甲骨文字形，从林，从辰。古代森林遍野，如要进行农耕，必先伐木开荒，故从"林"；古代以蜃蛤的壳为农具进行耕耨，故从"辰"。小篆认为从晨，囟声。从"晨"，取日出而作、日入而息之意；即耕必作于晨，故从晨。农的本义为耕，耕种。《说文》释义为："农，耕也。"

农学，指研究农业生产的科学。内容包括作物栽培、育种、土壤、气象、肥料、农业病虫害等。《汉语大词典》定义的农学与此相同，正是从古代传统农学的角度给出的解释，也就是今天的狭义农学。徐光启《农政全书》卷五曰："余读《农书》，谓王君（王祯）之诗学胜农学，其农学绝不及苗好谦、畅师文辈也。"可见，农学之名在明代末期已经出现。

第二节 农学的发展

自从人类诞生以来，就在为生存寻找食物，也正是通过寻求各种可食植物的努力，促使人类逐渐获得了对各种可食植物和许多不可食植物的种种经验和知识，随着人类植物学知识的不断积累，原始的农业诞生了。事实上，人们通过播种和栽培植物来保证获得大量食物，是一项非常了不起的发明。在这之前，人们为了充饥，会在草丛中搜集种子，从树上采集果实，还从土壤里挖掘可以吃的根、块茎和球茎等。他们在不经意当中，发现把种子撒到土壤里面，植物会发芽生长、结果实，甚至还会产生更多的种子。经过探索和观察，到新石器时代，人们已经能够将一些可供食用的野生植物，逐步培育成更符合人类要求的栽培植物了，原始农业终于开始了从采集经济向种植经济的过渡。现在的许多主要农作物，如小麦、大麦、水稻和多种蔬菜，以及豆类等，都是在很早的原始社会就被人们所种植了。我们的祖先用不可思议的智慧，给我们留下了丰富而宝贵的遗产。

《吕氏春秋》中有《上农》等四篇专门论述农学，这是先秦最系统的农学著作，其内容大致采自《后稷农书》。《后稷农书》应当是战国较早时期的作品，该书在《汉书·艺文志》中没有提到，可见它早已失传，幸而在《吕氏春秋》中保留了这一部分。其中，《上农》篇讲的是农业政策；《任地》《辩土》《审时》三篇，讲的是农业技术。

中国古代农业科学在战国时期开始兴起，西汉时期的农业生产在战国时代的基础上已有了一定的发展。表现在铁器的使用、冶铁业的发展、铁质农具的制造、农耕的动力诸方面都有了相当高的成就。总之到秦汉魏晋南北朝时期，出现了保墒、选种和播种技术，同时还出现了代田法、区田法等先进的耕作技术。

早期的农学，《汉书·艺文志》已经专门列有"农家"论著共有9家，114篇。其中记载的"六国时"农学作品基本上一无所存，我们所看到的专论农业的先秦文献，只有《吕氏春秋》中的《上农》《任地》《辩土》《审时》4篇。我们还能看到的汉代农书，也仅有《氾胜之书》和《四民月令》。

《汉书·艺文志》称"《氾胜之》十八篇"，《氾胜之书》是后世的通称。氾胜之（生卒年不详），大约生活在前1世纪的西汉末期。氾胜之是氾水（今山东曹县北）人，著名古代农学家。《氾胜之书》是西汉晚期的一部重要农学著作，也是中国现存最早的一部农学专著。氾胜之曾在今陕西关中平原地区教民耕种，并获得丰收。该书是他对西汉黄河流域的农业生产经验和操作技术的总结，主要内容包括耕作的基本原则、播种日期的选择、种子处理、个别作物的栽培、收获、留种和贮藏技术、区种法等。就现存文字来看，对个别作物的栽培技术的记载较为详细。这些作物有禾、黍、麦、稻、稗、大豆、小豆、枲、麻、瓜、瓠、芋、桑等13种。区种法（即区田法）在该书中占有重要地位。此外，书中提到的溲种法、耕田法、种麦法、种瓜法、种瓠法、穗选法、调节稻田水温法、桑苗截乾法等，都不同程度地体现了科学的精神。氾书早佚，北魏贾思勰《齐民要术》多所征引。现在看到的《氾胜之书》是清人的辑佚本。

《四民月令》是东汉大尚书崔寔模仿古时月令所著的农业著作，成书于2世纪中期，叙述田庄从正月直到十二月中的农业活动，对古时谷类、瓜菜的种植时令和栽种方法有所详述，亦有篇章介绍当时的纺绩、织染和酿造、制药等手工业。对中国古代汉族农学的发展颇有影响。《四民月令》成书以来，曾于魏晋南北朝到唐初流传。贾思勰《齐民要术》对书中内容曾多作引用，杜台卿北周末年撰写《玉烛宝典》的时候，每月均录有一段《四民月令》的材料。唐末韩鄂写《四时纂要》也引述过《四民月令》。北宋时的文献亦时有提到该书，但元代所撰编的《宋史·艺文志》中已无记述《四民月令》这本书，估计该书从此时湮没。现有清代人的辑佚本。

我国古代著名农学家贾思勰，南北朝时期北魏人，因其著《齐民要术》而闻名于后世。贾思勰还是一位治学严谨的学者，《齐民要术》是他从政之余，依据"采捃经传，爰及歌谣，询之老成，验之行事"的原则，完成的一部农学著作。《齐民要术》约成书于北魏永熙二年（533年）到东魏武定二年（544年）间，是中国现存最早且保存最完善的古农书，也是世界上保存至今屈指可数的最古老的几部农学名著之一。全书系统地总结了北魏及其以前的农业生产经验，特别是黄河中下游地区的旱作技术体系，因而被认为是中国农学发展史上一座具有划时代意义的里程碑。

《农学报》是我国最早传播农业科技知识的农学类专业性科技期刊，创刊于清光绪二十三年四月（1897年5月），创始人罗振玉在他的"以农立国，尤需农学书籍"的思想指导下，由上海农学会主办，当时亦称《农会报》，为农业科技知识的传播起到了非常重要的作用。

另外，隐士与传统农学也有着比较密切的关系。隐士作为中国古代社会的特殊产物，不管他们归隐的原因如何，但是都不得不自食其力，且多以农耕为生。他们把具有的文化知识与农业生产实践相结合，产生了隐士农学家和隐士农书，并在中国农学史上占有举足轻重的地位。如南宋陈旉"躬耕西山"（真州西山，在今江苏仪征县境内），过着种药治圃，晴耕雨读，不求仕进的隐居生活。南宋绍兴十九年（1149年）写成《农书》3卷。大科学家沈括早年曾在各地做官，晚年隐居京口（在今江苏省镇江市）附近的梦溪，其所著的《梦溪笔谈》被誉为中国科技史上的经典著作，其中就包括了许多与农业生产技术有关的内容。清代的蒲松龄，也是在多次考试落榜之后，转而隐居，从事文学创作和农书的写作，写出了《聊斋志异》和《农桑经》等著作，成为著名的文学家和农学家。

现代农业科学的形成只有100多年的历史，但其发生、发展的过程源远流长。古代天文、物候、历法、测量等知识的形成，实际上都与人类早期的农业生产实践有关，是当时人们对农业生产条件、季节更替规律，以及土地利用方法等探索成果的反映。后来，人们从企图认识农业环境，进步到设法改变环境条件和农业生产对象本身，就又促进了土壤耕作、施肥、灌溉，以及作物的品种选育和栽培、家畜的饲养和繁育等方面知识的逐步系统化。篇幅浩瀚的中国农书，为古代农业研究的辉煌成就提供了有力的佐证。

19世纪中叶以后，自然科学如生物学、化学、生理学、遗传学、昆虫学、微生物学、土壤学和气象学等的研究成果，及其实验方法逐渐被应用于农业，促进了农学研究从经验水平到现代农业科学的质变。1840年德国李比希的经典著作《有机化学在农业和生理学上的应用》的发表，一般认为标志着现代农业科学系统发展的开始。

第三节 农学思想

农学思想体现了中国哲学思想"天地人物相统一"在农业生产中的影响和应用，具体体现是"十论"包括"时气论""土壤论""物性论""树艺论""畜牧论""水利论""农器论"和"灾害论"等。其中的"时气论"是"天"的因素；"土壤论"是"地"的因素；"物性论""树艺论""畜牧论"是"物"的因素；而"耕道论""粪壤论""水利论""农器论"则是人的因素;"灾害论"介于天人因素之间。

一、时气论

中国传统农学思想中的"时气论",是讨论人们如何认识和掌握天时和节气的变化规律,为从事相应的农事活动提供理论依据。它体现的是:天体运动、气象变化、物候表征和农事活动的和谐与统一。中国古代在观测天体运动、星象变化、制定历法等方面都有独特的发明创造,特别是二十四节气的创造,七十二候应的应用,为人们准确地掌握农时创造了极为有利的条件。《周髀算经》对八节二十四气做了精辟的解释:"二至者,寒暑之极;二分者,阴阳之和;四立者生长收藏之始,是为八节。节三气,三而八之,故为二十四。"八节是二十四节的骨架,冬至和夏至,是寒暑之极;春分和秋分,是阴阳之和(昼夜相等);立春、立夏、立秋、立冬,是农作物生、长、收、藏之始。这样就将全年节气变化和农作物生长收藏紧密地联系在一起。而物候则是"农时"的指示器,通过物候来了解"天时"的变化,并以此作为农事活动的参照系,于是"候应"就成为"天时"和"农事"之间互相关联的"中介"。从而使天时、气象、物候和农事成为和谐与统一的有机整体。王祯"授时指掌活法之图"就是这种和谐与统一的集中体现。

二、土壤论

中国传统农学思想中的"土壤论",则是人们对"地"的本质属性深刻认识的理论阐释。《周礼·土宜之法》中的"十有二土"和"十有二壤"之说,意味着人们对土壤认识的深化。正像东汉郑玄所解释的:"万物自生,则言土。""人所耕而树艺,则言壤。"也就是说,"土",指的是自然土壤;而"壤"则指的是农业土壤。换句话说,自然土壤和农业土壤是具有不同肥力属性的土壤。自然土壤,只具有自然肥力,而农业土壤不仅具有自然肥力,而且必须是自然肥力和人工肥力的结合。中国古代对自然土壤和农业土壤的区分,为土壤培肥奠定了理论基础。汉代班固《白虎通德论》对土壤功能的论述,非常深刻:"地者,易也。言养万物怀妊,交易变化也。"这里所说的"地",就指的是土壤,而"易也",则具有双重含义:所谓"养万物怀妊",则指的是土壤具有"养万物"的功能,将种子播种在土壤里就会长出植株,最后再长出种子。所谓"交易变化",则指的是土壤不仅具有"养万物"的功能,而且是"交易变化"的场所,"交易"当然应当是双向的,有取必有予。人们从土壤上取走了农产品,必须给土壤以粪肥的回报,如果只取不予,也就失去了再取的根据。从"变化"的角度来说,土壤是能量转化和物质循环的重要环节之一,它是一个不断变化的活体。《吕氏春秋·任地》中"地可使肥,又可使棘"的论述,使人们清醒地认识到农业土壤既有越种越肥的可能,也有越种越瘦的可能,关键在于人们能否正确处理用地与养地的关系,既用地又养地,用地与养地结合,土壤就会越种越肥;只用地不养地,土壤就会越种越瘦。宋代"地久耕则耗论"和"地力常新论"的论争,实质上正是能否正确处理用地与养地关系的反映。《管子·地员》中所说的"凡草土之道,各有谷造"的理论,就是有关植物(草)和土壤相互关联的理论。其中所说的"或高或下,各有草土",说的就是植物随地势的高下不同而呈现垂直分布的规律。

《禹贡》中的"九州之土"和《周礼》中五谷六畜的分布，说明因地种植和因土养畜的必要。这是中国古代的"四农必全"思想的体现。《孟子·梁惠王上》中说："五亩之宅，树之以桑，五十者可以衣帛矣；鸡豚狗彘之畜，无失其时，七十者可以食肉矣；百亩之田，勿夺其时，数口之家，可以无饥矣。"其中就已包含了"耕桑树畜"四者并举的思想。《周礼·地官》闾师一职的职责是："掌国中及四郊之人民六畜之数，以任其力，以待其政令，以时征其赋。凡任民，任农以耕事，贡九谷；任圃以树事，贡草木……任牧以畜事，贡鸟兽……凡庶民不畜者，祭无牲；不耕者，祭无盛；不树者无椁；不蚕者不帛；不绩者不衰。"这里也是"耕桑树畜"并举思想的体现。这种耕桑树畜并举的思想到了清代，被清代农学家杨双山在《豳风广义》一书中概括为"四农必全"的理论。"衣食之源，致富之本，皆出于农。农非一端，耕桑树畜，四者备而农道全矣。若缺其一，终属不足。昔圣王之富民也，必全此四者……人能遵斯四者，力耕则食足，躬桑则衣备，树则材有出，畜则肉不乏。自然衣帛食肉，不饥不寒，取之不尽，用之不竭。不出乡井而俯仰自足，不事机智而诸用俱备，日积月累，驯致富饶，世世守之，则利赖无穷。"

三、物性论

在认识与掌握农业生物的"物性"方面，"物性论"主要讨论的问题有：遗传性和变异性的对立统一，生物与环境相统一，生成与化变的对立统一，风土论与异地引种等理论问题。①遗传性与变异性的对立统一：遗传性，指的是农业生物亲代的性状能够传给下代，使子代和亲代具有相似性；变异性，则指的是农业生物亲代个体之间所具有的差异性。遗传性所反映的是农业生物的同一性，而变异性则反映农业生物的差异性。这是它们对立的一面。但是，它们也有统一的一面。因为，遗传性是变异在自然选择和人工选择条件下的积累，是新的遗传结构的产生和形成，它的物质基础具有相对的稳定性。而变异性则是旧的遗传结构的破坏，是遗传物质在体内外条件影响下发生变异的结果。在这一点上，遗传和变异又统一起来。选育农业生物的优良品种，既需要保持优良品种的优良特性；又需要改良劣质品种的低劣品质。前者需要遗传性得以实现，而后者需要变异性得以实现。这又是遗传性和变异性的对立统一。②生物和环境相统一的原理：环境制约着生物，生物也影响着环境，它们相互联系，互相制约，从而形成一个有机整体。《管子·地员》阐发了海拔高度不同制约植物垂直分布的原理，也阐述了12种植物随着地势高下的不同，水平分布的情形，其观察是细致入微的。《周礼·职方氏》所载九州之土农作物和畜禽分布的不同，说明地域分异规律对生物种类分布的影响。《周易·未济·象传》中有所谓"辨物居方"之说，所谓"辨物"指的是要辨别或分辨农业生物的遗传特性，而"居方"则是在认清生物遗传性的基础上，按照它的遗传特性的要求，给它创造适宜的生活环境。由于生物和环境是对立统一的有机整体，所以人们在协调生物有机体与环境条件的关系时，必须遵循"辨物居方"和"有其类，遂其情"的原则。③农作物"生成化变"的阶段发育理论：明代的马一龙《农说》在《黄帝内经》的启示下，将农作物的生长和发育划分为"生化"和"成变"两个阶段。生化阶段所要完成的任务是发芽出苗，生长茎叶；而在"成变"阶段所要完成的任务则是开花结实，完成其生命周期。农作物的生长发育，是种子—植株—种子的循环往复。种子是内含生机而未显露于外的，因此，它是"外阳而内阴"；植株的营养生长是生殖生长的基础，因此，它是"内阳而外阴"。这样构成了"阴阳互根"的对立统一。④"风土论"和异地引种。风土论中的"风"，本来指的是气候条件；而"土"则指的是土壤条件。在异地引种时要注意气候和土壤条件，本属顺理成章之事。但是，如果以"风土不宜"为借口，反对异地引种，就失之偏颇了。元代的官撰农书《农桑辑要》为了给当时官府大力推广植棉扫除思想障碍，专文批判了"唯风土论"，提出了有风土论，不唯风土论，重在发挥人的主观能动性的主张，从而推动了异地引种工作的开展。

四、树艺论

树艺，种植，栽培。《周礼·地官·大司徒》："辨十有二壤之物，而知其种，以教稼穑树蓺。"贾公彦疏："教民春稼秋穑，以树其木，以蓺黍稷也。""树其木"，就是种植树木。所以在树艺论中，无论是栽桑、树果，还是林木的栽植，都强调了天时、地利、物性、人事的和谐与统一。在栽桑方面，对桑间种植的理论做了深入的总结。在树果方面，清代的《三农纪》对果树的"本性"有深刻的论述。在林木种植方面，清代的《知本提纲·农则树艺》对林木的生活要素做了深刻的阐述；并对栽植技术提出四项要求："区宽则根须易顺，干深则风气难摇，水满则泥附于根，土故则物安其性。"这些来自实践的经验，是很有科学道理的。

五、畜牧论

畜牧论论述的是五谷丰登和六畜兴旺之间的紧密关系。前者所代表的是植物生产，而后者所代表的是动物生产。植物生产是能量生产的基础，是将太阳光能转化为化学潜能的唯一途径。但是，人类所能利用的植物产品只占植物产品的20%左右，其余产品只有投入动物生产，才能将其转化为肉乳蛋皮毛等动物产品，从而提高物质的转化和利用率。植物生产和动物生产的废弃物（包括凋落物、排泄物、动植物残骸等），只有作为粪肥投入土壤充作土壤微生物的营养物，或被微生物分解还原为无机盐，进入新一轮的物能循环。这就构成了农业生态系统的物能循环。在农业生产实践中则表现为：五谷丰登（增加有机物生产量）——以农副产品养殖动物（提高有机物的转化利用率）——六畜兴旺（为植物生产增积粪肥、增加动力，为人类增加动物性食品和用品），从而形成植物生产、动物生产、土壤培肥三个互相依存的"车间"。这三个车间缺一不可。因为，五谷丰登和六畜兴旺是互相依存的。而土壤培肥则是五谷丰登的基础。我国古代的"相畜术"，是根据家畜的外部特征和内部功能之间的密切关联的规律总结和概括起来的，用相畜术来鉴别家畜的优劣，并将它用于家畜的良种选育，是相畜术的本质。中兽医的脏腑学说——"五脏论"是五行学说在中兽医学上的应用。五行与五脏、五腑、五体、五官之间的相互联系，一直为中兽医临床诊断和治疗所应用。兽医和人医，既有一定的联系，又有一定的差别。家畜由于有其特殊性，所以用药的药理不完全与人医相同，因此，明代的兽医名著《元亨疗马集》所载五篇用药须知，是有关兽医药物、药理学的专篇，它是联结药物和治方的纽带，是发挥中药相须相使的基础。中兽医传统的针灸火烙术，是中兽医治疗的两大手段之一（另一手段就是药物治疗），是中国独特的治疗技术的重要组成部分。

六、耕道论

耕道，耕作的方法。耕道论包括建立合理的耕作制度体系，提高耕作技术的理论和原理这两个方面。在此仅就提高土壤耕作水平的理论和原理进行论述。《吕氏春秋·审时》说："夫稼，为之者人也，生之者地也，养之者天也。是以人稼之容足，耨之容耨，据之容手，此之谓耕道。"这就是说，耕道从哲学的角度来说，它的着眼点是，要在农业生产中实现天、地、人、物的和谐与统一，而建立合理的耕作制度体系则是实现这个目标的关键所在；从提高耕作技术水平的角度来说，要想充分发挥人们在土壤耕作中的作用，必须给从事耕作的人以"容足"的地方，给人以"容耨"的地方，耕具上有"容手"的地方。换句话说，也就是要从改进耕作方法、改善播种方法和改进耕具等方面，为耕者创造其发挥主观能动性的条件。《吕氏春秋·任地》中提出的农业耕作的总原则是："力者欲柔，柔者欲力；息者欲劳，劳者欲息；棘者欲肥，肥者欲棘；急者欲缓，缓者欲急；湿者欲燥，燥者欲湿。"在处理农业耕作的五大矛盾中，既要反对"太过"，又要反对"不及"，应该"执其两端而用其中"。《氾胜之书》中所确立的农业耕作的基本原则是："凡耕之本，在于趣时，和土，务粪、泽，早锄，早获。"其基本精神是天地人物的和谐与统一。其中"趣时"是天的因素；"和土"是地的因素，"务粪、泽，早锄，早获"是人和物的因素，合起来就是天、地、人、物相统一。《齐民要术·耕田》中确立了农业耕作的五大原则是：①"凡耕高下田，不问春秋，必须燥湿得所为佳""若水旱不调，宁燥不湿"的原则；②"秋耕欲深，春夏欲浅"的原则；③"初耕欲深，转地欲浅"的原则；④"犁欲廉，劳欲再"的原则；⑤"春耕寻手劳，秋耕待白背"的原则。南宋陈旉《农书》强调了："在耕稼，盗天地之时利"的重要性。元代王祯的《农书》在《垦耕篇》中要求：在耕地上要做到"顺天之时，因地之宜，存乎其人"。明代的马一龙《农说》则说："合天时、地脉、物性之宜，而无所差失，则事半而功倍矣。"清代杨屾的《知本提纲·修业章·农则耕稼》中全面而系统地阐述了"耕道"理论，其中包括土壤耕作的重要性，阴阳五行与土壤耕作等。

七、粪壤论

粪壤，指拌有肥料的灰土，又指施肥。汉代王充在《论衡·率性篇》中最早提出"粪壤"一词，所谓"深耕细锄，厚加粪壤，勉致人功，以助地力"。可见，粪壤一词的深刻寓意，就在于"勉致人功，以助地力"。这是自然土壤和农业土壤的根本区别。元代王祯《农书·粪壤篇》专论"粪壤理论"："田有良薄，土有肥饶，耕农之事，粪壤为急。粪壤者，所以变薄田为良田，化硗土为肥土也。""所有之田，岁岁种之，土蔽气衰，生物不遂，为农者必储粪朽以粪之，则地力常新而收获不减。"王祯所阐述的粪壤理论，可以归纳为三点：①农田土壤有良薄肥饶的区别，必须厚加粪壤，重视培肥地力的作用；②厚加粪壤的目的，就是"变薄田为良田，化硗土为肥土"；③即使是肥田沃壤，在"岁岁种之"的情况下，也会出现"土蔽气衰，生物不遂"的问题。因此，必须多积粪肥，厚加粪壤，才可以保证"地力常新壮而收获不减。"王充说的粪壤，是拌有肥料的灰土；王祯谈的粪壤，指的是施肥。

清代杨屾的《知本提纲》在粪壤论方面，提出了"余气相培"理论。这同现代农业生态系统物能循环理论有某些相似之处。同时，也包含着植物生产、动物生产、土壤培肥三者相互依存的关系。粪壤论中的"垫底接力论"，作为中国古代的施肥理论，同样具有重要理论意义和实践意义。所谓"垫底"，指的是基肥；而所谓"接力"则指的是"追肥"。明代的《宝坻劝农书》和清代的《农丹》对"垫底接力"的施肥理论都有论述。古代先人认为，粪田主要是为了"化土"，地力盛了，就会"草木畅茂"，"地力盛者出谷多"。要"化土"就要以"垫底"为主。而"接力"则是为了"滋苗"，接力使用不当还会有"枝叶畅茂而实不繁"的后果。因此，古代在施肥上遵循"底肥为主，追肥为辅"的原则是稳妥的。《知本提纲》又从"胎肥祖气"的角度，论证了底粪的重要；要增施粪肥就要增积粪肥，书中的"酿造十法论"就是对积肥和造肥方法的全面总结。要增施粪肥还必须合理施肥。《知本提纲》中的"三宜用粪论"就是对合理施肥经验的总结，所谓"三宜"就是"时宜""地宜"和"物宜"。为了强调合理施肥，南宋的陈旉《农书》还倡导"用粪如用药"的理论。此外，陈旉还提出"粪屋"的问题，这是防止粪肥养分流失的重要措施。

八、水利论

水利乃农业命脉，这是千古不变的真理。《管子·水地》中首先阐述了"水"是"万物之本原"的思想；《管子·禁藏》接着指出："民之所生，衣与食也；食之所生，水与土也。"表明中国传统农业对水与土的偏爱。这是因为中国的原始农业，就是在"平治水土"的基础上产生的。秦国兴建郑国渠的经验说明，灌溉农业"收皆亩一钟（古代计量单位）"，可见灌溉能使农业得到增产。

中国古代对"水利与水害""治水与治田"的关系有着深刻的理解。明代徐贞明的《潞水客谈》对"水利与水害"关系有辩证的认识："水在天壤间本以利人，非以害之也。惟不利，斯为害矣。人实贻之，而咎水可乎？盖聚之则害，而散之则利。"徐贞明认为，只要人们去治理水害就能把水害变为水利。清代盛百二在《增订教稼书》中引明代周用的话说："治河垦田，事相表里，田不治则水不可治，盖田治而水治也。"治水必须与治田相结合，因为治河与治田，是"事相表里"的，治河是表现于外的；而治田则是表现于里的。天降大雨，流入江河，水涨船高，这是表面现象；天降大雨，并非集中降于江河之中，而是分散地降在大地之上，然后沿着"水往低处流"的重力规律，流入低洼地，造成涝害；流入江河，造成洪水泛滥。正像周用所说的，如果"天下皆沟洫，则天下皆容水之地；天下皆修沟洫，则天下皆治水之人，水无不治，则田何所不垦，是一举而兴天下之大利，平天下之患，两得之也。"明代的徐光启在《农政全书》中对周用"治水与治田相结合"的思想，深表赞同，他说："使天下人人治田，则人人治河也，是可损决溢之患也，故用水一利，能违数害！"当然，"治田"不一定就是兴建沟洫，采取深耕等措施，扩大"地下蓄水库"可能比修沟洫更有用。元代任仁发在《水利集》中所说的："治水之法，先度地形之高下，次审水势之往来，并追源溯流，各顺其性。"也是值得借鉴的。《管子·度地》中对"水之性"的认识，已经相当深刻；都江堰水利工程的兴建，是系统思维的体现，其特点是：每项工程都具有两种以上功能；各项工程互相依恃，彼此支持，关系协调，使总体效能得到提高；较好地实现了"乘势利导，因时制宜"的原则。因此，这一工程造价低，质量高，功能多，效益好，成为充分发挥整体优势的千古绝唱！

九、农器论

农器是从事农业活动的必备工具，也是推动农业发展的先决条件。所以，古人明确地提出了农"欲善其事，必先利其器"的问题。《周易·系辞下》中就有"包栖氏没，神农氏作，断木为耜，揉木为耒，耒耨之利，以教天下"之辞，说明我国在原始农业时期就重视农器问题。至春秋战国时期，就更为重视农器的创制。《管子·轻重乙篇》中说："一农之事，必有一耜、一铫、一镰、一耨、一椎、一铚，然后成为农。"汉代的《盐铁论·禁耕篇》对铁制农具的作用做了以下论述："铁器者，农夫之死生也，死生用……则田野辟，五谷熟……民用给则国富。"《盐铁论·水旱篇》又说："铁器，民之大用也，器用便利则用力少而得作多，农夫乐事劝功。用不具则田畴荒，谷不殖，用力鲜，功自半。器用便与不便，其功相什而倍也。"中国传统农业精耕细作优良传统的形成，是同耕犁的不断创新密切相关的。从动力上看，由人力耕作到畜力耕作的演变，为深耕细作奠定了坚实的基础；从牵引机构上看，从木质硬套到绳索软套的演变，为提高耕作水平和耕作效率创造了良好条件；从犁具上看，从无壁犁到有壁犁的演变，为提高耕作质量，提供了可靠的保证。耕具的不断改进和配套，是提高耕作水平的重要环节。

耕后的整地质量，是耕作水平高低的重要标志。汉代在耕后只耱，魏晋南北朝时期有了铁齿耙，北方旱地耕后有耙，耙后有耱，这种三位一体的耕作体系，才得以形成。南方水田在唐宋以后才形成耕、耙、耱三位一体的耕作体系。传统耕具的配套，除了土壤基本耕作的耕具配套之外，还有中耕工具，钱、镈、锄、铲、耧锄、耘耥、耘抓的配套。此外，还有耕具和耕法的配套。所有这些配套，都是系统思维的体现，都是整体观念的反映。中国古代农器还有因地制宜和形式多样、一具数用和一机多能等优点。

十、灾害论

要想应对或消除灾害，必须清楚其成因。《左传·宣公十五年》中，将灾害的成因归纳为"天反时为灾，地反物为妖，民反德为乱"三个方面。"天反时为灾"是说，春、夏、秋、冬四季的时令不正常，就会带来灾害。"地反物为妖"是说，水灾主要发生在江河流域，这就是"地"的因素造成的；降水的多少，本是"天"的原因，但是，在雨水降到地面以后，却受到地势和地形的影响，沿着"水往低处流"的规律，进行水量的再分配，因此，在同一个地区，即使降水量相同，也会导致"岗地干旱，洼地水涝"。"民反德为乱"，系指人为的因素，如人们盲目地毁林开荒和围湖造田，就会造成水土流失、水旱灾害的发生。在灾害的类型方面，《管子·度地》中有"五害"之说，"水，一害也；旱，一害也；风、雾、雹、霜，一害也；厉，一害也；虫，一害也。此谓五害。五害之属，水最为大。"其中"疠"是指瘟疫、传染病，与气象条件有关；虫灾的发生，多与气象条件密切相关；所谓的五害，都属于气象灾害，且古人把水害列为第一害。

因此，在防除灾害上，自古以来就是以消除水害、兴水利为主。历史经验表明，认识和掌握降水规律和水的运动规律是兴水利、除水害的前提条件；认识和掌握江河湖海水流的变化规律是兴水利、除水害的重要环节。在北方旱地防旱、治旱上，要认识和掌握北方旱地降水规律和分布不均的规律；要认识耕层土壤水分的变化规律，采取相应的抗旱耕作、抢墒播种的措施，并且要将抗旱保墒和抗蚀保土结合起来。在沙暴或风沙地区，要采取林灌草结合的方针，进行小区域治理；在宜农区，可采用以垄作为主的耕作方式。在防治蝗灾方面，要掌握蝗灾发生发展的规律，采取相应的治蝗措施。

第二十五章 其　他

　　国学内容繁博，在本书中很难全面囊括，逐一开设专章论述。所以，就把前面各章没有纳入的、我国传统文化或艺术特色较浓的部分国学内容，放到本章中做一简约论述。

第一节　园　林

　　园林是指在一定的地域运用工程技术和艺术手段，通过改造地形（或进一步筑山、叠石、理水）、种植树木花草、营造建筑和布置园路等途径创作而成的美的自然环境和游憩境域。中国园林是传统文化中的一种艺术形式，受传统"礼乐"文化影响很深；通过地形、山水、建筑群、花木等作为载体衬托出人类主体的精神文化；在中国汉族建筑中独树一帜，有重大成就的是古典园林建筑。

一、园林的基本含义

　　我国"园林"一词的出现于西晋时期。园林，系指种植花木，兼有亭阁设施，以供人游赏休息的场所。西晋张翰《杂诗》云："暮春和气应，白日照园林。"东晋陶渊明曾在《从都还阻风于规林》有"静念园林好，人间良可辞"的佳句。南朝·宋·何承天《雉子游原泽篇》亦有"雉子游原泽，幼怀耿介心，饮啄虽勤苦，不愿栖园林"的兴叹。北魏杨玄之《洛阳伽蓝记》评述司农张伦的住宅时说："园林山池之美，诸王莫及。"这一时期的园林多指那些具有山水田园风光的乡间庭园，正如陶渊明在《归园田居·其一》所描绘的情景："方宅十余亩，草屋八九间。榆柳荫后檐，桃李罗堂前。暧暧远人村，依依墟里烟。狗吠深巷中，鸡鸣桑树颠。"又如《饮酒》中的："采菊东篱下，悠然见南山。山气日夕佳，飞鸟相与还。"唐代贾岛《郊居即事》诗："住此园林久，其如未是家。"可见，园林是人类出于对大自然的向往而创造的一种具有自然趣味的游憩玩赏的环境，是一种审美享受的对象。

　　在历史上，游憩境域因内容和形式的不同用过不同的名称。殷周时期，以畜养禽兽供狩猎和游赏的境域称为囿和猎苑。秦汉时期，供帝王游憩的境域称为苑或宫苑；属官署或私人的称为园、园池、宅园、别业等。西晋诗文中出现"园林"一词后，唐宋以降，"园林"一词的应用更加广泛，常用以泛指以上各种供人游赏休息的场所。

二、园林的发展历史

　　中国园林萌发于商周，成熟于唐宋，发达于明清。概括地讲园林经历了5个发展阶段：①商周时期，帝王开辟原始的自然山水丛林，以狩猎为主，兼供游赏，称为苑囿。②春秋战国至秦汉，帝王和贵戚、富豪模拟自然美景和神话仙境，以自然环境为基础，又大量增加人造景物，建筑数量很多，铺张华丽，讲求气派。帝王园林与宫殿结合，称为宫苑。③魏晋南北朝至隋唐五代，文人参与造园，以诗画意境作为造园主题，同时渗入了主观的审美理想；构图曲折委婉，讲求趣味。④两宋至明初，以山水写意园林为主，注重发掘自然山水中的精华，加以提炼，园景主题鲜明，富有性格；同时大量经营邑郊园林和名胜风景区，将私家园林的艺术手法运用到尺度比较大、公共性比较强的风景区中。⑤明中叶至清中叶，园林数量骤增，造园成为独立的技艺，园林成为独立的艺术门类；私家园林（主要在江南）数量骤增，皇家园林仿效私家园林，成为私家园林的集锦。造园法则成熟，出现了许多造园理论著作和造园艺术家。

　　我国造园应始于商周，其时称之为囿。商纣王"好酒淫乐，益收狗马奇物，充牣宫室，益广沙丘苑台（河北邢台广宗一带），多取野兽（飞）鸟置其中……"周文王建灵囿，"方七十里，其间草木茂盛，鸟兽繁衍"。最初的"囿"，就是把自然景色优美的地方圈起来，放养禽兽，供帝王狩猎，所以也叫游囿。天子、诸侯都有囿，只是范围和规格等级上的差别，"天子百里，诸侯四十"。汉代开始称苑。汉朝在秦朝的基础上把早期的游囿，发展到以园林为主的帝王苑囿行宫，除布置园景供皇帝游憩之外，还举行朝贺，处理朝政。汉高祖的"未央宫"，汉文帝的"思贤园"，汉武帝的"上林苑"，梁孝王的"东苑"（又称梁园、菟园、睢园），宣帝的"乐游园"等，都是这一时期的著名苑囿。敦煌莫高窟壁画中的苑囿亭阁，从元人李容瑾的《汉苑图》轴中，可以看出汉时的造园已经有很高水平，而且规模很大。枚乘的《菟园赋》、司马相如的《上林赋》、班固的《西都赋》、司马迁的《史记》，以及《西京杂记》《三辅黄图》等史书和文献，对于上述的囿苑，都有比较详细的记载。

　　魏晋南北朝是我国社会发展史上一个重要时期，一度社会经济繁荣，文化昌盛，加之玄学的影响，士大夫阶层追求自然环境美，游历名山大川成为社会上层普遍风尚，导致了自然审美观的形成，治园特点也多为自然情趣的田园山水。著名的兰亭就开创山水园林风潮。可以说，园林的形成主要受统治阶级的思想及佛道、绘画、诗词等的艺术影响。

　　唐太宗"励精图治，国运昌盛"，社会进入了盛唐时代，宫廷御苑设计也愈发精致，特别是由于石雕工艺已经娴熟，宫殿建筑雕栏玉砌，格外显得华丽。"禁殿苑""东都苑""神都苑""翠微宫""汤泉宫"等，都旖旎空前。后来唐玄宗把在西安骊山建的"汤泉宫"，改建成"华清宫"，使得宫室殿宇楼阁，"连接成城"，冠绝一时。宋朝、元朝造园也都有一个兴盛时期，特别是在用石方面，有较大发展。宋徽宗在"丰亨豫大"的口号下大兴土木。他对绘画较有造诣，尤其喜欢把石头作为欣赏对象。先在苏州、杭州设置了"造作局"，后来又在苏州添设"应奉局"，专司搜集民间奇花异石，舟船相接地运往京都开封建造宫苑。"寿山艮岳"的万寿山是一座具有相当规模的御苑。此外，还有"琼华苑""宜春苑""芳林苑"等一些名园。这期间，大批文人、画家参与造园，进一步加强了写意山水园的创作意境。

　　明、清是中国园林创作的高峰期。皇家园林创建以清代康熙、乾隆时期最为活跃。

当时社会稳定、经济繁荣给建造大规模写意自然园林提供了有利条件，如"圆明园""避暑山庄""畅春园"等。私家园林是以明代建造的江南园林成就最大，如"拙政园""寄畅园"等。同时在明末还产生了园林艺术创作的理论书籍《园冶》。它们在创作思想上，仍然沿袭唐宋时期的创作理念，从审美观到园林意境的创造都是以"小中见大""须弥芥子""壶中天地"等为创造手法。自然观、写意、诗情画意成为创作的主导地位，园林中的建筑起了最重要的作用，成为造景的主要手段。园林从游赏向可游可居方面逐渐发展。大型园林不但模仿自然山水，而且还集仿各地名胜于一园，形成园中有园、大园套小园的风格。

到了清末，造园理论探索停滞不前，由于外来侵略，西方文化的冲击，国民经济的崩溃等原因，使园林创作由全盛到衰落。但中国园林的成就却达到了它历史的峰巅，其造园手法已被西方国家所推崇和模仿。中国园林艺术从东方到西方，成了被全世界所公认的园林之母，世界艺术之奇观。

三、园林特点

中国古典园林的构造，主要是在自然山水基础上，修建宫、廊、楼、阁等建筑，以人工手段效仿自然，其中透视着不同历史时期的人文思想，特别是诗、词、绘画的思想境界。

1. 取材于自然，高于自然。园林以自然的山、水、地貌为基础，但不是简单地利用，而是有意识、有目的地加以改造加工，再现一个高度概括、提炼、典型化的自然。

2. 追求与自然的完美结合，力求达到人与自然的高度和谐，即"天人合一"的理想境界。

3. 高雅的文化意境。中式造园除了凭借山水、花草、建筑所构成的景致传达意境的信息外，还将中国特有的书法艺术形式，如匾额、楹联、碑刻艺术等融入造园之中，深化园林的意境。此为中国园林所特有的，非其他园林体系所能比拟。

四、园林的分类

中国古典园林的分类，从不同角度看，可以有不同的分类方法。一般有三种分类法。

1. 根据园林基址的选择和开发方式分

（1）人工山水园：这类园林均修建在平坦地段上，尤以城镇内居多。在城镇的建筑环境里面创造模拟天然野趣的小环境，犹如点点绿洲，故也称之为"城市山林"。

（2）天然山水园：兴造的关键在于选择基址，如果选址恰当，则能以少量的花费而获得远胜于人工山水园的天然风景之真趣。

2. 根据园林占有者身份、隶属关系分

（1）皇家园林：是专供帝王休息享乐的园林，又称为苑、苑囿、宫苑、御苑、御园等。其特点是规模宏大，真山真水较多，园中建筑色彩富丽堂皇，建筑体高大。现存著名皇家园林有北京的颐和园、北海公园和河北承德的避暑山庄。

（2）私家园林：是供皇家的宗室、王公官吏、富商等休闲的园林，又称园、园亭、园墅、池馆、山池、山庄、别业、草堂等。其特点是规模较小，所以常用假山假水，小巧玲珑的建筑，表现其淡雅素净的色彩。现存的私家园林，有北京的恭王府，苏州的拙政园、留园、沧浪亭、网狮园，上海的豫园等。

3. 根据园林所处地理位置分

（1）北方类型：因地域宽广，园林范围较大，建筑富丽堂皇。因自然气象条件所局限，河川、湖泊、园石和常绿树木都较少。因而风格粗犷，秀丽媚美则显得不足。北方园林代表大多集中于北京、洛阳、西安、开封，其中以北京为代表。

（2）江南类型：南方人口较密集，所以园林地域范围小；又因河湖、园石、常绿树较多，所以园林景致较细腻精美。其特点明媚秀丽、淡雅朴素、曲折幽深，但究竟面积小，略感局促。南方园林代表大多集中于南京、上海、无锡、苏州、杭州、绍兴等地，其中尤以苏州为代表。

（3）岭南类型：因岭南地处亚热带，终年常绿，又多河川，所以造园条件比北方、江南都好。其明显的特点是具有热带风光，建筑物都较高而宽敞。现存岭南类型园林，著名的有广东顺德的清晖园、东莞的可园、番禺的余荫山房等。

除三大主题风格外，还有巴蜀园林、寺庙园林等各种形式。

中国古典园林的设计理念，明显地融合了历史、人文、地理特点，表现出了自己民族的特色。

第二节　祭　祀

祭祀是华夏礼典的一部分，也是儒家礼仪中主要的内容。古人认为祭神可以致福，所以特别重视祭礼。祭祀对象分为三类：天神、地祇、人鬼。天神称祀，地祇称祭，宗庙称享。《周礼》《礼记》与《礼记正义》《大学衍义补》等儒学书籍，都有关于祭祀记载。古代中国"神不歆非类，民不祀非族"，祭祀有严格等级。天神地祇由天子祭，诸侯大夫祭山川，士庶百姓只能祭自己祖先和灶神。

大千世界，祭礼繁杂。不同的民族，形成各具风格的祭祀文化。祭祀鬼神的礼仪，又称吉礼。中国历代各民族的祭祀是一门历史文化。古代有五礼，分别是吉礼、凶礼、军礼、宾礼、嘉礼。其中，吉礼，指祭祀礼仪，是祭祀天神、地祇、人鬼等的礼仪活动。虽历代兴革不一，但都极受统治者重视。其行礼十分考究，据《通典》记载："大唐开元年之制五礼，其仪百五十有二。一曰吉礼，其仪五十有五：一，冬至祀昊天于圆丘；二，正月上辛祈谷于圆丘；三，孟夏雩祀于圆丘；四，季秋大享于明堂；五，立春祀青帝于东郊……王公以下拜扫（寒食拜扫）"《周礼·春官·大宗伯》则云："大宗伯之职，掌建邦之天神、人鬼、地祇之礼，以佐王建保邦国，以吉礼事邦国之鬼神祇。以禋祀祀昊天上帝，以实柴祀日月星辰……以血祭祭社稷五祀五岳，以狸沉祭山林川泽……以祠春享先王，以禴夏享先王，以尝秋享先王，以烝冬享先王。"从上述可知，祭天，祈谷、大享明堂、春祭、大蜡、祭社稷、祭山川、祭天子宗庙、功臣配享、释奠、上陵、祀孔子、祀先代帝王、巡狩封禅等都是祭祀的内容。

一、历史沿革

有关祭祀的最早记载，见于殷商时期的甲骨文。祭，甲骨文像手持滴血的肉块，造字本义是用生肉供奉神佛祖宗；有的甲骨文加"示"，突出向神祈祷的主题。《说文解字》："祭，祭祀也。从示，以手持肉。"用生肉或鲜血敬拜神佛祖宗。《谷梁传·成公十七年》："祭者，荐其时也，荐其敬也，荐其美也，非享味也。"又从本意引申为以某种仪式敬悼死者。《周礼·地官》："以灵鼓鼓社祭。"

远古先民对于自然界的事物不甚了解，对自身存在的困惑未知，对自然变迁的无知无奈，使他们只能保持谨慎、恐惧的心态，进而产生崇拜、祈求自然的行为。原始时代，人们认为人的灵魂可以离开躯体而存在。风雨雷电、日月星辰、山石树木、飞禽走兽都被认为是有神灵主宰。"万物有灵"的观念也由此产生，祭祀便是这种灵魂观念的派生物。最初的祭祀活动比较简单，人们用竹木或泥土塑造神灵偶像，或在石岩上画出日月星辰野兽等神灵形象，作为崇拜对象的附体。然后在偶像面前陈列献给神灵的食物和礼物，并由主持者祈祷，祭祀者则对着神灵唱歌、跳舞。进入文明社会后，物质的丰裕，使祭祀礼节越来越复杂，祭品也越来越讲究，并有了一定的规范。

儒家信奉鬼神的存在，国家专门设有礼官，掌管祭祀方面的礼仪。古人对祭鬼神非常重视，除了军事就以祭神为头等大事了。在儒家五礼中，吉礼排首位，从中亦可见其重要性。祭祀时，向鬼神奉献的祭品可以是牲畜，也可以是人。到春秋之后，杀人祭神的风俗渐绝，但祭祀的重要地位并没有改变。至于祭祀的功用，《礼记·祭统》说："见事鬼神之道焉，能见君臣之义焉，能见父子之伦焉，能见贵贱之等焉，能见亲疏之杀焉，能见爵赏之施焉，能见夫妇之别焉，能见政事之均焉，能见长幼之序焉，能见上下之际焉。"认为祭祀有十种功能。换言之，祭神祈福的宗教仪式，是能够体现人伦关系的方方面面的。因为百姓信奉鬼神，以祭鬼神的形式作道德教化的基础，百姓不但诚惶诚恐，而且会深信不疑，在无形之中被儒家道德潜移默化。《礼记·祭统》云："祭者，教之本也。"教，教化义。所说的也就是这个意思。

《诗经》中有许多写祭祀的诗篇。在《诗经》的祭祀诗中，当时的人们在充满虔敬的心情中，把酒醴、牛羊、植物等祭品奉献给上帝和先祖，期盼着他们降下福禄。在《周颂》31 篇中，直接描写祭祀或与祭祀有关的诗有 21 篇，这 21 篇之中，祭祖诗占 14 篇；《大雅》中祭祀诗有 8 篇，其中祭祖诗就有 5 篇。《诗经》中众多的祭祖诗反映出独特的祭祀文化，具有鲜明的政治目的，主要是为加强、巩固统治者统治地位服务的，其次是宣扬孝道，加强家庭、部族成员的凝聚力。

祭社稷也是很重要的祭礼。社，指土神；稷，指谷神。祭社稷就是祭土神和谷神。由于古代君主都要祭祀社稷，因此到后来，"社稷"就成了国家的代称。"社"字最早可追溯到商周时代，其源起与原始时代的生殖崇拜密切相关。而"稷"原是周民族的始祖后稷，他在西周时被尊为五谷之长，与"社"并祭，合称"社稷"。据《周礼·考工记》记载，社稷坛设在王宫之右，与王宫左侧的宗庙相对，社稷坛代表土地，宗庙代表血缘，二者同为国家的象征。

封禅，是古代帝王祭祀天地的典礼。封禅的对象是特定的，专指泰山。在泰山上筑坛祭天叫封，在泰山南梁父山辟场祭地叫禅。泰山在古人的心中，居于中国之中，有众神群居，是神山、通天之山。另外，君主在天下一统之时登封泰山，可以彰显奉天承运；在天下太平时封禅，可以向天帝汇报人间文治武功的盛况。

二、祭祀种类

祭祀神灵，是以献出礼品为代价的。人有七情六欲，神灵也是如此。因为人的喜好不一，不同的神灵也各有自己的偏嗜，所以祭品繁多。一般可以分为以下几种。

1. 献食　最初的祭祀以献食为主。《礼记·礼运》称："夫礼之初，始诸饮食。其燔黍捭豚，污尊而抱饮，蒉桴而土鼓，犹可以致其敬于鬼神。"意思是说，祭礼起源于向神灵奉献食物，只要燔烧黍稷并用猪肉供神享食，凿地为穴当作水壶而用手捧水献神，敲击土鼓为乐，就能够把人们的祈愿与敬意传达给鬼神。研究文字的起源也会发现，表示"祭祀"的字多与饮食有关。在诸多食物中，又以肉食为最。在原始的采集和狩猎时代，肉食因猎取不易而珍贵；当原始农业和畜牧业发展起来时，肉食仍被视为贵重品。所以肉食成为献给神灵的主要祭品。

古代用于祭祀的肉食动物叫"牺牲"，指马、牛、羊、鸡、犬、豕等牲畜，后世称"六畜"。六畜中最常用的是牛、羊、豕三牲。鱼兔野味也用于祭祀，但不属"牺牲"之列。祭祀也有用人的，但人本身不叫"牺牲"，古书只说"用人"，也不称"人牲"。

作为祭品的食物除"牺牲"外，还有粮食五谷，称"粢盛"。鲜嫩的果品蔬菜在民间祭祀中也是常用的祭品，《诗经》中屡屡提及；佛教传入中国后，"斋祭"中果品更为丰富。另外，酒也是祭祀神灵的常用祭品。

2. 玉帛　当时的人们认为，神讲究衣着饰物，祭品中少不了玉帛。《左传》载："牺牲玉帛，弗敢加也。"《墨子·尚同》云："其事鬼神也，圭璧币帛，不敢不中度量。"玉帛包括各种玉制礼器和丝帛，这是食物之外最常用的祭祀用品。玉在祭祀中有非常重要的作用，古代有以玉做六器，礼天地四方之说（《周礼》）。玉是帝王贵族使用的十分名贵的宝物，佩玉也成为他们特有的标志。帛是丝织物的总称，是贵族用于御寒蔽体的。古代普通人仅能以葛麻为衣，《左传》记述卫文公以帛作冠，帛在古代也是极为珍贵的。正因为玉帛的稀罕与贵重，才成为了古人祭祀的祭品。

3. 人祭　以人做祭品祭献神灵，古书称"用人"，后世称"人祭"。人祭起源于原始社会的部落战争。商代的人祭之风炽盛，其用人之多，手段之残，令人发指。人祭不仅有大量卜辞记述，而且有考古遗迹证明。人祭的形式有火烧、水溺、活埋、刺喉沥血和砍头，甚至于把人剁成碎肉，蒸为肉羹。春秋时代的人祭现象虽不像商代那样触目惊心，惨不忍睹，但也并不少见。《左传·昭公十年》载，鲁国季平子"用人于亳社"。《昭公十一年》也记述："宋公使邾文公用鄫子于次睢之社。"《史记·秦本纪》说秦穆公"将以晋君祠上帝"。《陈涉世家》也称："为坛而盟，祭以尉首。"人祭，成为历史上最黑暗的一页。

4. 血祭　血，是一种特殊的祭品。古人相信，血是有灵魂的，血能维持人或动物的生命，一旦失血，就意味着受伤甚至于死亡，好像血有一种神奇的力量。作祭品的血有人血，也有牲血。

三、祭品处置

祭品如此丰厚，对于不同的祭品，古人采用了不同的处理方式。

1. 燔烧　祭天神使用。西周以前关于天的观念还不明确，在各种天体神灵中，日神最受重视。甲骨文有"出入日，岁三牛"的记载，可见当时每天都要举行迎接日神和恭送日神的仪式，且有在仪式上杀牛和杀羊以作牺牲的事情。周代开始，对天的崇拜从自然崇拜中突出出来，朝迎夕送日神之礼不再举行，"祭天之礼，兼及三望（日、月、星）"，即将日神视为天帝的属神，祭天时兼及之。祭天的方法，据《礼记·祭法》所说，是"燔柴于泰坛"。实际上，除天帝、日神之外，祭祀天上其他神灵也用此法，《周礼·春官》中有"以实柴祀日月星辰"之说。"实柴"是指将牺牲等品放于柴上焚烧。在古人看来，天神在上，非燔柴不能到达，燔祭时烟气升腾，直达高空，容易被天神接受。

2. 灌注　祭地神使用。《周礼·大宗伯》说："以血祭祭社稷。"血祭的方法，据清人金鹗在《求古录·燔柴瘗埋考》中解释："血祭，盖以滴血于地，如郁鬯（酒）之灌地也。"可见灌祭就是把用来祭祀地神的血和酒灌注于地，血、酒很快就渗透到地下，人们认为这样可以达之于神。《礼记·郊特牲》载："周人尚臭。灌用鬯臭，郁合鬯，臭阴达于渊泉。灌以圭璋，用玉气也。既灌，然后迎牲，致阴气也。""臭"指香气，周人降神以香气为主，所以献神之前先灌鬯酒，用香气浓郁的郁香草调和鬯酒，香气就能随着灌地通达于黄泉。灌鬯用的勺以圭璋为柄，是为了发挥玉的润洁之气。

3. 瘗埋　就是挖坑将祭品埋没，祭山神和地神使用。《山海经》中保存着丰富的山神崇拜资料，如《南次二经》："其神状皆龙身而鸟首，其祠（祭祀），毛（牺牲）用一璧瘗，糈（祭祀所用谷类）用稌。"《北山经》："其神皆人面蛇身，其祠之，毛用一雄鸡、彘，瘗，吉玉用一圭，瘗而不糈。"在《山海经》所列各种山神的祭法中，瘗埋占绝大多数。祭地神时除将血、酒灌注于地，其他祭品则要挖坑瘗埋。《礼记·郊特牲》孔颖达疏："地示在下，非瘗埋不足以达之。"也就是说，祭祀山神和地神只有将祭品埋于地下，才能被受祭者接受。

4. 沉没　祭水神使用。《竹书纪年》《帝王世纪》等书中有帝尧沉璧于洛水以祭洛神的记载，这可能出于传说。但甲骨文提供的确凿可信的材料，如"求年于河，寮三牢，沉三牛，俎牢"。考究其字形，"沉"字正是把牛或羊沉入川中的象形。而且，用人祭河神的记载在甲骨文中也有所见。如"丁己卜，其寮于河，牢，沉璧"，"辛丑卜，于河妾"。嬖、妾就是作为牺牲的女子，将其沉入河中祭神，这实际上就是后世所说的"河伯娶妇"。周代以后，沉祭仍很盛行。《周礼·大宗伯》谓："以狸沉祭山川林泽。"郑玄注释说："祭山林曰埋，川泽曰沉。"《仪礼·觐礼》也说："祭川，沉。"水神居住在水下，将祭品沉入水中，容易被水神接受。

5. 悬投　祭山神使用。"悬"又叫"升"，就是把物品悬挂起来礼神。《仪礼·觐礼》说："祭山丘陵，升。"《尔雅·释天》也说："祭山曰庪县。"庪县，即祭山。县，通"悬"。《山海经·中山经》记祭祀"自甘枣之山至于鼓镫之山"诸山神的礼仪是"毛太牢之具，县以吉玉"，即将祭品用玉悬挂起来。"投"就是将祭品投放于山中地上，而不陈列祭具。

四、祭祀场所

早期的祭祀没有固定的场所，祭祀场所也比较简单，如祭天，或在高山上，或在大树下，或在水边，或在杆下。后来，随着祭祀的规范，逐步出现了神庙或祭坛等固定的场所。

平地：这是最原始、最简单的祭祀场所。古人认为，最重要的祭祀，祭祀场所反而最质朴，往往不用封土作坛，只把一块平地扫除干净即可祭祀，古人称之为"墠"。《礼记·礼器》称："致敬不坛，扫地而祭。"《礼记·祭法》说："除地为墠"。

坛：《礼记·祭法》注："封土为坛"，即用土石堆砌成一个高出地面的祭坛。因祭祀对象不同，坛有不同的形状。祭天用圆坛，古称"圆丘"；祭地用方坛，古称"方丘"。坛的高度和宽度，因时间、地点、等级而不相同。坛和墠通常位于城郊，偶尔也有设于山上的。秦汉封禅礼，就是在泰山顶封土为坛以祭天，叫"封"；又在梁父山扫地为墠以祭地，叫"禅"；合称为"封禅"。

平坑：就是在地上挖一个大平坑，古人称"坎"。《礼记·祭法》说："掘地为坎"。《礼记·祭义》称："祭日于坛，祭月于坎。"坛与坎是相对的，坛高起为阳，坎下陷为阴。

宫庙：在坛或墠的基础上又筑墙盖屋，即成为宫；宫中陈列上祭祀对象以后，就成为"庙"。宫庙最初只是为人神而建造的，后来许多神灵也有了庙，如土地庙、龙王庙、城隍庙等。但社坛上不得盖房，否则被视为"丧国之社"。

坟墓：在坟场墓地祭祀神灵是较原始朴素的方法，它多用于祭祀祖先神。古人认为，到坟墓祭祀离祖先最近，祖先神能看得清、听得真。《礼记·檀弓下》记载：孔子出外游说时，"去国则哭于墓而后行，返其国不哭，展墓而入"。

五、祭祀时间

1. 清明节 又叫踏青节，在仲春与暮春之交，也就是冬至后的第108天。是中国传统节日，也是最重要的祭祀节日之一（中国三大鬼节，清明、七月十五、十月一），是祭祖和扫墓的日子，也叫扫墓节。上至君王大臣，下至平民百姓，都要在清明祭拜先人亡魂。从唐朝开始，朝廷就给官员放假以便于归乡扫墓。据宋·吴自牧《梦粱录》记载：每到清明节，"官员士庶俱出郊省墓，以尽思时之敬"。参加扫墓者也不限男女和人数，往往倾家出动。

清明节大约始于周代，距今已有2 500多年的历史。清明最早只是一种节气的名称，后来变成纪念祖先的节日与寒食节有关，由晋文公把寒食节的后一天定为清明节。清明节的起源，据传始于古代帝王将相"墓祭"之礼，后来民间亦相仿效，于此日祭祖扫墓，历代沿袭而成为中华民族一种固定的风俗。

2. 端午节 为每年农历五月初五，又称端阳节、午日节、五月节等。"端"字有"初始"的意思，因此"端五"就是"初五"。而按照历法五月正是"午"月，因此"端五"也就渐渐演变成了"端午"。清代富察敦崇《燕京岁时记》记载："初五为五月单五，盖端字之转音也。"端午节起源说法众多，其中以纪念屈原说影响最为广泛。

3. 中元节 七月十五，人称鬼节。民俗相信，在这一段时间会有许多的孤魂徘徊在阳间，所以要有许许多多普度祭拜的盛会来让他们早早地回去。

4. 十月初一 农历十月第一天，又称"十月朝""祭祖节""冥阴节"。十月天气渐凉，民间有给亡人送寒衣的习惯，所以又称为寒衣节。

5. 下元节 为中国民间传统节日，亦称"下元日""下元"。根据中国的历法，农历在十月十五，也是一年中最后一个月亮节，在这个月圆的时候，人们要进行最重大的祭祖活动。

6. 十二月二十三 俗称小年，是祭祀迎春之日（详见下面"灶神"部分）。

同时，每月初一、初八、十五、十九、二十三、二十九和三十祭供，以消罪生福。另可按逝者卒日进行祭祀。各地还有祭龙王、祭土地神、祭财神、祭孔子等活动。各地寺、庙、祠、观的各种祭祀活动，都是为祈祷平安，风调雨顺，消灾灭病。

第三节 灶 神

灶神，是三大民间俗神之一（灶王爷、土地爷、城隍爷），在神的谱系中是一个家神。灶神有很多的称谓，如灶君、灶王爷、灶君菩萨、灶王、东厨司命、司命灶君、家主司命、护宅天尊、定福神君等。传说灶神每年腊月二十三晚，上天陈报人家善恶，除夕日返回人间。汉族民间祭祀灶神的历史十分悠久，祭灶神寄托了汉族劳动人民一种祛邪、避灾、祈福的美好愿望。

一、灶神传说

传说灶神是玉帝派至人间监察善恶之神，每年岁尾上天向玉帝汇报。民间为求其多言好事，带回吉祥而设祭送行，谓之"祭灶"。它是汉族人民求取来年吉利的祭祀活动，据《礼记·祭法》，远在周代，祭灶即为天子"七祀"之一，是非常重要的祭祀活动之一。清顾禄《清嘉录》卷十二曰"跳灶王"条："月朔，乞儿三五人为一队，扮灶公灶婆，噪于门庭以乞钱，至二十四日止，谓之跳灶王。"

关于灶神，古籍记载主要有三种说法。一是炎帝。据《淮南子·氾论训》："炎帝于火，而死为灶。"高诱注："炎帝神农，以火德王天下，死长祀于灶神。"二为祝融。许慎《五经异义》曰："颛顼氏，有子曰犁，为祝融，祀以为灶神。"至于《后汉书·阴识传》李贤注引《杂五行书》"灶神名禅，字子郭"，唐·段成式《西阳杂俎·诺皋记》言灶神"姓张，名单，字子郭"及《庄子·达生》"灶有髻"。司马彪注曰："髻，灶神。"但实际上，因古时单即禅，禅又通蝉，髻通蛣，蛣即蝉，而髻又与犁古音近，所以，曰"犁""蝉""单""髻"者实则是一人，亦即颛顼之子。此后，灶神又有叫宋无忌者，《三国志·魏志·管辂传》载："王基家贱妇生一儿，堕地，即走入灶中，辂曰：'直宋无忌之妖，将其入灶也。'"《史记·封禅书》司马贞索隐引《白泽图》："火之精曰宋无忌。"以《三国志》与《史记》相对照可以看出，宋无忌为灶神，乃火精，又由于音近而讹为苏吉利。南朝梁之宗懔《荆楚岁时记》云："灶神姓苏，名吉利。"据司马贞《史记索隐》"穷禅"亦称"穷系",而"忌""吉"皆与"系"音近,由此知"宋无忌""苏吉利"皆颛顼之子"穷系"(穷禅)之演化。三曰黄帝为灶神。《太平御览》卷一百八十六引《淮南子》云:"黄帝作灶,死为灶神。"这种传说是对作灶神的崇拜,产生大约要晚一些。

二、祭灶历史

据史书记载,大约在周朝,就开始有了祭灶的习俗。其实,有关祭祀灶神的记载出现得很早,《论语·八佾》就有"与其媚于奥,宁媚于灶"之说,可见祭灶风俗由来已久。但祭灶风俗不是一成不变的,祭祀灶神的时间、祭品,都随着时代的变化随之发生了一些变化,祭灶的方法在各个时期也不尽相同。

先秦,祭祀灶神多在农历四月(孟夏)、五月(仲夏)、六月(季夏),一般贵族在家庙附近祭祀灶神,而贫民只能在室内祭祀。《礼记·祭法》中有关于祭灶的记载:"(王)立七祀,曰司命、曰中留、曰国门、曰国行、曰泰厉、曰户、曰灶。庶士庶人立一祀,或立户,或立灶。"汉代,祭祀大致也在四月、五月、六月或冬至后第三个戊日,皇帝在家庙中祭祀灶神,与祖宗并祭;民间祭祀灶神一般在厨房中进行。因汉代道教兴起,作为道教神祇中的一员,灶神也成为道教祭祀神的一部分。南北朝时期,荆楚一带一般在腊月初八祭灶。唐宋时期,祭灶在八月初三或每月最后一天或腊月二十四日。从宋朝开始,祭灶的形式由繁变简,时间由一月一次改为一年一次,贡品也有所减少。明清以后出现了灶神画像,灶神最终定型为黑脸灶王形象。在一些典籍中也明确提及灶神的画像在祭灶过程中的作用。如清朝潘荣陛著的《帝京岁时纪胜》一书中提到十二月祀灶的过程,"二十三日更近时,家家祀灶,院内立杆,悬挂天灯。祭品则羹汤灶饭、糖瓜糖饼,饲神马以香糟炒豆水盂。男子罗拜,祝以遏恶扬善之词。妇女于内室,扫除炉灶,以净泥涂饰,谓曰褙袍,燃灯膜拜。"神马,指画有神佛像的纸片,也称纸马、甲马,供祭祀时焚化用;香糟,用小麦和糯米加曲发酵而成。如今在大部分地区,都由夏日祭灶改成"冬尽"祭灶,并定在腊月二十四日夜晚;北方地区多在二十三日祭灶。过小年的主要民俗活动就是"祭灶王",民间的祭灶仪式是丰富多彩的。

由于祭灶习俗历史悠久,灶神信仰在民间有广泛的群众基础,明清以后灶神画像更是进入了各家各户的灶台上。与灶神相关的习俗、灶神画像的来历及有关的各种灶神传说便应运而生,使灶神形象更加生动鲜活。

第四节　春　节

春节是中国最重要、最隆重,同时也是最富特色的传统节日,中国人过春节已有4000多年的历史。在春节期间,中国的汉族和一些少数民族都要举行各种庆祝活动。这些活动均以祭祀神灵、祭奠祖先、除旧布新、迎喜纳福、祈求丰年为主要内容。春节的活动丰富多彩,带有浓郁的民族特色。

春节是中华民族阖家团圆的节日,人们在春节这一天都尽可能地回家和亲人团聚,表达对新一年生活的热切期盼和美好祝福。

一、春节的起源

春节是指汉字文化圈传统上的农历新年。传统名称为新年、大年、新岁，但口头上又称度岁、庆新岁、过年。春节的起源有多种说法，但其中被人们普遍接受的说法是春节由虞舜时期兴起的。

古时春节曾专指节气中的立春，也被视为是一年的开始。后来改为农历正月初一开始为新年，一般至少要到正月十五（上元节）新年才结束。但在民间，传统意义上的春节是指从腊月的腊祭或腊月二十三或二十四的祭灶，一直到正月十五，其中以除夕和正月初一为高潮。

汉武帝时期之前，各朝各代春节的日期并不一致，自汉武帝太初元年（前104年）始，以夏历（农历）正月为岁首，年节的日期由此固定下来，延续至今。1911年辛亥革命以后，开始采用公历计年，遂称公历1月1日为"元旦"，称农历正月初一为"春节"。

二、春节的发展

据记载，中国人过春节有悠久的历史。春节在不同朝代有不同名称。

先秦时期，叫"上日""元日""改岁""献岁"等；到了两汉时期，又被叫为"三朝""岁旦""正旦""正日"；魏晋南北朝时，又称为"元辰""元日""元首""岁朝"等；到了唐宋元明时期，则称为"元旦""元""岁日""新正""新元"等；而清代，一直叫"元旦"或"元日"。

中国古代的字书把"年（季）"字放禾部，以示风调雨顺，五谷丰登。由于谷禾一般都是一年一熟。所以"年"便被引申为岁名了。

春节过去叫元旦，春节所在的这一月叫元月。中国历代春节的日期并不一致，夏朝用孟春的元月为正月，商朝用腊月（十二月）为正月，秦始皇统一六国后规定以十月为正月，汉朝初期沿用秦历。汉武帝太初元年（前104年），天文学家落下闳、邓平等人制订了《太初历》，将原来以十月为岁首，改为以孟春正月为岁首，后人在此基本上逐渐完善为我们当今使用的阴历（即农历），落下闳也被称为"春节老人"。此后，中国一直沿用夏历（阴历，又称农历）纪年，直到清朝末年，长达2080年。

三、年俗

1. 扫尘 "腊月二十四，掸尘扫房子"，据《吕氏春秋》记载，中国在尧舜时代就有春节扫尘的风俗。按民间的说法：因"尘"与"陈"谐音，新春扫尘有"除陈布新"的含义，其用意是要把一切穷运、晦气统统扫出门。每逢春节来临，家家户户都要打扫环境，清洗各种器具，拆洗被褥窗帘，洒扫闾巷庭院，掸拂尘垢蛛网，疏浚明渠暗沟。到处洋溢着欢欢喜喜搞卫生、干干净净迎新春的欢乐气氛。

2. 守岁 阴历除夕终夜不睡，以迎候新年的到来，谓之守岁。除夕守岁是最重要的年俗活动之一，守岁之俗由来已久。最早记载见于西晋周处的《风土志》：除夕之夜，互赠礼品，称为"馈岁"；酒食相邀，称为"别岁"；长幼聚饮，庆贺祝福，称为

"分岁"；大家终夜不眠，以待天明，称曰"守岁"。自汉代以来，新旧年交替的时刻一般为夜半时分。

3. 拜年 是指新年到家中尊长及亲友处祝贺。现代社会通行的贺年卡在中国古代已经实行。早在宋代，皇亲贵族、士大夫的家族与亲族之间已使用专门拜年的贺年片，叫作"名刺"或"名帖"。它是把梅花笺纸裁成约二寸宽、三寸长的卡片，上面写上自己的姓名、地址。各家门上粘一红纸袋，称为"门簿"，其上写着主人姓名，用以接收名刺（名帖）。拜者投名刺（名帖）于门簿，即表示拜年，其意义与现代贺年卡一样。

4. 贴春联 春联也叫门对、春贴、对联、对子、桃符等，它以工整、对偶、简洁、精巧的文字描绘时代背景，抒发美好愿望，是中国特有的文学形式。每逢春节，无论城乡，家家户户都要精选一幅大红春联贴于门上，为节日增加喜庆气氛。这一习俗起于宋代，在明代开始盛行，到了清代，春联的思想性和艺术性都有了很大的提高。梁章钜编写的春联专著《楹联丛话》，对楹联的起源及各类作品的特色都做了论述。春联的种类比较多，依其使用场所，可分为门心、框对、横批、春条、斗方等。"门心"贴于门板上端中心部位；"框对"贴于左右两个门框上；"横批"贴于门楣的横木上；"春条"根据不同的内容，贴于相应的地方；"斗方"也叫"门叶"，多贴在家具、影壁上。

在贴春联的同时，一些人家要在屋门上、墙壁上、门楣上贴上大大小小的"福"字。春节贴"福"字，是中国民间由来已久的风俗。"福"字指福气、福运，寄托了人们对幸福生活的向往，对美好未来的祝愿。为了更充分地体现这种向往和祝愿，有的人干脆将"福"字倒过来贴，表示"幸福已到""福气已到"。民间还有将"福"字精描细做成各种图案的，图案有寿星、寿桃、鲤鱼跳龙门、五谷丰登、龙凤呈祥等。

5. 贴窗花 在民间人们还喜欢在窗户上贴上各种剪纸——窗花。窗花不仅烘托了喜庆的节日气氛，也集装饰性、欣赏性和实用性于一体。剪纸在中国是一种很普及的民间艺术，千百年来深受人们的喜爱，因它大多是贴在窗户上的，所以被称为"窗花"。窗花以其特有的概括和夸张手法将吉事祥物、美好愿望表现得淋漓尽致，将节日装点得红火富丽。

6. 贴年画 春节挂贴年画在城乡也很普遍，浓墨重彩的年画给千家万户平添了许多兴旺欢乐的喜庆气氛。年画是中国的一种古老的民间艺术，反映了人民朴素的风俗和信仰，寄托着他们对未来的希望。年画，也和春联一样，起源于"门神"。随着木板印刷术的兴起，年画的内容已不再限于门神之类单调的主题，变得丰富多彩，在一些年画作坊中产生了《福禄寿三星图》《天官赐福》《五谷丰登》《六畜兴旺》《迎春接福》等精典的彩色年画，以满足人们喜庆祈年的美好愿望。历史上中国出现了年画三个重要产地，苏州桃花坞、天津杨柳青和山东潍坊；形成了中国年画的三大流派，各具特色。现在收藏的最早的年画是南宋《隋朝窈窕呈倾国之芳容》（又称《四美图》）的木刻年画，画的是王昭君、赵飞燕、班姬和绿珠四位古代美人。民间流传最广的是一幅《老鼠娶亲》的年画，描绘了老鼠依照人间的风俗迎娶新娘的有趣场面。民国初年，上海郑曼陀将月历和年画二者结合起来，这是年画的一种新形式。这种年画以后发展成挂历和台历，曾一度风靡全国。

7. 燃爆竹 中国民间有"开门爆竹"一说。即在新年第一天的早上，家家户户开门的第一件事就是燃放爆竹，以哔哔叭叭的爆竹声除旧迎新。爆竹是中国特产，亦称"爆仗""炮仗""鞭炮"。其起源很早，至今已有 2000 多年的历史。放爆竹可以烘托出喜庆热闹的气氛，是节日的一种娱乐活动，可以给人们带来欢愉和吉利。

8. 办年货 中国的家庭过年前要购买大量的"年货"，诸如春联、福字、新衣服以及过年期间的食品等。置办年货是中国人过春节的一项重要活动。

第五节 元宵节

农历正月十五元宵节，又称上元节、上元佳节、小正月、元夕或灯节，是中国传统节日之一。在中国古俗中，上元节（元宵节）、中元节（盂兰盆节）、下元节（水官节）合称三元，都是非常重要的传统节日。

一、元宵节的起源

元宵，原意为"上元节的晚上"，因正月十五"上元节"主要活动是晚上的吃汤圆赏月，后来节日名称也演化为"元宵节"。将从除夕开始延续的庆祝活动推向又一个高潮。元宵之夜，大街小巷张灯结彩，人们赏灯，猜灯谜，吃元宵，成为世代相沿的习俗。

元宵节是中国的传统节日，始于 2000 多年前的秦朝，汉文帝时下令将正月十五定为元宵节。汉武帝时，"太一神"（主宰宇宙一切之神）的祭祀活动定在正月十五，落下闳、邓平等创建《太初历》时，就已将元宵节确定为重大节日。正月是农历的元月，古人称夜为"宵"，而十五日又是一年中第一个月圆之夜，所以称正月十五为元宵节。

二、元宵节的历史

1. 节期节俗 元宵节的节期与节俗活动，不同历史时期有所不同。就节期长短而言，汉代才 1 天，到唐代已为 3 天，宋代则长达 5 天，明代更是自初八点灯，一直到正月十七的夜里才落灯，整整 10 天。元宵节与春节相接，白昼为市，热闹非凡；夜间燃灯，蔚为壮观。特别是那精巧、多彩的灯火，更使其成为春节期间娱乐活动的高潮。至清代，又增加了舞龙、舞狮、跑旱船、踩高跷、扭秧歌等"百戏"内容，只是节期缩短为 4 到 5 天。

2. 历代演变 唐朝，国泰民安，经济繁荣，元宵赏灯十分兴盛，无论是京城或是乡村，处处张挂彩灯，人们还制作巨大的灯轮、灯树、灯柱等，满城的火树银花，十分繁华热闹。宋朝，灯节更加丰富多彩，元宵赏灯持续 5 天，灯的样式繁多，逛灯市更是一件十分赏心悦目的事情。诗人辛弃疾："东风夜放花千树，更吹落，星如雨"，描写的就是宋朝灯节盛况。那时还兴起了猜灯谜，即将各种灯谜写在纸条上，贴在花灯上，猜中的人还能得到奖励。这种娱乐益智的活动受到人们喜爱，一直流传至今。明朝的灯节持续时间多达 10 天，以显示歌舞升平，是中国历史上最长的灯节。清朝，宫廷不再办灯会，民间的灯会却仍然壮观。

主要参考书目

1. 皮锡瑞. 经学通论. 北京：中华书局，1954.

2. 段玉裁. 说文解字注. 第 2 版. 上海：上海古籍出版社，1988.

3. 章太炎. 国故论衡·原经. 上海：上海第一书局，1933.

4. 夏传才. 十三经讲座. 桂林：广西师范大学出版社，2006.

5. 白寿彝. 中国史学史. 北京：北京师范大学出版社，2004.

6. 顾颉刚. 当代中国史学·引论. 沈阳：辽宁教育出版社，1998.

7. 甄志亚. 中国医学史. 上海：上海科学技术出版社，1984.

8. 印会河. 中医基础理论. 上海：上海科学技术出版社，1984.

9. 邓铁涛. 中医诊断学. 上海：上海科学技术出版社，1984.

10. 北京中医学院. 中医各家学说. 上海：上海科学技术出版社，1964.

11. 罗竹风，中国汉语大词典编辑委员会，汉语大词典编纂处. 汉语大词典（缩印本）. 上海：世纪出版集团汉语大词典出版社，1979.

12. 李小球，陈光中. 高中语文学考必备用书. 第 6 版. 长沙：湖南大学出版社，2011.

13.《教师公开招聘考试专用系列教材》编委会. 学科专业知识·中学音乐. 北京：教育科学出版社，2011.

14. 梁国楹，王守栋. 中国传统文化精要. 北京：人民出版社，2011.

15. 周晓孟，沈智. 国人必知的 2300 个民俗常识. 沈阳：万卷出版公司，2010.

16. 杨燕. 电视戏曲文化名家纵横谈. 北京：中国传媒大学出版社，2009.

17. 黄现璠. 唐代社会概略. 北京：商务印书馆，1936.

18. 程红，吴志强. 国语读写教程. 北京：北京体育大学出版社，2007.

19. 王增宴. 影视高考编导专业详解. 北京：中国广播电视出版社，2012.

20. 王玉星，王月星. 每天一分钟读懂五千年. 南宁：广西人民出版社，2011.

21. 刘涛. 中国书法史：魏晋南北朝卷. 南京：江苏教育出版社，2009.

22. 王志敏. 金文书法撷谭. 广州：岭南美术出版社，2011.

23. 路云亭. 书法鉴赏. 上海：上海教育出版社，2011.

24. 许慎. 说文解字.（清代孙星衍刻《平津馆丛书》本，商务印书馆《四部丛刊》本，中华书局影印一篆一行本）。

25. 徐中舒. 汉语古文字字形表. 成都：四川人民出版社，1980.

26. 唐兰. 中国文字学. 上海：上海古籍出版社，2005.

27. 唐兰. 古文字学导论. 济南：齐鲁书社，1981.

28. 章太炎. 国故论衡. 北京：商务印书馆，2010.

29. 张之恒. 中国考古通论. 南京：南京大学出版社，2009.

30. 马宏伟. 中国饮食文化. 呼和浩特：内蒙古人民出版社，1992.

31. 王仁兴. 中国饮食谈古. 中国轻工业出版社，1985.

32. 牛维和. 饮食与健康. 海口：南海出版公司，1993.

33. 任浩之. 国学知识全知道. 北京：当代世界出版社，2009.

34. 文安. 园林雅趣. 北京：中国文史出版社，2005.

35. 郝运来. 风生水起中国传统风水文化全记录. 北京：新世界出版社，2011.

36. 杜大宁. 风水的常识与应用. 第4版. 北京：中国旅游出版社，2010.

37. 张明林. 中华姓氏通史. 呼和浩特：远方出版社，2006.

38. 王泉根. 中国姓氏的文化解析. 北京：团结出版社，2000.

39. 何星亮. 中国自然神与自然崇拜. 上海：上海三联书店，1992.

40. 詹鄞鑫. 神灵与祭祀. 南京：江苏古籍出版社，1992.

41. 徐华龙. 中国鬼文化. 上海：上海文艺出版社，1991.

42. 刘晔原，郑惠坚. 中国古代的祭祀. 北京：商务印书馆国际有限公司，1996.

43. 杜希宙，黄涛. 中国历代祭礼. 北京：北京图书馆出版社，1998.

除上述列出的资料外，还有《佛学大词典》《丁福保佛学大词典》《佛教哲学大词典》等网络工具书，以及维基百科、百度百科、中国网等大量网络资料，恕不能一一罗列。